西方經濟學
發展階段

蘇弗・謝・阿法拉西耶夫 著
晏智杰 編譯

序

本書分為上、下兩部：上部為蘇聯作者弗·謝·阿法拉西耶夫的《西方經濟學發展階段》（1971年初版，1986年再版）；下部為《亞當·斯密與現代政治經濟學》。上、下兩部的文章作者都是蘇聯和當時東歐國家的學者，他們具有共同的學術傾向和觀點，屬於同一類型。最重要的是，兩本書都代表了蘇聯經濟學界的最高水準。上部《西方經濟學發展階段》主要闡述了蘇聯久負盛名的經濟學家對西方經濟學各個發展階段的權威性分析與批判，作者不僅將西方經濟學劃分為古典經濟學和庸俗經濟學，而且認為後者已經從內涵的（經濟的）庸俗化進一步蛻變為外延的（非經濟的）庸俗化。這種分析在一些人看來是獨創之見，其實不然。20世紀60年代在中國經濟學史著作中就已經提出了早期庸俗和晚期庸俗之說，只不過沒有冠之以內涵與外延之類名稱罷了。至於這種劃分是否合乎實際，是否真有道理，則應以實踐為標準，根據西方國家經濟發展的歷史和現實作出判斷。可是，如同中國當時的某些經濟學史著作一樣，讀者從本書的論述中也看不到這種判斷，能看到的同樣也是對馬克思在19世紀40~60年代所做相關劃分的引申和發揮。問題在於，西方國家經濟及其經濟學，在歷經一百多年之後，同當初情形相比，已經發生了巨大和深刻的變化；否則，按照馬克思當初的分析，資本主義生產方式行將滅亡，庸俗經濟學也早該壽終正寢了，哪有什麼晚期庸俗化的餘地。西方經濟學當然絕非完美無缺，但視之為不斷庸俗化顯然是言過其實，不足為信了。

下部《亞當·斯密與現代政治經濟學》收集了1976年蘇聯和東歐學者紀念亞當·斯密《國富論》問世200週年研討會的主要論文，這些

論文探討了亞當·斯密學說的各個主要方面，反應了蘇聯學界對亞當·斯密學說研究的主要成果。此外，還提供了當時蘇聯和東歐國家出版亞當·斯密著作的情況。不過，在評論亞當·斯密學說時，作者們囿於傳統的理論立場和觀點，大多聚焦於將亞當·斯密學說同馬克思主義學說兩相比較，指出孰高孰低、誰是誰非，而對《國富論》的核心思想及其政策主張即經濟自由主義則有意無意地完全忽視或一帶而過了。

在蘇聯解體多年後的今天，重溫蘇聯解體前不久問世的這些著作，相信會給人諸多啓迪。集中到一點，可以說，以教條主義態度對待馬克思主義經濟學或者西方經濟學，只能導致研究模式的凝固化和認識水準停滯不前；至於當作者們滿足和陶醉於其傳統的理論立場和觀點，對西方經濟學大加貶抑之時，竟然對即將爆發於他們自己腳下的社會大地震渾然不知，更令人感到震驚和可悲。這究竟是為什麼？人們從中應該得到怎樣的教訓？值得深思。如果考慮到蘇聯此類學術觀點和研究思路對學界影響至深，至今仍難說完全絕跡，則在當下重讀這些著作並思考這些問題，也許不會顯得多餘。

晏智杰

《西方經濟學發展階段》譯者說明

我們譯出的《西方經濟學發展階段》，原名《資產階級政治經濟學發展階段（理論概要）》①，是蘇聯著名經濟學說史家阿法拉西耶夫撰寫的。作者在分析、批判大量理論和實際材料的基礎上，研究了資產階級政治經濟學發展的規律性和基本階段，考察了資產階級古典政治經濟學和庸俗政治經濟學代表人物的著作，揭示了資產階級政治經濟學對資本主義生產方式及其矛盾尖銳化程度的依存性。

關於資產階級政治經濟學的研究對象和方法，它的本質、基本內容、發展階段，馬克思和恩格斯都做過科學的說明。在馬克思看來，從資產階級奪得政治統治時起，就敲響了科學的資產階級經濟學的喪鐘。因此，應當把資產階級政治經濟學劃分為古典政治經濟學和庸俗政治經濟學。古典政治經濟學「研究了資產階級生產關係的內部聯繫；而庸俗政治經濟學卻只是在表面的聯繫內兜圈子」，只限於觀察這些已經浮到表面上來的外部依存關係。

馬克思關於資產階級政治經濟學的這些基本觀點，一直是科學政治經濟學史的指導思想。但是，有人卻認為「馬克思的這些基本觀點已經過時」，不應再將資產階級政治經濟學劃分為古典政治經濟學和庸俗政

---

① 弗·謝·阿法拉西耶夫. 西方經濟學發展階段［M］. 傅殷才，肖育才，晏智杰，譯. 海口：三環出版社，1990.

治經濟學，甚至斷言馬克思的這種劃分本來就是不正確的。我們不同意對馬克思的這種非難，而認為馬克思關於資產階級政治經濟學的根本觀點是完全正確的。應當指出的是，馬克思雖然在論述古典學派被庸俗學派所代替時說過，「現在問題不再是這個或那個原理是否正確，而是它對資本是有利還是有害，是方便還是不方便，是違背警章還是不違背警章。不偏不倚的研究讓位於豢養的文丐的爭鬥，公正無私的科學探討讓位於辯護士的壞心惡意」，但他並不認為，在資產階級取得政權以後，資產階級經濟學已經完全停頓，在經濟學的一切方面沒有任何成就，都是無用的。實際上，在《資本論》的創作過程中，馬克思不知疲倦地從資產階級經濟學家的無數統計數字、調查報告和浮誇的議論中找出了有價值的實際材料，細心地從許多研究作品、小冊子和論文中發掘出了有意義的觀點和見解。《資本論》極其豐富的內容，表明馬克思是多麼善於利用資產階級研究工作者而且往往是最反動的研究工作者的著作。馬克思甚至認為，資產階級經濟學家對內部依存關係的研究也是有益的。列寧遵循馬克思對待資產階級經濟學的科學態度，同樣十分重視研究資產階級經濟學，強調馬克思主義者必須從無產階級立場批判地研究和利用資產階級經濟學家在具體經濟科學方面的研究成果。列寧指出：不這樣做，「在研究新的經濟現象時……就不能前進一步」。

我們譯出的《西方經濟學發展階段》一書，堅持了馬克思關於資產階級政治經濟學應當劃分為古典政治經濟學和庸俗政治經濟學的觀點，關於從19世紀30年代開始的古典學派被庸俗學派代替是資產階級政治經濟學危機開端的觀點。而且，該書還進一步對庸俗經濟學的發展階段作了區分，認為自由競爭時期資產階級政治經濟學危機深化的主要特點是內涵的（經濟的）庸俗化形式的發展，帝國主義階段資產階級政治經濟學危機的主要形式則是外延的（非經濟的）庸俗化。這些新提出來的觀點，值得一讀。

本書譯者：武漢大學傅殷才（第二版序言，前言，第一、二、三章），北京大學晏智杰（第四、五、六章），海南大學肖育才（第七、八、九章，結束語）。全書譯文由傅殷才統一校訂。譯文若有不妥之處，敬請讀者批評指正。①

1989年7月1日

---

① 本書譯事的組織者和統一校訂者傅殷才教授已不幸去世；肖育才教授不僅同為該書譯者之一，而且當年聽傅教授說肖教授為該書出版出力不少；可我同肖教授迄今無緣謀面，也無任何聯繫；希望肖教授對我將該書徑直收入本人譯文集一事見諒。所附「這本書為什麼值得一讀?」也僅代表本人觀點，與傅、肖兩位教授無涉（2017年8月10日加註）。

《西方經濟學發展階段》第二版序言

本書第一版於 1971 年問世，很快銷售一空。在過去的歲月裡，讀者對資產階級政治經濟學及其歷史、現狀、發展規律性的批判分析的興趣大大增強了。這既可以用現代條件下的思想鬥爭和資產階級政治經濟學與馬克思列寧主義政治經濟學之間的鬥爭的一般形勢來說明，也可以用出現了新的、更加精細巧妙的鬥爭形式來解釋。《蘇共第 26 次代表大會文件》指出：「思想鬥爭的顯著尖銳化也是事實，但對西方來說，不能把這種鬥爭僅僅歸結為思想鬥爭，西方採取了一系列手段，旨在破壞和離間社會主義世界。」①

同時，在這方面，當代資產階級政治經濟學在最近 20 年發生的變化也起了重要作用。在資產階級經濟科學中，出現了許多新的流派和學派，它們往往是舊的、早已被生活推翻的經濟理論和概念的最新變種。政治經濟學史領域本身，也以愈來愈廣泛、愈來愈鮮明的形式表現在尖銳的思想鬥爭領域。資產階級理論更加經常利用「歷史證據」來論證自己的理論立場，其中包括關於當代資產階級政治經濟學的科學「革新」這類論斷。所有這些情況，也就決定了必須出版這本書的第二版。這本著作研究的是資產階級政治經濟學的客觀規律和發展趨勢。

---

① 蘇共第 26 次代表大會文件 [M]. 莫斯科：政治書籍出版社，1981：9.

　　在準備第二版時，對本書全文進行了反覆推敲和修訂，重寫了許多章節（關於杜爾閣、亞當·斯密的生產勞動與非生產勞動理論、所謂新李嘉圖主義），對其餘的章節進行了重大修改（前言、第一章，特別是涉及資產階級政治經濟學職能的部分、資產階級政治經濟學中的混合主義學派、制度主義和其他許多章節）。本書特別注意資產階級政治經濟學史的當代部分。

《西方經濟學發展階段》前言

> 我們僅僅知道一門唯一的科學，即歷史科學。
> ——馬克思，恩格斯

在階級社會裡，經濟科學總是階級的意識形態，因而經濟思想並非總是科學的。資產階級政治經濟學史——這是資產階級經濟思想體系形成、發展和危機的長期而複雜的過程。政治經濟學史作為一門科學的任務，在於揭示從屬於這一過程的各種規律。

科學分析的必要條件，是要說明生活中的新事實與一般科學原則，與已經制定的並被大量材料證實的一般理論體系原理的關係問題。科學所確立的新事實與現有的理論概念之間的矛盾，是科學思想發展的最重要的動力。在科學發展的一定階段上，制定一般理論概念的必要性顯得特別重要。

當代資產階級政治經濟學中的新現象，首先是同其中發生的結構變化相聯繫的新現象，就是例證。在國家壟斷資本主義條件下，資產階級政治經濟學中占統治地位的理論，是論證國家經濟積極性的必要性，制定國家調節資本主義經濟的戰略和策略，這是完全合理的。20世紀30年代中期至70年代中期的情況正是這樣，這就是所謂凱恩斯革命的時期。

但是，在70~80年代之交，也即在國家壟斷資本主義成熟的更高階段，凱恩斯主義被依據於新古典學派「自由企業精神」的現代變種的新

保守主義派排擠了。可是大家知道，「自由企業精神」的理論，在30年代「大蕭條」（整個資本主義歷史上最嚴重的經濟危機）時期完全暴露了自己論點的毫無根據——它主張市場自發調節資本主義經濟，竭力限制國家干預經濟生活。可見，這一理論與資本主義社會化——其中包括經濟的國有化過程顯然是相矛盾的。

反常之處在於，在新保守主義的壓力下，在20世紀長達數十年的資產階級文獻中，曾經被描述為經濟科學劃時代事件的資產階級政治經濟學流派被排擠了。就在不久以前，資產階級還把經濟、政治和思想等戰略方面的籌劃，如克服資本主義經濟深刻的危機過程，保證社會和平，而同時使凱恩斯主義和馬克思主義「綜合」起來，在思想上「吞沒」無產階級經濟理論，這些都同凱恩斯主義聯繫在一起。實際上，在凱恩斯主義面前提出了尋找克服資本主義總危機手段的任務。大家知道，凱恩斯主義被看作是「病入膏肓的資本主義的急救醫生」。

在社會經濟、政治和思想方面，什麼樣的動力會成為當代資產階級政治經濟學模式中這種變化的基礎呢？

反常之處還在於，新保守主義經濟理論各流派（貨幣主義、經濟供給理論、理性預期理論等），尚未來得及形成，就已經遇到尖銳的內部危機了。貨幣主義的主要代表人物弗里德曼不得不承認，美國聯邦儲備

系統當前的信貸貨幣政策被許多美國經濟學家看作是「貨幣主義的破產」①。英國經濟學家格拉爾在《貨幣主義在退縮》的文章中寫道:「如果貨幣主義是宗教,那麼近來正呈現出無神論的嚴重高潮。」②

隨著時間的推移,凱恩斯主義以這樣或那樣的變種重新登上當代資產階級政治經濟學的前沿陣地,這並不意外。「古典的」凱恩斯主義理論方面的專家、美國經濟學家瓦依特納布寫道:「……為凱恩斯主義戴孝的時期……可能是短暫的。」③ 但是,在他看來,凱恩斯主義的破產是由於純粹主觀的原因——對凱恩斯理論的不理解和歪曲。他認為,恢復「真正的」凱恩斯主義,可以在當代資產階級政治經濟學中重新確立他的影響。

蘇聯著名的當代資產階級政治經濟學研究工作者阿薩德卡婭在《凱恩斯主義——過去、現在、將來》的文章中,考察了「凱恩斯主義的前途」問題。她寫道:「正在各種不同的理論水準上,並從各個不同的思想陣地,對凱恩斯主義理論進行平反和革新。」④

隨著新保守主義派被提到第一位,實現了「整個資產階級經濟科學

---

① 《美國經濟評論》,1984 年 5 月,第 397 頁。
② 《今日馬克思主義》,1984 年 3 月,第 4 頁。
③ 瓦依特納布. 現代經濟思想 [M]. 莫斯科:進步出版社,1981:117.
④ 《世界經濟與國際關係》,1983 年第 12 期,第 100 頁。

的真正思想化和政策化」①，這個派別的代表人物通常都承認自己的理論結構具有思想性，其目的在於為資本主義制度辯護，進行反對社會主義的鬥爭。

在資產階級文獻中，承認經濟分析的思想背景的立場，已成為典型的了。瓦依特納布在專門分析資產階級政治經濟學最新流派和學派的文章中寫道：「意識形態滲透到這個分析的一切方面，具有諷刺意味的是，正是那些比誰都關心『實證的、脫離價值觀念的』經濟『科學』的人，把國家政策的這些或那些原則捧上天，鼓吹自由競爭，反對平均財產的措施，同時還虛構出自己思想立場的『科學』論據，因而得以飛黃騰達。」②

但是，前不久，大約十幾年前，在資產階級經濟文獻中，其特點是對意識形態作用的完全不同的另一種評價。典型的是政治經濟學「非意識形態化」的立場。資產階級理論家援引經濟理論特別是凱恩斯主義應用方面的擴大，在經濟研究中採用數學方法，斷言政治經濟學已不再是階級的思想體系，已經沒有自己的意識形態的職能。英國經濟學家埃里克·羅爾在其著作《凱恩斯以後的世界》中宣稱，這個世界的特點是在經濟理論領域停止了思想鬥爭。他寫道：「雖然還有馬克思主義和新古

---

① 《現代資產階級政治經濟學危機》，莫斯科：思想出版社；布拉迪斯拉發：真理出版社，1980年，第40頁。
② 瓦依特納布. 現代經濟思想 [M]. 莫斯科：進步出版社，1981：625.

典經濟學家之間……辯論的餘波，但只是在專業集團裡才能聽到他們之中少數人的聲音；他們之中很少能被大多數實際經濟學家利用的東西。經濟理論看來（這是令人驚奇的）不再是鬥爭著的意識形態的戰場了。」①

顯然，在經濟科學中，意識形態起作用的問題的各種不同答案本身，就是資產階級政治經濟學中思想鬥爭的手段。

他們的思想傾向在資產階級經濟理論的發展中，究竟起什麼樣的作用呢？一般說來，作為資產階級意識的政治經濟學的發展機制是怎樣的呢？回答這些問題，對順利地同現代資產階級的經濟思想做鬥爭，是極端重要的。

本書的研究對象，不是理論的歷史，而是歷史的理論，這就是資產階級政治經濟學發展的理論。在這本書中，闡明了資產階級政治經濟學及其危機發展的原因：基本階段和趨勢。作者另有專門的研究分析資產階級政治經濟學最新的流派。不言而喻，本著作不打算詳細闡述所有這些問題，而只企圖大致完成一個複雜的任務——從整體上，從其大量的和合乎規律的表現上，闡明資產階級政治經濟學的發展過程。

---

① 埃里克·羅爾：《凱恩斯以後的世界》，倫敦，1968：Ⅶ。

《亞當‧斯密與現代政治經濟學》譯序

為紀念英國資產階級古典政治經濟學的傑出代表亞當‧斯密的主要著作《國民財富的性質和原因的研究》（簡稱《國富論》）問世 200 週年，蘇聯學術界曾於 1976 年 6 月在莫斯科大學舉行大型科學討論會，參加討論會的還有東歐國家的學者。這本關於亞當‧斯密的專題學術著作，是由參加這次討論會的一部分學者集體撰寫的。

本書從時代背景、方法論和經濟理論等方面論述了亞當‧斯密的《國富論》；集中介紹和研究了馬列主義經典作家對亞當‧斯密理論體系的評價；評述了西方經濟學界對亞當‧斯密學說的看法。此外，本書還介紹了蘇聯等國研究亞當‧斯密及其著作的歷史和現狀。可以說，本書在一定程度上顯示了蘇聯經濟學界對古典政治經濟學研究的水準和特點。現將本書翻譯出版，希望能有助於增進讀者對亞當‧斯密的這本著作的瞭解，以及對蘇聯經濟學界在《國富論》研究方面的成果和特點的瞭解。這對我們進一步開展經濟學說史的研究工作，特別是對亞當‧斯密及其著作的研究工作或許是有益的。

本書可供科學工作者、教師、研究生和大學生參考。

在本書翻譯過程中，曾得到陳岱孫老師的指導和幫助，他在百忙之中通讀了譯文，提出了寶貴的意見。唐璞先生仔細審閱了全文，提出了許多修改意見。我對此表示深深的感謝。

　　譯文如若有不當之處，請讀者不吝指正。

晏智杰

1981 年 4 月 5 日

目錄

上部　西方經濟學發展階段

第一篇　古典學派——17世紀末至19世紀初進步資產階級的政治經濟學

第一章　資產階級古典政治經濟學的階級性質和基本職能 ----34

第二章　資產階級政治經濟學作為一門特定科學的形成過程 ----48

第一節　重商主義——資產階級政治經濟學的前史 ----49

第二節　《政治算術》是政治經濟學獨立出來的第一個形式 ----51

第三節　重農主義者關於「物質生產」的學說 ----63

一、魁奈《經濟表》對簡單再生產的分析 ----64

二、《經濟表》研究再生產過程的方法 ----69

三、魁奈分析的反封建傾向 ----76

四、當代資產階級政治經濟學對魁奈《經濟表》的評論 ----78

五、杜爾閣是重農主義的完成者 ----81

第四節　亞當·斯密對「國民財富」的性質和原因的研究 ----82

一、研究的方法、出發點和對象的矛盾性 ----84

二、價值理論的二重性 ----90

三、剩餘價值理論的庸俗因素與科學因素 ----98

四、生產勞動理論 ----103

五、關於整個社會資本的再生產與流通 ----105

第三章　李嘉圖主義——資產階級古典政治經濟學發展的最高和最後階段 ----110

第一節　勞動價值理論是李嘉圖經濟研究的出發點 ----111
第二節　李嘉圖論政治經濟學對象 ----117
第三節　李嘉圖對勞動價值理論的發展 ----119
第四節　李嘉圖的分配理論 ----125
第五節　新李嘉圖主義：是神話還是現實？ ----134

第二篇　壟斷前資本主義時代資產階級庸俗政治經濟學的演變

第四章　古典學派的危機和庸俗政治經濟學的統治 ----149

第一節　古典學派的兩重性是庸俗政治經濟學形成的理論基礎 ----149
第二節　古典學派被庸俗政治經濟學代替——資產階級政治經濟學危機的開端 ----152
第三節　資產階級政治經濟學職能的變化同其危機有關 ----163

第五章　馬克思主義政治經濟學的發展是資產階級經濟科學危機深化的最重要基礎 ----168

第一節　馬克思科學地解決了政治經濟學的對象與方法問題 ----169
第二節　創立真正科學的勞動價值理論 ----174
第三節　馬克思揭示資本主義生產方式的「經濟運動規律」 ----180

第四節　社會主義從空想轉變為科學 ----185

第六章　自由競爭時期資產階級政治經濟學危機的基本特點 ----189
第一節　庸俗政治經濟學範疇的商品拜物教性質 ----189
第二節　資產階級政治經濟學內涵的（經濟的）庸俗化形式的概念 ----197
第三節　資產階級政治經濟學危機的前史：庸俗政治經濟學作為一個特殊流派的產生 ----199
第四節　內涵的（經濟的）庸俗化形式的發展是自由競爭時期資產階級政治經濟學危機深化的主要特點 ----213
第五節　歷史學派是內涵的（經濟的）庸俗化的極端形式 ----223
第六節　資產階級政治經濟學中的混合主義派別 ----228

第三篇　帝國主義時代的資產階級政治經濟學與微觀經濟分析

第七章　外延的（非經濟的）庸俗化是帝國主義時代典型的資產階級政治經濟學危機的新形式 ----239
第一節　外延的（非經濟的）庸俗化形式的概念 ----240
　一、資產階級經濟學外延庸俗化產生和發展的原因 ----241
　二、外延庸俗化最初形式的特點 ----243
　三、諸科學相互影響是科學發展的必然形式 ----246
第二節　外延的（非經濟的）庸俗化轉變為帝國主義階段資產階級政治經濟學危機的主要形式 ----249

第八章　資產階級政治經濟學外延的（非經濟的）庸俗化的基本派別 ----255

　　第一節　資產階級政治經濟學的社會—外延庸俗化派 ----255
　　　　一、社會—法律學派 ----256
　　　　二、新歷史學派 ----258
　　第二節　資產階級政治經濟學的社會—自然庸俗化派 ----260
　　　　一、主觀心理學派 ----261
　　　　二、邊際效用理論 ----263
　　　　三、主觀心理學派形成的啓發式認識論基礎 ----266
　　　　四、邊際生產力理論 ----269
　　　　五、歸算理論 ----277
　　第三節　資產階級政治經濟學的自然—外延庸俗化派 ----281
　　　　一、新馬爾薩斯主義 ----282
　　　　二、地理政治論（地緣政治學）----283
　　第四節　資產階級政治經濟學的神學化 ----285

第九章　與資產階級政治經濟學庸俗化加強趨勢相對立的因素 ----289

　　第一節　非壟斷資產階級政治經濟學的形成 ----290
　　　　一、資產階級政治經濟學的社會（制度）學派 ----290
　　　　二、霍布森的帝國主義理論 ----296
　　第二節　微觀經濟分析獨立出來 ----297

結束語 ----302

下部　亞當・斯密與現代政治經濟學

導論　亞當・斯密《國富論》是第一個政治經濟學體系 ----307

第一章　《國富論》：歷史作用 ----317
第一節　亞當・斯密及其時代 ----317
第二節　亞當・斯密是封建主義和重商主義的批判家 ----323

第二章　馬列主義創始人論亞當・斯密對發展科學政治經濟學的貢獻 ----330
第一節　馬克思和恩格斯對亞當・斯密《國富論》意義的評價 ----330
第二節　列寧論亞當・斯密在經濟思想史中的作用 ----334

第三章　亞當・斯密經濟學說的方法論問題 ----339
第一節　亞當・斯密經濟學說的科學起點 ----339
第二節　《國富論》與政治經濟學的分析職能與規範職能 ----347
第三節　亞當・斯密對經濟規律的解釋 ----352

第四章　亞當・斯密對科學政治經濟學某些範疇研究的貢獻 ----357
第一節　亞當・斯密的生產勞動學說和馬克思的評價 ----357
第二節　亞當・斯密《國富論》中的資本累積問題 ----364
第三節　亞當・斯密關於國際分工的思想與現時代 ----366

第四節　亞當・斯密經濟理論中的貨幣 ----371
第五節　資本主義信貸及其發展在亞當・斯密著作中的反應 ----375
第六節　《國富論》中的地租理論 ----379

第五章　亞當・斯密和現代資產階級政治經濟學 ----381
第一節　《國富論》和現代資產階級政治經濟學 ----381
第二節　資產階級歪曲亞當・斯密經濟學說的贗品 ----388
第三節　論亞當・斯密科學著作在現代資產階級經濟思想史著作中的庸俗化 ----392
第四節　資產階級經濟學史家對亞當・斯密著作的態度 ----395

第六章　亞當・斯密著作在蘇聯等國的出版與研究 ----399
第一節　亞當・斯密著作在革命前的俄國及蘇維埃時代的出版 ----399
第二書　保加利亞、民主德國、波蘭對亞當・斯密理論遺產的研究 ----404

上部

西方經濟學發展階段

第一篇 古典學派——
17世紀末至19世紀初 進步資產階級的政治經濟學

本書第一篇的研究對象是資產階級古典政治經濟學。其之所以對經濟理論發展的這個階段有興趣，是由於許多原因，而首先是由於古典學派是資產階級政治經濟學體系中唯一科學的學派。

　　大家知道，資產階級古典政治經濟學是馬克思主義的來源之一。同時，不管說法如何難以置信，古典學派的確是庸俗的，即非科學的資產階級政治經濟學的理論源泉。革命的、科學的無產階級政治經濟學，即馬克思主義經濟科學，自己的矛頭旨在反對建立在剝削基礎上的資產階級生產方式，而資產階級庸俗政治經濟學竭盡一切力量保衛資本主義制度，但在形式上具有同樣的理論來源，即資產階級古典政治經濟學，這做何解釋呢？毫無疑問，對這一歷史事實需要加以說明。

　　資產階級古典政治經濟學還提出了其他許多問題，其中包括這樣的問題：捍衛剝削階級的利益並為之辯護的資產階級經濟理論，在一定歷史時期可以成為科學的經濟學科，而從19世紀30年代起的資產階級政治經濟學，為同一個階級的利益服務，卻變成了資本主義庸俗的辯護論，這種情形是如何發生的呢？

　　為了說明經濟理論包括當代資產階級政治經濟學發展的一般規律性，對古典學派進行分析也是必要的，因為當代資產階級政治經濟學的代表人物往往企圖恢復「古典學派的傳統」，特別是打著新李嘉圖主義的旗號。

威廉·配第 (William Petty 1623—1687)

弗朗斯瓦·魁奈 (Francois Quesnay 1694—1774)

杜爾哥　(Anne Robert Jacques Turgot　1727—1781)

亚当·斯密 (Adam Smith 1723—1790)

大衛·李嘉圖 (David Ricardo 1772—1823)

西斯蒙第 (Sismondi 1773—1842)

聖西門 (Saint-Simon 1760—1825)

傅立葉　(Fourier　1772—1837)

罗伯特·欧文(Robert Owen 1771—1858)

第一章 資產階級古典政治經濟學的階級性質和基本職能

政治經濟學以社會生產關係及與生產力的辯證關係的規律作為自己的研究對象，它是客觀經濟過程和規律在人們的意識中的反應，而且它們是這樣一種反應，這種反應必然通過某些階級利益和傳統表現出來，並在其中反應主觀的見解。在某種意義上可以說，政治經濟學一方面是社會意識與現實的關係，是階級關係的一定反應；另一方面，由於自己研究對象的特殊性，又是階級的思想關係。

政治經濟學史證明，政治經濟學遠不總是科學的，在階級社會裡，它往往是階級的思想體系。眾所周知，客觀現實在政治經濟學中的反應可能具有不同程度的科學性——從真正科學的分析到庸俗地描述經濟過程的表面現象。政治經濟學僅僅在這種情況下是科學的，如果它對社會發展的客觀的內在經濟規律的反應與實際相符合，並從這一立場出發，說明其外在表現形式。① 但是，在任何條件下，政治經濟學是階級的思想體系的組成部分，即與一定階級利益相適合的觀點體系。只是在特定的歷史條件下，它才是科學的思想體系。

由於以上原因，其利益在於維護政治經濟學某一流派的階級的社會作用問題，具有特殊的意義。從 17 世紀下半期至 19 世紀 30 年代，在配第、布瓦基爾培、富蘭克林、魁奈、杜爾閣、亞當·斯密、安德森、李嘉圖、拉姆賽、瓊斯、舍爾比利埃、西斯蒙第等人的著作中，對科學政治經濟學的形成，起了傑出的作用。它的代表人物，在資產階級的眼界內對資本主義經濟規律作了科學

---

① 資產階級經濟學家往往忽視社會公認的科學分析標準。例如，資產階級政治經濟學史家熊彼特寫道：「從經濟理論運用廣大群眾尚未使用的技術方法開始，從經濟學家開始發展這些方法開始，十分明顯，經濟理論成為科學的了……」根據這一觀點，顯然非科學的體系，包括宗教在內，應當屬於科學的範圍。實際上，熊彼特把廣泛運用「技術方法」的魔術也列入科學之內，因而得出了這樣的結論（熊彼特：《經濟分析史》，紐約，1954 年，第 7 頁）。

的分析。馬克思在《資本論》中指出，他所說的古典學派是指從配第以來的經濟學，它研究了資產階級生產關係的內部聯繫①。

資產階級政治經濟學古典學家捍衛當時作為進步階級的資產階級的利益，反對已經過時的封建經濟制度。列寧把古典學派最著名的代表人物之一亞當·斯密視為「先進資產階級的偉大思想家」②，並不是偶然的。

歷史條件要求資產階級政治經濟學在一定程度上深入階級的經濟關係的內在客觀規律，因為不弄明白這些，資產階級就不可能順利地同封建主義做鬥爭。資產階級的進步作用不僅要求科學地分析經濟過程，而且也要創立這種分析的可能性，因為這個階級的根本利益同社會從封建主義到資本主義的發展的基本趨勢是一致的。列寧寫道：「……古典作家摸索了，而且也摸索到了資本主義的許多『自然規律』，不過他們不瞭解資本主義的暫時性，也看不到其中的階級鬥爭。」③

同時，作為剝削階級的資產階級的歷史進步性，被反對舊的封建主義剝削形式、爭取新的資本主義剝削形式的鬥爭限制，因而它根本不願充分地揭示資本主義的經濟規律。例如，說明剩餘價值生產的秘密，揭示資本主義生產關係的歷史暫時性，等等，顯然這不符合它的階級利益。甚至在古典學派繁榮時期，資本主義的社會機制也對所有這類研究加上了極大的限制。

由此可見，資產階級古典政治經濟學具有相當複雜的內部結構。第一，它是作為一定的認識過程。這個認識過程的性質和深度如何，古典學派在某一發展階段的科學性（或庸俗性）的程度如何，那是另一回事。資產階級政治經濟學不實現（這種或那種程度）認識過程的論斷，必然得出結論：它不是資產階級社會的上層建築，不是現實經濟過程在資產階級思想家頭腦中的反應（儘管是歪曲的）。

第二，古典學派作為資產階級的經濟科學，實現一定社會的、階級目的明確的認識過程。它的任務是提供一定數量的關於經濟規律、人們的社會經濟關係的知識，資產階級之所以需要這些，是為了它作為階級而發揮職能，為了在社會爭得經濟和政治的統治地位。

政治經濟學由於作為社會科學本身的實質，不能不為某一階級的利益服

---

① 馬克思恩格斯全集：第23卷 [M]．北京：人民出版社，1972：98．
② 列寧全集：第2卷 [M]．北京：人民出版社，1957：444．
③ 列寧全集：第20卷 [M]．北京：人民出版社，1957：190．

務,因為認識社會經濟現象的過程,不是為了認識而認識,而是為了滿足一定階級需要和利益,並從屬於後者。資產階級政治經濟學認識社會經濟現象的過程,從階級上決定了它所執行的職能的性質,旨在達到資產階級一定的思想和實際經濟目的。這就意味著,資產階級政治經濟學在實現認識過程時,執行彼此緊密聯繫的兩個階級職能——思想的和實際經濟的職能。依靠對某些社會經濟規律的認識,或者相反,使群眾不懂得這些規律(往往追求這兩個目的),資產階級政治經濟學都是為資產階級的根本利益服務。

上述資產階級政治經濟學的職能,如何影響它的認識過程呢?

首先應當指出這一影響的客觀性質,這種影響使得有一切根據談論資產階級政治經濟學認識過程階級制約性的客觀規律性:其認識僅僅限於這樣的範圍,這一範圍在資本主義發展的某一階段,達到資產階級的思想和實際經濟目的是必需的。

同時,這種影響具有矛盾的性質:階級的使命,在決定認識過程的必然性以達到資產階級的階級目的的同時,把這一認識過程限制在資產階級利益所允許的範圍內。例如,資產階級政治經濟學的思想職能為了要得到實現,就要求一定的認識過程,因為沒有它,不可能構造出甚至是最表面的、庸俗辯護的理論。但同時,這一職能也大大限制了認識過程,因為深入剩餘價值生產的秘密、決定資本主義歷史暫時性的社會發展的客觀動力,是同資產階級根本的階級利益相矛盾的。

這種矛盾性同樣影響實際經濟職能的認識過程,因為它也是資產階級政治經濟學的階級職能。把這種職能說成旨在科學地認識經濟生活的規律,是不正確的。這一職能,如同思想職能一樣,只有在資產階級的階級利益不限制而是推進這種認識,也即勞動和資本的對立尚不尖銳的歷史條件下,才可能是科學的認識,這正如在資產階級政治經濟學古典作家的著作中出現過的情況那樣。

資產階級政治經濟學的實際經濟職能,並不像有時認為的那樣,是最近數十年來的發明。眾所周知,在資本主義發展的最初階段,即資本原始累積時期,當時的資產階級需要國家對經濟進行有力的干預,反應和維護其利益的重商主義理論的決定性因素,就是在政治經濟學領域制定一套實際的政策主張。不言而喻,資本主義發展第二階段——自由競爭時代(說得確切些,它的第一階段)的古典學派,為了自己的階級同樣執行了這一職能。例如,配第反對阻礙英國經濟發展(如反對禁止從國內輸出貨幣)的重商主義制度的限制,

竭力主張縮減非生產性勞動，提出一系列精簡國家機關和教會機構的措施。同時，配第主張嚴格規定工資，使其限制在最低生活水準。

至於現代資產階級政治經濟學，它尋求「醫治」和「拯救」資本主義的實際經濟手段（正如解決思想方面的問題），並沒有削弱其庸俗性的趨勢。國家壟斷調節資本主義經濟的資產階級理論，其中如凱恩斯主義，都明顯地證明了這一點。這個流派提出的任務，就在於在資產階級所需要的思潮中，如凱恩斯所說的，「在現在這個時候」① 尋找影響經濟的手段。

因此，資產階級政治經濟學的實際經濟職能，既然是為了剝削階級的利益，也絲毫不阻止這一認識過程。實際經濟職能的特點表現在，要求採取現實的態度來研究資本主義生產的職能的、數量的依存性，資產階級政治經濟學就是利用它們來為國家壟斷調節經濟的利益服務②。但是，這些依存性的研究，通常並沒有超越外部的表面的聯繫的界限，因而不消除資產階級政治經濟學的庸俗性。

可見，認識過程服從於一定的階級目的，儘管在資產階級政治經濟學史的不同階段，這種從屬性的性質和程度是不相同的。

作為資產階級政治經濟學發展客觀規律的認識過程對其階級目的的依賴性，是資產階級政治經濟學與資本主義生產方式的性質和狀況之間更深的因果聯繫的反應。

問題在於，資產階級政治經濟學認識過程的階級目的本身，依賴於資產階級的社會作用和狀況，而這又決定於資本主義發展的一定階段的階級利益的特殊性。資產階級的社會作用，還取決於資本主義生產方式的狀況，這在資本主義基本矛盾尖銳化的程度中，獲得了最集中的表現。

因此，在資產階級政治經濟學與資本主義生產方式狀況之間，存在客觀的依存性：社會經濟發展客觀規律認識的程度，最終取決於資本主義基本矛盾尖銳化的程度，取決於某一歷史階段資產階級的階級利益在何種程度上適應這一社會經濟發展的基本趨勢。

通過對資產階級政治經濟學史的分析，可以看出它發展的一般規律：資產階級經濟學家從理論上研究資本主義生產方式的實質和發展規律所受限制的程度，最終取決於資本主義生產關係與生產力相適應的程度，即資本主義基本矛

---

① 凱恩斯. 就業、利息和貨幣通論 [M]. 徐毓枬，譯. 北京：商務印書館，1963：326.
② 阿法納西耶夫：《20世紀30~70年代的資產階級經濟思想理論概述》，第1章，第4節。

盾尖銳化的程度。

具有代表性的是，資產階級政治經濟學古典學派的發展是在資本主義生產關係與社會生產力發展水準最相適應的時期（17世紀下半期至19世紀30年代），而資產階級庸俗政治經濟學的統治，則是在資本主義生產方式這兩個主要方面愈來愈明顯地不相適應的時期。隨著資本主義生產社會性的加強和工人運動的發展，資本主義基本矛盾的尖銳化成了一般理論的資產階級政治經濟學庸俗性加強的客觀基礎，成了資本主義生產方式不同發展階段其庸俗化形式發生相應變化的基礎。

不言而喻，資產階級政治經濟學發展的這個一般規律，是在其他社會的依存性、趨勢和反趨勢的複雜的矛盾體系中發生作用的。因此，它不能不表現為資產階級政治經濟學發展的某種一般趨勢。但是，這是它的決定性的和客觀的趨勢。

因此，米列柯夫斯基院士寫道：「馬克思絕不認為所有資產階級經濟學家的特點都是在資本面前奴顏婢膝並完全喪失了科學良心，儘管整個資產階級政治經濟學已經墮落，並已轉變為庸俗的看風使舵的科學。」①

這一規律表明，資產階級政治經濟學（在某種程度上，科學地或庸俗地）反應資本主義生產的現實關係，有雙重意義：第一，從反應的客體角度看；第二，從反應的主體的角度看。反應的主體的性質，在一定程度上隨被反應的客體的性質的變化而變化，即隨資本主義生產方式的變化而變化。

同時，資產階級政治經濟學發展的一般規律還表明，在資本主義發展的所有階段，它是資產階級意識形態的特殊形式，即與資產階級利益相適應的觀點體系，只有在特殊歷史條件下（當資產階級的利益同從封建主義到資本主義這一社會發展的客觀方向相一致的時候），資產階級政治經濟學才在某種程度上具有科學的形式，即接近於與資本主義生產方式現實規律性相一致的觀點體系。

儘管認識過程及其階級目的是資產階級政治經濟學彼此有機聯繫的兩個方面，沒有這一方另一方就不能存在，但在理論研究中必須對它們加以區分，因為正是這種區分，才使得接近於科學地分析資產階級政治經濟學的發展。認識過程依賴其階級目的，而後者又依賴這個階級在生產關係體系中的社會作用——政治經濟學發展中基本的規律性的聯繫就是這樣。

一般說來，所有科學在其探求現象的內部聯繫時，都經常會遇到這種類似

---

① 《國家壟斷資本主義資產階級理論批判：「混合經濟」問題》。莫斯科，科學出版社，1984年，第16頁。

的情況。大家知道，馬克思對商品這個統一現象中彼此有機聯繫的兩個方面——價值和使用價值的區分，具有多麼重要的意義。雖然二者缺一就不存在商品（這是指能夠自由地大批再生產的商品，而不是指那些不正常的，一般說來是個別的現象，例如，土地轉化為具有使用價值而不具有價值的商品），但在科學分析中對它們加以區分是絕對必要的；勞動產品的物質內容及其社會形式之間的區分，揭示了商品作為資本主義生產方式「經濟細胞」的解剖學。

與此相似，資產階級政治經濟學也有某種二重性——認識過程及其社會形式，即其資產階級的階級目的。這種區分是資產階級政治經濟學發展規律性過程分析的必然的出發點。因為正如上面已經指出的，它認識的可能性決定於它在資本主義不同發展階段的階級職能。

大家知道，正確的挑選出發點具有多麼重要的意義。只要舉出馬克思分析資本主義生產方式所得到的極其科學的成果，在許多方面決定於他深入到這一研究的出發點——商品與商品生產者的勞動的二重性，就夠了。

資產階級的階級利益，使資產階級政治經濟學認識過程變為純粹思想的過程，即旨在制定當時歷史條件下與這一階級利益相適應的那種思想體系。因此，資產階級政治經濟學經常捍衛的根本不是與客觀實際相一致的原理，而是完全符合捍衛資本主義的需要和資產階級利益的那些原理。明顯的例子是「薩伊定律」，儘管它與現實的矛盾是驚人的，資產階級政治經濟學捍衛它已百餘年了。大家知道，若與這一「規律」相適應的話，資本主義條件下生產過剩的經濟危機就是不可能的了，因為社會總需求似乎同總供給相等。然而，19世紀和20世紀的數十年間，資本主義經濟完全以不可辯駁的事實說明了相反的情況，即這類危機不可避免。在資產階級經濟文獻中，只是到20世紀30年代，這個「規律」才被推翻。可見，並不是暴露出它與現實不一致的時候，而是在這樣的時候：第一，非常明顯，在當時的歷史條件下，即在1929—1933年大危機之後，它已經不能執行其職能；第二，出現了這樣的危險，從這一「規律」的角度看待資本主義再生產問題，會阻礙國家壟斷調節資本主義經濟。

而且值得注意的是，在資產階級政治經濟學中否定「薩伊規律」遠不是充分的，而只限於一個流派即凱恩斯主義的範圍內。20世紀70年代末80年代初，由於新保守主義經濟理論的興起，它的擁護者又重新開始利用「薩伊定律」來論證，似乎自由競爭能夠防止（借助於市場價格的自發性，建立需求與供給的均衡）生產過剩的經濟危機。但是，大家都很清楚地知道，早在

一個半世紀以前（從 1825 年開始），生產過剩的經濟危機，就已經從形式上的可能性（實際上，這也為「薩伊定律」所否定，因為它把資本主義經濟現象看作是沒有貨幣的直接交換的貿易，即 T_1—T_2）轉化為嚴酷的現實了。1974—1975 年的世界經濟危機，按其規模來說，是繼整個資本主義歷史上最嚴重的 1929—1933 年經濟危機之後的第二次危機。

認識過程及其資產階級的階級目的，是階級制約的認識社會經濟現象過程這一統一體的兩個方面。同時，這是矛盾著的、辯證的統一。由於某些原因，認識過程在一定程度上可以超出直接階級利益所規定的界限，這正如資產階級古典政治經濟學代表人物的著作在一系列問題上時而有過的那種情況。然而，即使對古典學派來說，認識過程決定性的受制於階級目的的原理，仍然是正確的。不過，認識過程也是在複雜的社會條件下實現的，其中許多社會條件對認識過程產生影響（被研究的社會經濟過程成熟的程度，所累積的知識的多少，階級力量的對比和性質，等等）。

例如，大家知道，資產階級政治經濟學否定資本主義的剝削實質，不承認勞動力轉化為商品、剩餘價值是剝削工人的結果、無產階級同資產階級鬥爭的必要性，等等。但是，在一定的歷史條件下——當然，這些條件不改變資產階級的社會經濟本質，資產階級政治經濟學是承認上述事實的，或者當時對資產階級並不危險，或者那時這種承認可以幫助資產階級從思想上影響工人階級。

例如，在 19 世紀 70 年代，即俄國工人運動尚未成為獨立的政治因素的時候，在亞·伊·楚普羅夫教授的大學政治經濟學教程中，我們可以發現不少直接從馬克思《資本論》中抄來的引語，其中包括接近於理解勞動轉化為商品的借用語。在 20 世紀初，也同樣是俄國資產階級政治經濟學中，關於這一關鍵問題，我們遇到更加驚人的事實。在杜干-巴蘭洛夫斯基的著作中，直接承認資產階級收入的剝削實質、非勞動性質和工人同資本家鬥爭的必要性，儘管被限制在經濟要求的框框內①。19 世紀末 20 世紀初，在俄國尖銳的階級衝突的條件下：「合法馬克思主義」（這是資產階級政治經濟學的特殊派別）廣泛利用馬克思主義的術語，把工人運動引入迷途，並使其走上資產階級改良主義道路。

不研究認識過程對其階級目的的依存性，不僅對現代資產階級政治經濟

---

① 杜干-巴蘭洛夫斯基：《政治經濟學原理》，第 4 版，彼得格勒，1917 年，第 378-380、394、533 頁。

學,而且對現代資產階級的一般經濟科學的分析,都是不可能的。沒有這種研究,許多現象,包括專門研究領域的現象,就不可能加以說明。在資產階級經濟學家那裡往往極有價值的作品,雖然在政治經濟學一般理論問題方面他們通常堅持反科學的立場,但馬克思主義學者仍不應放過這些著作。列寧寫道:「政治經濟學教授雖然在實際材料的專門研究方面能夠寫出極有價值的作品,可是一旦說到政治經濟學的一般理論時,他們中間任何一個人所說的任何一句話都不可相信……因為在現代社會中,政治經濟學正像認識論一樣,是一門有黨性的科學。」① 同時,列寧要求馬克思主義者利用資產階級經濟學家的具體經濟研究成果。他寫道:「……在研究新的經濟現象時,如果不利用這些幫辦的著作,就不能前進一步。」②

列寧的這些原理包含著一個重要的思想,即否定資產階級政治經濟學的認識過程和資產階級具體經濟研究的差別,可能產生對資產階級研究工作者在經濟科學應用方面無論是從社會主義經濟實踐還是如列寧講的從研究資本主義新的經濟現象來說都是有益的那些成就,採取虛無主義的態度。

因此,科學地批判地對待資產階級政治經濟學,不僅要求區分它的認識過程及其階級目的,而且要求分析後者在資產階級政治經濟學的不同階段和在經濟研究不同領域的作用。

當代資產階級經濟學家有時不得不承認,資產階級政治經濟學是保證有產階級思想統治最重要的武器。美國經濟學家加爾布雷思斷言,「在現代經濟體系中行使權力的方式」是誘使個人接受別人的目的作為自己的目的。正如加爾布雷思所指出的,除了利用強制手段來達到這一點,還得利用說服,而且,「進行說服……成了行使權力的基本手段」③。

經濟理論也具有重要的作用。加爾布雷思寫道:「經濟學對行使權力所起的作用,可以稱為工具的作用;說它是工具的,因為它所教導的不是對經濟體系的瞭解或改進,而是如何適應這個體系中有權的那些人的目標。」④

---

① 列寧全集:第 14 卷 [M]. 北京:人民出版社,1957:362.
② 列寧全集:第 14 卷 [M]. 北京:人民出版社,1957:362.
③ 加爾布雷思. 經濟學和公共目標 [M]. 蔡受百,譯. 北京:商務印書館,1980:12. 資產階級思想家賦予宣傳如此重要的作用,以致往往把它作為實施帝國主義政策的因素而與現代武裝相媲美。
④ 加爾布雷思. 經濟學和公共目標 [M]. 蔡受百,譯. 北京:商務印書館,1980:13.

在這裡，實際上已經承認，經濟理論不是別的，正是資產階級的經濟思想體系，是為資產階級對勞動群眾進行統治的利益服務的，儘管加爾布雷思不願叫出事物本來的名稱。他寧願說什麼一般經濟理論、一般權力，來掩蓋二者的階級性質。

除了經濟理論「工具的作用」，加爾布雷思還承認「科學法則的解說目標——試圖瞭解事情究竟是怎樣的」①。毫無疑問，加爾布雷思把經濟學的「解說目標」，看作是不依賴於「工具作用」的，看作不依賴於其階級目的的某種認識過程，也是資產階級在「行使權力」。

在資產階級政治經濟學長時期的發展史上，它所起的作用，以資本主義生產的矛盾的性質和規模為轉移，首先以其基本矛盾為轉移，而有了一系列的特點。資產階級古典政治經濟學旨在捍衛當時進步的資本主義生產方式。正因為如此，古典學派不是作為辯護者來捍衛資本主義關係的。

馬克思寫道：「李嘉圖的毫無顧忌不僅是科學上的誠實，而且從他的立場來說也是科學上的必要。」② 這一立場的特點在於，資產階級古典政治經濟學企圖竭力促進作為鞏固資產階級陣地和加強對工人階級剝削的一般基礎的資產階級社會生產力的發展。

因此，說得更加確切些，資產階級古典政治經濟學直接捍衛的是當時生產力發展的利益，它之所以捍衛其資本主義形式，是因為後者在那個時期最適合這一發展的要求。不言而喻，捍衛那種條件下的生產力發展的要求，在很大程度上就是捍衛資產階級的利益。

但是，馬克思注意到了下列十分重要的情況，當生產力發展的要求與資產階級利益相一致時，資產階級政治經濟學捍衛了資產階級的利益，但當它們互相矛盾的時候，古典學派首先是李嘉圖就反對資產階級的利益。馬克思寫道：「……對李嘉圖來說，生產力的進一步發展究竟是毀滅土地所有權還是毀滅工人，這是無關緊要的。如果這種進步使工業資產階級的資本貶值，李嘉圖也是歡迎的……如果說李嘉圖的觀點整個說來符合工業資產階級的利益，這只是因為工業資產階級的利益符合生產的利益，或者說，符合人類勞動生產率發展的利益，並且以此為限。凡是資產階級同這種發展發生矛盾的場合，李嘉圖就毫無顧忌地反對資產階級，就像他在別的場合反對無產階級和貴族一樣。」③

---

① 加爾布雷思. 經濟學和公共目標［M］. 蔡受百，譯. 北京：商務印書館，1980：13.
② 馬克思恩格斯全集：第26卷第2冊［M］. 北京：人民出版社，1973：125.
③ 馬克思恩格斯全集：第26卷第2冊［M］. 北京：人民出版社，1973：125.

把重心轉到捍衛社會生產力的利益上，是資產階級古典政治經濟學重要特點之一。也就是說，它在認識過程中實現的階級目的不是有辯護的性質。在這方面，古典學派根本不同於庸俗學派，後者集中力量為已經變成生產力發展的障礙的條件下的資本主義關係進行辯護，加以捍衛。

這是古典學派社會性質的特點——全力捍衛生產方式最進步的方面（生產力）；還捍衛它的另一方面（資本主義生產關係），只是因為它們促進生產力的發展，這在一定程度上決定了資產階級古典政治經濟學既有科學性，又是相對獨立的認識過程。

大家知道，古典學派的代表人物亞當·斯密和李嘉圖在其經濟研究中，在許多場合都超出了資產階級的直接階級利益所設定的界限。作為經濟科學寶庫中真正貢獻的許多偉大科學發現，是歸功於他們的。

古典學派重要的科學成就，是揭示了經濟規律其中首先是價值規律的客觀性。但是，古典學派的代表人物未能揭露這些規律的特殊社會性和歷史性，而把它們說成是自然的和永恆的「自然規律」或者「人類本性的規律」。古典學派對經濟規律客觀性的理解，是其代表人物在政治經濟方法方面所完成的重要發現的結果。

這些重要發現之一，是資產階級政治經濟學古典學派（首先是而且主要是李嘉圖）發現了「資產階級體系生理學的出發點」。馬克思看到了「李嘉圖對科學的偉大歷史意義」，看到了「李嘉圖研究方式的偉大歷史價值」，這在於他確定了商品的價值是由耗費在生產中的勞動所決定的。李嘉圖摸索到了資產階級生產體系發生作用的內在基礎，提供了一元地、科學地說明這一體系外部表現形式的全部特點。這種方法使得接近於理解資產階級生產方式發展歷史過程的基礎和有規律的性質。但是，由於自己的階級局限性，李嘉圖不善於把這個方法發展為真正科學的研究方式並利用其優越性。形而上學地對待經濟現象，使得李嘉圖不可能從簡單商品生產關係的發展和解體中引申出更加複雜的發達資本主義關係。

古典學派的代表人物是勞動價值理論的第一批作者。正是他們第一次宣稱耗費在商品生產中的勞動是商品價值的來源。但同時，古典學派卻沒有看到商品關係的歷史性，沒有發現商品生產者勞動的二重性，因而沒有發現作為價值源泉的勞動的特殊性，沒有解決勞動價值理論的其他許多最重要的問題。

古典學派在研究資本主義政治經濟學中心點——剩餘價值問題方面，也有

重要的功績。例如，資產階級政治經濟學古典學派認為（雖然不是一貫的），雇傭工人的勞動是價值的唯一源泉，無論土地，無論生產資料，都不可能是資本主義利潤的源泉。馬克思在《剩餘價值學說》中寫道：「……斯密認識到了剩餘價值的真正起源，因為斯密把利潤歸結為對無酬的別人勞動的佔有。」①在李嘉圖的著作中，更為徹底地發展了這一觀點。

李嘉圖企圖在表面上彼此不同互不聯繫的剩餘價值的各種不同的具體形式——地租、利息和利潤之下，揭示出它們的內在聯繫，發現它們的共同基礎。馬克思寫道：「古典政治經濟學力求通過分析，把各種固定的和彼此異化的財富形式還原為它們的內在的統一性，並從它們身上剝去那種使它們漠不相關地相互並存的形式；它想瞭解與表現形式的多樣性不同的內在聯繫。」②

資產階級政治經濟學古典學派，首先是李嘉圖表明，地租（他只知道級差地租）是剩餘價值的特殊形式，因此沒有獨立的源泉（土地曾被看作是這樣的源泉）。利潤和地租有其共同的源泉，這就是雇傭工人的勞動。這一分析粉碎了關於地租是非剝削性質的辯護理論，消除了這一收入形式不依賴於資本主義利潤的表面現象。他們還同樣表明，利息是利潤的一部分。因此，古典學派「把非勞動者借以從商品價值中獲取份額的一切收入形式，一切獨立的形式或名義都還原為利潤這一種形式」③。

但是，資產階級政治經濟學古典學派由於其社會局限性，不能把利潤歸結為剩餘價值，不能揭示剩餘價值規律。

資產階級政治經濟學古典學派雖然沒有發現剩餘價值規律，沒有揭示資產階級剝削無產階級的機制，他們的分析未必就符合從思想上捍衛資產階級的直接利益；須知，這種分析碰到了關於資本主義制度具有剝削性質的結論。

而且，李嘉圖發現和研究了資產階級社會基本階級的經濟矛盾，雖然他還既不理解它們與客觀社會對抗的實質，也不懂得解決它們與客觀社會對抗的真正途徑。但這一分析使資產階級政治經濟學達到了這樣的境地，在這種境地之內，它已經不能發展，只能始終是資產階級科學。

馬克思在談到英國資產階級政治經濟學的發展時寫道：「英國古典政治經濟學是屬於階級鬥爭不發展的時期的。它的最後的偉大的代表李嘉圖，終於有

---

① 馬克思恩格斯全集：第 26 卷第 1 冊 [M]．北京：人民出版社，1973：58，59．
② 馬克思恩格斯全集：第 26 卷第 3 冊 [M]．北京：人民出版社，1973：555．
③ 馬克思恩格斯全集：第 26 卷第 3 冊 [M]．北京：人民出版社，1973：556．

意識地把階級利益的對立、工資和利潤的對立、利潤和地租的對立當作他的研究的出發點，因為他天真地把這種對立看作社會的自然規律。這樣，資產階級的經濟科學也就達到了它的不可逾越的界限。」①

古典學派的科學成就表明這樣一個事實，即他們捍衛當時進步階級的利益，但另一方面也很明顯：古典學派的科學分析及其深度和傾向，在一定程度上超出了資產階級直接階級利益所限定的界限。這說明，經濟分析服從於階級利益，是通過複雜的間接的途徑實現的，認識過程有其內在的規律，具有一定的獨立性。

早在19世紀30年代以前，李嘉圖的理論雖然是例外地，但已經「被用作攻擊資產階級經濟的武器」②，在資產階級古典政治經濟學的基礎上，產生了以社會主義者——李嘉圖派為代表的——整個空想社會主義流派，他們企圖用古典學派的理論的科學原理來反對資產階級。社會主義者——李嘉圖派從這些原理中得出結論，特別是得出了這樣的結論：全部社會產品和全部社會財富應當屬於勞動者，因為正是他們的勞動是這些財富的唯一來源③。

不言而喻，古典學派的這些原理在上述時期，由於無產階級同資產階級的鬥爭還不發達，對資本主義沒有形成什麼重大的危險，只是為認識過程的相對獨立性奠立了基礎。但是，這種情況要求在資產階級政治經濟學中對認識過程及其階級目的加以區分。

資產階級政治經濟學古典學派是馬克思主義——革命無產階級的科學思想體系的來源之一，這就決定了古典學派的歷史意義。正是由於這個原因，馬克思主義的敵人竭力擾亂古典學派與馬克思主義的關係問題。一方面，他們企圖推翻、中傷或歪曲古典學派的科學成就；另一方面，馬克思主義的敵人公開歪曲古典學派和馬克思主義經濟理論的理論歷史聯繫，把馬克思主義經濟理論或者看作是承襲古典學派思想的簡單的結果（直到把馬克思的理論包括在古典學派之中），因而抹殺馬克思主義在政治經濟學中所完成的革命性變革，或者就是完全否認馬克思主義與古典學派的任何聯繫。

可見，當代的反馬克思主義，企圖使人懷疑馬克思主義政治經濟學產生的規律性質。

---

① 馬克思恩格斯全集：第23卷［M］.北京：人民出版社，1973：116.
② 馬克思恩格斯全集：第23卷［M］.北京：人民出版社，1973：116.
③ 社會主義者——李嘉圖的理論——馬克思主義以前經濟思想最有意義的學派之一（《馬克思恩格斯全集》第26卷，第3冊，第21章）.

在當代資產階級經濟文獻中，對古典學派概念本身的歪曲，也是為此目的服務的。這方面典型的例子是凱恩斯的立場，他寫道：「我向來用經典學派一詞，亦包括李嘉圖之後繼者，即那些接受李嘉圖經濟學而加以發揚光大的人，例如約翰‧斯圖亞特‧穆勒、馬歇爾、艾其偉斯，以及庇古教授。」① 由此可見，凱恩斯在竭力混淆馬克思和古典學派經濟理論的真實關係時，還歪曲古典學派概念本身，其中主要包括「發揚光大」李嘉圖理論非科學方面的那樣一些資產階級經濟學家，亦即李嘉圖學說的庸俗化者。在這個名單中，只有穆勒是例外。正如馬克思所公正指出的，把穆勒列入庸俗經濟學家——資本主義辯護士是不正確的②。

篡改古典學派概念的另一例子是美國經濟學家約翰‧楊格的著作《古典學派的價值理論：從斯密到斯拉法》。從這一著作的書名就可看到，作者歪曲了古典學派的概念。在古典學派中，除了斯密和李嘉圖，他還列入了馬克思和斯拉法。從而，約翰‧楊格大筆一揮就抹殺了資產階級古典學派、無產階級政治經濟學——馬克思主義經濟理論和當代資產階級政治經濟學之間深刻的質的差別。

在《古典學派傳統的實質》一章中，約翰‧楊格論證了自己的觀點，說明了「古典學派經濟分析」的特徵：「古典學派的分析忽視消費需求現象，集中注意力於生產，這是整個古典學派分析的主要特徵」；古典學派的特點，「與其說是主觀的、心理的分析方法，毋寧說是物質的、客觀的分析方法」。此外，楊格還把古典學派關於生產的觀點，說成是決定交換關係的社會物質過程的觀點，並當作是古典學派傳統的主要部分③。

在楊格列舉的古典學派的特徵中，沒有主要的和決定性的特徵——對資本主義生產關係內在聯繫的分析。因而消除了科學的與庸俗的資產階級政治經濟學流派之間的具有決定性意義的界限。儘管約翰‧楊格把重點放在生產的研究上，並當作「古典學派分析」的特徵，但他忘記了對生產也可能按照不同的方法進行研究，其中包括從辯護性地描述資本主義生產所固有的商品拜物教形式的立場進行研究，例如庸俗的「生產三要素」理論所做的那樣。可見，研究生產，包括用「物質的、客觀的」方法進行研究，如果不能超出經濟過程外部的假象的描述，不研究社會生產的內在客觀規律，就不會超出庸俗政治經濟學的範圍。

---

① 凱恩斯．就業、利息和貨幣通論［M］．徐毓枬，譯．北京：商務印書館，1963：9 註．
② 馬克思恩格斯全集：第 23 卷［M］．北京：人民出版社，1973：670 註．
③ 約翰‧楊格：《古典學派價值理論：從斯密到斯拉法》，博爾德-科羅拉多，1978 年，第 76-77、89、95 頁。

約翰·楊格企圖把研究生產時「忽視消費需求」作為「整個古典學派分析的主要特徵」。消費需求問題，同約翰·楊格提出的古典學派的其他標準一樣，在這裡毫不相干，因為這個問題，和商品的供給問題一樣，只直接描述經濟生活外部的表面的依存性。

同時，這個「標準」不是別的，正是企圖給科學的經濟思想，首先是給馬克思主義經濟理論投上陰影，指責它忽視廣大人民群眾的利益；須知，關於它忽視消費需求的問題的斷言，正是歸結為這一點。

但是，這種指責與現實毫無共同之處，在馬克思的理論中，消費需求問題佔有它在資本主義經濟關係體系中所占的那種地位，是決定從數量上說明一系列資本主義社會經濟現象的重要因素之一。例如，馬克思指出，勞動力價值的大小依賴於某個國家歷史形成的消費傳統；商品的市場價格取決於是最好的、中等的生產條件，還是最壞的生產條件，這要以形成的該商品的供求關係為轉移，等等。

資產階級理論家企圖歪曲古典學派的實質及其與馬克思主義的關係，不是偶然的。這表明，資產階級古典政治經濟學及其與馬克思主義經濟學說的關係的問題，屬於當代思想鬥爭的迫切問題。

當代資產階級經濟思想史在其對待古典學派方面，碰到了複雜的、矛盾的問題。一方面，當代資產階級思想家不能不懂得，古典學派捍衛他們階級的利益；而另一方面，他們同樣明白，馬克思主義和古典學派之間存在歷史理論的繼承性，這種繼承性是馬克思主義科學性與規律性的重要證據之一。正是這種情況，使得古典學派的科學原理，對當代資產階級政治經濟學來說，成為不可以接受的。列寧在說明資產階級社會的階級結構這樣重大的問題時寫道：「整個古典政治經濟學在這方面有了許多進步，而馬克思更加向前跨了一步。現代資產階級被這一步嚇得魂不附體，對現代經濟進化中十分明顯、十分有威力的『規律』感到惶惶不安，以至資產者及其思想家們竟然準備把一切古典作家和任何規律都一筆勾銷，只要能把……叫什麼來著？……社會的不平等問題存入法理學的檔案就行。」①

在資產階級文獻中，如何解釋古典學派和馬克思主義經濟理論之間的關係問題，德國政治經濟學史研究者塔爾指出，這是評價資產階級在政治經濟學史方面的立場的根本問題②。

---

① 列寧全集：第 20 卷 [M]．北京：人民出版社，1957：193．
② 《昨天和今天的亞當·斯密——紀念〈國富論〉發表兩百週年》，柏林，1976 年，第 110 頁．

第二章　資產階級政治經濟學作為一門特定科學的形成過程

　　馬克思把資產階級政治經濟學的產生，同資本主義發展的工場手工業階段聯繫起來。他寫道：資產階級政治經濟學「作為一門獨立的科學，是在工場手工業時期才產生的……」①，工場手工業的勞動分工，雖然建立在手工技術的基礎上，卻保證了資本主義生產的巨大發展，同時加強了資產階級的經濟和政治地位。資本愈來愈使直接的生產過程從屬於自己。在這樣的條件下，資本主義生產已經不能僅僅看作資本流通的一個因素（重商主義者就是這樣）。生產成了專門研究的對象，這也就決定了關於經濟生活內在客觀規律問題的提出。描述的方法被抽象法排擠，資產階級政治經濟學愈來愈具有科學的質的特徵。由古典學派實現的認識過程的階級目的的特點，決定於資產階級進步的社會作用和資本主義社會階級對立不發達。這些特點既決定了這一認識過程的科學性質，又決定了古典學派科學水準的逐步提高（直到一定的客觀界限）。

　　從重商主義到李嘉圖的經濟理論，古典學派是不斷向前發展的。從資產階級的階級目的在古典學派認識的可能性不斷發展中起決定性作用來看，資產階級古典政治經濟學形成的問題也是很有意義的。

　　任何科學研究必然從描述外部的表面現象開始，然後揭示其內在的規律。這一規律性也支配著社會經濟思想的變化，它也是從描述和劃分經濟過程外部現象開始的。作為資產階級政治經濟學第一個學派的重商主義有決定性意義的認識論特點，就在於此。

---

① 馬克思恩格斯全集：第 23 卷 [M]．北京：人民出版社，1973：404.

第一節　重商主義——資產階級政治經濟學的前史

大家知道，重商主義者是資本主義生產方式的最初解說者。他們對政治經濟學的建立和發展作出了重要的貢獻，使經濟理論從中世紀教會思想的桎梏中解放出來。重商主義者認為，理論原理真理性的標準是它們是否符合實際，而不是是否符合「聖經」。

他們把政治經濟學的基本範疇（商品、貨幣、資本、商業、商業利潤、財富等）分離出來，並加以研究。資本原始累積時代的資產階級經濟學家，反應正在產生的商業——工業資產階級的利益，首先開始研究資本主義經濟，這就必然使自己的分析局限於資本流通過程外部表象的描述，並以此作為政治經濟學的研究對象[①]。

在他們看來，生產不僅沒有決定性的意義，而且也沒有獨立的意義，重商主義者把它僅僅看作是資本流通的必要因素。因此，他們把主要的東西——分析生產擱置一旁。其實，只有研究具有決定性意義的經濟領域——生產領域，才能發現資本主義生產方式的內在規律。這種方法使得重商主義者看不到經濟過程外部的、往往是虛假的形式與其真正實質之間對科學來說是極其重要的區別。因此，馬克思把重商主義看作是政治經濟學的前史。

重商主義者與其一般立場相適應，把財富及其貨幣形式，確切些說，與資本的貨幣形式等同起來，因此宣稱，只有開採金銀的勞動，或者只有能保證貴金屬流入國內的勞動（工業的出口部門、對外貿易等），才是生產勞動。這意味著，正是從重商主義開始出現了關於生產勞動的商品拜物教概念，即把勞動產品使用價值的某種屬性當作生產勞動的標準。與此同時，在重商主義者那裡，也出現瞭解決這一問題的科學方法的萌芽，即可以推測到生產勞動與資本主義利潤的聯繫。

他們已經看到，開採金銀的勞動，還有出口部門的勞動，比投放到其他領域的勞動帶來更多的利潤。問題在於，在開採黃金的國家，由於黃金開採費用的降低，名義工資的增長趕不上商品價格的增長。因此，工人的實際工資降低了，而資本家的利潤增加了。這種情況也保證了廉價的黃金從國外流入非貴金屬開採的國家[②]。

[①]　馬克思恩格斯全集：第25卷 [M]．北京：人民出版社，1973：376．
[②]　馬克思恩格斯全集：第26卷第1冊 [M]．北京：人民出版社，1973：145．

重商主義者認爲，流通領域，首先是順差的對外貿易是一國財富的源泉。英國重商主義最著名的代表人物托馬斯・孟（1571—1641）在其著作《英國對外貿易的財富》（1664，該學派的主要著作）中寫到，對外貿易是增加中國財富和中國貨幣的通常手段……而且我們應當經常遵守下列原則：「每年賣給外國人的總數要大於我們從他們那裡購買的。」① 出口應當大於進口，以保證黃金流入國內。

重商主義作爲資產階級政治經濟學的一個特殊流派已經過去了，但它制定的經濟政策的思想和原則進入了資產階級理論和實踐的寶庫中。當代資產階級政治經濟學的基本方法論原則（在一般特徵上，已爲重商主義者所制定）之一，是交換概念。保護關稅措施、貿易順差和經濟政策的一系列其他類似的措施，都在當代經濟的實踐中被如此積極的採用，使得有相當的根據談論「新重商主義」。著名的凱恩斯門徒瓊・羅賓遜在其著作《新重商主義》中解釋這一術語時寫道：「新重商主義的特徵在於，每個民族都企圖犧牲其他民族而獲得剩餘。」②

重商主義所固有的關於流通領域和貨幣在資本主義經濟生活中起主導作用的概念，在20世紀70~80年代資產階級文獻中的貨幣主義理論中再現了③。而且，如果說重商主義者把工業資本和商業資本的貨幣形式偶像化了，那麼，貨幣主義者則把信貸—貨幣流通偶像化爲金融資本運動的形式④。

資產階級政治經濟學第一個學派重商主義同其最後的學派資產階級庸俗政治經濟學，有明顯的相似之處。馬克思指出：「重商主義以它那種粗線條的現實主義，形成了當時真正的庸俗經濟學……」⑤ 但是，能夠說明經濟科學的不發達（在經濟過程的分析中只走了最初幾步），適應資產階級庸俗政治經濟學

---

① 《重商主義》，列寧格勒，1935年，第155頁（在這本書中，發表了重商主義者最重要的原著）。
② 瓊・羅賓遜：《新重商主義》，劍橋，1966年，第12頁。
③ 《當代經濟思想》，第13章；阿里金：《科學的青年時代》，莫斯科，政治書籍出版社，1975年，第50-53頁。
④ 貨幣主義者把價格的變動、經濟週期、經濟發展速度等，看作是從流通中貨幣總量變動中直接派生出來的。英國經濟學家瓊・格拉厄爾談到關於弗里德曼和施瓦茨合著的《美國和英國的貨幣主義傾向》時寫道：「弗里德曼和施瓦茨新的研究中的主要論斷是：『貨幣數量』與『物價總水準』之間存在直接的因果聯繫」（《今日馬克思主義》，1984年3月，第5頁）；按照美國經濟學家盧卡斯的說法，宏觀經濟學的主要問題在於有分析地說明，在什麼樣的條件下，可能發生信貸貨幣政策中未能預見的變化所引起的經濟週期。（《經濟文獻雜誌》第22卷，1984年3月）。
⑤ 馬克思恩格斯全集：第25卷 [M]．北京：人民出版社，1973：884。

本身的那些方面，顯然需要另作解釋。

政治經濟學作為一門科學的發展，是當生產而非流通成為理論研究的中心的那個時候開始的；在這個方面邁開決定性一步的是威廉·配第——17世紀英國經濟學家、資產階級古典政治經濟學的奠基者。

第二節 《政治算術》是政治經濟學獨立出來的第一個形式

威廉·配第（1623—1867）大約在300年前寫的許多著作，直到現在仍然以其獨創性和思想的深刻性使讀者感到驚訝。其中我們可以看到創立研究經濟現象科學方法的最初嘗試。正是配第在著名的《賦稅論》（1662年）中，第一次在政治經濟學史上闡述了勞動價值理論。配第的巨大功績在於，他第一個——當然還遠不充分，揭去了掩蓋資本家剝削雇傭工人的關係的帷幕。馬克思寫道：「從配第……中，可以看到對剩餘價值的性質的猜測……」①

配第過的是燦爛的和狂熱的生活②。馬克思在強調指出配第的觀點具有「天生的勇氣」，闡述其思想具有「天生果斷的方式」時，把配第說成是「政治經濟學之父，在某種程度上也可以說是統計學的創始人」③。

配第的著作奠定了資產階級古典政治經濟學的基礎，因而也奠定了政治經濟學的基礎④。

配第在考察經濟現象時，不僅力圖描述它們，這對重商主義者來說是很典型的，而且力圖深入這些現象的實質，說明它們的質的特點。配第為自己提出的任務，是說明貨幣與稅收、貨幣租金與地租、商品交換、土地價格等的「神祕性質」⑤，即它們的實質。他為了解決這一任務，拋棄了這樣一些論據，

---

① 馬克思恩格斯全集：第26卷第1冊［M］．北京：人民出版社，1973；175．
② 阿里金：《科學的少年時代》，第54-83頁。普托哈：《17~18世紀統計史綱》，莫斯科，1945年，第46-80頁。
③ 馬克思恩格斯全集：第23卷［M］．北京：人民出版社，1973；302．
④ 在資產階級政治經濟學史家那裡，對待配第的遺產沒有多少統一的觀點。在專門考察古典學派一系列資產階級著作者的著作中，甚至沒有提到配第（例如，可參見羅賓斯：《英國古典政治經濟學的經濟政策理論》，倫敦，1961年）。在其他著作中則指出：「配第的著作被正確地說成作為科學分析領域的經濟理論的一個例子」（羅爾：《凱恩斯以後的世界》，第Ⅶ頁）。第三類學者，企圖以當代的觀點弄清古典學派這一概念，也不過限於援引配第理論遺產的兩三段話（《古典學派和馬克思主義政治經濟學》，布拉德利、霍華德主編，1982年）。
⑤ 配第：《經濟和統計著作》，莫斯科，1940年，第5頁。

正如他所說的，這些論據「依賴於各個人的理智、意見、願望與熱情的非固定性」，而僅僅使用「從感覺的經驗得到的論據」，考慮的「只是在自然中有明顯根據的原因」①。這意味著，配第實質上區分了外部表面現象及其實質之間的差別（大家知道，不懂得這一點，就沒有科學方法，就沒有科學），制定了政治經濟學中科學抽象法的原則。

與此同時，配第還力圖盡可能更準確地從數量上說明經濟現象和經濟過程。他在強調自己的方法的這個方面時寫道：「我……用數字、重量和尺度等詞彙來表達我自己想說的意見。」②

在配第那裡，我們可以發現對某些極其重要的社會現象作為唯物主義理解的因素。這裡主要之點在於，他放棄了重商主義的出發點立場——僅僅從流通的觀點分析經濟過程。配第的著作為從研究流通過渡到研究生產奠定了基礎，他對價值、地租等諸如此類現象的解釋密切地同分析生產聯繫起來，他認為國內戰爭的原因之一是財產的過度不均，讓「一部分人過著奢侈生活，而另一部分人死於饑餓」③。配第作為自發的唯物主義者，在土地所有權的分配中，而不是在各黨派的民族口號和地方口號中，尋找愛爾蘭各黨派之間鬥爭的實際基礎。從這些觀點出發，配第分析了一系列經濟現象：商品關係、地租和貨幣租金（利息）等，正如列寧在其著作《又一次消滅社會主義》中指出的，整個說來，配第是站在唯物主義立場上④。

曾經多方面從事自然科學（醫學、物理學、化學）研究的配第，作為一位自然科學家來看待經濟和政治現象。在《愛爾蘭政治解剖》一書中，他寫道：「有如研究醫學的人對……一般的動物進行試驗一樣……與此相似，我選擇愛爾蘭作為……政治動物。」⑤ 他宣稱自己分析的對象是「政治軀體」，也就是社會，首先是經濟。

科學思想的進一步發展，是朝著逐步地劃分社會生產力和生產關係這個方向的。但是，在配第那裡，生產方式的這兩個方面仍然融合在一個整體中。因此，極其注意階級經濟關係分析的配第，沒有把它們單獨劃分出來作為政治經濟學本身的研究對象。

---

① 配第：《經濟和統計著作》，第156頁。
② 配第：《經濟和統計著作》，第156頁。
③ 配第：《經濟和統計著作》，第18頁。
④ 列寧全集：第20卷［M］. 北京：人民出版社，1957：189.
⑤ 配第：《經濟和統計著作》，第90頁。

分析社會現象的自然科學方法，使配第得出了存在著規律性（這些現象受其支配）的結論。配第在其著作《愛爾蘭的政治解剖》中考察社會現象時，就曾說到自己力圖仔細研究自然的規律和方法①。他沒有把資本主義經濟規律當作特殊的範疇（與自然規律不同），因而認為它們是永恆的。正如馬克思所指出的，實際上，配第把從資產階級生產性質中產生的規律理解為「自然規律」②。

　　這種在說明規律這一範疇時不加區別的做法，卻也包含著重要的合理因素：猜測到了支配社會的規律的客觀性質。配第在反對那些企圖用立法手段維持低利息率的土地佔有者時寫道：公民的規律應當適應「自然的規律」，否則，公民規律將是徒然的和無結果的③。這就是歷史上劃分客觀經濟規律和法律規則最初嘗試之一。

　　配第接近於懂得，在實踐中必然考慮經濟中發生作用的規律。意味深長的是，類似的思想出現在英國資產階級革命的時期，當時資產階級積極利用經濟規律反對封建主義。配第在對醫生和政治家進行類比時寫道：「沒有關於政治軀體的對稱、結構及其各部分之間的關係的知識，對其發生作用……猶如巫醫行醫一樣，是靠不住的。」④ 他還寫道：「慎重的醫生行醫，適應自然過程，」「……在政治和經濟中，必然按照類似的方式來行事，」因為你如果把自然趕出門外，它就會從窗戶飛進來。⑤

　　配第十分清楚地意識到，他建立了新科學的基礎，並把它稱為「政治解剖學」或「政治算術」⑥。他認為，「這門科學的任務是研究各種經濟現象——資本、商業、地租、利息等的實質」⑦。

　　把社會看作「政治軀體」並從屬於客觀的「自然規律」，把勞動理解為社會生活最深刻的基礎，力圖借助於質的、「算術的」以及抽象的方法來研究它——這就是配第所開創的新科學的基礎。馬克思在談到配第的著作（其中包括《政治算術》）時寫到，配第關於勞動是物質財富的源泉的看法，「把他引導到政治算術——政治經濟學作為一門獨立科學分離出來的最初形式」⑧。

---

① 配第：《經濟和統計著作》，第 140 頁。
② 馬克思恩格斯全集：第 26 卷第 1 冊［M］. 北京：人民出版社，1973：385-386.
③ 配第：《經濟和統計著作》，第 6、38 頁。
④ 配第：《經濟和統計著作》，第 90 頁。
⑤ 配第：《經濟和統計著作》，第 48 頁。
⑥ 配第：《經濟和統計著作》，第 90 頁。
⑦ 配第：《經濟和統計著作》，第 205 頁。
⑧ 馬克思恩格斯全集：第 13 卷［M］. 北京：人民出版社，1973：43.

应用新的方法分析经济过程，使得配第能够作出一系列重大发现。正是配第揭示了这样一个事实，即商品交换是以生产它所耗费的劳动来调节的①。他奠定了劳动价值理论的基础，这一理论在科学的政治经济学的发展中起到了真正杰出的作用②。

配第的许多表面上零散的理论原理，实际上有内在的基础——劳动价值理论。配第从这一理论观点出发，企图说明许许多多经济现象——商品的市场价格、工资、地租、土地价格，等等。

配第在《赋税论》中写道：「假如一个人在能够生产一蒲式耳谷物的时间内，将一盎司白银从秘鲁的银行中运来伦敦，那么，后者便是前者的自然价格。」③ 在这里，对「自然价格」的解释带有明显的重商主义痕迹：配第通过交换价值来决定商品价值，而前者又通过价值的货币形态来决定。

在配第看来，当一定数量的银是一定商品的「自然价格」时，那么，这二者所耗费的劳动量是相同的。因此，「自然价格」是由生产商品所耗费的劳动决定的那种商品价格。在许多方面，配第用生产商品所直接耗费的劳动，而不是经由货币材料——银来决定「自然价格」④。马克思在论述配第时写道：在把劳动看作是价值的源泉时，「他所说的『自然价格』，实际上是指价值」⑤。

这就是政治经济学史上对劳动价值理论的第一次表述。

与「自然价格」相反，配第提出了「人为价格」，人为价格不仅依赖于劳动的耗费，还依赖于其他许多因素。银与各物之间的数量比例，不仅受其价值变动的影响而变化，而且还由于谷物的供求波动而变化。当配第说「银与谷物之间的关系只是意味着人为价值，而不是自然价值……」⑥ 时，指的是什么，这是很明显的。实际上，他把「人为价格」理解为商品的市场价格。可见，把「自然价格」和「人为价格」加以对比，就是把价值和市场价格相对比，就是企图区分这两类现象。

「政治价格」这一范畴具有很大的意义。对这一范畴，正如对「自然价

---

① 日本经济学家松川在其著作《威廉·配第——〈政治算术——解剖学〉形成的研究》（第 1 卷，东京，1958 年；第 2 卷，东京，1964 年）中，独特地说明了劳动价值理论的根源。
② 「配第所建立的劳动价值理论及其应用于地租和利息范畴，以及应用于货币问题……成了古典政治经济学发展的出发点」（斯特劳施：《威廉·配第爵士》，伦敦，1954 年，第 217 页）。
③ 配第：《经济和统计著作》，第 40 页。
④ 配第：《经济和统计著作》，第 73 页。
⑤ 马克思恩格斯全集：第 26 卷第 1 册 [M]. 北京：人民出版社，1973：379.
⑥ 配第：《经济和统计著作》，第 73 页。

格」一樣，配第理解為生產商品所耗費的勞動，也就是它的價值。「政治價格」的特點在於，在這裡，指的是生產商品所耗費的勞動超過這種耗費（「自然價格」）的必要量，因為它反應了不利的政治因素對生產的影響。對資產階級革命和國內戰爭同時代的人配第來說，區分「自然價格」，即在正常生產條件下所耗費的勞動，和「政治價格」，即在不利的社會（政治）條件下生產所耗費的勞動，具有重大的意義。在配第那裡，「政治價格」是價值，而絕不是它的貨幣形態即價格的特殊範疇，但甚至在政治經濟學史嚴肅的研究中，也往往把它說成是價格①。

配第在對比「自然」價格和「政治」價格時寫道：「自然價格」的高低，決定於生產自然必需品所需要的人手的多少……但政治價格決定於某個工場超過它所必需的人數的那些多餘的人手……例如，100個農民所能做的工作，如果由200個農民來做的話，穀物就會漲價一倍。」

在配第看來，「政治價格」是「自然價格」的不同形式。配第在考察由於勞動耗費超過正常條件下所必需的而「自然價格」提高三倍時寫道：「……自然價格看來提高了三倍，這提高了三倍的價格是真正的政治價格，是根據自然基礎計算出來的。而政治價格在它同通常的人為的標準——銀進行比較時，提供了我們尋找的東西，即真正的市場價格。」②

可見，配第所理解的「自然價格」和「政治價格」，都是指生產商品所耗費的勞動，即其價值。他認為，以貨幣商品或銀表示的「自然」價格或「政治」價格（如上面配第所說的話），就是本來意義的商品價格。

配第在許多迷惑中表現了他的天才，例如，他在商品價值的源泉的研究中，遇到了區分商品的個別價值和社會價值的問題。他已經看到，某一個別商品在沒有耗費任何勞動的情況下，它仍然可以出賣，而且和所有這類商品一樣，價格相同。例如，肉類就是這樣，動物的自然成長沒有耗費任何人類勞動。配第由此作出結論：不僅勞動，而且土地也參加商品價值的創造。因此，必須找出「土地與勞動之間的自然等式」③。

然而，動物的自然喂養的例子完全表明另一種情況。它說明了兩種彼此交織的過程，對此，配第則不善於理解和區分。第一，它說明價值不是由個別勞

---

① 盧森貝：《政治經濟學史》（第1卷），莫斯科，1940年，第74頁。
② 配第：《經濟和統計著作》，第73頁。
③ 配第：《經濟與統計著作》，第35頁。

動，而是由社會勞動創造的，在那樣一種場合（相當罕見的），即該單位商品沒有耗費任何個人的勞動（如自然金塊），這一商品的價值，如通常一樣，正決定於社會勞動的耗費，即平均耗費於該類商品單位的勞動。使配第感到迷惑的是那樣一個表現為勞動創造價值的離奇公式：該單位商品沒有可以看得見的勞動耗費，而社會勞動耗費是「在商品生產者背後」決定價值的。第二，該例子證明，自然只參與商品使用價值的創造，而根本不創造商品的價值。

配第值得讚揚的應當是他出色地走出了尋找土地與勞動之間的「等式」的困境：把土地的價值——實際上是他看作資本化的地租的土地價格，歸結為勞動的耗費①。

配第從勞動價值理論出發，企圖解決一系列重要理論問題。例如，他實際上提出了創造價值的勞動的特殊性問題，但是，並沒有正確地，而是以重商主義精神來解決這個問題。配第認為，只有開採貴金屬的勞動，這一具體勞動的特殊形式，才是交換價值的直接來源。然而，在配第那裡有這樣一個思想：「勞動種類的差別在這裡是毫無意義的———一切只取決於勞動時間。」②

但是，重商主義的幻想，配第擺脫得十分緩慢，通常沒有能夠使他在價值分析中抽象掉它的貨幣形態。所有這些證明，儘管配第已向前跨進——區分價值與價格，仍然沒有對它們作出明確的區別。馬克思寫道：配第把交換價值看作是商品交換過程中所表現的形式。但是，甚至是價值分析的這種重商主義方法也包含有合理的因素。配第把貨幣看作是真正的價值形態。在這裡，包含有把價值視為社會勞動的形式的跡象，正如馬克思所指出的，「在他的著作裡形成了定義」③。

配第關於價值的概念還很不成熟，而且，還包含有庸俗理論的萌芽。他時而混淆使用價值和交換價值，與勞動一起，宣稱自然和土地為價值的源泉，把土地與其說理解為自然物質，不如說為土地價格④。與此同時，他斷言，價值決定於工資。類似的錯誤，首先是同不理解勞動的二重性，因而混淆商品的價值和使用價值有關，也就混淆了兩方面的因素：一方面，創造商品的價值（抽象勞動）；另一方面，生產使用價值（具體勞動、勞動手段和勞動對象）。

---

① 阿法拉西也夫：《資產階級古典政治經濟學的產生》（威廉‧配第），莫斯科，1960年，第53-58、96-100頁。
② 馬克思恩格斯全集：第26卷第1冊 [M]．北京：人民出版社，1973：382．
③ 馬克思恩格斯全集：第26卷第1冊 [M]．北京：人民出版社，1973：386．
④ 馬克思恩格斯全集：第26卷第1冊 [M]．北京：人民出版社，1973：386．

配第在價值理論方面的錯誤，是同他（正如資產階級古典政治經濟學所有代表人物一樣）不理解價值轉化為生產價格聯繫著的。

配第在價值問題上的矛盾立場是完全自然的。在這裡，問題不只是他的資產階級局限性。他作為資產階級古典政治經濟學的第一位代表人物，必然要探索，進行試驗，只摸索到瞭解決商品價值問題的正確方法。

勞動價值理論構成配第理論論斷的中心環節。從此出發，他分析了生產勞動、剩餘價值問題（他只知道地租和利息的形式）、貴金屬的價值和流通中必需的貨幣數量問題、土地價格問題。

配第已經看到，貨幣（也就是金銀）——這是商品，其價值決定於製作它所耗費的勞動，特別是他在分析穀物的「自然價格」時對比銀與穀物的價值中，這點是很明顯的。

配第詳盡地表明，借助於損害鑄幣的政策以發明一種包醫百病的經濟手段的方案是荒誕的。按照他的意見，降低鑄幣的金屬含量，絲毫也不是增加國家財富的源泉。配第寫道：「如果國家的財富能夠靠政府的命令而倍增，那麼，我們的政府為什麼不在很久以前就發布這些命令。」① 他懂得，「提高貨幣的名稱，或者損害貨幣，都是對居民徵稅的極不愉快和不均等的方式」②。他寫道：「在工資不變的條件下，提高貨幣的面值只不過意味著對工人徵取稅收。」③

配第沒有在重商主義者那裡看到的那種對貨幣的崇拜。他認為，貨幣數量，比必需的是更多還是更少，對國家及其經濟，都是一樣有害。

與此相關，配第提出了流通中所必需的貨幣數量問題。他在《賦稅論》中寫道：「我斷言，國內進行貿易，需要的貨幣存在一定的限度和比例。」④

而且，配第接近於正確理解決定流通中貨幣量的因素——商品總量的總價格和貨幣流通速度。但是，他認為後一因素起決定性作用。配第寫道：「……貿易所必需的貨幣量，應當……決定於交換的次數和按照法律或習慣用另一種方式所進行的支付的規模。」⑤

配第對生產勞動問題的解釋，在那時是極其深刻的。他在考察勞動在物質財富源泉中的作用時，提出了一個著名的原理：「勞動是財富之父和積極原

---

① 配第：《經濟和統計著作》，第 212 頁。
② 配第：《經濟和統計著作》，第 74 頁。
③ 配第：《經濟和統計著作》，第 70 頁。
④ 配第：《經濟和統計著作》，第 28 頁。
⑤ 配第：《經濟和統計著作》，第 28 頁。

則，土地是財富之母。」① 這裡包含著配第對待生產勞動的一般方法，他認為創造社會物質財富的勞動就是這樣的勞動。他在《政治算術》中把一國全體居民分為兩部分：①生產物質品或對社會真正有用和有價值的物品的人；②不生產這些物品的人②。

配第關於必須盡量縮減非生產勞動的原理，直到今天仍然保持著特殊的意義。他寫道：「許多職務完全是由幫手來完成的，只付給少量的工資，而他們的長官卻得到10倍多的俸祿——雖然根本不知道他們干了些什麼，也不知道在什麼情況下需要做什麼。」③

配第認為，商人的勞動是非生產的，因而他要求縮減他們的人數。「這些人中很大一部分也可以削減，他們本來就不配從社會得到什麼，因為他們不過是一種互相以貧民勞動為賭註的賭徒，他們自己什麼也不生產，只是像靜脈和動脈那樣，把社會機體的血液和營養液，即工農業產品，分配到各方。」④

配第的這些觀點使得可以相當明確地區分社會的剝削的和寄生的階級——「他們什麼也不做，只吃、喝、玩、樂」⑤，和被剝削階級——他們以自己的勞動創造全社會的財富。

同時，看到配第立場的局限性也是重要的。須知，配第生產勞動的標準是這種勞動生產的使用價值的特性之一，即它的物質性質。馬克思說從配第的話裡可以聽到「斯密的調子」，這不是偶然的⑥。實際上，使用價值本身，而非它的某種屬性，從單純的勞動過程，即使用價值的生產過程來看，正是生產勞動的標準。

但是，配第關於生勞動的觀點還有另一方面，即接近於重商主義立場的一方面，宣稱增加一國金銀數量的勞動是生產的。因此，作為「任何社會真正支柱」的生產勞動者中還包括海員、士兵和商人。在這些觀點中，一方面暴露出對問題的商品的拜物教的方法，把生產勞動的標準同產品使用價值的特點，即貴金屬本身的特性聯繫在一起；另一方面，這裡呈現出一個企圖（配

---

① 配第：《經濟和統計著作》，第55頁。
② 配第：《經濟和統計著作》，第173頁。
③ 配第：《經濟和統計著作》，第20頁。
④ 馬克思恩格斯全集：第26卷第1冊 [M]．北京：人民出版社，1973：378．
⑤ 配第：《經濟和統計著作》，第173頁。
⑥ 馬克思恩格斯全集：第26卷第1冊 [M]．北京：人民出版社，1973：174．

第沒有意識到），想把這一標準同資本主義生產的社會形式，即剩餘價值生產過程聯繫起來。

配第關於生產勞動的觀點，為科學地對待這一問題奠定了基礎，毫無疑問，起了進步的作用。同時，這些觀點，同他的其他許多概念（他從其中為自己的階級作出了重要的實際的結論）一樣，明顯地證明，資產階級政治經濟學的實際經濟職能不是近幾十年的產物，古典學派早已執行了。

從勞動價值理論的立場出發，配第企圖研究剩餘價值，它在配第那裡表現為地租（作為剩餘價值的一般形式）和從地租派生的信貸利息的形式，而資本主義再生產過程，則從產業資本的貨幣（而不是商品）形式的角度進行研究，這就使任務的解決極端困難化。

配第沒有系統地闡述自己關於剩餘價值的觀點，但是，關於這個問題，在議論中附加的、用於純粹實際問題的一些思想，毫無疑問是有內在基礎的。

配第是從工人勞動創造商品價值出發的。但是，工人沒有得到他所創造的全部價值。因為工資只能保證他的生存①。這就意味著，配第實際上區分了工人所創造的價值與工人所得到的價值之間的差別，理解這一差別，對說明剩餘價值的性質是完全必要的。

配第把商品價值和工資之間的差額叫作地租，因此，在他那裡，地租是勞動的產物，而不是土地的產物。而且，根據這種理解，地租是攫取他人無償勞動的結果，正如馬克思所說的，配第「把租金（剩餘價值）說成是雇主抽取的超過必要勞動時間的餘額……」②。

配第在政治經濟學史上第一次接近於理解資本主義關係的剝削實質。他已看到，工人所生產的產品在資本家和工人之間進行分割，在地租與工資之間存在著相反的比例關係。

但是，配第還沒有制定出適合資本主義關係的術語。例如，在他那裡，根本沒有利潤範疇，因為地租包括超過生產費用的全部餘額。馬克思在談到配第的著作時寫道：「地租包括利潤，利潤還沒有同地租分開。」③

在配第看來，地租是剩餘價值的基本形式。他正是從地租和土地價格中導

---

① 配第：《經濟和統計著作》，第 70-71 頁。
② 馬克思恩格斯全集：第 26 卷第 1 冊 [M]．北京：人民出版社，1973：381.
③ 在英國經濟學家施特勞斯看來，配第把利潤和信貸利息相混同（施特勞斯：《威廉·配第爵士》，第 213 頁）。

出「貨幣地租」——借貸利息①。仍然與資本主義關係不夠發達有關的這個錯誤，使配第不能得出土地價格的正確公式，雖然配第以其特有的天才揭示了土地價格的性質。配第把土地價格看作是一定年數的地租總額，實際上就是資本化的地租。

所有這一切都證明，配第提出了剩餘價值問題，但在理論上的研究還十分薄弱。正如資產階級古典政治經濟學的所有代表人物一樣，配第沒有研究剩餘價值本身，即未能不以它的具體形式為轉移進行研究。他甚至沒有提出產業利潤的起源問題，更不用說平均利潤、絕對地租等問題了。在他看來，地租是永恆的自然的現象。

配第關於資本流通是再生產理論的組成部分的觀點具有巨大的意義，這是由於對他的遺產的這一部分研究得很不夠，由於今天這一理論其中包括批判當代資產階級政治經濟學方面仍然有其作用。

配第是研究整個社會資本流通問題的首批經濟學家之一。

與集中全部注意力於商業資本的職能作用的重商主義者不同，配第不僅研究了商業資本，而且研究了產業資本。配第因而成了古典政治經濟學的奠基者，在他的著作中可以看到從分析商業資本到研究產業資本的過渡。當配第說節約「許多勞動」②的資本時，十分明顯，指的不是商業資本，而是產業資本，確切些說，是它的物質形式之一，即勞動工具。

然而，配第不善於徹底克服重商主義的影響，只研究了產業資本的貨幣形態。而且，他經常混淆貨幣的單純流通與貨幣作為資本的職能作用。因此，配第把整個社會資本流通問題的提法同為了「使國家的商業運行起來」而需要貨幣量問題的提法混為一談。

例如，他在《賦稅論》中寫道：「如果國家回收的貨幣量，使得少於國內進行商業活動所必需的，那麼，其有害的後果將表現在削減生產工作上，意味著減少居民人數或削弱他們的創造性和熱情。」③ 配第用以下例子來說明這一原理：「100英鎊以工資形式經過100個人手時，會推動生產10000英鎊的商品；如果不經常鼓勵利用它們，這些人手就會是空閒的和無用的。」④

---

① 「至於利息……它至少要同貸出的貨幣所能買到的那麼多土地的租金相等」（配第：《經濟和統計著作》，第38頁）。
② 配第：《經濟和統計著作》，第200頁。
③ 配第：《經濟和統計著作》，第28-29頁。
④ 配第：《經濟和統計著作》，第29頁。

顯然，配第在這裡說的不是貨幣本身，不是貨幣數量（「進行國內貿易所必需的」），而是「進行國內生產」所必需的產業資本的貨幣形式：減少作為產業資本組成部分的貨幣資本，會縮小資本主義剝削的範圍（因此，配第在這裡反對國家過度回收貨幣）；反之，它的增加會擴大這一範圍。

實際上，配第所說的 100 英鎊，是作為可變資本用來購買 100 個人的勞動力。由於他們的勞動，商品生產規模增加到 10000 英鎊。

配第在《愛爾蘭的政治解剖》中企圖分析社會整個資本的流通問題。他斷言，全部現金的流通主要通過下列三個循環：①支付全部土地的半年地租；②支付一季度房租；③支付愛爾蘭全體居民的周工資。在這裡，配第是從這樣一點出發：地租從半年為期支付，房租按季度支付，工資按周發放①。

這三個循環週轉意味著什麼呢？流通的第一個循環，在一定程度上說明配第以地租形式表現的剩餘價值的運動。第二個循環顯然是為了生產目的，支付資本用於房租。第三個循環的特點是可變資本的流通，因為這種資本是每週支付工資給雇傭工人。

可見，在這些敘述中，描繪了產業資本貨幣形式流轉的主要行為，其公式可表述如下：

$$Д——Т_{pc}^{cn}……п……Т'——Д'②$$

但是，配第並沒有使這個過程提高到明確的公式化的程度。

意味深長的是，「流通中所必需的貨幣量」問題，配第經常將「支付租金」「每星期六支付工人工資的問題聯繫在一起③。顯然，這裡指的不是貨幣本身，而是產業資本的貨幣形式。

配第從產業資本貨幣形式的觀點看待社會資本流通問題的方法，並沒有使他稍微正確地提出和闡明整個社會資本的再生產問題。其中問題在於，只有從產業資本商品形式的流轉進行分析的立場，這個問題才能得到解決。

配第的學說在政治經濟學史上佔有怎樣的地位呢？當代資產階級政治經濟學史家如何評價他呢？

大多數當代資產階級經濟學家或者有意抹殺這位天才思想家的經濟理論，或者傾向於把注意力集中到他的理論最薄弱的不科學的原理。政治經濟學史上

---

① 配第:《經濟和統計著作》，第 84-85、203 頁。
② Д 代表貨幣，Т 代表商品，cn 代表生產資料，pc 代表勞動力，п 代表生產——譯者註。
③ 配第:《經濟和統計著作》，第 84-85、127、215 頁。

說明配第學說的地位，就是服從於這一目的。

　　在許許多多資產階級政治經濟學史教程中，不提配第的觀點，不談他在創立和發展經濟科學中的傑出作用。在一系列著作中，配第被看作統計學的奠基者，在最好的情況下，被當作政治經濟學中統計方法的創立者。例如，熊彼特在其著作《經濟理論與方法》中斷言，配第「作為統計學家特別使人感興趣」①。在配第的經濟理論中，熊彼特只是指出他的非科學因素。對配第作用的類似評價，也滲透在資產階級的參考出版物中。例如，在《大不列顛百科全書》中在提到個別的，主要是非科學的論點時指出：他「應當被看作是比較統計科學的奠基者」②。英國經濟學家克里提和阿波林在專門闡述經濟思想的著作中，把配第說成是「社會統計學之父」，卻不提他在理論政治經濟學這門科學形成過程中的巨大貢獻③。

　　另一部分資產階級經濟學家把配第單純看作重商主義代表人物之一。例如，資產階級經濟學家施皮格爾在其著作《經濟思想的發展》中只順便提到配第的觀點，而且僅僅是他的學說的重商主義因素。施皮格爾把配第的著作視為「偶然的暗語的簡單收集」④。可見，在這裡完全忽視了配第在經濟理論領域的所有科學研究。在美國資產階級經濟學家哈利的著作《經濟思想史》中⑤，也把配第的理論和重商主義混為一談。把配第觀點中重商主義殘餘加以誇大，是當代庸俗政治經濟學反對資產階級古典學派科學成分的一種鬥爭形式。

　　大多數資產階級政治經濟學史家能巧妙地做到視而不見這樣一個重要情況：配第是勞動價值理論的第一位作者。他們把注意力首先集中在尋找作為財富生產因素的勞動與土地之間的等式上。美國經濟學家維爾遜在考察配第的立場後作出結論說：「可見，配第同亞里士多德和阿奎那一樣，又把經濟增長的源泉歸結為土地和勞動……」⑥ 在這樣說明「經濟理論古典學派」的作用時，奠定資產階級政治經濟學古典學派基礎的配第與他的前人之間的質的差別，就完全消失了。

---

① 熊彼特：《經濟理論與方法》，倫敦，1954年，第30頁。
② 《大不列顛百科全書》，第17卷，第638頁。
③ 克里提、阿波林：《用歷史觀點進行經濟分析》，倫敦，1984年，第155頁。
④ 施皮格爾：《經濟思想的發展》，紐約，1952年，第48頁。
⑤ 哈利：《經濟思想史》，紐約，1949年。
⑥ 《經濟理論古典學派》，維爾遜主編，布盧明頓，1964年，第21頁。

第三部分資產階級史學家把配第看作是「古典政治經濟學之父」①。但實質上，這種評價同前面說的那些並沒有多大區別，因為實際上把庸俗政治經濟學理解為「古典的」。

但是，由此作出結論，認為配第在當代西方經濟文獻中完全不走運，那是不正確的。在西方經濟學家的一系列的研究中，許多方面是依據馬克思的分析成果的，配第的理論遺產獲得了相當客觀的闡述，例如，上面已經指出的日本政治經濟學史家松川的兩卷本著作《威廉・配第──〈政治算術──解剖學〉形成的研究》就是這樣評價的。在美國經濟學家佩雷爾曼的《古典政治經濟學》一書中，重複了馬克思關於配第在政治經濟學史上地位的評價，考察了配第關於原始資本累積和社會勞動分工的觀點②。但是，這類著作不是通例，而是例外。

整個說來，當代資產階級經濟思想不能對科學的資產階級政治經濟學的奠基者的經濟理論作出比較客觀的評述。

配第這位17世紀英國的偉大資產階級思想家，儘管有其資產階級的和歷史的局限性，但對經濟科學作出了極其重大的貢獻，因此，要否認這一事實是很困難的。

不言而喻，配第的觀點沒有擺脫經濟科學最初階段的那些錯誤，資產階級局限性和幼稚性。他不善於徹底克服重商主義所特有的部門片面性；在他的手中，政治經濟學還沒有完全與其相近的學科──財政學和統計學相分離。但這種情況絲毫不縮小這樣一個具有決定性意義的事實：在社會思想史上，配第最先接近於科學分析經濟現象。把他看作是資產階級古典政治經濟學的創始者，是當之無愧的。

第三節　重農主義者關於「物質生產」的學說

18世紀中葉在法國形成的重農主義理論，是資產階級古典政治經濟學的一種特殊形式。重農學派注意的中心，是18世紀法國那樣的農業國家的經濟的研究。研究對象的這一特點，使得重農學派在他們缺乏勞動價值理論的情況

---

① 貝爾：《經濟思想史》，紐約，1953年，第93頁。還可參閱《美國百科辭典》，第21卷，第697頁。
② 佩雷爾曼：《古典政治經濟學》，新澤西，1984年，第67-70頁。

下，也揭示了資本主義生產方式的一系列重要規律性。重農學派通常都混淆了商品的價值和使用價值，由於他們主要是在農業中研究資本主義生產，所以仍然在其自然物質表現上察覺到了這種生產的某些內在依存性。他們的巨大功績是，把剩餘價值（他們的概念是地租）的起源問題從流通領域轉移到生產領域，雖然他們對生產領域的理解有極大的限制——僅僅理解為農業（按照他們的術語是「物質」）生產。

重農主義學說的理論概括，是對再生產過程的分析。重農主義的創始者法國醫生魁奈（1694—1774）在其著名的《經濟表》（1758年）中作了這種分析，在《經濟表》中既總結了重農主義方法論的和理論的觀點，又總結了他們的經濟政策綱領。

魁奈的《經濟表》是人類思想的偉大創造。其中試圖首次認真地提出和解決政治經濟學最複雜的問題——社會產品再生產問題。

在魁奈前輩的任何人中對再生產問題的解釋，都不能說有多少深刻的研究。魁奈所知道的和不止一次引證過的配第的著作中，配第只是提供了對產業資本循環週轉的主要行為的最初描述。分析再生產過程的第一次嘗試屬於18世紀的英國經濟學家康替龍[1]。雖然康替龍分析的出發點是產業資本的商品形式，但他仍然沒有對社會產品的再生產提供一些明確的輪廓。

在馬克思以前，無論是魁奈的同時代人還是重農主義的研究者，都沒有正確理解魁奈《經濟表》的真正內容和科學意義。馬克思寫道：「重農學派在魁奈的《經濟表》中給我們留下了一個謎，對於這個謎，以前的政治經濟學批評家和歷史家絞盡腦汁而毫無結果。」[2] 只有馬克思，才第一次對《經濟表》作了深刻科學的批判性分析。

一、魁奈《經濟表》對簡單再生產的分析

為了探明重農主義者對經濟理論提供的那些新東西，必須在一般特徵上考察一下《經濟表》的內容。在《經濟表》中，研究了農業國家社會產品的再生產。再生產過程是以社會產品在下列三個階級間的流通進行的：①生產階級

---

[1] 他的著作《試論商業的一般性質》，大約寫於1725年，第一次發表於1755年，也即魁奈《經濟表》問世前的三年。在康替龍這本為魁奈所知道的著作中，形成了他分析再生產過程的主要成果。參閱《馬克思恩格斯全集》第23卷，第608頁，註54；《康替龍及其在再生產理論中的地位》《〈經濟表〉的歷史——共產主義科學院公報》，1927年，第23期。

[2] 馬克思恩格斯全集：第20卷[M]．北京：人民出版社，1973：266．

（農業勞動者）；②土地所有者階級；③不生產階級（魁奈指的是從事非農業的工業生產）。

魁奈在談到他在《經濟表》中所用的假設時寫道：「在不同的階級之間這種交易的進行及其主要條件，毫不是假設的東西……這是完全符合實際情況的，不過在計算中所假定的數字，只適用於現在的場合。」①

《經濟表》的圖式②

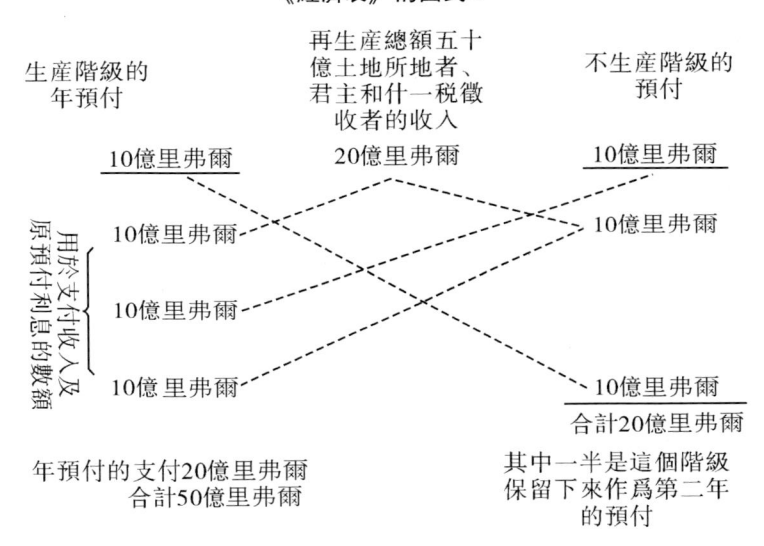

```
                    再生產總額五十
   生產階級的        億土地所地者、      不生產階級的
     年預付         君主和什一稅徵        預付
                    收者的收入
   10億里弗爾        20億里弗爾        10億里弗爾

   10億里弗爾                         10億里弗爾

   10億里弗爾                         10億里弗爾

   10億里弗爾                         10億里弗爾
                                     合計20億里弗爾
 年預付的支付20億里弗爾              其中一半是這個階級
    合計50億里弗爾                    保留下來作為第二年
                                        的預付
```

（左側標註：用於支付收入及原預付利息的數額）

魁奈把收穫的完成——上一農業年度的終點，作為流通的出發點。流通開始時，社會的全部貨幣處在土地所有者（20億里弗爾，得自農場主交納的地租）和不生產階級（10億里弗爾）手中。一年的全部農產品為50億里弗爾，開始是在農業勞動者手中③。不生產階級擁有20億里弗爾工業品。

在魁奈看來，整個社會產品的流通是如何實現的呢？同時，在各階級的經濟關係中它的再生產又是怎樣進行的呢？

整個流通過程分為下列五個行為④：

（1）土地所有者從生產階級（農場主）那裡得到10億里弗爾的食品，由於貨幣（10億里弗爾）流到了生產階級手中，實現了農產品的1/5，這部分

---

① 魁奈經濟著作選集［M］．吳斐丹，張草紉，譯．北京：商務印書館，1983：313．
② 魁奈經濟著作選集［M］．吳斐丹，張草紉，譯．北京：商務印書館，1983：319．
③ 馬克思寫道：「價值量等於50億里弗爾，這個數目在當時可能的統計數字之下，差不多是表示法國全部農產品的貨幣價值」（《馬克思恩格斯全集》，第20卷，第270頁）。
④ 魁奈經濟著作選集［M］．吳斐丹，張草紉，譯．北京：商務印書館，1983：313．

農產品由流通領域轉到了消費領域。

（2）生產階級將 10 億里弗爾的原料賣給不生產階級，由於這筆買賣，不生產階級付出了它在流通開始以前的 10 億里弗爾。

（3）土地所有者階級以 10 億里弗爾向不生產階級購買工業消費品，不生產階級所擁有的半數產品得到了實現。

（4）不生產階級用從土地所有者那裡得到的 10 億里弗爾，從生產階級那裡購得它所需要的食物。

（5）生產階級用 10 億里弗爾從不生產階級那裡購得工業製造的勞動工具。

各階級間的流通過程可用下列公式來表示①：

（1）農業資本的流通：

$$3T[(2T+1T)+2T] - 3Ⅱ - 1T \quad \begin{matrix} 2Ⅱ & 支付地租 \\ \\ 2T \end{matrix} \quad 3T\cdots T1\cdots 3T+2T。$$

2T 不進入流通

（2）工業中的資本流通：

2T—2Д—2T……n…2T。

資本流通的結果如何呢？是否為生產過程的重複進行創造了前提條件呢？因而也就是為社會產品的再生產創造了前提呢？

生產階級在流通過程中獲得：①20 億里弗爾貨幣；②從不生產階級那裡獲得的 10 億里弗爾工業品；③20 億里弗爾農產品（未進入各階級之間的流通）。

生產階級用 20 億里弗爾支付土地所有者的地租，因此，再生產出生產過程得以繼續進行的最重要的條件——這個階級從土地所有者那裡租得土地。

從不生產階級那裡獲得的 10 億里弗爾的商品，用以補償一年中生產階級固定資本的耗費。魁奈假定，固定資本（他稱之為「原預付」）總額為 100 億里弗爾，每年耗損其原有價值的 10%，或者 10 億里弗爾②。魁奈特別強調

---

① T 代表生產品，Д 代表貨幣，n 代表生產過程；單位為 10 億里弗爾，如 1T 為 10 億里弗爾產品，2T 為 20 億里弗爾產品，3T 為 30 億里弗爾產品，2Д 為 20 億里弗爾貨幣，3Д 為 30 億里弗爾等——譯者註。

② 馬克思對魁奈的這個計算指出，它是以法國「好的農場」為根據的（參閱《馬克思恩格斯全集》第 20 卷，第 270 頁）。

補償已耗費的固定資本，他寫道：沒有這種補償，「會造成耕種的毀滅，因而造成再生產的毀滅，因而造成國家財富的毀滅，因而也造成人口的毀滅」①。

至於沒有進入流通的20億里弗爾農產品，是用以補償生產階級全部產品生產（56億里弗爾）所耗費的種子和食物（魁奈稱之為「年預付」）的，實際上是農業的流動資本。

在《經濟表》的諸條件中，沒有考察農場主獲得的工業消費品。魁奈從18世紀下半葉法國農村的實際條件出發，認為農村居民對這類產品的大部分需要是靠自己生產的。因此，魁奈抽象掉了農場主階級內部的流通，而且也抽象掉了任何其他階級內的流通。

由此可以得出結論，農業領域簡單再生產前提條件的創立是流通的結果。

由於流通，不生產階級從生產階級那裡獲得10億里弗爾的食品和同樣數額的原料，它在流通開始以前所擁有的10億里弗爾回到了它的手中。因此，也為不生產階級創造了繼續進行簡單再生產的條件。但是，魁奈認為，「這裡只有消費，即產品的消失，並沒有什麼再生產⋯⋯」② 問題在於，在《經濟表》中沒有考察不生產階級固定資本損耗的補償問題，也沒有考察滿足它對工業品需要的來源③。這些問題超出了《經濟表》研究對象的範圍，因為它們屬於不生產階級內部的流通。問題還在於，按照《經濟表》所說的條件，這個階級沒有得到利潤④。

這樣評價不生產階級作用的原因，根源於魁奈錯誤地理解生產過程因而也是再生產過程的內容。魁奈把商品的價值和它的使用價值，從而和自然物質混淆。在他看來，增加這類物質的才是生產，並且只發生於農業，即進行「物質的和實際的生產」這個唯一的部門。

---

① 魁奈經濟著作選集［M］．吳斐丹，張草紉，譯．北京：商務印書館，1983：315.
② 魁奈經濟著作選集［M］．吳斐丹，張草紉，譯．北京：商務印書館，1983：313.
③ 根據對重農主義者很有研究的作者米克教授的意見，這些問題由工業階級借助於對外貿易來解決（米克：《重農主義經濟學》，哈佛大學出版社，1963年，第283頁）。
④ 在這裡，加以準確化是必要的，在《經濟表》中並沒有利潤範疇。但魁奈懂得，利潤是資本主義生產的必要條件。正因為如此，他在補償和增加固定資本（但僅僅是農場主的資本）費用的一欄中，實際上包括了利潤，農業勞動者從不生產階級那裡得到的10億里弗爾，包括兩個完全不同的因素：①補償固定資本損耗的部分；②剩餘價值累積部分。實際上，這10億里弗爾產品是用來修理和更新固定資本，用來建立不幸情況下所需的後備基金，以及增加農場主的固定資本和流動資本。馬克思在談到農場主所得到的剩餘價值的這個部分時寫道：「租地農場主對於這一部分代表利息的農業剩餘收入的佔有，即使從這一觀點去看，也和租地農場主階級本身一樣，都是再生產的必要條件⋯⋯」（《馬克思恩格斯全集》，第20卷。第275頁）。

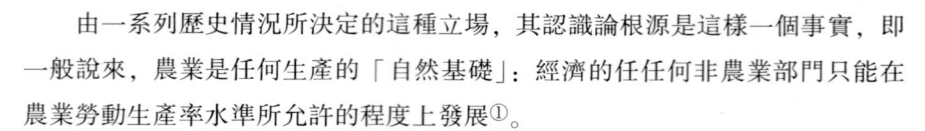

由一系列歷史情況所決定的這種立場，其認識論根源是這樣一個事實，即一般說來，農業是任何生產的「自然基礎」：經濟的任任何非農業部門只能在農業勞動生產率水準所允許的程度上發展①。

　　由此可以看出，經濟思想成熟程度的最重要的標誌，乃是它對社會生產過程，其中包括簡單勞動過程實際內容理解的程度。

　　根據魁奈的思想，工業中物質沒有絲毫增加。而且，按照《經濟表》所提出的條件，它在這裡還得「減少」。實際上，不生產階級得到10億里弗爾的原料和同樣數額的糧食以後，消費和消滅了這些糧食。的確，它把價值10億里弗爾的原料變成了價值20億里弗爾的成品。但是，它沒有再生產出自己消費的物質總量，在重農學派看來，只有在農業中這才是可能的。魁奈寫道：在這裡，沒有「從全部耕作地區的每年再生產所取得的、為不生產的支出所消失的、不再恢復的、純然的消費支付」②。不生產階級創造價值、再生產出自己費用的價值、實際上生產剩餘價值的那種情況，沒有受到重視。因此，魁奈在確定一年的社會產品量時，沒有考慮到工業品，而與農產品相等同。在魁奈看來，農業品的價值等於50億里弗爾。而考慮到工業品，它應是70億里弗爾。如果考慮到工業中創造的剩餘價值，以及這裡磨損的固定資本部分的價值，一年的社會產品價值將超過70億里弗爾。

　　在現代條件下，把工業品排除在年社會產品之外，是不可想像的，在魁奈那裡，它是建立在商品價值的商品拜物教觀念之上，建立在把價值和物質使用價值各種表現之一，即它的農業性質相混同之上。然而，大家知道，價值「不包含任何一個使用價值的原子」③，因為社會產品的價值實際上包括一定時期內生產的全部使用品的價值，而不管這些使用品（農業、工業、運輸業、建築業等的產品、物質商品或勞務）的性質如何④。至於土地所有者階級，在《經濟表》中已表明它得以存在的主要條件的再生產。

　　《經濟表》的基本內容就是如此。初看起來，它並不複雜，也沒有什麼了不起。是何原因使得二百多年來的研究工作者注意這本著作呢？

---

　　① 馬克思恩格斯全集：第26卷第1冊 [M]．北京：人民出版社，1973：29．
　　② 魁奈經濟著作選集 [M]．吳斐丹，張草紉，譯．北京：商務印書館，1983：313．
　　③ 馬克思恩格斯全集：第23卷 [M]．北京：人民出版社，1973：50．
　　④ 馬克思恩格斯全集：第26卷第1冊 [M]．北京：人民出版社，1973：159．

二、《經濟表》研究再生產過程的方法

魁奈《經濟表》中最有價值的是研究社會產品再生產過程的方法，這個方法提供了關於重農學派的方法的整個概念。不過，重農學派研究經濟過程的方法是有許多缺陷和弱點的。僅僅偶爾呈現出正確的態度，在個別地方，只在原則上正確，而在具體加以體現時則是錯誤的。這些錯誤和不一貫性使得魁奈在考察問題時，不能提供徹底科學的說明。

大家知道，再生產問題可以歸結為三個基本因素：研究社會產品、勞動力和生產關係的再生產。經馬克思第一次指出的對再生產問題的這種提法，包括社會生產方式的兩個基本方面——生產力和生產關係。再生產問題的所有三個因素，在魁奈的《經濟表》中都得到了反應。

再生產問題提出的這種可能性，是由於反應已發展起來的產業資本利益的重農學派，與其前人重商主義者不同，把主要注意力集中在分析生產領域。這使得重農學派能夠發展配第提出的關於社會生活如同自然一樣從屬於一定規律的原理。關於存在經濟規律的思想，是魁奈《經濟表》重要前提之一。魁奈在《經濟表的分析》中寫道：「在這個世界上，一切的東西，都是受自然規律的支配。人類被賦予認識和遵守這些規律的必要的智能……」① 由此可以看到，在魁奈那裡，經濟規律這個範疇還沒有同自然規律範疇分開；雖然覺察到了經濟規律的客觀性，魁奈並不能揭示它們的社會性質及其歷史暫時性。

整個說來，《經濟表》正確地提出了生產與流通的關係。魁奈是從只有生產領域才是財富的唯一源泉出發的，在流通中，既不創造財富也不增加財富。而且，在他那裡，流通是再生產的一個因素，它從屬於生產，實現生產的結果，為生產的更新創造前提條件。在《經濟表》中，貨幣流通完全是由商品流通決定的。

重農學派的「純產品」學說，是他們經濟理論的中心點，在《經濟表》的前提條件中起了重要的作用。從這一學說的立場出發，他們解決了最重要的經濟問題——社會階級結構、生產勞動、資本、剩餘價值形態等。

儘管在說明價值時重農學派比配第倒退了一大步，但他們（由於把分析局限於農業的範圍內）對剩餘價值的分析要優勝得多。他們看到，工人所生產的生活資料（如穀物）總量，要多於他們所消費的消費品的總量。在這種自然形態上，重農學派覺察到了勞動力價值與工人所生產的價值，因而與他們

---

① 魁奈經濟著作選集 [M]. 吳斐丹, 張草紉, 譯. 北京：商務印書館, 1983: 314.

稱之為「純產品」的剩餘價值之間的差別。

由於魁奈錯誤地把生產領域只限制為農業，因而很少研究價值問題。但同時，由於把注意力集中於分析農業生產，即再生產的經濟過程與自然過程交織在一起的那個領域①，使得魁奈有可能在明顯的形態上，而不是在被流通掩蓋的現象上去看待剩餘價值生產過程。重農學派認為僅僅在農業中才能創造的「純產品」，在魁奈那裡表現為生產的全部產品（50 億里弗爾）和它的自然形態的生產費用（30 億里弗爾）之間的差額。魁奈雖然沒有揭示剩餘價值起源的秘密，卻探索了資本主義生產關係，因而也是再生產的基礎②。

再生產理論最重要的任務之一是要表明，消耗的社會產品如何按實物形態和價值得到補償。不把社會產品按實物形態劃分為生產資料和消費資料，就不可能說明簡單再生產和擴大再生產的規律。

不把社會產品按價值劃分為不變資本、可變資本和剩餘價值（大多數當代資產階級的資本主義再生產理論正是這樣），同樣不可能分析資本主義生產關係的再生產。因為只有這種劃分，才能揭示這些關係的實質，探明資本主義生產關係的真正主體，揭示資本主義再生產的矛盾性。

《經濟表》企圖既按實物形態，又按價值來劃分社會產品，這是魁奈的巨大科學功績。但是，魁奈並不能正確解決這個問題。

魁奈從社會產品實物構成的角度，把產品劃分為兩個生產領域——工業（不生產階級有 20 億里弗爾產品）和農業（農業勞動者有 50 億里弗爾產品）。雖然魁奈在這些生產領域實質上把產品劃分為消費品和生產資料，但在《經濟表》中，並沒有把消費品生產和生產資料生產作為社會生產的一種特殊的分類。魁奈只考察了農業與工業之間的關係——這種態度對重農主義者來說是完全可能理解的。因此，魁奈也就使自己不可能研究與社會生產兩大基本部類有關的最重要的再生產規律。

《經濟表》中分析再生產過程的出發點，是產業資本的商品形式——W+W（工業主和農場主的產品，包括他們生產的「純產品」即剩餘價值）。研究資本的商品形式與分析資本的貨幣形式和生產形式不同，可以說明社會產品各個

---

① 馬克思恩格斯全集：第 24 卷 [M]. 北京：人民出版社，1973：399.
② 在開始，李嘉圖在說明利潤時實際上依據重農主義者的方法，在《利潤論》和 1814 年 5 月—1815 年初，他把利潤說成是所生產的穀物與用於生產的穀物數之間的關係。在《政治經濟學原理》（1817 年）中，李李嘉圖企圖依據勞動價值理論解決利潤問題（《李嘉圖著作和通信集》，劍橋，1951 年，第 1 卷，第 xxxi–xxxii 頁）.

組成部分流通的性質。問題在於,「起點 W′=W+w,即商品資本,既包含不變資本價值和可變資本價值,也包含剩餘價值。所以,它的運動既包括生產消費,也包括個人消費」①。因此,產業資本的商品形式也就能夠提出和解決再生產問題,既按價值又按實物形態補償社會資本的問題。

馬克思對魁奈研究再生產的這種直觀的方法給予了高度的評價。馬克思寫道:「W′…W′是魁奈《經濟表》的基礎。他選用這個形式,而不選用 P…P 形式,來和 G…G(重商主義體系孤立地堅持的形式)相對立,這就顯示出他的偉大的正確的見識。」②

魁奈按價值只劃分了農產品,它劃分為:①「原預付」(固定資本損耗部分 1C)= 10 億里弗爾;②「年預付」〔流動資本(1C+1V)= 20 億里弗爾〕;③「純產品」(剩餘價值 2m)= 20 億里弗爾。魁奈提出的農產品價值構成可以表述如下(單位:10 億里弗爾):

  1C+1C+1V+2m,

 即 2C+1V+2m

可見,魁奈第一次把資本劃分為固定資本和流動資本的這種分類,是《經濟表》中分析再生產的最重要的前提。

魁奈完全正確地把固定資本和流動資本的劃分,只應用於資本的生產形式,同時強調指出,這一資本(在他看來,只是農業資本)的各個組成部分有著各種不同的流通方式。魁奈寫道:「年預付是每年花在耕作勞動上的支出數額;年預付必須與原預付區別開來,原預付是購置農業設備的基金,它的價值約比年預付大五倍。」③

農產品按價值劃分使得魁奈能夠說明按價值補償農場主階級的產品的過程,但排除瞭解決不生產階級的產品的補償這個問題的可能性,魁奈不可能正確解決國民收入問題,雖然原則上承認了轉移價值與新創造價值的劃分。但是,在《經濟表》中新創造價值沒有作為一個總量進行研究。它表現為 20 億里弗爾「純產品」,加農業勞動者消費的 10 億里弗爾農產品,加與不生產階級生活費用相等的 10 億里弗爾工業品。

可見,整個說來,魁奈沒有說明全部社會產品按價值補償的過程。缺乏對

---

 ① 馬克思恩格斯全集:第 24 卷 [M]. 北京:人民出版社,1973:435-436.
 ② 馬克思恩格斯全集:第 24 卷 [M]. 北京:人民出版社,1973:115.
 ③ 魁奈經濟著作選集 [M]. 吳斐丹,張草紉,譯. 北京:商務印書館,1983:312 註.

社會產品價值結構的正確理解，使得魁奈不可能揭示工人階級與資產階級之間經濟關係的再生產過程。

魁奈關於耗費的資本的價值並不消失，而是重新表現在新產品的論點中，具有特別重要的價值。這樣，在經濟文獻中，魁奈第一次研究了固定資本價值轉移到新商品的這一事實，但沒有揭示這個過程進行的機制及其對資本主義再生產過程的意義。在《經濟表》中這一點是最明顯的，在舉的例子中，「年預付」（包括種子）不進入流通領域，農業年度結束以後留在農場主手裡，在新的生產週期又充當資本。馬克思因此寫道：「魁奈……把握住了問題的實質，這要歸功於他的有限的眼界……」①

《經濟表》中再生產分析的最重要的前提是魁奈在政治經濟學史上第一次按經濟特徵把社會劃分為階級。根據魁奈的意見，社會由三個以其對待生產和獲得「純產品」的關係為轉移的階級組成。魁奈劃分出生產階級，即包括從事農業生產的人們，因為根據他的觀點，正是他們是「純產品」的唯一創造者。魁奈認為，這個階級的職能，一方面是「耕種土地」，另一方面預付農業勞動上的開支，並為土地所有者提供每年的收入②。因此，實際上把生產階級理解為資產階級社會的兩個階級——農業中的資本主義農場主和雇傭工人，其中只有後者真正生產剩餘價值。

魁奈把君主、土地所有者及什一稅的徵收者（教堂）都歸之為土地所有者階級，這個階級僅僅攫取和消費全部「純產品」，什麼也不創造，因而是真正的不生產階級。但魁奈把這一特點轉嫁給了另一個階級，即工業家階級。

魁奈寫道：「不生產階級，是由從事農業以外的其他工作和別種勞動的人組成。」③ 但是，他一般把不從事農業勞動而從事工業勞動的公民都歸屬於這個階級，因為這個階級在工場手工業生產中勞作，把其生活費用計入原料的價值。在魁奈看來，它既不生產「純產品」也不佔有「純產品」。正因為這樣，它被稱之為不生產的。

這個「階級」正如生產階級一樣，實際上把資產階級社會的兩個階級——工人和資本家聯在一起，不過這裡是在工業中。但根據魁奈的基本觀點，它「作為一個綜合的階級，為生產階級和土地所有者效勞」④。

---

① 馬克思恩格斯全集：第24卷 [M]. 北京：人民出版社，1973：398.
② 魁奈經濟著作選集 [M]. 吳斐丹，張草紉，譯. 北京：商務印書館，1983：309.
③ 魁奈經濟著作選集 [M]. 吳斐丹，張草紉，譯. 北京：商務印書館，1983：311.
④ 魁奈經濟著作選集 [M]. 吳斐丹，張草紉，譯. 北京：商務印書館，1983：311.

將人們經濟關係的許許多多的單個的特點加以捨棄，並把它們歸為具有典型特徵的大量的階級關係，是研究再生產的必要條件。這種方法使魁奈懂得，闡明各階級之間的經濟關係，是他的分析的最重要的部分。魁奈表示希望「徹底地研究和明確地計算這些不同階級之間的關係……」[1]。

因此，這種分析再生產的方法，從根本上說是正確的。但魁奈關於階級的學說的不徹底性，並且有一系列其他重大缺點。魁奈不善於劃分資產階級社會的基本階級，不善於利用部門原則，從解決資本主義再生產的角度來看，這是其中的主要缺點。

魁奈作為把農業當作唯一的生產領域的重農主義者，認為人們屬於這個或那個階級的極為重要的特徵，是他們對農業生產的態度。魁奈根據這一部門原則，劃分出生產階級和不生產階級。這種方法意味著，魁奈迴避了真正的階級區別。實際上，無論是在這個「階級」，還是在那個「階級」，他都把工人和資本家聯在一起。

由於當時法國資本主義關係不發達，魁奈不善於說明資產階級社會的基本階級——無產階級和資產階級。因此，魁奈雖然提出了生產關係再生產的問題，但他指的不是資產階級典型的那些生產關係。他還沒有解決資本主義生產關係的主體問題。魁奈把生產關係再生產過程，不是解釋為資本家剝削雇傭工人的關係的再生產過程，而解釋為土地所有者階級剝削資產階級社會的階級（農場主和不生產階級）的關係的再生產過程，因為正是土地所有者階級雖然佔有國家的全部「純產品」，卻不參加生產。魁奈的《經濟表》反封建的傾向就表現在這裡。

但是，這並非意味著，《經濟表》中完全沒有資本主義生產關係。不管多麼離奇，魁奈研究的正是資本主義再生產過程。而且，他的分析相當接近於「純粹資本主義」的抽象。

正如上面已經指出的，魁奈把資產階級社會的主要生產關係——資本家對工人的剝削，棄置一旁，而研究從它們派生出來的關係——土地所有者攫取剩餘價值（在《經濟表》中為全部剩餘價值），這種關係以存在資本家對工人的剝削關係為前提。

生產勞動學說是重農學派理論的重要組成部分，同時也是魁奈《經濟表》的前提之一。重農學派認為只有農業勞動才是生產的。因為在他們看來，只有

---

[1] 魁奈經濟著作選集 [M]. 吳斐丹，張草紉，譯. 北京：商務印書館，1983：311.

這種勞動才生產「純產品」，也就是剩餘價值。這意味著，重農學派正確地在農業勞動的範圍內確定生產勞動。同時，重農學派不僅把剩餘價值，而且還把勞動產品的某種實物形式，它的土地性質，當作生產勞動的標準。這樣，同重商主義者一樣，重農學派把具體勞動的特殊形式宣布為生產勞動。但是，資本主義條件下的生產勞動不是別的，這不過是工人勞動所獲得的那種社會形式的簡略表現而已，工人勞動成了資本主義剝削的對象，與他生產的使用價值的特殊性沒有任何關係①。

關於企業活動自由，也即沒有封建限制的假說，是《經濟表》的重要前提。「從魁奈到李嘉圖的經濟學家們所表述的一切規律是建立在這樣的假定上的：迄今妨礙自由貿易的羈絆已不再存在」②。這個假定的目的在於說明最典型的關係，正是這一點使得魁奈可能提出資本主義再生產的問題。

在《經濟表》中，沒有封建社會的基本階級（地主和農奴）。魁奈寫道：「耕作者除了支付給土地所有者的收入以外，不管直接或間接，都不再承擔賦稅。」③ 按照魁奈的意見，不是農民，而是土地所有者支付教堂的什一稅（1/7地租），以及國家的稅收（2/7）。《經濟表》中所說的土地所有者不是完全意義的封建主。他們寧可說是封建生產關係的殘餘的體現者，是土地的私人所有者，是在資本主義下保留下來的發生了變化的封建社會制度的代表人物。而土地是由農場主在資本主義租賃的原則上為了生產剩餘價值——「純產品」而被使用。「《經濟表》的第一個前提，是租佃制度以及與之一起的大規模的農業（在魁奈時代的意義上）到處被採用……」④ 租地農場主階級——這是農業中的資本家和工人，不生產階級——這是工業中的資本家和工人。

因而，魁奈雖沒有分離出資產階級社會的基本階級，卻仍然研究了資本主義再生產。馬克思在指出《經濟表》的研究對象是資本主義生產方式時寫道：「產業資本的代表——租地農場主階級——指導著全部經濟運動。農業按資本主義方式經營……」⑤

---

① 馬克思恩格斯全集：第26卷第1冊 [M]．北京：人民出版社，1973：432. 應當指出，重農主義者劃分了生產勞動與必要勞動之間的區別。魁奈寫道：「應當把單純需要的和生產的區別開來，如果生產的就是必需的，那還不能由此作出結論，必需的就是生產的。」（《魁奈經濟著作選集》，俄文版，第359頁。）

② 馬克思恩格斯全集：第4卷 [M]．北京：人民出版社，1973：455.

③ 馬克思恩格斯全集：第4卷 [M]．北京：人民出版社，1973：314.

④ 馬克思恩格斯全集：第20卷 [M]．北京：人民出版社，1973：270.

⑤ 馬克思恩格斯全集：第24卷 [M]．北京：人民出版社，1973：399.

魁奈分析的特點，是抽象掉一系列使研究複雜化的流通現象。例如，魁奈抽象掉了單個流通行為的混亂性，把它們歸結為同時的大量的為各階級間交換服務的商品流通。魁奈採用的是不變價格，商品交換就是按此進行的。假定交換是等價的，但沒有揭示等價的基礎，因為一般說來，在魁奈那裡沒有認真研究價值理論。魁奈這些假設的基本意義在於要表明，流通領域不是財富的源泉。魁奈寫道：「……始終只是具有一定價值的財富同具有同一價值的另一財富交換，因而，不可能有財富的任何實際的增加。」①

魁奈為了簡便，從視野中排除了各階級內部進行的交換。這種情況使他不能解決一系列重要問題，例如，不生產階級固定資本的研究。但是，這一抽象使魁奈可以集中注意力於主要問題——研究社會再生產過程中各階級的經濟關係。

魁奈捨棄外貿市場就是為了這一目的。他假定，「只在本國進行交易」②，雖然他非常懂得對外貿易的必要性。在魁奈看來，《經濟表》是能夠正確建立的，「由於對外國貿易的不穩定，因而無法詳細計算，同時就把它排除在考慮之外」③。

魁奈直觀地感覺到研究簡單再生產中的許多主要困難時，也就排除了擴大再生產的分析。這種方法是正確的，因為作為擴大再生產因素的簡單再生產的分析，為理解擴大再生產提供了鑰匙。

但是，魁奈在其《經濟表的分析》中，也承認擴大再生產的可能性。第一，他認為，農場主得到他們在農業中所預付的「每年利息」的「基金」，即剩餘價值，是正常的。第二，他論述了把這些利息用於「擴大和改良耕作」的問題，也就是剩餘價值資本化、資本累積問題④。

魁奈在研究再生產過程中所運用的方法（大多是直觀的，沒有足夠的理論論證），使他提出了資本主義再生產問題，儘管具有重農主義理論的階級和歷史局限性。

---

① 馬克思恩格斯全集：第 26 卷第 1 冊 [M]. 北京：人民出版社，1973：407.
② 魁奈經濟著作選集 [M]. 吳斐丹，張草紉，譯. 北京：商務印書館，1983：324.
③ 魁奈經濟著作選集 [M]. 吳斐丹，張草紉，譯. 北京：商務印書館，1983：324. 我們要指出，魁奈這個完全正確的假定，是他的著作中得到某種理論論證的極少數的例子之一。在大多數情況下，他甚至沒有自己研究的方法論前提，或僅僅有所顯露。只有在對他的《經濟表》進行仔細科學分析，才能闡明這些假定前提。
④ 魁奈經濟著作選集 [M]. 吳斐丹，張草紉，譯. 北京：商務印書館，1983：316，319.

三、魁奈分析的反封建傾向

魁奈《經濟表》的階級性質問題是相當複雜的。資本主義生產關係不發達、路易十五的宮廷醫生的地位以及其他原因，使魁奈公開表白了自己的階級同情心。在魁奈的《經濟表》中，表面上是捍衛封建主的利益。他盡力抬高農業生產的意義，把它看作是創造全部社會財富的唯一領域。正是在這個經濟部門，封建關係的殘餘在當時特別強烈。魁奈企圖在土地所有者那裡找出某種對社會有益的職能。例如，他斷言，富有的土地所有者的支出，「支持了優質產品的價格」，從而促進了農業的發展，同時，還促進整個國家經濟的發展①。

但這不過是表面的現象，實際上，魁奈是資產階級利益的公開捍衛者。他竭盡全力捍衛必需發展「大耕作」，即使用雇傭勞動力的大資本主義農場經濟的思想。魁奈真正的階級意向特別明顯地表現在他的單一稅方案，這種稅「完全落到土地收入上」，即落到土地所有者身上，按照魁奈《經濟表》的假定，這是得到全部社會收入的唯一階級。實際上，這個方案不是意味著別的，正是要借助於稅收制度，沒收封建土地所有權。馬克思寫道：「對土地所有權的表面上的推崇，也就變成了對土地所有權的經濟上的否定……全部賦稅都轉到地租上，換句話說，土地所有權部分地被沒收了——而這正是法國革命……打算實施的辦法。」②

一般說來，重農學派的經濟理論對法國革命產生了重大影響。馬克思寫道：1789年的立憲會議「在其經濟改革上把很大一部分的重農學派原則從理論變成實際，特別是對土地所有者『沒有報償』地加以佔有的純產品即地租還徵收了重稅……」③。魁奈對土地所有權的攻擊，在英國資產階級經濟學家中找到了自己的信奉者。「……1798年從事寫作的英國重農學派卻與亞當·斯密相反，根據魁奈的學說第一次證明了消滅土地私有制的必要性」④。

順便說一下，這些事實表明，資產階級古典政治經濟學除了執行思想意識的職能（例如，把資本主義說成某種符合「自然規律」的「天然的」制度；反之，按照重農學派的說法，封建主義則是病態社會，等等），還執行實際經濟職能。這一職能旨在制定為資產階級奪取政權的經濟綱領，在考察的這個時期，至少有以下特點：①這個職能，由第一次在自己的旗幟上寫著「自由競

---

① 魁奈經濟著作選集［M］．吳斐丹，張草紉，譯．北京：商務印書館，1983：320.
② 馬克思恩格斯全集：第26卷第1冊［M］．北京：人民出版社，1973：26.
③ 馬克思恩格斯全集：第20卷［M］．北京：人民出版社，1973：276.
④ 馬克思恩格斯全集：第34卷［M］．北京：人民出版社，1973：344.

爭」，要求的資產階級政治經濟學流派來實現；②制定具有明顯反封建傾向的實際建議；③重農學派的綱領規定，資產階級國家政權為了消除封建主義殘餘，要干預社會經濟關係體系，設法促進資本主義生產關係的發展，同時，資產階級國家不要干預現實的生產過程。

魁奈為其稅收方案提出的論據，最好不過地揭示了他的再生產理論的資產階級實質。魁奈寫道：「……所有其他的課稅形式都是違反自然秩序的，都是對於再生產和賦稅本身有害的……」① 魁奈在闡述農產品再生產的條件時指出，抽走這一領域的任何一部分資本，對農業不能不造成直接的損失，因而也對國家的整個經濟造成損失。魁奈要求免除農業資本的賦稅，等於要求保證農業有更高的累積率。他把這一要求推廣應用於工業，根據《經濟表》假定的前提，一般說來，工業並不創造新產品、新財富。在這裡，魁奈要保證高累積率的意圖，表現為絕對的形式。

在《經濟表》中，資產階級革命前夕封建社會的階級對立表現得相當突出，農場主和工業家是被土地所有者剝削的階級。在這裡，農場主階級創造全部社會財富，卻得不到任何收入，而土地所有者什麼也不生產，卻佔有全部社會收入。因此，土地所有者是靠佔有別人無酬勞動為生的寄生階級。而且，他們耗盡全部「純產品」，使社會喪失了擴大再生產的唯一源泉。

十分明顯，這種立場不能不激勵人們去消滅封建關係。馬克思在總結自己對重農主義階級性的分析時寫道：「實際上這是第一個對資本主義生產進行分析……但是另一方面，這個體系可說是封建制度即土地所有權統治的資產階級式的再現，而資本最先得到獨立發展的工業部門，在它看來卻是『非生產的』勞動部門，只不過是農業的附庸而已。」而且，「土地所有者表現為真正的資本家，即剩餘勞動的佔有者……這樣，封建主義就具有了資產階級的性質，資產階級社會獲得了封建主義的外觀」②。

重農學派的整個學說，特別是魁奈的《經濟表》，按其實質來說是資產階級的，但具有封建的外表。甚至重農學派同時代的人都誤解了他們學說的階級性，例如，魁奈的《經濟表》第一版，於1758年由路易十五在凡爾賽宮內隆重地加以出版，但要知道，這一著作論證的是法國資本主義發展的必然性，法國資產階級啓蒙學家也把重農學派看作是專制主義的擁護者。在我們的時代，也有這類誤解，這是不值得奇怪的。

---

① 魁奈經濟著作選集［M］．吳斐丹，張草紉，譯．北京：商務印書館，1983：314．
② 馬克思恩格斯全集：第26卷第1冊［M］．北京：人民出版社，1973：23-24．

四、當代資產階級政治經濟學對魁奈《經濟表》的評論

當代資產階級政治經濟學，在魁奈《經濟表》中提出的所有方法論問題中，把主要注意力集中在它所謂的表式方法的研究上。

科羅拉多大學經濟學教授惠特克在其著作《經濟思想學派和流派》中寫道：「可以把經濟表看作是現代經濟學中說明貨幣流通所運用的這樣一些圖式的先驅，如部門平衡表、投入—產出表、動態圖表等。」[1] 資產階級經濟學家熊彼特在說明魁奈經濟分析與當代經濟計量學著作的關係時寫道：「它實際上企圖計算年產品和其他經濟總量的價值，可以說，它執行了真正的經濟計量學的工作。由於列昂惕夫感人的著作，也在當代獲得了新的現實意義，雖然就其目的和技術來說，列昂惕夫的著作完全不同於魁奈的著作，但卻恢復了表式方法的基本原則。」[2]

然而，資產階級經濟學家捏造一些魁奈的觀點，千方百計地縮小和閹割他的方法的科學原理。

為了說明這一點，可以舉惠特克在上面援引的那本著作中用投入—產出分析（input-output analysis）的術語來解釋魁奈《經濟表》為例。《經濟表》被當作三個獨立的部門平衡表，用以表明每一個階級的投入—產出。

如此解釋《經濟表》，割裂了其中呈現的階級關係體系，把會計方面提到第一位，以代替社會經濟方法。它在分析中排除了生產關係的再生產，而且掩蓋了「純產品」的剝削性質，從而衝淡了魁奈分析的尖銳的反封建傾向。惠特克雖然表明，土地佔有者的「產出」等於零，但他們的「投入」是一個正數（600里弗爾），在以抽象掉階級關係為基礎的平衡表中，不存在這個階級收入源泉的問題。這種方法從根本上抹殺了生產支出與非生產支出之間的區別（魁奈首先建立的）。而且，幾乎把魁奈描繪為封建土地所有制的捍衛者。惠特克寫道：「重農學派認為，地租是土地本身所固有的，它是從土地的本性中產生的，並被土地所有者佔有，因為他們擁有這種物品，即具有生產純產品或超過生產費用的餘額的那種不尋常性質的土地。」[3] 但大家知道，重農主義為法國資產階級革命做了思想上的準備。

---

[1] 惠特克：《經濟思想學派和流派》，芝加哥，1900年，第85頁。
[2] 熊彼特：《經濟分析史》，第242頁。
[3] 惠特克：《經濟思想學派和流派》，第90頁。

不能同意當代資產階級經濟學家這樣一種論斷，似乎由於所謂列昂惕夫革命，它在研究再生產過程中成功地超過了魁奈的分析方法。而實際上列昂惕夫只研究了社會再生產的一個方面——生產力，確切些說，只研究了工業及其某些部門。在他那裡，或者沒有生產關係的分析，或者是非科學的。而且對部門之間的聯繫的研究，也遠不是完備的。美國著名經濟學家布雷蒂在其著作《組織、自動化和社會》中曾經指出，在列昂惕夫的體系中存在許多統計、方法論和理論方面的缺陷。他指出，在隨著時間的變遷而產生的那些研究的變量中，沒有足夠的統計基準，缺乏計算這些變化的相應方式。布雷蒂寫道：「除了統計，還有性質更為嚴重的某些重要問題。把體系看作是『既定的』不注意生產率系數，這就不能控制資源利用的效率。假定在同類的商品、投資基金、勞動和其他資源的供求中，有類似完全競爭的東西（在大多數情況下並不存在）。還假定，一定時刻的費用、價格、收入、支出、儲蓄和稅收的全部結構和分配，都是既定的。」① 布雷蒂認為，列昂惕夫研究的重大缺陷是在視野中完全沒有影響產品生產的技術和組織因素。

列昂惕夫只繼承了魁奈分析的一個方面，即部門之間聯繫的研究。在魁奈那裡，這方面表現得相當簡陋，他只分析了工業和農業的關係，而列昂惕夫則分析了數十個工業部門。不能否認這種分析的重要性，因為研究再生產數量方面的規律，是使經濟科學變為社會直接生產力的最重要方面之一。但仍然應當指出，列昂惕夫的分析沒有像魁奈《經濟表》那樣充滿社會矛盾，例如，在列昂惕夫的表式中，完全沒有把社會劃分為階級，沒有對這些階級關係的分析。列昂惕夫在談到自己研究的任務時寫道：「這個程序的最終目的，可以看作一張《經濟表》，即可以看作內在一貫的數量圖（如今後的 20 年），這張圖表將或多或少詳細地表明各種商品的生產和生產這些商品所需要的資源、勞務和固定基金的投入。」②

可見，列昂惕夫把自己的分析局限於研究各工業部門之間具體經濟和技術方面的聯繫。這並不是偶然的。由於當代資產階級經濟學家要制定國家壟斷調節經濟的方案以緩和日益尖銳的資本主義經濟矛盾，所以他們感興趣的是工業和整個經濟中的部門間的聯繫。正因為如此，他們在以前的再生產分析史中，首先看到的只是一個方面——研究部門間的聯繫。正因為如此，把魁奈在

---

① 布雷蒂：《組織、自動化和社會》，加利福尼亞大學出版社，1961 年，第 255 頁。
② 列昂惕夫：《美國經濟結構研究》，莫斯科，1958 年，第 7 頁。

《經濟表》中所運用的全部研究方法僅僅歸結為「表式方法」。

廣泛地提出再生產問題，意味著把再生產理解為社會經濟過程，而不僅僅是具體的經濟過程，意味著提出社會財富的源泉和資產階級社會實際階級結構的問題，而這就會揭露資本主義制度的剝削實質和反人民的性質。資產階級經濟學家的階級利益在政治經濟學史上也會導致他們不願承認和接受那樣一些思想，這些思想可能成為理解資本主義內在矛盾，歸根究柢，成為理解它的歷史暫時性的出發點①。

魁奈在研究資本主義再生產方面的功績是無可爭辯的，雖然他沒有能夠揭示它的基本規律。在他的著名的《經濟表》中，實際上提出了簡單再生產問題、社會產品既按價值又按實物形態補償的問題，並企圖解決它。魁奈把再生產看作是在社會階級關係中所完成的社會過程，重農學派的局限性，妨礙它徹底研究社會產品和國民收入等範疇②。但是，在《經濟表》中，具有這些範疇的不成熟形式。魁奈的分析，使得他能夠揭示社會再生產這樣重要的規律性，如再生產的不間斷性，實際上也就揭示了各個經濟領域存在某種比例的必然性。魁奈的主要成就，是有了研究社會再生產科學方法的萌芽。

以後的資產階級經濟思想，對魁奈的科學結論很少補充，關於再生產理論的某些問題，甚至倒退了。馬克思在《剩餘價值理論》中，把魁奈《經濟表》對再生產的分析，按其水準來說，看作是在亞當·斯密經濟理論之前的更高階段，這也不是偶然的。

魁奈的《經濟表》表明，重農學派把關於「物質」生產，即農業生產的學說，已制定為較完整的政治經濟學體系。但是，他們的理論並非部門經濟學科。他們寧肯考察農業經濟的國民經濟的社會方面，因此，他們的理論不是部門科學，而是政治經濟學，不過，其中仍然是對待社會經濟現象的部門方法占優勢。這種片面性，如同重農主義學說的其他許多缺點一樣，是法國18世紀資本主義相對不成熟的反應。政治經濟學尚未完全從農業經濟學中分離出來。

克服重農主義學說的部門局限性的過程，占了很長時間，需要做不少的努

---

① 薩繆爾森在《魁奈〈經濟表〉：當代經濟學家如何看待它?》一文中，採用數學方法說明魁奈的《經濟表》，其目的是使重農學派的基本思想穿上時裝，實際上旨在尋找歷史理論「論據」，以捍衛辯護的生產要素論（《古典政治經濟學和馬克思主義政治經濟學》，倫敦，1982年，第45-78頁）。

② 美國史學家列卡希曼在談到重農學派計算國民收入時寫道：「他們意識到經濟科學是不可分割的整體，這比他們錯誤的分析是更為重要的」（列卡希曼：《經濟思想史》，紐約，1959年，第82頁）。

力。重農主義的著名理論家杜爾閣的觀點,是在這條道路上的重要路標。

五、杜爾閣是重農主義的完成者

在杜爾閣（1721—1781）的著作中,重農學派的理論在很大程度上擺脫了自己的封建假象,具有了最發達的形式。它是「在封建社會的框子裡為自己開闢道路的新的資本主義社會的表現」①。正是在杜爾閣的著作中,資產階級社會的各階級及其收入第一次被突出,並得到說明。他作為重農主義者,不能完全摒棄把社會劃分為階級的部門原則,然而他引進了新的標準——對生產資料的關係。例如,杜爾閣在農業勞動者階級中區分了兩個階級——工人和資本家,如果說工人被剝奪了生產資料,一無所有,那麼,資本家是生產資料的所有者。杜爾閣還把這種劃分應用於不生產階級。

可見,在杜爾閣看來,在社會中,包括土地所有者階級在內有五個階級：農業和工業中的工人,還有這些經濟部門的資本家,他都看作是不同的階級②。

極有價值的是,杜爾閣接近於理解,「純產品」——這不是自然的賜予,而是耕作者無償勞動的結果,因為他們的勞動,「是唯一生產出超過勞動報酬的東西的勞動」③。

在杜爾閣那裡,可以見到看待資產階級社會階級產生過程的歷史方法的因素。他已看到,這裡起決定性作用的因素是土地所有權與耕作者的勞動相分離④。整個說來,杜爾閣忠實地描述了這些階級的基本經濟特點。例如,他指出,工人除了勞動人手和善於工作以外,一無所有,靠出賣自己的勞動為生。他們的收入（工資）,由於工人之間的競爭,其數額趨於最低限度。而資本家無須勞動就能生活,他們的收入,就是利潤。杜爾閣認為,利潤應當等於從該資本可以購買到的土地上取得的租金⑤。

儘管杜爾閣這樣比較明確地理解資本主義經濟的特點,但他仍不能徹底克服重農主義思想的局限性。

---

① 馬克思恩格斯全集：第 26 卷第 1 冊 [M]．北京：人民出版社,1973：24．
② 《杜爾閣經濟著作選集》,莫斯科,1960 年,第 131 頁。
③ 轉引自：馬克思恩格斯全集：第 26 卷第 1 冊 [M]．北京：人民出版社,1973：30；還可參見《杜爾閣經濟著作選集》,第 98 頁。
④ 《杜爾閣經濟著作選集》,第 100 頁。
⑤ 《杜爾閣經濟著作選集》,第 98、122 等頁。

然而，正是這種對資本主義經濟內在依存性有比較深刻地理解，使得杜爾閣成為資本主義生產的「第一個系統的理解」的首創者之一①。杜爾閣的著作以及他的國務活動（首先是擔任財政大臣），在許多方面促進了偉大法國革命的準備工作。馬克思寫道：杜爾閣是「法國革命的直接先導之一」②。

第四節　亞當·斯密對「國民財富」的性質和原因的研究

資產階級政治經濟學史上的特殊分水嶺是亞當·斯密制定的理論。斯密在其主要著作《國民財富的性質和原因的研究》（1776 年）中，第一次並在一定程度上科學地（在資產階級眼界的範圍內）說明了自由競爭階段資本主義經濟制度的職能作用。斯密的理論與以前的有很大不同，他在很大程度上克服了分析國民經濟過程的部門方法，因為他以社會勞動分工的見解來考察整個勞動。從而斯密在使政治經濟學成為一門獨立科學上邁出了很大的一步。馬克思寫道：「在亞當·斯密那裡，政治經濟學已發展為某種整體，它所包括的範圍在一定程度上已經形成……」③ 斯密的研究，完成了資產階級政治經濟學形成的過程。現在，這是一門關於社會經濟本身的科學，按照斯密的說法，是一門關於「國民財富」的科學。政治經濟學，按其實質就是國民經濟學，拋棄了它以前所固有的部門外殼。

與封建的意識形態和重商主義相反，斯密制定了適應發展中的工業資本主義利益的經濟觀點的整個體系。斯密的先驅者或者在自己面前沒有提出類似的任務，如洛克、諾思、休謨，他們只研究了資本主義經濟的個別現象（貨幣、利息、地租），或者由於資本主義和經濟還不夠發達，在解決這些任務時遭到了破產（配第、魁奈、詹姆斯·斯圖亞特）。斯密最終使重商主義名聲掃地，標誌著資本主義發展第一階段即資本原始累積階段的完成，資本主義進入第二個發展階段——自由競爭的時代。

斯密為 18 世紀的先進階級（資產階級）制定了理論武器和符合它的利益的經濟綱領。正因為如此，斯密的思想不僅在英國，而且遠在英國之外獲得了

---

① 馬克思恩格斯全集：第 24 卷 [M]．北京：人民出版社，1973：399．
② 馬克思恩格斯全集：第 26 卷第 1 冊 [M]．北京：人民出版社，1973：366．杜爾閣的國務活動較為詳細的敘述可見：珂法拉謝耶夫：《杜爾閣任大臣的活動的主要內容及其意義》，敖得薩，1884 年；福爾：1776 年 5 月 12 日《杜爾閣失寵》，莫斯科，《進步》出版社，1979 年。
③ 馬克思恩格斯全集：第 26 卷第 2 冊 [M]．北京：人民出版社，1973：181．

最廣泛的傳播。它在理論上論證了消滅封建制度的必然性，起了進步的作用。

所有這些情況，是評價作為新科學——政治經濟學創立者的斯密的基礎。然而，斯密對發展這門科學雖然作出了重要的貢獻，但他不是政治經濟學的創始者。這門科學的歷史是它從其他科學產生出來的長期過程，始於配第制定的「政治算術」。按照馬克思的說法，這是「政治經濟學作為一門獨立科學分離出來」的最初形式①。馬克思和恩格斯所完成的革命變革結束了這一過程，他們是真正科學的無產階級政治經濟學的創立者，第一次科學地確定了它的特殊研究對象。

在斯密的著作中，最明顯地表現出所有資產階級古典政治經濟學所共有的特徵——經濟概念的二重性，其中包括科學的和某些非科學的因素。這一特點是從當時資產階級的雙重地位中產生的，古典學派經濟學家的著作就是反應了這一階級的利益。資產階級反對封建階級的鬥爭，要求資產階級政治經濟學深入研究社會發展的內在規律性。但同時，資產階級作為剝削階級完全沒有興趣去揭示資本主義的許許多多規律性，如資本主義生產關係的暫時性，等等。這就決定了在古典學派的所有代表人物，從威廉·配第、布瓦基爾培爾開始，以及李嘉圖、西斯蒙第著作中的理論，存在非科學的因素。

不言而喻，古典學派首先是以自己的科學成就——建立勞動價值理論、在說明剩餘價值時的科學成分等，而載入政治經濟學史冊的。同時，這個學派的理論家的某些錯誤和迷誤，也是對科學的特殊貢獻，因為他們在追求科學真理時雖然沒有成功，但提出了重要的理論問題。馬克思寫道：「亞當·斯密的矛盾的重要意義在於：這些矛盾包含的問題，他固然沒有解決，但是，他通過自相矛盾而提出了這些問題。」② 在這方面，價值規律與剩餘價值規律之間，以及剩餘價值規律與平均利潤率規律之間的表面矛盾，作為古典學派理論結構的矛盾，起了特別重要的作用。

在斯密那裡，這種二重性之所以表現得特別明顯，首先是由於他那個時候經濟科學的不發達。把經濟知識歸納為一個統一的體系的任務，歷史地落在斯密的肩上。當然，斯密在解決這一任務時，就得同往往是完全沒有研究過的問題打交道。他有時只限於描述經濟過程的外部表象，這是沒有什麼值得驚奇

---

① 馬克思恩格斯全集：第13卷［M］．北京：人民出版社，1973：43.
② 馬克思恩格斯全集：第26卷第1冊［M］．北京：人民出版社，1973：140-141；還可參閱：阿法拉西也夫：《斯密理論的矛盾和馬克思主義經濟學說》（《經濟問題》1976第3期，第100-111頁）。

的。資本主義關係的相對不發達,也把他推上了這條道路。斯密從事自己的研究是在工場手工業時期,產業革命前夕,這時原始資本累積——資本主義生產方式發展的第一階段的時期已經完成,國家還剛剛進入自由競爭階段。

因此,我們在考察斯密經濟理論的二重性時,就是研究古典學派最重要的特點之一的最鮮明的表現。

一、研究的方法、出發點和對象的矛盾性

由於上述原因,斯密經濟體系的特點是極端的矛盾性,缺乏一元論。他的理論的這一特點表現在斯密的所有學說中,首先是表現在研究經濟現象的方法上,他對政治經濟學的出發點和對象的說明中。

馬克思在說明斯密所運用的方法的特點時寫道:「一方面,他探索各種經濟範疇的內在聯繫,或者說,資產階級經濟制度的隱蔽結構。另一方面,他同時又按照聯繫在競爭現象中表面上所表現的那個樣子,也就是按照它在非科學的觀察者眼中,同樣在那些被實際捲入資產階級生產過程並同這一過程有實際利害關係的人們眼中所表現的那個樣子,把聯繫提出來。」① 可見,斯密實際上利用了兩個完全不同的而且是對立的研究方法。其中之一(分析法、內在法)旨在於探明資本主義經濟過程的內在因果聯繫,抽象掉經濟現象的假象,揭示出調節這些經濟現象的規律。這種科學方法以深入資本主義經濟過程的實質為前提。與此不同的是,描述的(外在的)研究方法使斯密的注意力停留在經濟現象的表面上,促使他單純描述資本主義社會經濟生活的假象、外部的似是而非的依存性。

同時應用兩種不同的研究方法——分析法和描述法,自然使斯密得出兩種結果。在一種情況下,斯密在某種程度上接近於揭示所研究的現象的實質、規律性;在另一種情況下,描述這些現象或過程的外部表現。對科學研究來說,二者都是重要的,它的任務是說明、揭示現象的實質、規律(當然,這是最主要的),但與此同時,它也應當從內在規律的角度說明被研究過程的外部表象、表現的形式。

在這種情況下,斯密所運用的方法的錯誤、科學性不足究竟表現在哪裡呢?問題在於,斯密並列地提出了兩種不同的研究結果,把它們等同起來,因而得出同一現象的兩三個(有時還要多)「實質」。他不懂外部表面現象及其

---

① 馬克思恩格斯全集:第 26 卷第 2 冊 [M]. 北京:人民出版社,1973:181-182.

實質的相互關係，在從分析現象的實質出發時，不善於說明這一外部表象。根據他的觀點，在競爭現象中，用外在方式提供的那種現象之間的聯繫是很重要的。他有時把現象的規律和現象本身搞混淆了。

上面指出的斯密研究方法的矛盾性，反應他首先應用的抽象法是不徹底的。斯密運用這個方法極不徹底：在一些場合，他善於抽象非本質的、外部的、偶然的因素，接近於理解現象的實質；在另一些場合，他停留在外部表面現象，把現象當作實質。

這種不徹底性是斯密經濟觀點整個體系二重性的基礎。馬克思寫道：「亞當·斯密完全正確地從商品以及商品交換出發，從而生產者最初只是作為商品所有者——商品的賣者和買者——相互對立……」① 斯密在考察商品生產過程時，把自己的全部注意力集中在勞動分工及其原因和後果上，因而集中在生產商品的勞動上。但是，斯密沒有揭示這一勞動的二重性，而且他在考察經濟現象時，實際上是從這種二重性出發，儘管只是直觀的、片面的和形而上學的②。然而，正是這一方法也就形成了斯密方法論的科學出發點，這既決定了斯密方法論的二重性，也決定了他的理論體系的二重性。

斯密描述經濟過程的外部形式，實際上意味著接近於具體勞動的立場，因為勞動的這個方面及其作用的不同表現，一般說來，能夠直接被意識到。而說明經濟過程內在聯繫的企圖，不自覺地使斯密接近於從抽象勞動的立場考察經濟現象。類似的方法缺乏科學性，在於斯密沒有區分具體勞動和抽象勞動，不懂得它們之間的相互關係，從而不懂得資本主義經濟過程的外部形式和內容的相互關係。因而他的理論分析，甚至他的經濟觀點的整個體系，都產生了片面的、相互矛盾的結果。

馬克思用他說明社會產品價值構成作為例子，揭示了斯密理論科學出發點的特點。大家知道，斯密在這個問題站在矛盾的立場上。在一種場合，他把社會產品的價值歸結為總收入——工資、利潤和地租，即實際上歸結為 v+m；在另一場合（總收入和純收入概念），斯密還劃分出第四個因素——生產該商品所耗費的不變資本部分（c）的價值，用斯密的話來說，「維持資本的費用」。馬克思在研究斯密的這種立場時指出：「亞當·斯密自己……拋棄了他自己的理論，但並沒有意識到自己的矛盾。而這些矛盾的來源，恰好要到他的科學的

---

① 馬克思恩格斯全集：第 26 卷第 1 冊 [M]. 北京：人民出版社，1973：50.
② 馬克思恩格斯全集：第 23 卷 [M]. 北京：人民出版社，1973：97（註 31）.

起點上去尋找。」①

必須認真想一想初看起來似乎互相矛盾的原理：斯密理論矛盾的根源在於他分析的科學起點。

這些科學起點在斯密的社會產品理論中是如何表現的呢？

第一，斯密指出：「每一個國家的年勞動，都是這樣一個基金，它最初提供該國一年當中消費的全部生活資料……」② 在這種情況下，每一個國家年勞動的產物，是一年當中該國生產的全部生活費用的總和。在這裡，斯密只是從眾所周知的具體勞動是使用價值的源泉的觀點，接觸到這個問題。不言而喻，斯密的這種方法是直觀的、不依賴於多少已經制定的方法論基礎。馬克思寫道：他「片面地注意到單純的有用勞動，誠然，這種勞動使這一切生活資料取得可以消費的形式」③。

第二，斯密把一國一年勞動的結果看作是一年生產的全部價值總額。正如他所指出的，工人加進他們加工的材料中去的，是超過工資等價物形成資本家收入的那部分價值。工人沒有創造也不能創造任何更多的價值。根據這種觀點，一國勞動的年產物表現為新創造的價值（僅僅分解為各種收入），是很自然的。在這裡，勞動的另一方面，即抽象勞動，是同一現象本身（一國一年勞動的產物）分析的起點。因此，他就得出了另一種分析結果：如果從具體勞動的角度看，一國一年勞動的結果是使用價值總額；若從抽象勞動的觀點看，它是一年創造的價值。

斯密的這種方法導致概念的混淆：如果在第一種情況他指的是年社會產品，那麼，在第二種情況，實際上考察的是社會的國民收入。自然，這種概念的混淆，導致社會產品價值構成（c+v+m）和國民收入（v+m）相混同。

斯密所運用的方法不夠科學和局限性，在於片面地或者從具體勞動的立場，或者從抽象勞動的角度對待資本主義經濟現象④。斯密理論的矛盾，不僅反應了在研究資本主義經濟現象時考慮勞動二重性的那種最初的直觀的企圖，而且反應了所運用的方法缺乏科學性，這是他的階級局限性和歷史局限性產生的後果。

---

① 馬克思恩格斯全集：第 24 卷［M］. 北京：人民出版社，1973：415.
② 馬克思恩格斯全集：第 24 卷［M］. 北京：人民出版社，1973：418.
③ 馬克思恩格斯全集：第 24 卷［M］. 北京：人民出版社，1973：419.
④ 在馬克思的著作中，對斯密經濟理論的科學起點的揭示，表明馬克思制定的商品生產者勞動二重性學說作為批判分析資產階級政治經濟學的方法是很有效果的。

同時，斯密方法的科學價值是無疑的：他的理論的科學起點（儘管有許多矛盾）表明，斯密竭力把勞動價值理論作為研究資本主義經濟的基礎，雖然這是無意的、不徹底的。

　　在斯密的其他許多方法中，也暴露出矛盾的性質。整個說來，一方面，斯密和資產階級政治經濟學古典學派的所有代表人物一樣，站在形而上學的立場上。在他看來，資本主義經濟規律，是人的本性的永恆規律，而不是資本主義社會形態的歷史暫時性規律。另一方面，斯密作為一位經濟學家，反應的是階級鬥爭尚不尖銳的階段，使得他有某些歷史地對待經濟過程的因素。例如，他把社會劃分為兩個基本階段——「原始的社會和欠發達的社會」（實際上是簡單商品經濟）和「發達社會」（本來意義上的資本主義）。這種劃分使得斯密能夠提出（但不是解決）一系列重要理論問題，例如，隨著簡單商品經濟過渡到資本主義經濟價值規律的作用的變形問題，產生資本剝削勞動的問題，等等。

　　斯密作為資本主義工業工場手工業發展階段的經濟學家，從勞動分工的角度，闡述了作為當時提高勞動生產率和資本主義利潤主要方式的經濟過程。馬克思把斯密說成是總結資本主義工場手工業階段的經濟學家，不是偶然的。工場手工業的勞動分工是歷史的三稜鏡，透過它，資本主義的經濟現象反應在斯密的意識中。這種方法使斯密在某種程度上察覺到了他所研究的現象的社會性。例如，他揭示了商品交換正是由生產它所耗費的勞動來調節的。這是由於社會存在勞動分工，人們不得不以自己的勞動產品相交換。斯密從勞動分工的觀點出發，還得出了「勞動一般」這一範疇。他認為，任何物質生產部門而不管其特點如何，其勞動都是價值的來源。

　　斯密把勞動分工看作是提高勞動生產率最重要的方法，並用以說明當時經濟的許多現象。例如，他認為農業落後於工業的原因，首先在於農業的勞動分工不發達。斯密還從這一立場來解釋各個地區和國家的發展不平衡。他認為，由於勞動分工的發展而生產操作簡化，是提高勞動分工效率的機器（順便指出，他以為機器只起附帶的作用）發明的原因之一。斯密把「到處實行勞動分工」看作是交換（按照斯密的意見，交換是「人的本性」所固有的）成為迫切需要最重要的原因。

　　在斯密那裡，看待經濟現象的社會方法同反科學的魯濱孫方法交織在一起。大家知道，這後一種方法形而上學地抽象掉經濟現象的本質，抽象掉人們

的社會生產關係。

順便指出，斯密對勞動分工的產生也有兩重解釋。對待這一問題的科學方法使斯密得出結論，勞動分工產生和發展的原因，是它使勞動生產率提高。斯密寫道：「凡能採用分工制的工藝，一經採用分工制，便相應地增進勞動的生產力。各種行業之所以各自分立，似乎也是由於分工有這種好處。」① 斯密的庸俗方法則使得對這一問題作了非科學的說明。他在談到「人的本性」的特性時寫道：「……當初產生分工的也正是人類要求互相交換這個傾向。」②

斯密研究資本主義社會經濟生活方法的二重性，也決定了論述政治經濟學對象時存在矛盾性。

按照斯密的說法，他的研究對象是「國民財富的性質和原因」。他寫道：政治經濟學為自己提出的目標是「富國裕民」。斯密在闡述政治經濟學的這一任務時解釋說，它應當「給人民提供充足的收入或生計」。同時，他還寫道，政治經濟學的任務之一，是「給國家或社會提供充分的收入，使公務得以進行」③。

因此，根據斯密的理解，政治經濟學的對象和經濟研究的任務，是研究財富的性質和來源，尋找保證國民福利的途徑④。

在斯密描述的這些條件下，由於勞動分工、生產的發展、勞動生產率的提高，自然不是導致「國民財富」的增加，而是導致資本主義財富的增長。這就是說，斯密對經濟科學的貢獻，與「解決個人利益和社會福利」（美國經濟學家邁耶爾在《現代經濟人的靈魂》一書中就是這樣斷言的⑤）毫無共同之處。

實際上，斯密研究了資產階級財富的剝削性質，它產生的原因和來源。斯密著作的意義在於，適應資本主義工場手工業發展階段，在一定程度上揭示了剩餘價值規律發生作用的機制。馬克思在論述提高勞動生產率的工場手工業方

---

① 亞當·斯密. 國民財富的性質和原因的研究：上卷 [M]. 郭大力，王亞南，譯. 北京：商務印書館，1983：7.
② 亞當·斯密. 國民財富的性質和原因的研究：上卷 [M]. 郭大力，王亞南，譯. 北京：商務印書館，1983：14.
③ 亞當·斯密. 國民財富的性質和原因的研究：下卷 [M]. 郭大力，王亞南，譯. 北京：商務印書館，1983：1.
④ 當代資產階級政治經濟學廣泛利用「國民財富」（Wealth of nation）、社會福利（Public Welfare）概念。在資本主義總危機時期，資產階級制度反人民的性質大大加強之際，產生了辯護的「福利經濟學」「全民福利國家」等理論，這絕不是偶然的。
⑤ 邁耶爾：《現代經濟人的靈魂》，芝加哥，1983年，第93頁。

法時寫道:「工場手工業工作為社會生產過程的特殊的資本主義形式……只是生產相對剩餘價值即靠犧牲工人來加強資本（人們把它叫作社會財富,『國民財富』等等）自行增殖的一種特殊方法。」①

馬克思絕不是偶然地在這裡使用斯密著作的標題「國民財富」這一術語。馬克思把斯密看作總結工場手工業發展階段而特別強調勞動分工的經濟學家時，揭示了「國民財富」這個範疇不是別的，不過是資本而已，而增加這一「財富」的基本手段（發展工場手工業分工），「只是生產相對剩餘價值的一種特殊方法」。

但是，斯密同整個資產階級政治經濟學古典學派一樣，距離對政治經濟學對象的明確理解還十分遙遠。由於資產階級的局限性，他不善於克服虛幻的資本主義生產關係商品拜物教形式。他把這種商品拜物教形式同這些關係的物質擔當者相混同。資產階級古典政治經濟學沒有把人們的生產關係劃分為特殊的範疇，不瞭解它在社會經濟生活中的地位。

然而，斯密（正如整個古典的，即科學的資產階級政治經濟學一樣）實際上研究的正是他當時的資本主義社會的生產關係，否定這一點，是很荒誕的②。

斯密的功績在於，他宣稱研究的對象是生產，不是流通（如重商主義者），不是某一個別部門的生產（如重農主義者），而是所有物質生產部門。斯密在研究「財富的生產」時，注意力不是集中在生產的技術方面，而是社會經濟方面。他雖然不懂得經濟範疇是人們生產關係的理論表現，他的大多數經濟範疇卻反應了資本主義生產關係及其內容和形式③。例如，斯密的工資範疇（斯密錯誤地把工資理解為勞動的價格）沒有科學反應資本主義生產關係，即勞動與資本的關係，因為在這種情況下，他迴避了本質聯繫，而只抓住了它們的虛幻形式。但它還是反應了這些關係，確切地說，反應了這些關係的形式，集中注意工資的量的規定性（在斯密看來，工資等於工人的最低生活資料）。但是，適應所謂原始社會（斯密理解為簡單商品經濟），工資範疇（斯密在這裡也加以利用）喪失了自己的意義，因為它甚至不再是資本主義生產關係形式上的表現。

---

① 馬克思恩格斯全集：第 23 卷 [M]．北京：人民出版社，1973：403.
② 斯密「一般沒有研究人們的生產關係」——卡拉達也夫和斯捷潘諾夫就是這樣寫的，見：《經濟學說史》，莫斯科，社會經濟出版社，1959 年，第 181 頁。
③ 馬克思恩格斯全集：第 4 卷 [M]．北京：人民出版社，1973：156.

由此可見，斯密的研究對象，是一定歷史條件下，也就是資本主義工場手工業發展階段的物質財富的生產。斯密首先研究的是這一生產的社會經濟形式，雖然在他的意識中，生產關係尚遠未和生產力分開。

二、價值理論的二重性

斯密經濟體系的矛盾性，在他的價值理論中，未必不是最鮮明的表現。實際上，斯密有兩個價值理論——科學的和庸俗的（又發展為幾個方案）。馬克思寫道：「……亞當·斯密在兩種不同的變換價值規定之間搖擺不定：一方面認為商品的價值決定於生產商品所必需的勞動量，另一方面又認為商品的價值決定於可以買到商品的活勞動量……」①

但是，無論是在哪種情況下，斯密都用勞動來決定商品的價值。斯密在這個問題上的主要立場沒有超出勞動價值理論的範圍。

斯密應用自己研究的分析法，在商品關係方面作出了一系列重要發現。例如，他區分了商品的兩個方面——使用價值和交換價值。斯密寫道：「……價值一詞有兩個不同的意義。它有時表示特定物品的效用，有時又表示由於佔有某物而取得的對他種貨物的購買力。前者可叫作使用價值，後者可叫作交換價值。」② 但是，斯密並不懂得商品是使用價值和交換價值的矛盾統一，沒有揭示這個矛盾的緣由、生產商品的勞動的二重性。缺乏對這一問題的深刻理解，是斯密價值理論矛盾的原因之一。

與自己的前驅者（如配第）不同，斯密比較充分地抽象了商品的貨幣形態，即價格。他區分了商品的「真實」價格與「名義」價格。斯密寫道：「……勞動是衡量一切商品交換價值的真實尺度。」③ 在斯密看來，「名義價格」是價值的貨幣表現。他寫道：「……我所謂的商品貨幣價格，總是指這商品出售所得的純金量或純銀量……」④

斯密把資本主義社會看作某個貿易同盟，其中，勞動分工迫使生產者交換自己勞動的產品。他由此作出結論：這交換的調節者，正是這些商品生產者的

---

① 馬克思恩格斯全集：第26卷第1冊［M］. 北京：人民出版社，1973：47.
② 亞當·斯密. 國民財富的性質和原因的研究：上卷［M］. 郭大力，王亞南，譯. 北京：商務印書館，1983：25.
③ 亞當·斯密. 國民財富的性質和原因的研究：上卷［M］. 郭大力，王亞南，譯. 北京：商務印書館，1983：26.
④ 亞當·斯密. 國民財富的性質和原因的研究：上卷［M］. 郭大力，王亞南，譯. 北京：商務印書館，1983：41.

勞動。他寫道：「……只有勞動才是價值的普遍尺度和正確尺度，換言之，只有用勞動作標準，才能在一切時代和一切地方比較各種商品的價值。」①

斯密的這個原理意味著，商品的價值，從而，歸根究柢，商品的價格取決於生產它所耗費的勞動，而不管這些商品的使用價值如何。然而，鼓吹辯護的「邊際效用」理論的當代資產階級經濟學家，卻企圖掩蓋斯密在價值理論上的科學成就。例如，薩繆爾森（流傳最廣的資產階級經濟學教科書之一的作者）斷言，斯密沒有解決「價值的是非論」，即非常有用的商品（例如水），沒有它，人的生活就不可思議，卻往往比幾乎沒有使用價值的商品（例如鑽石）便宜得多②。薩繆爾森在這個問題上說到斯密時寫道：「他滿足於單純地指出：一物品的『使用價值』——它所能提供的經濟福利的總和——和該物品的『交換價值』——它出售時所能得到的貨幣總量或收益總量——並不是相同的東西。」③ 由此得出結論，斯密沒有解決任何問題，除了區分使用價值和交換價值，沒有再前進一步。但這是不正確的。斯密集中自己的注意力研究交換價值，揭示了它的「真實尺度」（生產商品所耗費的勞動）。

斯密已經理解到，商品價值量決定於生產商品所必需的勞動量，而不是生產該單位商品所實際耗費的勞動。斯密寫道：「……**一般地說**，二日勞動的生產物的價值二倍於一日勞動的生產物，兩點鐘勞動的生產物的價值二倍於一點鐘勞動的生產物，這是很自然的。」④ 但是，斯密不能明確區分個別勞動和社會必要勞動，不能揭示它們的性質。

斯密從社會勞動分工的角度考察勞動時得出結論說：價值的源泉是一切物質生產領域的勞動，而不是勞動的某種特殊形式。這個結論有著極其重要的意義。須知，斯密實際上斷言，價值的來源是不依部門特殊性為轉移的勞動，是勞動一般。斯密的這一立場，為抽象勞動範疇，從而為揭示生產商品的勞動二重性開闢了道路。但是，斯密沒有看到資本主義和商品生產的歷史暫時性。所以，抽象勞動是勞動一般的特殊歷史形態，是商品生產的特點，但從斯密的形而上學方法的立場是不能揭示出來的，而且他也不能把抽象勞動同具體勞動分

---

① 亞當·斯密. 國民財富的性質和原因的研究：上卷[M]. 郭大力，王亞南，譯. 北京：商務印書館，1983：32.
② 亞當·斯密. 國民財富的性質和原因的研究：上卷[M]. 郭大力，王亞南，譯. 北京：商務印書館，1983：25.
③ 薩繆爾森：《經濟學》中冊，商務印書館，1981年，第83頁.
④ 亞當·斯密. 國民財富的性質和原因的研究：上卷[M]. 郭大力，王亞南，譯. 北京：商務印書館，1983：42.

開來。

斯密的功績在於，從商品價值形成的角度，提出了簡單勞動和複雜勞動的問題，提出了勞動集約化問題。斯密指出，一小時的繁重勞動可能比兩小時的簡易勞動包含更多的勞動量，一小時的高度熟練勞動者的勞動，比未經訓練的勞動者一個月完成的勞動可能包含更多的勞動①。

馬克思在總結他對斯密科學的價值理論方案的分析時寫道：「……在亞當·斯密的著作中，創造價值的，是一般社會勞動（不管它表現為哪一種使用價值），僅僅是必要勞動的量。」②

這些原理已經足夠說明，斯密在分析商品關係時，由於應用了科學抽象法（儘管這個方法還很不成熟，應用得不徹底），得到了重要的科學成果。實際上，為了揭示價值的真實來源，斯密抽象了商品使用價值、市場價格即價值的貨幣表現、生產商品的勞動的部門特點、供求波動等。

但是，甚至是斯密的這個價值理論方案，也沒有足夠深刻地研究問題。斯密沒有揭示價值作為商品生產者的歷史暫時性的生產關係的實質。在他看來，價值是永恆的、自然的現象，是生產商品耗費的人類勞動物化的結果。他沒有明確確定商品價值量，沒有明確區分個人勞動時間和社會必要勞動時間。斯密不能揭示貨幣的實質，不能從商品矛盾的發展中探索出貨幣的起源。對他來說，貨幣不過是「交換的偉大輪子」。在斯密的著作中，考察貨幣先於分析商品，這不是偶然的。斯密沒有揭示商品拜物教的秘密，他的價值理論的重大缺點，是他不懂得價值形態、價值和交換價值的聯繫。在我們看來，斯密的第二個即庸俗的價值理論方案，同上述缺點有關。

斯密從描述外部經濟現象的方法出發闡述商品關係，把注意力集中於商品交換價值，把交換價值同價值混淆起來。在這種情況下，他提出了下列定義：「……這貨物的價值，等於使他（所有者——阿法拉西耶夫註）能購買或能支配的勞動量。」③

斯密價值理論的二重性，可用如下公式來表示④：

---

① 亞當·斯密. 國民財富的性質和原因的研究：上卷 [M]. 郭大力，王亞南，譯. 北京：商務印書館，1983：15.
② 馬克思恩格斯全集：第 26 卷第 1 冊 [M]. 北京：人民出版社，1973：64.
③ 亞當·斯密. 國民財富的性質和原因的研究：上卷 [M]. 郭大力，王亞南，譯. 北京：商務印書館，1983：26.
④ 俄文 T 表示商品（譯者註）。

$$T_1 \longrightarrow T_2$$
（10 小時）（10 小時）

在斯密看來，決定商品價值的可以是：第一，耗費於生產商品的勞動（用於生產商品的第一個 10 小時勞動）；第二，用該商品所購買到的勞動，即在 T_1 交換 T_2 的情況下，耗費於生產商品 T_2 的勞動。如果說，商品價值由耗費於生產它的勞動量來決定，包含著對待這一問題的科學方法，那麼，把價值說成是由該商品所能購買的勞動量決定，則是斯密勞動價值理論的非科學方案。

什麼是該商品所能交換到的勞動呢？十分明顯，第一，這是物化在另一商品中的勞動，即商品所有者在交換中用自己的勞動所換得的勞動。交換是按 T_1—T_2 公式進行的，而且 T_1 處在相對價值形態，而 T_2 在等價形態。這就是說，T_2 以自己的物態表現 T_1 的價值，是作為 T_1 的價值形態，而 T_1 以使用價值 T_2 來表現自己的價值。

因此，耗費於生產 T_2 的勞動，不是 T_1 的價值來源。這一勞動只創造用以比較商品價值的基礎。斯密的錯誤在於，他混淆了價值和交換價值、價值的內在尺度和外在尺度。耗費於生產對第一種商品起表現價值形態作用的商品的勞動，他看作是前一種商品的價值來源。

第二，「該商品所能購買的勞動」——這就是活勞動本身。須知，斯密說的是通過交換該商品能「支配」的勞動量。在簡單商品經濟（按照斯密的術語是「原始社會」）條件下，商品生產者的「勞動的價值」「工資」「收入」等於他的勞動的產品，或者，另一個生產者由於交換這個第一項產品而得到的勞動產品。因此斯密認為，商品價值決定於這個商品所能購得的活勞動量。馬克思寫道「……斯密把勞動的交換價值，實際上就是把工資當作商品的價值尺度……」①

當然，斯密的這個結論是站不住腳的，因為商品生產者的「勞動的價值」在上述交換關係中，只起價值表現形式的作用，而不起價值源泉的作用②。加之，在他那裡，價值本身（正就是勞動力價值）是說明的起點。為了充作商品價值的來源，活勞動應當物化在這個商品中，即生產出這個商品，而不是簡單地交換另外的勞動所創造的商品。

顯然，斯密的這種立場是以混淆簡單商品生產和資本主義（雖然在這兩

---

① 馬克思恩格斯全集：第 26 卷第 1 冊 [M]．北京：人民出版社，1973：47-48.
② 馬克思恩格斯全集：第 26 卷第 1 冊 [M]．北京：人民出版社，1973：50.

种情况下都不正确）为基础的，从而是以混同它们特有的经济形式为基础的。实际上，这使斯密得出了在过渡到资本主义的情况下价值规律遭到破坏的结论。大家知道，现在的交换公式是：

$$T_1 \longrightarrow T_2 (劳动力)$$
（10小时）　　（例如在20小时之内，该劳动力因劳动而得到的工资）

交换到物化在 T_1 的10小时劳动并体现为劳动力的10小时劳动，能够「支配」20小时的活劳动量（该劳动力所能实现的，$m' = 100\%$）。

在斯密那里，碰到了价值与剩余价值之间的明显矛盾，「价值规律似乎变成了（从结果来看，也确实变成了）它的对立面」[1]，这个矛盾把他弄糊涂了，而且无力解决这个矛盾。

我们要指出，马克思关于价值规律与剩余价值规律之间的矛盾具有似是而非的性质的原理，具有很大的认识论意义。它提供了一把钥匙，使人们能够懂得经济规律的真正的相互联系，以及与之不相符合的它们的外部表现形式。

斯密在转到说明资本主义条件下价值规律的作用时发觉，从前（在「原始社会」）生产者的统一收入，由于资本累积和土地私有制的形成而分为三个独立的收入：利润、地租和工资。他由此作出结论，现在商品价值决定于三种收入的总额。它是由这些收入构成并分解为这些收入。斯密写道：「工资、利润和地租，是一切收入和一切可交换价值的三个根本源泉。」[2] 可见，在斯密看来，在资本主义条件下，价值规律、商品交换与耗费于生产商品的劳动量相一致的规律，已经不起作用了。

按照斯密的意见，价值规律从「原始社会」（1）过渡到「完善的社会」（2）所发生的变化，可以表述如下：

第一，$T_1 \longrightarrow T_2$ [商品生产者的收入（1），他的「工资」]

第二，T_1：工资、利润、地租

在这些包含着所谓斯密教条（或译成斯密信条）、给经济科学发展带来重大危害的原理中，存在着一系列错误。

---

[1] 马克思恩格斯全集：第26卷第1册 [M]．北京：人民出版社，1973：67．

[2] 亚当·斯密．国民财富的性质和原因的研究：上卷 [M]．郭大力，王亚南，译．北京：商务印书馆，1983：47．斯密关于「原始社会」的劳动者得到自己劳动的全部产品的原理，从思想上讲，对当代资产阶级理论家是很危险的，因此，他们往往反对他的「购买的劳动」决定价值的定义。美国经济学家莫拉尔写道：「斯密关于社会早期阶段劳动者能够得到他的劳动的全部产品的论断，完全自然地导致社会主义要求。在工业发达的社会，劳动者同样应当得到他生产的一切。」（保尔·E. 莫拉尔：《革命与经济科学》，西港，伦敦，1979年，第38页）

我們來看看斯密教條的兩個方面：

斷定商品價值由收入構成的斯密教條的第一個方面是沒有根據的，因為收入本身就是價值，用收入構成說明商品價值的產生，意味著從價值引出價值，也就什麼也沒有說明。這個論點所以不正確還因為，它迴避了生產領域是商品價值的真正來源問題，而企圖從流通和分配領域引出商品價值。

斯密把已創價值的分配形式，看作是價值的獨立來源。但很明顯，這種分配的性質、形式和比例，不能改變已經創造的價值的大小，不能廢除適應生產商品所耗費的社會必要勞動的商品交換。

在這樣理解價值的來源及其結構的情況下，完全歪曲了商品價值的真實數量的概念，因為排除了不變資本的耗費，使價值同它的基礎——生產力發展水準割裂開來。

斯密教條的第二個方面也是沒有根據的。這個方面就是關於價值分解為收入的論點，這一論點以混同商品的全部價值和它的新創造部分為基礎。只有新創造的部分分解為收入，而斯密由於許多原因（其中包括在工場手工業時期，固定資本在整個資本結構中占的比重不顯著），忽視了商品中的轉移價值，從而引出一連串的錯誤原理。

生產價格受工資平均水準和平均利潤率變化的影響的這種情況，把斯密弄糊塗了。在混同價值與生產價格的斯密看來，這些因素就是價值變化的原因。因此，斯密也就得出了不正確的結論：隨著向資本主義過渡，勞動決定價值的規律不再發生作用，商品開始按工資、利潤和地租的「自然率」調節的「自然價格」出賣。十分明顯，斯密把「自然價格」理解為生產價格①。

斯密價值理論的矛盾，暗示著許多最重要的理論問題的提出：價值和交換價值的區分、價值的內在尺度和外在尺度、轉移價值和新創造的價值、簡單商品生產和資本主義生產，以及某些其他問題，大家知道，斯密自己對這些問題並沒有加以解決。

馬克思在批判斯密價值理論的諸原理時指出，其中提出了極其複雜和重要的問題：由於從簡單商品經濟過渡到資本主義經濟，價值規律轉化為生產價格規律。馬克思寫道：「斯密的功績在於，他強調指出了下面這一點（而這一點也把他弄糊塗了）：隨著資本累積和土地所有權的產生，因而隨著同勞動本身

---

① 亞當·斯密. 國民財富的性質和原因的研究：上卷 [M]. 郭大力，王亞南，譯. 北京：商務印書館，1983：60.

相對立的勞動條件的獨立化，發生了一個轉變，價值規律似乎變成了（從結果來看，也確實變成了）它的對立面。如果說，亞當·斯密的理論的長處在於，他感覺到並強調了這個矛盾，那麼，他的理論的短處在於，這個矛盾甚至在他考察一般規律如何運用於簡單商品交換的時候也把他弄糊塗了……」①

斯密價值理論不一貫的最重要的原因，在於他不能從價值規律發生作用的角度說明資本主義經濟最本質的事實——資本剝削勞動。斯密在把勞動而非勞動力直接同資本相對立時得出結論說，在勞動與資本的關係上價值規律已經喪失其作用，因為資本和勞動相交換，明顯不是等價的了。由此距離價值不是由耗費的勞動而是由收入調節的錯誤結論就不遠了。斯密十分懂得，收入本身作為商品價值的組成部分，歸根究柢決定於勞動②，指出這一點是有意義的。

斯密說明價值方面的不一貫性，妨礙了他創立資本主義經濟職能作用的嚴密理論體系，也是他在其研究課題中放過了許多重要問題的原因。

斯密價值理論的矛盾，引起了當代資產階級政治經濟學的極大注意，他們竭盡全力不是為了解決這些問題，而是為了利用這些矛盾反對他的理論的科學成分，首先是斯密關於耗費於生產商品的勞動是其價值的源泉這一價值理論的主要論點。

美國經濟學家楊格斷言，斯密在第一本著作《國富論》中利用了「至少四種價值理論：得以支配的勞動決定價值論、物化勞動論、勞動痛苦論、生產費用論」③。按照作者的意見，在這裡，生產費用論在斯密學說中具有首要的意義。

對斯密學說的這種解釋，拋棄了最主要的東西——勞動價值理論。但是，這一理論不僅是斯密的而且是整個古典學派的基本的科學成就。正是這個理論，首先被馬克思接受並發展到真正科學的水準，從而馬克思把它作為自己研究資本主義及其基本經濟規律和歷史暫時性的基礎。

當代資產階級經濟思想難道不是根據這一理由來掩蓋馬克思的先驅代表人物斯密關於商品價值的性質和數量問題概念的真正含義嗎？要知道，按照楊格的說法，斯密所同意的上列價值理論中，與問題有關的只是頭兩個理論：耗費於生產商品的勞動決定價值和該商品購買到的勞動決定價值。

---

① 馬克思恩格斯全集：第 26 卷第 1 冊 [M]．北京：人民出版社，1973：67．
② 亞當·斯密．國民財富的性質和原因的研究：上卷 [M]．郭大力，王亞南，譯．北京：商務印書館，1983：47．
③ 楊格：《古典學派價值理論：從斯密到斯拉法》，1978 年，第 25 頁。

至於「勞動痛苦」，這不是價值的某種特殊定義，而是描述作為價值源泉的勞動的特點：生產商品的勞動花費得越多：這一勞動越繁重，價值就越大。對斯密來說，這是簡單勞動和複雜勞動、集約化勞動和非集約化勞動的問題，歸根究柢是決定商品價值的社會勞動的問題。他寫道：「勞動雖是一切商品交換價值的真實尺度，但一切商品的價值，通常不是按勞動估定的……一個鐘頭的困難工作，比一個鐘頭的容易工作，也許包含有更多勞動量；需要十年學習的工作做一小時，比普通業務做一月所含勞動量也可能較多。」① 個人所費勞動的這些差別，市場機制使其均等並把所費勞動歸結為某種可以比較的量。斯密指出：「……通常都在一定程度上，考慮到上述困難程度和精巧程度，但在進行這種交換時，不是按任何準確尺度來作調整，而是通過市場上議價來作大體上兩不相虧的調整。這雖不很準確，但對日常買賣也就夠了。」②

由此可見，在斯密那裡，不存在與勞動價值理論不同的根據「勞動痛苦」的任何特殊的價值理論。

生產費用論的情況實際上也一樣。誠然，在這裡，歪曲斯密勞動價值論的基礎是他的非科學方案，但在第一種情況下——斯密是以生產商品耗費的勞動決定價值，即他的理論的科學方案。

大家知道，斯密（在第二個、非科學的勞動價值論的方案中）認為，工資、利潤和地租是交換價值的源泉③。由此作出結論，斯密主張生產費用論。在證明這一論斷時，楊格關於利潤和地租寫道：「……這些收入形式是從商品自然價格中支付的，但它們不是勞動的體現。」④ 因此，利潤和地租（還有工資）被看作是生產費用的組成部分，（與工資不同）被看作不是所耗費勞動的表現的收入形式。

這裡至少有兩個錯誤。實際上，利潤和地租不是生產費用，這種費用是不變資本和可變資本的耗費。利潤和地租——這是剩餘價值的不同形式，是剝削階級（資本家和土地所有者）的收入。關於這些收入不體現勞動的論斷也是沒有根據的，因為利潤和地租只是雇傭工人無酬勞動的不同表現。斯密十分清

---

① 亞當·斯密. 國民財富的性質和原因的研究：上卷 [M]. 郭大力，王亞南，譯. 北京：商務印書館，1983：27.
② 亞當·斯密. 國民財富的性質和原因的研究：上卷 [M]. 郭大力，王亞南，譯. 北京：商務印書館，1983：27.
③ 亞當·斯密. 國民財富的性質和原因的研究：上卷 [M]. 郭大力，王亞南，譯. 北京：商務印書館，1983：47.
④ 楊格：《古典學派價值理論：從斯密到斯拉法》，第 26 頁.

楚地看到了這一點。他把利潤和地租說成是不同的「勞動產品的扣除」①。他明確地意識到，利潤和地租包含著由生產商品所花費的勞動決定的價值。他指出：「勞動不僅衡量價格中分解成為勞動的那一部分的價值，而且衡量價格中分解成為地租和利潤的那些部分的價值。」②

在斯密觀點的整個體系中，起主要作用的是他的價值理論的科學方案。在斯密發展經濟理論的地方，在他研究真實的事實獲得科學成果的地方，他都是從生產商品耗費的勞動決定價值出發。斯密從這種立場，近於揭示剩餘價值生產的秘密。馬克思寫道：「應當注意亞當·斯密書中的奇怪的思路：起先他研究商品的價值，在一些地方正確地規定價值，而且正確到這樣的程度，大體上說，他找到了剩餘價值及其特殊形式的源泉——他從商品價值推出工資和利潤。但是後來，他走了相反的道路，又想倒過來從工資、利潤和地租的自然價格的相加數來推出商品價值。」③

三、剩餘價值理論的庸俗因素與科學因素

斯密與其前人不同，幾乎已經知道 18 世紀存在的所有剩餘價值形式。如果說重商主義者只認識到商業利潤，而重農主義者主要研究的是地租，那麼，斯密作為總結資本主義工場手工業階段的經濟學家，在其著作中考察了產業利潤、地租、信貸利息和商業利潤。

而且，在斯密的著作中，總的來說，第一次正確地說明了這些剩餘價值形式的相互關係。他把產業利潤說成是一般的、基本的剩餘價值形式，對於這種基本形式來說，地租和利息則是派生的了。而他的直接先驅者——重農學派認為產業利潤起次要的作用，把它看作是從地租派生出來的形式。

斯密關於剩餘價值問題的觀點的二重性（其中存在科學的和非科學的因素），決定於他的分析的科學起點的矛盾性，也就是說，決定於對待經濟現象直觀的和片面的方法：或者從抽象勞動的觀點出發，這就在一定程度上可以揭示現象之間的內在聯繫，或者從具體勞動的觀點出發，這就促使斯密去描述經濟過程的外部的虛假現象。

---

① 亞當·斯密. 國民財富的性質和原因的研究：上卷 [M]. 郭大力，王亞南，譯. 北京：商務印書館，1983：46.
② 亞當·斯密. 國民財富的性質和原因的研究：上卷 [M]. 郭大力，王亞南，譯. 北京：商務印書館，1983：44–45.
③ 馬克思恩格斯全集：第 26 卷第 1 冊 [M]. 北京：人民出版社，1973：78.

斯密依據自己的分析法，企圖揭示非勞動收入的來源，利潤、地租和利息的共同基礎。

斯密沒有研究資本原始累積過程，他把生產者和生產資料的分離看作是既成事實。但仍然富有意味的是，斯密把資本累積和土地私有制的出現，也就是把資本原始累積長期過程的現有結果看作是非勞動收入產生的條件。斯密寫道：「資本一經在個別人手中積聚起來，當然就有一些人，為了從勞動生產物的售賣或勞動對原材料增加的價值上得到一種利潤，便把資本投在勞動人民身上，以原材料與生活資料供給他們，叫他們勞作。」①

斯密的這種說法，從多方面看都是極其有趣的。它作為前提，暗含著對商品價值構成的理解，把價值區分為轉移價值和新創造的、附加的價值。其中十分明確地反應出這樣一種思想，即資本主義利潤的源泉是工人創造的，但資本家未付給他報酬的價值。斯密解釋道：「……勞動者對原材料增加的價值，在這種情況下，就分為兩個部分，其中一部分支付勞動者的工資，另一部分支付雇主的利潤，來報酬他墊付原材料和工資的那全部資本。」② 斯密在此稱之為利潤的東西，實際上就是剩餘價值，他混同了剩餘價值及其轉化形式——利潤。

而且，斯密把利潤看作是被資本家掠取的由工人所創造超過用以補償「勞動的價值」即工人工資數量的價值的結果。馬克思對斯密的這些議論寫道：「……資本家的利潤就由於資本家對商品中包含的一部分勞動沒有支付過代價卻拿去出售而產生。」③ 斯密「這樣把利潤歸結為對無酬的別人勞動的占有……」④

但是，一般說來，如同整個資產階級古典政治經濟學一樣，斯密不能以價值規律發生作用的觀點說明產業利潤的起源，儘管他已經理解到利潤如同任何價值一樣是在生產過程中由工人的勞動所創造的。斯密認為，隨著「原始狀態」向資本主義過渡，價值規律首先是在這種意義上遭到了破壞，即勞動與資本相交換同商品的等價關係是不相容的。他錯誤地認為，在資本家和工人之

---

① 亞當·斯密. 國民財富的性質和原因的研究：上卷 [M]. 郭大力，王亞南，譯. 北京：商務印書館，1983：43.

② 亞當·斯密. 國民財富的性質和原因的研究：上卷 [M]. 郭大力，王亞南，譯. 北京：商務印書館，1983：43. 斯密理論的這一方面，揭示了資本主義剝削的實質。但資產階級經濟學家在闡述斯密的理論時，卻往往「放過了」（例如，可參閱《大不列顛百科全書》第 20 卷，1963 年，第 826 頁）。

③ 馬克思恩格斯全集：第 26 卷第 1 冊 [M]. 北京：人民出版社，1973：57.

④ 馬克思恩格斯全集：第 26 卷第 1 冊 [M]. 北京：人民出版社，1973：59.

間的交易中，是勞動的出售和購買。而如果勞動是商品，那麼它的實現應當符合價值規律的要求。也就是說，工人應當以自己的勞動得到它完全的等價物，這就排除了資本主義生產方式本身的基礎，排除了獲得利潤的可能性。但是，利潤是存在的，而且是資本主義生產發展的動力。如果斯密把產業利潤的存在當作是既定的，那麼他應當承認在資本和勞動的交換中等價原則遭到了破壞，即價值規律遭到了破壞，因此，在斯密的意識中，價值規律與剩餘價值規律是不相容的。

這是古典學派的基本矛盾之一，這給它的主要科學成就——勞動價值理論以打擊。古典學派在解決這個矛盾時的無能，被庸俗政治經濟學廣泛利用來反對資產階級古典學派的科學成就。

同樣，斯密把地租的產生，同生產資料壟斷在私人手中，在這種情況下是土地壟斷在土地所有者手中，聯繫在一起。斯密寫道：「一國土地，一旦完全成為私有財產，有土地的地主，像一切其他人一樣，都想不勞而獲，甚至對土地的自然生產物，也要求地租……勞動者……必須把他所生產或所採集的產物的一部分交給地主。」①

可見，斯密把地租也看作是佔有別人無償勞動的結果，看作是工人勞動產品的扣除或它的價值的扣除。由此可以得出結論，斯密竭力在利潤和地租特殊性的背後發現它們的共同基礎，也就是剩餘價值。

馬克思在總結自己對斯密的剩餘價值觀點的分析時寫道：「亞當·斯密把剩餘價值……理解為一般範疇，而本來意義上的利潤和地租只是這一般範疇的分支。然而，他並沒有把剩餘價值本身作為一個專門範疇同它在利潤和地租中所具有的特殊形式區別開來。」②

斯密對利息的實質和起源的分析，也證實了這一結論。斯密把利息看作是派生收入，看作是利潤或地租的一部分，即他把利息也說成是雇傭工人無酬勞動的一部分。

可見，與重農學派相比，斯密在剩餘價值的分析中，向前邁進了一大步。但他仍然沒有發現不管其形式為何的剩餘價值，往往把全部剩餘勞動所創造的價值（剩餘價值）和利潤相混淆，他不善於以勞動價值理論的觀點來說明利

---

① 亞當·斯密. 國民財富的性質和原因的研究：上卷 [M]. 郭大力，王亞南，譯. 北京：商務印書館，1983：44.
② 馬克思恩格斯全集：第 26 卷第 1 冊 [M]. 北京：人民出版社，1973：60-61.

潤的起源。

斯密在科學地分析剩餘價值具體形式的同時，提出了關於剝削收入起源問題的一系列非科學原理。其實質在於，斯密「把資本和土地說成是交換價值的獨立源泉」①。這些庸俗因素是應用斯密的描述的非科學的方法、價值理論的錯誤原理的結果。

斯密把利潤說成是商品價值源泉之一，因而實際上把利潤看作是與資本職能作用有關的生產費用的一部分。在斯密的意識中，這一錯誤觀點還由於他混淆了剩餘價值（與可變資本有關）和利潤（即以全部預付資本計算的剩餘價值）而得以加強。對剩餘價值真正性質的理解，因利潤均等化為平均利潤的過程而變得模糊了。

這樣，描述法的利用，注意力只集中於外部的虛假的現象形態，促使斯密得出資本為利潤源泉的錯誤結論。在這裡，有意思的是，斯密的這一結論不具有那麼明確的形式。他沒有揭示平均利潤的實質及其形成的規律，對利潤均等化為平均利潤的結果的外部現象這種描述，使讀者接近於資本是利潤的源泉的思想②。

這一錯誤的基礎，是斯密作為資產階級經濟學家不能從勞動價值理論的立場說明平均利潤。對斯密來說，具有特徵的是平均利潤規律和剩餘價值規律之間的矛盾，與前者相適應，利潤與預付資本的數量成比例，與後者相適應，剩餘價值只與可變資本的數量（在剝削率不變的情況下），而不是與整個預付資本成比例。

古典學派的第二個基本矛盾，即剩餘價值規律和平均利潤規律之間的矛盾，破壞了科學的資產階級政治經濟學最深的基礎。

斯密這一錯誤立場的起點之一，是混淆了勞動過程與價值創造過程，其基礎歸根究柢是混淆了使用價值和價值、具體勞動和抽象勞動。實際上，生產資料（斯密稱之為資本）只參加單純勞動過程中的使用價值創造的過程。它們的價值只轉移到新創造的產品的價值上。生產資料本身不創造任何新的價值，也不能起利潤源泉的作用。

斯密在正確地證明利潤不是特種工資時，對利潤作了一系列非科學的解

---

① 馬克思恩格斯全集：第26卷第1冊［M］. 北京：人民出版社，1973：74.
② 亞當·斯密. 國民財富的性質和原因的研究：上卷［M］. 郭大力，王亞南，譯. 北京：商務印書館，1983：43.

釋。例如，他把利潤看作是企業主在某一經濟部門投資所遭受的風險的報酬。此外，斯密還企圖從資本家的「利益」中引出利潤，否則，資本家就沒有興趣投資。所有這些對利潤的非科學解釋，都把主要問題——利潤來源問題，棄置一旁。

在斯密那裡，從描述方法的立場闡述地租，同樣產生了關於地租的性質和起源的不正確的概念。眾所周知，級差地租的多少取決於耕地的質量、肥沃程度及離市場的遠近，斯密離開級差地租的這些現象，得出了地租產生於土地本身的結論。在這裡，他實際上站在重農學派的立場上。

不難相信，斯密的論據是站不住腳的。級差地租量依賴於土壤的肥沃程度，完全不是因為後者是前者的來源。土壤更豐饒能提高勞動生產率，因而是加重剝削農業工人的重要條件，是生產相對剩餘價值的條件。至於土地本身，如同生產資料一樣，它當然不參加農產品價值的創造，儘管它同任何其他生產資料一樣，作為單純的勞動過程的因素參加其使用價值的創造。

斯密地租理論另一方案的基礎，是農產品價格的壟斷性質。根據斯密的意見，農產品價格是壟斷價格，因為對這種產品的需求經常超過供給，因此，價格在價值之上波動。在斯密看來，地租就是從這種價格高於價值中產生的。

斯密的論述表明，他已經看出資本主義條件下土地關係的一系列重要特點。例如，他正確地指出了農產品價格的壟斷性質和由此引起的這些價格的較高水準，指出了價格形成中這一特點和地租現象之間的聯繫。但是，斯密甚至未能分析絕對地租，因為沒有揭示價值轉化為生產價格的過程。因此，斯密有時從價格高於價值，即價值規律遭到破壞中引出地租來。可見，在斯密的著作中，剩餘價值的這一形式也未從價值規律的角度加以說明。正如馬克思指出的，斯密對級差地租的分析，還不如他的前驅者配第對這個問題的研究。

斯密剩餘價值理論的非科學方案被庸俗經濟學家首先是薩伊廣泛利用。

馬克思揭示了斯密剩餘價值理論庸俗因素的認識論基礎。他表明，資本和土地所有權只是迫使工人付出剩餘勞動的條件，而絕不是剩餘價值的源泉。馬克思寫道：「土地所有權和資本，對於它們的所有者來說，是收入的源泉，也就是說，使它們的所有者有權佔有勞動創造的價值的一部分，可是它們並不因此就成為它們的所有者佔有的價值的源泉。」① 斯密作為資產階級經濟學家，有時也混淆了價值佔有形式和這一價值本身的創造過程。

---

① 馬克思恩格斯全集：第26卷第1冊 [M]. 北京：人民出版社，1973：74-75.

四、生產勞動理論

斯密關於生產勞動和非生產勞動的學說，是他的經濟觀點最重要的組成部分。馬克思在其主要著作《資本論》中用專章對這一學說進行批判分析①，不是偶然的。

與斯密理論的科學起點的二重性相適應，他關於生產勞動的學說同樣具有二重的和矛盾的性質。實際上，斯密提出了兩個不同的生產勞動的理論：科學的和非科學的。

一方面，斯密把生產勞動確定為「同資本交換」的勞動，而把非生產勞動，則確定為「同收入交換」的勞動。例如，他寫道：「有一種勞動，加在物上，能增加物的價值，另一種勞動，卻不能夠。前者因可生產價值，可稱為生產性勞動，後者可稱為非生產性勞動……雇傭許多工人，是致富的方法；維持許多家僕，是致貧的途徑。」②

由此可見，斯密的這種觀點歸結為：他把生產資本的那種勞動宣稱為生產勞動，是資本主義利潤的源泉。

馬克思高度評價斯密的這種立場。他寫道：「……亞當·斯密在這裡觸及了問題的本質，抓住了要害。」③ 問題在於，斯密的這種立場（雖然不夠精密），在方法論上是正確的：斯密在確定勞動的性質時（它是否是生產性的），實際上是以勞動的社會形式作為標準，這是對待生產勞動問題的科學態度。事實上，如果用資本（其實是不變資本、工資）交換勞動（其實是勞動力），那麼，這種勞動為資本家生產利潤（其實是剩餘價值），因而再生產資本主義生產關係。

但是，這不過是資本主義下生產勞動的一個方面。它的另一個方面是，這種勞動必然生產某種使用價值。顯然，勞動不創造價值，就不能生產剩餘價值，而它不創造滿足這種或那種、個人需要或生產需要的使用價值，就不能創造價值。因此，創造剩餘價值的勞動也就生產使用價值，因而不僅再生產資本主義生產關係，而且也再生產資本主義生產力（人和物質因素），也就是說，再生產整個資本主義生產方式。這就是從資本主義生產方式的觀點得出的生產

---

① 馬克思恩格斯全集：第 26 卷第 1 冊 [M]．北京：人民出版社，1973：第 4 章，附錄 12．
② 亞當·斯密．國民財富的性質和原因的研究：上卷 [M]．郭大力，王亞南，譯．北京：商務印書館，1983：303．
③ 馬克思恩格斯全集：第 26 卷第 1 冊 [M]．北京：人民出版社，1973：148．

勞動的定義①。

另一方面，斯密把生產勞動定義為物化在其產品具有物質形式的商品中的勞動。他在說明自己的觀點時，把製造業工人的勞動和家僕的勞動相對立。他寫道：「……製造業工人的勞動，可以固定並且實現在特殊商品或可賣商品上，可以經歷一些時候，不會隨生隨滅……反之，家僕的勞動，卻不固定亦不實現在特殊物品或可賣商品上。」②

在這裡，斯密生產勞動的標準，不是資本的生產，而是某種其他東西，即勞動的物質產品的生產，是某種使用價值的一種特性，即它的物質性。這種立場在方法論上傾向於重商主義者和重農主義者的商品拜物教概念，他們宣稱這種或那種具體勞動是生產勞動（開採貴金屬的勞動、農業勞動等），雖然斯密在這裡竭力抽象掉勞動的部門特點，把任何物質生產部門的勞動看作是生產勞動。只有馬克思徹底克服了資產階級古典政治經濟學對待生產勞動問題的商品拜物教態度，把資本主義下的任何社會生產部門和領域（既包括物質的，也包括非物質的）的勞動都看作生產勞動。

在斯密那裡，無論從具體勞動的觀點，無論從抽象勞動的立場這種片面對待經濟現象的方法所產生的錯誤均在於，他把具體勞動的特徵之一說成為生產勞動的標準。可是，生產勞動問題同使用價值的特性毫無關係，同從它的物質內容的觀點得出的勞動特點毫無關係。馬克思寫道：「體現生產工人的勞動的商品，其使用價值可能是最微不足道的。勞動的這種物質規定性同勞動作為生產勞動的特性毫無關係，相反，勞動作為生產勞動的特性只表現一定的社會生產關係。」③

馬克思注意到，斯密生產勞動的兩個理論是相互矛盾的：一方面，創造物質使用價值的勞動，可能是非生產性的；反之，提供服務的勞動，在一定條件下可能是生產性的。例如，裁縫匠為資本家製作衣服，因而是創造物質使用價值的勞動，從資本主義生產的觀點看，並不是生產勞動，因為它不生產剩餘價

---

① 馬克思恩格斯全集：第 23 卷 [M]. 北京：人民出版社，1973：205（包括註 7）；馬克思恩格斯全集：第 26 卷第 1 冊 [M]. 北京：人民出版社，1973：150-151、422；《馬克思和社會主義經濟》，莫斯科，經濟出版社，1968 年，第 4 章；門德維杰夫《社會再生產與服務領域》，莫斯科，經濟出版社，1968 年；《馬克思列寧主義價值理論（方法論問題）》，莫斯科，思想出版社，1971 年，第 130 等頁。

② 亞當·斯密. 國民財富的性質和原因的研究：上卷 [M]. 郭大力，王亞南，譯. 北京：商務印書館，1983：303-304.

③ 馬克思恩格斯全集：第 26 卷第 1 冊 [M]. 北京：人民出版社，1973：149.

值，由於這個原因，也不再生產資本主義生產關係。另一方面，雖然演員不創造任何物質的使用價值，「只要他被資本家（劇院老闆）雇用，他償還給資本家的勞動，多於他以工資形式從資本家那裡取得的勞動」①，那演員的勞動就是生產勞動。在這種情況下，就是用資本交換演員的勞動，用收入交換裁縫匠的勞動。「前一種勞動創造剩餘價值；後一種勞動消費收入」②。

為了公正起見，應當指出，斯密在那時（即 200 年以前）把服務領域排除在生產勞動範疇之外，是具有歷史正當性的，因為資本主義在其發展的工場手工業階段已經把物質生產領域隸屬於自己，而非物質生產領域卻仍然建立在簡單商品生產之上。

斯密關於生產勞動的學說，儘管存在著矛盾，但至少在兩個方面有非常重要的價值：第一，它在某種程度上可以揭露剝削社會統治階級的寄生性③；第二，它包含著科學地對待這一問題的因素。

五、關於整個社會資本的再生產與流通

整個說來，斯密的再生產理論同重農學派相比，明顯地後退了。按時間來說，魁奈的著作是在斯密之前。雖然如此，馬克思在《剩餘價值理論》中卻在分析了斯密的再生產理論之後才考察魁奈《經濟表》，這不是偶然的。

但是，在個別問題上，斯密推進了再生產和流通理論。對斯密經濟理論的這個貢獻，首先同他作為資本主義工場手工業發展階段「總結性經濟學家」的角色是分不開的。

斯密的功績特別在於，他在固定資本和流動資本的範疇中總結了重農學派的「原預付」和「年預付」範疇，並把它們推廣應用於一切物質生產部門。固定資本和流動資本的劃分，第一次不看作是農業的特點（而重農學派正是這樣看的，由於一年的生產週期，他們發現了農業資本的各個組成部分在流通方式上的差異），而看作是任何資本主義生產部門的資本的重要特點，確切些說，是產業資本生產形態的重要特點。

但是，斯密錯誤地把這些範疇推廣到生產本身之外，即推廣到流通領域。例如，他不僅把原料和半成品，而且還把貨幣、糧食儲備、商人和企業主手中

---

① 馬克思恩格斯全集：第 26 卷第 1 冊 [M]．北京：人民出版社，1973：149．
② 馬克思恩格斯全集：第 26 卷第 1 冊 [M]．北京：人民出版社，1973：148．
③ 亞當·斯密．國民財富的性質和原因的研究：上卷 [M]．郭大力，王亞南，譯．北京：商務印書館，1983：304．

的製成品都歸屬於流動資本①。顯然，斯密在這裡混淆了流動資本和流通資本、生產資本形態（特點表現為將自己的價值轉移到所生產的商品的特殊方式）和流通中發生職能的資本。他寫道：「商人的資本便全然是流動資本。」②這種混淆產生了一系列矛盾，是嚴重的理論錯誤。

斯密認為，流動資本以自己的流通給佔有者帶來利潤，它也保證固定資本的利潤。斯密的這些原理導致不正確的結論：剩餘價值是在流通領域創造的，而不是在生產領域創造的，利潤是從價值形態簡單的變化中產生的。

至於固定資本，按照斯密的意見，它不參加流通，靠流動資本的幫助而帶來利潤。這是極大的謬誤。像斯密所認為的那樣，如果商品價值中沒有不變資本，即從過去轉移來的價值，加之固定資本不參加流通，那麼，社會產品按價值和使用價值的補償問題，不僅不能解決，甚至也不能正確地提出。

斯密的這一錯誤表明，他不正確地理解了資本流通的性質，混淆了資本流通和商品交換。斯密認為，流通是商品從一人之手轉到另一人之手，從一個所有者轉到另一個所有者，這只是流動資本所具有的特點。而實際上，流動資本只要還處於生產領域，就仍然是流動資本，與流通資本不同，它不變換佔有者，因而不符合斯密流動資本的定義。但當這樣的佔有者發生了變化，流動資本就不再是流動資本了，離開生產領域，轉化為流通資本。從斯密的觀點看，固定資本不參加流通。斯密在把流動資本定義為處於流通中的商人資本時寫道：「資本……可用來改良土地，購買有用的機器和工具，或用來置備無須易主或無須進一步流通即可提供利潤的東西。這樣的資本可稱為固定資本。」③

---

① 斯密的這一錯誤原理，在當代資產階級政治經濟學的許多教科書中都有。在《經濟分析教科書》中，工廠、鐵路、房屋等屬於固定資本，與此不同，劃分出包括原料、加工過程中的半成品、製成品的儲備等在內的職能資本（內文；《經濟分析教科書》，紐約，1967年，第17頁）。萊特在《經濟學原理導論》中堅持更加庸俗的立場，把機器和建築物作為「相對耐久的物品列入固定資本」。他列入「日常的」或「靈活的」資本的是「貨幣或能立刻變為貨幣的物品，例如債款或等待出售的儲備」（萊特：《經濟學原理導論》，牛津，1965年，第19頁）。而且，當代資產階級經濟學家還混淆了流動資本和流通資本。正如我們已經看到的，他們竭力取消流動資本範疇，並消除固定資本和流動資本的對立，即從資本各組成部分的流通性質中產生的資本差異，資本與雇傭勞動的對立（作為資本、資產者所有權體現的固定資本和包括工資在內的流動資本），甚至在流通過程中劃分為固定資本和流動資本的這種間接形態中，對當代資產階級政治經濟學來說，也是難以解決的任務。這難道不是當代資本主義階級矛盾極端尖銳化的標誌嗎？

② 亞當·斯密. 國民財富的性質和原因的研究：上卷 [M]. 郭大力，王亞南，譯. 北京：商務印書館，1983：255.

③ 亞當·斯密. 國民財富的性質和原因的研究：上卷 [M]. 郭大力，王亞南，譯. 北京：商務印書館，1983：255.

但是，固定資本終究是流通的，因為它把自己的價值轉移到所製造的商品上。可見，斯密沒有看到再生產過程最重要的因素之一——不變資本價值重複表現在新創造的產品上。大家知道，產業資本的流通是資本主義生產關係物質形式的變換，是資本依次從產業資本的貨幣形式變為生產形式，然後變為商品形式，最終又變為貨幣形式等。

斯密對固定資本和流動資本的解釋，表明他混淆了兩種資本劃分：由於其流通方式的差別而產生的資本劃分（固定資本和流動資本），資本各組成部分對剩餘價值創造過程的不同關係而引起的劃分（不變資本和可變資本）。實際上，斯密在說明固定資本和流動資本的特點時，既指出了這些資本組成部分在流通中的差別，又指出了它們在「帶來利潤」的過程中的差別。斯密在這個問題上的混亂，模糊了剩餘價值的真實來源。

斯密關於再生產理論的立場的二重性，最明顯地表現在他對待社會總產值和國民收入問題上。

由於不理解創造商品的勞動的二重性、資本主義生產過程的二重性及其結果，使斯密混同了價值和新創造的價值、社會總產值和國民收入。階級局限性妨礙斯密深刻地分析社會再生產諸規律。

橫在分析再生產過程道路上的重要障礙，還有斯密價值理論和剩餘價值理論的其他錯誤原理（混同價值和交換價值、不懂得剩餘價值規律發生作用的機制、混淆價值和生產價格，等等）。這一連串錯誤還使得他得出商品價值由收入構成的結論，而這也排除了研究再生產過程的可能性。

斯密所處歷史時代的特點，在他否定商品價值構成內的不變資本中起了一定作用。與機器工業時代不同，在資本主義工場手工業發展階段，不變資本在全部資本中所占的比重較低。這一部分資本尚未起那樣巨大的獨立作用，起這種作用是在經歷了產業革命、進入了生產過剩經濟危機時期的更發達的資本主義條件下。很自然，在斯密時代的理論家面前，資本不變部分的流通和再生產的矛盾，還不像後來那樣尖銳。

斯密竭力想從他的再生產理論的矛盾中擺脫出來，這表現在企圖區分社會總產值和國民收入。斯密寫道：「一個大國全體居民的總收入，包含他們的土地和勞動的全部年產物。在總收入中減去維持固定資本和流動資本的費用，其餘留供居民自由使用的便是純收入。換言之，所謂純收入，乃是以不侵蝕資本為條件，留供居民享用的資財。這種資財，或留供目前的消費，或用來購置生活必需品、便利品、娛樂品、等等。國民真實財富的大小，不取決於其總收入

的大小,而取決於其純收入的大小。」① 由此可以作出結論,在斯密看來,除了新創造的價值,價值中還包含有那樣一部分,這部分不構成任何人的收入,不能歸結為工資、利潤和地租。

因此,商品的全部價值(或全部社會產值)不能分解為收入,更不用說價值不能由收入構成了。可見,斯密劃分總收入和純收入的企圖,意味著完全推翻了他自己的錯誤教條,為區分全部社會產值和國民收入提供了可能性,這對科學地分析再生產過程是何等的重要!但是,斯密不善於利用這一發現,沒有研究它,在再生產問題上基本上停留在自己反科學的教條的立場上。

區分總收入和純收入的企圖,包含有另一重要的科學方面,即區分不變資本和可變資本的方法。事實上,從斯密上述的說法中可以看到,他在該情況下講的流動資本,是就流動資本的不變部分而言的,因為他把「勞動的價值」包括在純收入中,包括在「用於直接消費的儲備」中。可見,在該情況下,固定資本和流動資本總額,就是全部不變資本,而可變資本是作為純收入的組成部分。

可是,斯密由於自己的資產階級局限性,不能稍微明確地區分不變資本和可變資本;對他來說,這排除了正確理解社會產品價值構成的可能性,以及社會再生產過程最重要的問題,它的最本質方面——資本主義生產關係的再生產的可能性。

斯密在分析再生產問題方面,有價值的是,他接觸到社會生產第一部類和第二部類的劃分。大家知道,斯密區分了從事生產資料的工人和從事消費品生產的工人之間的差異②。但是,斯密這一有價值的原理並沒有得到進一步的發展和應用。

可見,斯密關於資本的再生產和流通理論也不例外,同他的所有其他理論一樣,是二重性的和矛盾的。

我們看到,斯密在資本主義規律性的分析方面,獲得了極其重要的成果。在上述考察的時期,資產階級政治經濟學相對高的成熟程度表現在,斯密獲得的科學分析資本主義的成果,同思想上捍衛資本主義的需要發生矛盾。例如,斯密察覺到了「剩餘價值的真正起源」,把利潤歸結為雇傭工人的無償勞動,

---

① 亞當・斯密. 國民財富的性質和原因的研究:上卷 [M]. 郭大力,王亞南,譯. 北京:商務印書館,1983:262.
② 亞當・斯密. 國民財富的性質和原因的研究:上卷 [M]. 郭大力,王亞南,譯. 北京:商務印書館,1983:262-263;馬克思恩格斯全集:第 24 卷 [M]. 北京:人民出版社,1973:438-439.

雖然他也沒有發現剩餘價值。這個階段上認識過程的科學（在資產階級眼界之內）性質與它的階級目的之間的這個矛盾，還沒有導致古典學派的破產。它在繼續發展，首先是在李嘉圖的著作中繼續發展。但是，資產階級政治經濟學兩個方面之間的矛盾已經如此強烈，從古典學派中分離出了資產階級政治經濟學的特殊流派——資產階級庸俗經濟學。馬克思寫道：「只是在政治經濟學達到一定的發展程度（即在亞當‧斯密以後）和形成穩固的形式時，政治經濟學中的一個因素，即作為現象觀念的單純的現象復寫，即它的庸俗因素，才作為政治經濟學的特殊表現形式從中分離出來。」①

斯密的理論成了以後劃分政治經濟學流派的某種出發點。在李嘉圖，其後在馬克思主義經典作家的著作中，斯密理論的科學因素被接受和發展了。斯密的理論的非科學因素在庸俗經濟學家——資本主義辯護士（如薩伊、馬爾薩斯等）的著作中，以及在小資產階級經濟學家（如蒲魯東、俄國民粹派等）那裡，得到了進一步的研製。我們在研究斯密經濟理論的矛盾方面時，在某種意義上考察了經濟思想的這些趨勢的產生，這些趨勢以後就表現為各種不同的相互鬥爭的經濟理論派別。這一分析可以說明這樣一種初看起來奇怪的事實，一方面，斯密是經濟理論領域馬克思主義最著名的先驅者之一；另一方面，他又是資產階級庸俗政治經濟學的先驅者。

這種情況說明了當代庸俗經濟學對待斯密理論遺產的二重關係②。資產階級經濟學家拜倒在斯密權威面前，廣泛利用他的非科學原理，同時千方百計詆毀斯密的科學成就。例如，著名的資產階級政治經濟學史家之一的熊彼特寫道：「《國富論》沒有包含任何一個在1776年完全是新的有分析的思想、原則或方法。」③ 這也描述了資產階級古典政治經濟學發展中整整一個時代的研究情況。

但斯密沒有完結古典學派的發展，他是在工業革命的前夕，即其基本前提條件已經明顯成熟的時候，發表自己的主要經濟著作的。斯密的研究對象是資本主義（尚未獲得其相稱的機器工業形式的生產技術基礎），是資本主義比較不成熟的發展階段。這種情況在某種程度上決定了亞當‧斯密經濟理論的不發達，及其二重性和矛盾性。

資產階級古典政治經濟學在大衛‧李嘉圖的著作中達到了最高發展階段，李嘉圖研究了（在資產階級眼界內）工業革命時代資本主義經濟的規律性。

---

① 馬克思恩格斯全集：第26卷第3冊［M］．北京：人民出版社，1973：556-557．
② 《經濟問題》，1973年，第9期。
③ 熊彼特：《經濟分析史》，第371頁。

第三章　李嘉圖主義——資產階級古典政治經濟學發展的最高和最後階段

　　大衛·李嘉圖起了資產階級古典政治經濟學完成者的作用，是它最後的偉大代表人物。但問題絕不在於，他窮竭了客觀研究對象，大家知道，儘管李嘉圖比斯密更深刻得多地分析了資本主義生產方式。原因也不在於，李嘉圖之後資產階級經濟學家之中，沒有受過相當訓練和能幹的人。資產階級古典政治經濟學在李嘉圖之後不再發展並退出舞臺，完全是另外的原因：在 18 世紀末 19 世紀初工業革命的影響下，資產階級社會發生了深刻的社會經濟變化。

　　資本主義從工場手工業發展階段過渡到機器工業，對英國資產階級古典學派產生了二重性的和極其矛盾的影響。一方面，資本主義更高的發展水準，機器工業階段資本主義關係更加成熟，決定了以李嘉圖著作為代表的整個理論總結的更高水準；另一方面，資本主義生產方式極端矛盾的發展性質產生了直接對立的傾向，即資產階級經濟學家科學地認識經濟過程的可能性受到限制的傾向。這一矛盾的外部表現，就是資產階級庸俗政治經濟學的產生和傳播，以及它同古典學派的鬥爭。但是，只有在李嘉圖主義以後的時期，當庸俗經濟學在資產階級政治經濟學中建立了自己的統治，這一矛盾才有了最鮮明的形式。

　　從認識過程及其階級目的之間這一矛盾發展的觀點看，首先是在科學的資產階級政治經濟學範圍內，李嘉圖的理論是很有意味的。問題在於，在這位經濟學家那裡，科學地理解資本主義經濟的規律性，已經達到這樣的水準，它在資產階級經濟科學的形式上，不能再向前發展了。不言而喻，李嘉圖遠沒有完全科學地認識當時資本主義規律性的一切可能性。但是，他已完全窮盡了科學分析資本主義的那樣一些可能性，這些可能性是由古典學派的資產階級性質、它所實現的認識過程從屬於資產階級的階級目的所預先決定的。進一步地，更深刻地認識資本主義的內在規律性，已經同資產階級的根本階級利益發生了明

顯的矛盾，因為這類知識在李嘉圖的時代有可能為了工人階級的利益而被利用，而且已經開始利用來反對資產階級。馬克思在談到從李嘉圖理論出發的無產階級經濟學家時寫道：他們「……掌握李嘉圖和其他政治經濟學家所揭露的資本主義生產的秘密，以便從工業無產階級的立場出發來反對資本主義生產」①。

正是在這個意義上，李嘉圖也就成為資產階級古典政治經濟學的完成者。

第一節　勞動價值理論是李嘉圖經濟研究的出發點

資產階級政治經濟學進行瘋狂的鬥爭以反對馬克思列寧主義思想愈來愈廣泛的傳播，認為自己最重要的任務，是捏造和歪曲科學社會主義的前驅者，首先是資產階級古典政治經濟學，特別是它的最高成就——李嘉圖經濟學說的理論成就。而且，對古典學派和馬克思主義的歪曲，是資產階級政治經濟學史的關鍵問題，它竭力論證馬克思經濟理論的「非天生的規律性」。

資產階級經濟學家主要注意的是推翻和歪曲李嘉圖的勞動價值理論和建立在其上的分配理論。

一方面，他們企圖否定價值本身作為區別於價格的特殊現象的存在，因而否定價值理論存在的權力。例如，著名的瑞典資產階級經濟學家繆爾達爾在莫斯科所做的報告《李嘉圖的價值理論》中宣稱：「……實際上不存在客觀價值，只有它的主觀評價。」② 他們把李嘉圖的勞動價值理論描述為「某種無意義的老生常談」。

另一方面，他們歪曲李嘉圖勞動價值理論的內容，使之與庸俗經濟學家的各種反科學的臆造相接近。實際上，這一理論與此並無任何共同之處。資產階級政治經濟學史家使人懷疑正是李嘉圖捍衛了勞動價值理論這一無可爭辯的事實。美國經濟學家施蒂格勒寫道：「李嘉圖是否有勞動價值論呢？他是否相信，商品的相對價值只是由其生產所必需的相對勞動量來調節呢？」③ 按照他的意見，沒有絲毫根據對這個問題作出肯定的回答，雖然他也承認，經濟學史家「驚人的多數」卻正是這樣回答的。施蒂格勒又寫道：「混亂的主要原因也

---

① 馬克思恩格斯全集：第 26 卷第 3 冊［M］. 北京：人民出版社，1973：261.
② 《經濟問題》雜誌，1957 年第 6 期，第 152 頁。
③ 施蒂格勒：《經濟學史論文集》，芝加哥-倫敦：1965 年，第 326 頁。

許在於，經濟學家不善於區分分析前提與經驗前提之間的差別。」① 李嘉圖的價值理論，被宣稱為純粹理論的邏輯的東西，沒有實際意義，被宣稱為「分析的前提」。而且，把供求關係決定商品價值之類的理論強加給李嘉圖。

另外一些資產階級政治經濟學史家則企圖把李嘉圖的價值理論歸結為庸俗的邊際費用理論。惠特克寫道：「李嘉圖的價值理論實際上與其說是簡單的勞動理論，不如說更接近於現代的邊際生產費用理論。」② 而且，往往企圖把李嘉圖看作是十足的「邊際原則」的創始者。卡爾多斷言：「李嘉圖企圖說明地租在國民收入中所占的比重，並要表明一些地段的地租為什麼高於另一些地段的地租，這就產生了全部的邊際分析。」③

如同過去一樣，庸俗經濟學家也企圖借助於李嘉圖價值理論的矛盾。美國資產階級經濟學家列卡希曼見到了李嘉圖理論中的某種類似辯護的「生產要素」學說，他寫道：「李嘉圖的第一章《論價值》（——阿法納西耶夫註）夠模稜兩可了，以致引起了幾種解釋。」但他還是承認，「邊際原則不是他的（李嘉圖的——阿法納西耶夫註）原則」④。

同勞動價值理論鬥爭的最重要的方面之一，是否定它對研究資本主義經濟的方法論意義。繆爾達爾讓人相信，勞動價值理論來自「形而上學的、神學的自然權利哲學」。他把卡爾多在其研究中企圖依據勞動價值理論的企圖，看作是「奇怪的方法」「形而上學的起點」。繆爾達爾斷言，勞動價值論是李嘉圖分析資本主義的障礙。「李嘉圖從自己的現實價值理論中沒有得到好處，恰恰相反，這個理論使他的分析更加困難了……」⑤。

當代資產階級經濟學家如此頑強地企圖推翻或者歪曲勞動價值理論，否定它對研究資本主義經濟的方法論意義，原因何在呢？這些都完全不是偶然的。早在150多年以前，資產階級經濟學家李嘉圖在勞動價值理論中，探索到了分析資本主義的那種唯一科學的方法的萌芽，這種方法最終能夠揭示資本主義反人民的剝削實質。而掩飾這一點，卻隨著資本主義矛盾的發展，越來越成為資本主義的當代的思想辯護士的迫切任務。

李嘉圖認為勞動價值理論對政治經濟學這一整個學科來說，具有特別巨大

---

① 施蒂格勒：《經濟學史論文集》，芝加哥-倫敦：1965年，第340頁，還可參閱第342頁。
② 惠特克：《經濟思想的學派和流派》，第152頁。
③ 黑格：《資本理論》，倫敦，1961年，第305頁。
④ 列卡希曼：《經濟思想史》，第157、15頁。
⑤ 《經濟問題》雜誌，1957年第6期，第153頁。

的意義。他寫道：勞動決定價值這一原理，「這是政治經濟學上一個極端重要的學說。因為在這門科學中，造成錯誤和分歧意見最多的，莫過於有關價值一詞的含糊觀念」①。

李嘉圖把勞動價值理論看作是分析資本主義經濟過程的出發點，與斯密不同，李嘉圖在耗費於生產商品的勞動時間決定商品價值中，不僅看到了商品交換關係的規律，按照馬克思的說法，還看到了「資產階級制度的生理學的出發點」。馬克思寫道：「李嘉圖的方法是這樣的：李嘉圖從商品的價值量決定於勞動時間這個規定出發，然後研究其他經濟關係（其他經濟範疇）是否同這個價值規定相矛盾，或者說，它們在多大的程度上改變著這個價值規定。」②

馬克思指出了這一方法的合理性和歷史必然性，同時也強調指出了它在科學上的缺陷。

李嘉圖在政治經濟學史上第一次自覺地把資本主義經濟理論建立在價值理論的基礎上，它反應一般的、資本主義最典型的關係，即商品關係。大家知道，商品關係在歷史上與邏輯上都存在於資本主義之前。同時，它成為資本主義經濟制度發生作用和發展的內在的雖然是最一般的基礎。

從這種立場出發，第一次從其內在基礎的角度，為科學地說明表面上所表現的資本主義經濟現象的總和創造了可能性。馬克思寫道：「資產階級制度的生理學——對這個制度的內在有機聯繫和生活過程的理解——的基礎、出發點，是價值決定於勞動時間這一規定。李嘉圖從這一點出發，迫使科學拋棄原來的陳規舊套，要科學地講清楚它所闡明和提出的其餘範疇——生產關係和交往關係——同這個基礎、這個出發點適合或矛盾到什麼程度……一般說來，這個制度的表面運動和它的實際運動之間的矛盾是怎麼回事。李嘉圖在科學上的巨大歷史意義也就在這裡……」③ 馬克思對李嘉圖的作用的這種高度評價，正是同李嘉圖對發展政治經濟學方法所提供的新東西聯繫在一起，並作為研究勞動時間決定價值這一規定的出發點。

這種方法使得能夠研究資本主義經濟現象的外部表現同其實質的關係，這不僅適用於從古典學派產生直到李嘉圖以前有過的那種個別的過程，而且也適用於整個資本主義經濟制度，並且不像斯密理論中那種直觀性，而是完全自覺

---

① 李嘉圖著作和通信集：第1卷［M］.蔡受百，譯.北京：商務印書館，1983：9.
② 馬克思恩格斯全集：第26卷第2冊［M］.北京：人民出版社，1973：181.
③ 馬克思恩格斯全集：第26卷第2冊［M］.北京：人民出版社，1973：183.

的。李嘉圖方法的這一特點，使他能夠從多方面克服斯密經濟理論中的許多矛盾，而斯密未能正確地解決經濟科學的出發點問題。李嘉圖的新方法，意味著「同亞當·斯密的貫穿其全部著作的內在觀察法和外在觀察法之間的矛盾斷然決裂……」①。

這意味著，李嘉圖在很大程度上結束了斯密理論科學起點的矛盾性，他那種或者從具體勞動的立場，或者從抽象勞動的立場片面對待經濟現象的方法；這意味著，在李嘉圖的理論中，旨在揭示資本主義經濟現象內在聯繫的那種方法已經開始起第一位的作用。

因此，李嘉圖這一方法的意義決定於，它雖然是不發達的形式，整個說來李嘉圖運用得也不令人滿意，但仍然是從抽象上升到具體的方法。李嘉圖是從分析商品開始自己的研究，然後從其適合還是不適合勞動價值原則的角度考察資本主義經濟現象。資本主義生產的具體關係同價值規律的這種衝突，實際上對李嘉圖這位資產階級經濟學家來說，是應用從抽象（商品、價值）上升到具體（資本累積、土地私有制的產生、地租、利潤、工資等）的方法的特殊形式。

李嘉圖的方法使得他獲得了極其重要的、對資產階級經濟學家來說往往是驚人的科學成果。例如，李嘉圖善於揭示資產階級社會基本階級的經濟矛盾，並把它們形容為「內在聯繫」所表明的那樣。馬克思寫道：「……這樣一來，在政治經濟學中，歷史鬥爭和歷史發展過程的根源被抓住了，並且被揭示出來了。」②

在正在形成的新的社會力量——工業無產階級開始走上歷史舞臺的條件下，李嘉圖方法的進一步發展不符合資產階級的階級利益，因此，在資產階級政治經濟學範圍內，也就不可能進一步發展了，這種情況是不難看到的。

但李嘉圖的方法也遠不是完善的。正如馬克思指出的，他的特點是科學上的缺陷，這首先表現在李嘉圖形而上學地看待經濟現象。李嘉圖不懂得，簡單商品生產是資本主義關係產生的歷史前提。因此，他看不到這些關係的產生和發展及其歷史暫時性。他在商品關係中只看見資本主義關係的一般基礎，而看不見它們的起始的歷史的基礎。在價值規律兩個相互聯繫的方面（歷史的和職能的），李嘉圖只停留在後者。因此，他局限於把較為發達的資本主義生產

---

① 馬克思恩格斯全集：第 26 卷第 2 冊 [M]．北京：人民出版社，1973：186.
② 馬克思恩格斯全集：第 26 卷第 2 冊 [M]．北京：人民出版社，1973：183.

關係和價值規律聯在一起，這使他混同了各個不同的經濟範疇之間的關係，例如，價值及其轉化形態——生產價格之間的關係。

李嘉圖不善於徹底運用抽象法，其特點是「缺乏抽象力」①。這是反應李嘉圖資產階級局限性的方法的科學上的缺陷的另一重要表現。馬克思在談到李嘉圖的主要著作時寫道：「……在這第一章裡不僅假定了商品的存在，——而且考察價值本身的時候是不應該作進一步的假定的，——而且假定了工資、資本、利潤、甚至……還假定了一般利潤率，由流通過程產生的資本的各種形式……」② 李嘉圖方法科學上的缺陷的原因之一在於，他不善於徹底制定勞動價值理論，首先是從它產生的許多關鍵問題，同時也是他站在形而上學立場（反應他的眼界的資產階級局限性）的結果。

李嘉圖作為一位資產階級經濟學家，沒有研究生產商品的勞動的特殊社會形式。李嘉圖把資本主義生產形式看作是永恆的和唯一可能的形式，沒有區分作為一般物質生產必要條件的勞動與它所獲得的特殊歷史形式、成為商品價值源泉的勞動，沒有區分商品生產者勞動的兩個主要方面——作為商品使用價值源泉的具體勞動與創造價值的抽象勞動。馬克思在指出李嘉圖把注意力集中於價值量的問題時寫道：「這種勞動的形式——作為創造交換價值或表現為交換價值的勞動的特殊規定，——這種勞動的性質，李嘉圖並沒有研究，因此，李嘉圖不瞭解這種勞動同貨幣的關係……」③

由於李嘉圖的資產階級局限性而缺乏勞動二重性學說，缺乏理解整個政治經濟學趨向於要理解的這個學說，不可能使勞動價值學說在李嘉圖那裡成為研究資本主義的真正科學基礎。由此也就在解決一系列重要經濟問題時出現了不完善之處或者錯誤，這些問題是：作為資本主義社會經濟細胞的商品的二重性；具體勞動和抽象勞動、使用價值和價值之間矛盾的發展；資本主義生產過程的二重性；生產資料價值轉移到所製造的商品上的機制，歸根到底，即剩餘價值的起源和實質問題。

第二個未解決的關鍵問題是價值轉化為生產價格。李嘉圖不善於在研究價值問題時抽象掉發達資本主義關係，假定有某種既定的不需要專門解釋就存在

---

① 馬克思恩格斯全集：第26卷第2冊 [M]. 北京：人民出版社，1973：211.
② 馬克思恩格斯全集：第26卷第2冊 [M]. 北京：人民出版社，1973：185.
③ 馬克思恩格斯全集：第26卷第2冊 [M]. 北京：人民出版社，1973：181. 更詳細的論述古典學派的貨幣理論可參閱：加里欽斯基：《馬克思著作中貨幣關係的方法論問題》，莫斯科，高等學校出版社，1979年，第7-30頁。烏索斯欽：《貨幣理論》，莫斯科，思想出版社，第104-111頁。

的一般利潤率。他認為,競爭使「相對價值」建立在那樣的水準上,這個水準在補償生產費用之後可以獲得與投資額成比例的利潤。因此,價格偏離價值,就是保證獲得一般利潤率的方式。但是,李嘉圖把這種偏離看作是偶然現象,實質上同價值規律不矛盾,因為在「相對價值」中,所有其他稍微長期的變動,不是由於利潤率變化的結果,而是生產商品所必需的勞動量變化的結果。李嘉圖完全滿足於這一結論,因為這符合他的一般方法論目標,即把發達資本主義的關係同花費於生產商品的勞動決定商品的價值相比較。可見,李嘉圖在確定和說明生產價格時,還是把它和商品價值混淆了、等同了。

不懂得生產價格是商品價值的形態變化,也是李嘉圖理論中一系列錯誤的原因。李嘉圖不能徹底科學地論證勞動價值理論,在其中假設了許多例外,沒有徹底揭示剩餘價值具體形式的規律。而對商品價值和生產價格的這種混淆,使李嘉圖否定了絕對地租。

在李嘉圖那裡,從抽象上升到具體的方法的決定性缺陷,明顯暴露了他的資產階級局限性的,是他忽視了剩餘價值理論的方法論意義。李嘉圖遠未足夠理解那個基礎,從這個基礎的觀點出發,就應當分析資本主義生產關係。他不理解剩餘價值規律在資本主義關係體系中的決定性作用,沒有發現這一規律,也沒有根據剩餘價值理論分析資本主義經濟。這就不可能使李嘉圖深入資產階級生產關係體系的實質。

但李嘉圖的方法仍然是研製真正科學的方法論中的重要階段,因為它包含有從抽象上升到具體的方法的因素,這是唯一的方法,在此基礎上能夠創立資本主義生產體系的完整科學的理論。正因為如此,當代資產階級經濟學家才如此猖狂地反對李嘉圖的勞動價值理論。

他們認為,李嘉圖對政治經濟學研究的貢獻,同他的價值理論完全沒有關係。美國經濟學家列卡希曼在談到李嘉圖時寫道:「他的價值理論和分配理論之間缺乏一體化(integration)是最重要的錯誤。」① 在繆爾達爾看來,李嘉圖在科學上的重要成就,不是歸功於,而是違背勞動價值理論,違背自己的方法取得的。他在上面已經提到的報告《李嘉圖的價值理論》中說,實際上,李嘉圖分配理論(他對政治經濟學的基本貢獻)的制定是不以他的價值理論為轉移的。繆爾達爾繼續說,可以把這種情況看作是威克賽爾這樣一個原理的例證,即傑出的經濟學家總是超越自己的方法。

---

① 列卡希曼:《經濟思想史》,第 165 頁。

資產階級經濟學家竭力使李嘉圖的價值理論和他的分配理論相脫離，這不是偶然的。問題在於，從勞動價值理論的立場分析分配領域，可能導致影響對資產階級社會階級對立的深厚基礎，對它的剝削實質的理解。

第二節　李嘉圖論政治經濟學對象

在李嘉圖的體系中，分配理論遠不是起通常的作用。他對政治經濟學對象的理解，正是與這一理論相聯繫的。

李嘉圖在自己的主要理論著作——《政治經濟學及賦稅原理》（1817年）中談到社會產品的分配時寫道：「確立支配這種分配的法則，乃是政治經濟學的主要問題。」①

然而，大家都熟知，李嘉圖實際上是從生產起決定性作用出發的。李嘉圖認為他的勞動價值理論是他的整個理論體系的出發點。這就說明，李嘉圖把生產，把這唯一創造商品價值和使用價值的領域，看作是經濟過程的基礎。

李嘉圖沒有把物質財富生產的問題從自己的分析對象中排除出去，他在給馬爾薩斯的一封信中寫道：政治經濟學最困難，也許是最重要的部分是「國家財富的發展」問題及其「不斷增長的產品據以分配的規律」②。

在這種情況下，李嘉圖給政治經濟學下的定義的實際內容究竟是什麼呢？

大家知道，生產關係最明顯地表現在階級關係上，而後者特別突出地表現在這些階級在分配問題方面的矛盾上，因為正是生產關係的這一方面以最直接的方式影響人們的物質利益。李嘉圖經歷過的工業革命所引起的階級矛盾的尖銳化，在表面上最集中地表現在各個階級為提高在國民收入中的份額而鬥爭上。

李嘉圖竭力研究的不是生產本身，而是在它的某種社會形式中，在生產關係的體系中進行這種研究。正因為如此，李嘉圖把分配領域看作是政治經濟學的對象。在《1857—1859年經濟學手稿》中，指出社會產品的分配基本上是以決定生產方式性質的生產資料的分配為轉移時，馬克思寫道：「力求在一定的社會結構中來理解現代生產並且主要是研究生產的經濟學家李嘉圖，不是把

---

① 李嘉圖著作和通信集：第1卷［M］．蔡受百，譯．北京：商務印書館，1983：2.
② 《李嘉圖著作和通信集》第5卷，莫斯科，1961年，第80頁（目前尚無第5卷中文本——譯者註）。

生產而是把分配說成現代經濟學的本題。」① 馬克思在另一處又寫道：「因此，像李嘉圖那樣一些經常被人責備為只看到生產的經濟學家，卻專門把分配規定為經濟學的對象，因為他們直覺地把分配形式看成是一定社會中的生產要素得以確定的最確切的表現。」②

這就是說，李嘉圖只不過企圖在所有社會生活現象中挑選出人們的生產關係，並把它們說成是政治經濟學的對象。

然而，這是向科學地說明政治經濟學對象、接近於把社會生產形式理解為特殊現象跨進的一大步。在這方面進一步的科學分析，將導致理解社會歷史過程的客觀制約性，這將直接威脅資產階級的階級利益。

但是，李嘉圖的歷史局限性，主要是階級局限性使得他不能科學地解決這一問題。在某種意義上可以說，李嘉圖把生產關係的總和與分配關係搞混同了，因而限制了政治經濟學研究對象的範圍。李嘉圖看不到人們的生產關係是特殊的社會現象，未能探討這一範疇。他不善於揭示生產關係體系對生產力發展水準的依存性，因而不能揭示它們的規律性和歷史暫時性。

李嘉圖應用勞動價值理論分析分配的要求，實質上反應了他在研究資本主義生產關係體系時，實際上運用了從抽象上升到具體的方法③。正因為如此，當代資產階級經濟學家都那麼一致地竭力使李嘉圖的價值理論和他的分配理論相脫離，對後者做狹隘的、有限制的說明。美國資產階級政治經濟學史家內夫寫道：「李嘉圖限制了自己的興趣，只討論涉及財富分配並且成為他的原則的基礎的問題，斯密則沒有用類似的方式來限制自己；相反，他極其成功地在統一的眼界內，包括了經濟世界的無限多樣性。」④

然而，李嘉圖的功績正在於他企圖分析整個資本主義關係體系最一般的、內在的基礎。斯密理論對庸俗經濟學具有某種吸引力，原因在於他的研究方法和包含不少非科學因素的理論觀點存在深刻的矛盾，在於斯密無力找到分析資本主義制度的統一的科學出發點。

資產階級經濟學家斷言，勞動價值理論妨礙李嘉圖研究資本主義⑤。其

---

① 馬克思恩格斯全集：第 46 卷上冊 [M]．北京：人民出版社，1973：34．
② 馬克思恩格斯全集：第 46 卷上冊 [M]．北京：人民出版社，1973：33．
③ 李嘉圖理論研究者之一車爾雷謝夫寫道：「⋯⋯李嘉圖在分析分配時，指的是資本主義生產及其實質。」（車爾雷謝夫：《李嘉圖與馬克思》，列寧格勒，1925 年，第 26 頁）
④ 內夫：《經濟學說》，紐約，1950 年，第 157 頁。
⑤ 內夫：《經濟學說》，第 157 頁。

實，在李嘉圖的著作中，這一理論研究本身及其發展，意味著分析資本主義經濟最重要的和最複雜的過程。正是這一事實，即李嘉圖是有意識地把勞動原則作為自己研究的基礎的第二位經濟學家，決定了李嘉圖的理論具有最高的、其他資產階級經濟學家不能逾越的科學水準。

第三節　李嘉圖對勞動價值理論的發展

李嘉圖的功績首先在於，他比斯密更徹底地研究了耗費於生產商品的勞動是價值實體和價值量的調節者的原理。他考察了一系列對價值所做的庸俗解釋，並把它們一個一個地拋棄了。

李嘉圖雖然沒有徹底克服所謂的「斯密教條」，但否定了斯密價值理論的非科學方案以及社會各階級的收入決定商品價值的規定。

實際上，李嘉圖也推翻了把商品的稀缺性看成它的價值的源泉的理論。事實上，我們在李嘉圖那裡可以讀到：「具有效用的商品，其交換價值是從兩個源泉得來的———一個是它們的稀少性，另一個是獲取時所必需的勞動量。」①

但是，屬於第一類因素的，李嘉圖認為只是那些不能再生產的物品（罕見的雕像、圖畫、書籍、古錢，等等）。李嘉圖寫道：「但是，這類商品在市場日常交換的商品總額中只占極少一部分。人類所欲求的物品中，絕大部分是由勞動獲得的……所以，說到商品、商品的交換價值以及規定商品相對價格的規律時，我們總是指數量可以由人類勞動增加、生產可以不受限制地進行競爭的商品。」②

不言而喻，稀少性是非再生產物品價值的源泉，不是根據這麼簡單的原因，即這些物品不具有價值，以及商品價值不決定於需求和供給（其實，「稀少性」不是別的，正是商品的需求超過供給）。非再生產物品是匠人所不能重複創造的單個商品。由於這一點，耗費於製造商品的個人勞動，不轉化為社會必要勞動，不成其為價值。生產這類商品所耗費的勞動，不調節它們和另一些商品的交換③。同時，在商品生產條件下，這些物品表現為有價格（而且是壟

---

① 李嘉圖著作和通信集：第 1 卷 [M]．蔡受百，譯．北京：商務印書館，1983：7.
② 李嘉圖著作和通信集：第 1 卷 [M]．蔡受百，譯．北京：商務印書館，1983：8.
③ 再生產的和非再生產的藝術創造作品價格形成規律是不同的，一般說來，從藝術家去世起，前者轉變為後者了。

斷價格）的商品①。而李嘉圖把影響這些商品價格的因素之一（即稀少性），描述為他們的「價值」的源泉。

李嘉圖完全正確地認為，商品的效用，即商品的使用價值，不是商品價值的源泉。李嘉圖寫道：「物的效用無疑是價值的基礎，但效用程度不可能是價值的尺度。很大困難生產出來的商品，比很輕鬆生產出來的商品，總是要貴一些，即使所有的人都一致認為，後者比前者具有更大的效用。」②在他的主要著作中，這一思想表現得更加明確：「……效用對於交換價值說來雖是絕對不可缺少的，但卻不能成為交換價值的尺度。」③李嘉圖在批評薩伊關於效用是商品價值調節者的理論時，以下列方式論證了自己的立場：「假如商品價值僅僅由購買者來調節，這是正確的。」

但是，李嘉圖價值理論不完善，首先是缺乏勞動二重性學說，使他不可能稍微圓滿地解決價值和使用價值相互關係這一重要問題，不能揭示在勞動生產力提高的條件下它們發生相反運行的原因，雖然他也描述了這個現象。

然而，由於對待這個問題的方法整個來說是正確的，使得李嘉圖能夠揭露「主觀價值」理論的毫無根據。李嘉圖在給馬爾薩斯的一封信中寫道：「當我們說，價值應當由其所有者使用商品而得到的滿足來衡量時，那我們比任何時候離價值尺度都要遠，因為兩個人因享用同一物品而得到的滿足的程度是很懸殊的。」④難道這裡不就是大多數鼓吹主觀價值理論的當代資產階級經濟學家，如此頑強地反對李嘉圖學說的原因之一嗎？

李嘉圖否定了對價值的各種非科學的解釋，比斯密大大前進了一步，推進了勞動價值理論的研究。在李嘉圖看來，耗費於生產商品的勞動，是商品價值的實體（基礎），而這一勞動量決定其價值量。李嘉圖寫道：「……勞動是一切價值的基礎，相對勞動量是幾乎唯一的決定商品……價值……」⑤與斯密不同，李嘉圖區分了交換價值和絕對價值、由勞動決定的價值本身之間的差別，他寫道：「……規定各種物品的現在相對價值或過去相對價值的，是勞動所將

---

① 李嘉圖在某種程度上確認了這一事實，指出這些商品的數量不能靠勞動來增加。在生產它們時不存在自由競爭。
② 李嘉圖著作和通信集：第1卷 [M]. 蔡受百，譯. 北京：商務印書館，1983：7.
③ 李嘉圖著作和通信集：第1卷 [M]. 蔡受百，譯. 北京：商務印書館，1983：7.
④ 轉引自車爾雷謝夫：《李嘉圖與馬克思》，第37頁。
⑤ 李嘉圖著作和通信集：第1卷 [M]. 蔡受百，譯. 北京：商務印書館，1983：15.

生產的各種商品的相對量，而不是給予勞動者以換取其勞動的各種商品的相對量。」① 可見，商品價值量依賴於單位時間生產的商品量，或換句話說，依賴於單位商品所花費的勞動時間量②。

在這裡，李嘉圖在運用數量研究方法時，把主要注意力放在探討交換中商品的數量關係，放在探討交換（李嘉圖用的術語為「相對」）價值。李嘉圖在開始研究時就寫道：「……我希望讀者注意的這種探討，關涉的只是商品相對價值變動的影響，而不是絕對價值變動的影響……」③ 集中注意力於作為價值形態的交換價值上，是科學探討最重要的障礙之一。它妨礙深刻地研究商品價值本身，妨礙理解創造價值的勞動的特殊性，妨礙掌握交換價值和價值、價值量變動規律的現實關係，等等。

李嘉圖沒有揭示生產商品的勞動的二重性，但與斯密還是不同，更加充分地抽象掉了勞動的部門特點。按照李嘉圖的意見，所有生產部門的勞動，都同樣是價值的源泉。因此，勞動部門特點的差異，不是勞動決定價值的障礙。這樣提出問題，意味著在對待抽象勞動方面有了一定的進步，而在斯密看來，農業勞動比工業勞動是更為生產的（因為在農業中除了利潤還創造了地租）。

一般說來，李嘉圖正確地說明了商品價值量，確定價值決定於耗費於生產的勞動量。李嘉圖寫道：「如果體現在商品中的勞動量規定商品的交換價值，那麼，勞動量每有增加，就一定會使在其上施加勞動的商品的價值增加，勞動量每有減少，也一定會使之減少。」④ 在這一般的說明中，表露出李嘉圖對價值量依賴於勞動生產率發展水準的理解。

在研究價值規律時，在李嘉圖這位工業革命時代的經濟學家面前提出了一個問題：商品價值是由什麼樣的勞動耗費來調節的呢？須知，小手工業者、工場手工業工人或者工廠工人的耗費，彼此之間是極不相同的。李嘉圖得出結論說，商品價值不是由直接生產商品的勞動規定的，而是由在最壞的生產條件下

---

① 李嘉圖著作和通信集：第1卷 [M]. 蔡受百，譯. 北京：商務印書館，1983：12.
② 打著使術語準確化的幌子，企圖用辯護的生產要素理論偷換勞動價值理論，是批評李嘉圖的某些現代資產階級批評家思想貧乏的奇特的表現。內夫在《關於李嘉圖經濟觀點》的一文中寫道：「……不科學地選擇用語可能導致混亂、爭論和辯論中的對立。例如……取代勞動生產全部價值的說法，最好是說，在順利的情況下，即在優越的自然條件下與完全適宜的基本福利下，比在不順利的條件下，應用於生產的勞動，是更加生產的。對實踐的人來說，關於自然和資本不生產的論斷是與事實相矛盾的，並且是傷害他們的感受的一個原因。」（內夫：《經濟學說》，第168-169頁）在今日，如在馬克思的時代，庸俗經濟學把「實踐的人──即資產者流行的、表面化的概念加以總結和系統化」。
③ 李嘉圖著作和通信集：第1卷 [M]. 蔡受百，譯. 北京：商務印書館，1983：16.
④ 李嘉圖著作和通信集：第1卷 [M]. 蔡受百，譯. 北京：商務印書館，1983：9.

生產該商品所必需的勞動規定的。

同此，生產者之間存在的勞動生產率的差別同勞動決定價值並不矛盾。李嘉圖寫道：「一切商品，不論是工業製造品、礦產品還是土地產品，規定其交換價值的……是由那些要繼續在最不利的條件下進行生產的人所必須投入的較大量勞動。這裡所說的最不利條件，是指所需的產量使人們不得不在其下進行生產的最不利條件。」① 在這裡，李嘉圖接近於區分個人勞動和社會必要勞動，這無論在李嘉圖的經濟理論中，也無論在經濟科學的一般發展中，都起了很大作用，雖然李嘉圖對這一問題的理解遠不是充分的和準確的。事實上，把最不利的生產條件下個人的勞動耗費當成了商品價值的規定者。可見，李嘉圖不理解作為價值源泉的勞動的社會性。而且，他對這一問題的數量方面的解決使之適應於工業品，是不正確的。李嘉圖毫無根據地把農業中價格形成過程的特點推廣應用於所有生產部門，因而不能揭示工業品的價值量對生產力發展水準的實際依賴性。

不過，李嘉圖在解決配第早已提出並對克服商品生產現象的商品拜物教方法具有重大意義的問題，即區分商品的個別價值和社會價值及其源泉問題上，向前邁進了重要的一步。我們記得，配第第一次遇到這個問題，他看到了這樣一些商品：沒有花費任何個人的勞動，但仍然可以在市場上和其他商品一樣，按同樣的價格出售（如沒有花費任何人類勞動、在自然條件下生長的牲畜、自然金塊等）。

工業革命導致生產形式的資本大量累積，李嘉圖受此影響，第一次提出了價值從勞動工具轉移到製成品的問題。李嘉圖的主要著作第一章第三節的標題就總結了這種思想：「影響商品價值的不僅是直接投在商品上的勞動，而且還有投在協助這種勞動的器具、工具和工場建築上的勞動。」② 斯密作為資本主義工場手工業階段的經濟學家沒有察覺到生產資料的價值轉移到商品上的過程，這不是偶然的。

說明這個問題有著重大的意義。李嘉圖已經表明，勞動工具不創造新價值，它們自有的價值是過去勞動的結果，可以轉移到商品上去。因此，李嘉圖堅決反對把資本說成是工業利潤源泉的「資本生產力」辯護理論，比斯密更深刻地論證了勞動價值理論。他得出結論說，在資本主義條件下（不像斯密

---

① 李嘉圖著作和通信集：第1卷 [M]. 蔡受百, 譯. 北京：商務印書館, 1983：60.
② 李嘉圖著作和通信集：第1卷 [M]. 蔡受百, 譯. 北京：商務印書館, 1983：17.

所認為的，僅僅在簡單商品經濟下），價值決定於花費在生產商品上的勞動，資本累積不廢除勞動價值原則，而只是使商品價值形成過程複雜化。

我們在下面將會看到，李嘉圖還表明，生產的另一個最重要因素（土地），也不是創造收入（在此情況下指地租）的源泉。地租是農業中雇傭工人勞動的結果，它的產生同這一部門價值規律的作用是直接聯繫著的。

李嘉圖對待利潤和地租產生問題的這種態度，雖然沒有充分揭示剩餘價值規律作用的機制，但仍然使得可以理解這些收入的剝削實質，給庸俗的生產要素概念以沉重打擊。美國經濟學家威爾遜寫道：「雖然物質產品總的說來依賴於生產三要素，但按照李嘉圖的意見，交換價值是以各個商品所包含的相對勞動量進行衡量。」① 在進一步強調交換價值的相對性，並抹殺李嘉圖所具有的絕對價值範疇時，威爾遜竭力使李嘉圖勞動價值的意義化為烏有。他寫道：「但對李嘉圖來說，交換價值完全是一個相對概念。」他還繼續寫道：李嘉圖「所說的僅僅是一種商品可以交換到的另一種商品的某一數量的相對量」②。在威爾遜的論述中，李嘉圖的交換價值範疇是多麼相對的概念，以致喪失了任何的實際意義。但十分明顯，威爾遜的論證是毫無根據的；為了有可能交換另一商品的某種量，即要具有交換價值，該商品就應當具有內在價值。

李嘉圖的分析在這種情況下的真正缺陷在於，他不善於徹底解決生產資料價值轉移的問題。他在分析中的不一貫性，首先是因為他不知道生產商品的勞動的二重性，因而不懂得這一勞動的二重結果：在商品價值中存在兩個部分——轉移價值（具體勞動的結果）和新創造的價值（抽象勞動的結果）。

因此，李嘉圖完全正確地反對了「斯密教條」的一個方面——收入是價值源泉的論點，但實際上同意了它的另一方面，似乎全部價值最終只歸結為新創造的價值。李嘉圖沒有揭示價值轉移的機制，也就沒有提供商品價值構成的明確概念。一方面，承認生產資料價值轉移到製成品上的事實；另一方面，又以為全部社會產品分解為收入，李嘉圖就此陷入了十分明顯的矛盾之中。

但從他的分析中仍然可以作出正確的結論，資本累積不取消耗費於生產商品的勞動決定價值的規定，資本不是價值的源泉，只有雇傭工人的勞動才創造價值。

然而，李嘉圖並沒有得出不變資本和可變資本的概念。剩餘價值理論不是

---

① 威爾遜主編：《經濟理論的古典學派》，第 26 頁。
② 威爾遜主編：《經濟理論的古典學派》，第 26-27 頁。

他分析的出發點。但要知道,只有從這一立場出發,才能確定資本的各個組成部分在創造剩餘價值中的作用,才能發現只有可變資本創造價值和剩餘價值,而不變資本僅僅把自己的價值轉移到商品上。

從流通過程中產生的資本形式的那種差異即固定資本和流動資本範疇束縛著李嘉圖。這樣一種情況,即不變資本的一部分歸於固定資本,另一部分歸於流動資本,妨礙著李嘉圖得出不變資本這一範疇。而在流動資本中,既包括全部可變資本,也包括不變資本的流動部分。

因此,在他那裡,沒有不變資本範疇的地位,而且,它的某些部分——原料、輔助材料,一般來說,被李嘉圖排除在分析之外了,研究對象不是探討資本不同部分在創造商品價值中的作用,而是探討耗費的勞動工具的價值對商品價值量的影響。有損於質的分析的那種對待問題的數量分析,是李嘉圖不懂得不變資本範疇的重要原因之一。

缺乏把資本劃分為不變部分和可變部分,同時,也堵塞了李嘉圖分析資本有機構成和一系列複雜現象(生產價格、絕對地租、利潤率下降趨勢規律等)以及這些現象在數量上依存於反應資本有機構成水準的生產力發展水準的規律的道路。李嘉圖滿足於這樣一個結論,即資本累積與耗費的勞動決定價值的規定不相矛盾。

李嘉圖還提出了簡單勞動和複雜勞動同勞動決定價值的關係問題。他確認:「勞動的性質不同,報酬也不同。這不是商品相對價值變動的原因,」① 因為勞動的「報酬」,它的工資,不決定商品價值量。存在具有不同複雜程度的各種不同勞動,不是勞動決定價值的障礙,因為正如李嘉圖所說的,「為了實際目的,各種不同性質的勞動的估價很快就會在市場上得到十分準確的調整……」②。在市場上,複雜勞動的產品,因而不同性質的勞動,可以歸結為一定量的簡單勞動。

李嘉圖發現,社會劃分為階級,與此相適應,國民收入在各個階級之間的某種分配,並不廢除商品價值決定於生產商品所耗費的勞動這一原則。李嘉圖指出,隨著勞動分工的發展,勞動決定價值這一規定,仍然同樣保留著③。

這一原則在「原始社會狀態」和「工商業都很繁盛的社會」中都發生作

---

① 李嘉圖著作和通信集:第 1 卷 [M]. 蔡受百,譯. 北京:商務印書館,1983:15.
② 李嘉圖著作和通信集:第 1 卷 [M]. 蔡受百,譯. 北京:商務印書館,1983:15.
③ 李嘉圖著作和通信集:第 1 卷 [M]. 蔡受百,譯. 北京:商務印書館,1983:19.

用。因此，從前資本主義社會形態過渡到資本主義，並不廢除價值規律。

在李嘉圖的著作中，對勞動價值理論的發展和論證，一方面，是研究作為資本主義生產方式基礎的最一般的關係；另一方面，是制定研究資本主義經濟更發達和更複雜的關係的最重要方法。只有在李嘉圖的這種分析中善於應用勞動原則的限度內，他才能夠稍微揭開掩蓋資產階級財富生產秘密的帷幕。

正是由於這個原因，李嘉圖制定的勞動價值理論（論證了勞動是價值的唯一源泉這一論點），使政治經濟學達到了這樣一個境界，一旦超過它，科學真理就會與資產階級思維形式不相容了。

第四節　李嘉圖的分配理論

只有勞動價值理論才為李嘉圖的分配理論提供了牢固的基礎。他完全正確地從承認社會產品價值具有統一的源泉——即雇傭工人的勞動出發。他堅決地推翻了這樣的庸俗理論，即把只參與創造商品使用價值的因素，如生產資料其中包括土地，看作是價值源泉的理論。李嘉圖從勞動價值理論的立場，推翻了「資本生產力」理論以及土地乃地租的源泉的辯護概念。

勞動價值理論，使得李嘉圖可以接近於科學地探討調節資產階級社會基本階級收入的規律。正是這種情況，不適合資產階級辯護士的要求。李嘉圖揭示這些特殊規律的努力，他們企圖描述為放棄這些收入具有統一源泉的思想。列卡希曼在論述李嘉圖時寫道：「他不懂得價值與分配之間的聯繫，把分配說成為三個獨立的問題，而不是看作服從統一解答的統一對象。」① 其實，李嘉圖的科學功績，正在於從統一的基礎——勞動價值理論出發，企圖說明分配的過程。

李嘉圖在研究剩餘價值的基本形式——利潤時，借助於自己的方法，獲得了重要的科學成果。他依據勞動價值理論，確定利潤是商品價值的一部分。正如所有的價值一樣，它也是以雇傭工人的勞動作為自己的源泉。而且，李嘉圖還在某種程度上揭示了利潤的剝削性質。他說，利潤——這是商品價值扣除工人工資以後的一部分。因此，在李嘉圖那裡，利潤是資本家無須支付報酬而佔

---

① 列卡希曼：《經濟思想史》，第165頁。

有的雇傭工人的勞動①。馬克思寫道：「把體現在剩餘產品中的剩餘歸結為剩餘勞動，同把價值歸結為勞動是一樣重要的。這一點其實亞當·斯密已經說過，並且成為李嘉圖的闡述中的一個主要因素。但是，李嘉圖從來沒有以絕對的形式把它說出來並確定下來。」② 可見，正是勞動價值理論幫助李嘉圖很接近於揭示利潤的剝削實質，這就是李嘉圖分析資本主義所取得的主要成就，這就是現代資產階級政治經濟學史家如此頑固地加以掩飾的原因。

但是，上面已經指出的李嘉圖方法的那些缺陷，使得他不可能提供真正科學的利潤理論。限於資產階級眼界的李嘉圖沒有揭示剝削收入的共同基礎——剩餘價值，沒有從勞動價值理論的立場對它加以說明。而且，李嘉圖混淆了利潤和剩餘價值。實際上，把利潤規定為扣除工資以後所餘下的商品價值部分，就意味著這樣的混同③。

由此也就產生了李嘉圖混淆剩餘價值規律和利潤規律的錯誤。馬克思寫道：「在李嘉圖正確敘述價值規律的地方，由於他把剩餘價值規律直接說成是利潤規律，他就歪曲了剩餘價值規律。另外，他又想不經過仲介環節而直接把利潤規律當作剩餘價值規律來表述。」④

李嘉圖利潤理論最重要的缺陷之一，是他不善於從價值規律發生作用的觀點去說明利潤的起源。作為資產階級經濟學家的李嘉圖認為，雇傭工人的勞動是資本家和雇傭工人之間進行交易的買賣對象。從這種立場出發，利潤的產生就變得十分模糊了。實際上，如果勞動是商品，那麼，與價值規律相適應，工人在這個商品的交換中，應該得到完全的等價，即等於工人所創造的全部價值。在這種情況下，剩餘價值（利潤）的產生，就只能用價值規律在勞動與資本關係方面遭到破壞來解釋。

可見，李嘉圖的理論遇到了一個十分明顯的矛盾：或者是他的整個體系的出發點——勞動價值理論不正確，而利潤是不等價交換的結果；或者是這個理

---

① 在李嘉圖觀點的廣泛研究中，——《理解李嘉圖的關鍵》（紐約，1965年）——曾經這樣總結他的立場：「資本與勞動共同創造的產品，在工人與資本家之間這樣進行分配，如果一個得到更大的份額，另一個就應當得到少一些」（克奈爾：《理解李嘉圖的關鍵》，紐約，1965年，第16頁）。雖然這裡也有李嘉圖關於工資和利潤呈反比例的依存性，但它的基礎表述得很不準確。須知，在李嘉圖那裡，這個基礎，是勞動乃價值的唯一源泉的論點，而完全不是勞動與生產資料（資本）共同參與創造使用價值的原理。庸俗的生產要素理論的陰影又被用來反對李嘉圖的勞動價值理論。
② 馬克思恩格斯全集：第26卷第3冊 [M]. 北京：人民出版社，1973：261.
③ 馬克思恩格斯全集：第26卷第2冊 [M]. 北京：人民出版社，1973：423.
④ 馬克思恩格斯全集：第26卷第2冊 [M]. 北京：人民出版社，1973：424.

論是正確的，而利潤的存在是不可能的，儘管這是事實。

應用勞動價值理論分析利潤的第二個重要缺陷是，李嘉圖不能從這一理論說明平均利潤及其生產價格的形成。李嘉圖從只有雇傭工人的勞動才創造價值出發（混淆利潤與剩餘價值及其規律），認為工人所創造的利潤量應當與所雇傭的工人數或者與耗費於雇傭勞動的資本量成比例，而實際上它與全部資本的量成比例。在這裡，李嘉圖清楚地知道，用於生產資料的資本不創造任何價值。因此，李嘉圖的體系又處於深刻的內在矛盾之中，它的最初的出發點受到了懷疑。李嘉圖不能從勞動價值理論的角度說明等量資本獲得等量利潤，給庸俗的解釋這種現象提供了可能，而資產階級庸俗經濟學家（托倫斯、麥克庫洛赫等）迫不及待地利用了這一點，提出了他們的「資本生產力」理論。

李嘉圖碰到這些矛盾以後，企圖找出解決的辦法：在花費大資本的一些部門（海運業、同遙遠的國家進行的對外貿易，以及需要昂貴機器裝備的部門），利潤與這個資本量成比例；而在另一些部門，與所用的勞動量成比例。馬克思在批判李嘉圖的這一觀點時寫道：「……如果一般承認『利潤的均等』，那麼，他又怎麼能夠把『利潤同資本成比例』的部門與利潤『同所使用的勞動量成比例』的部門區別開來呢？」①

可見，從李嘉圖研究利潤的例子中，我們既可以發現他的方法的合理性和有效性，又可以發現它的缺陷和局限性。

一般說來，李嘉圖從勞動價值理論出發，正確地說明了級差地租的特點。對李嘉圖來說，下列問題的提出是很典型的：勞動決定商品價值同地租的產生是否矛盾，「土地的佔有以及隨之而產生的地租，能不能不涉及生產所必需的勞動量而造成商品相對價值的變動」②。

李嘉圖根據農產品的價值，因而它的價格是由最不利的條件下其生產所耗費的勞動決定的，得出結論說，中等土地和最優土地的農場主獲得追加收入，這就是最不利地段（規定價格）和該地段（中等的和最優的）生產費用的差額。追加收入被土地佔有者以地租形式佔有。李嘉圖的這個結論，為他的級差地租Ⅰ和級差地租Ⅱ所證實。

因此，李嘉圖證明了地租的來源不是土地，而是農業中雇傭的工人的勞動，從而結束了以前的甚至斯密也在一定程度上同意的關於土地是地租來源的

---

① 馬克思恩格斯全集：第26卷第2冊［M］. 北京：人民出版社，1973：426.
② 李嘉圖著作和通信集：第1卷［M］. 蔡受百，譯. 北京：商務印書館，1983：55.

錯覺。在李嘉圖那裡，地租不是自然現象，而是社會現象，其產生是同土地私有制的形成聯繫著的①。在政治經濟學史上，李嘉圖第一次從價值規律發生作用而不是受到破壞的觀點說明了級差地租的產生。馬克思寫道：「李嘉圖把地租理論同價值規定直接地、有意識地聯繫起來，這是他的理論貢獻。」②

地租關係的研究，使李嘉圖得出結論，土地私有制和地租的產生同勞動價值規律不相矛盾。

李嘉圖確認，這兩個過程——資本累積和土地成為私有制，斯密把它們同社會向資本主義過渡聯繫在一起，在斯密看來，它們消除了勞動價值規律，其實，價值規律的作用沒有發生任何實質性的變化：它在資本主義下繼續產生作用。

李嘉圖在研究級差地租中所取得的極其重要的成果，正是由於勞動價值理論是分析的方法論基礎。李嘉圖在說明地租方面的錯誤，首先是同他的研究方法科學上的缺陷有關。這裡應當指出，在從抽象上升到具體時，李嘉圖並不是利用剩餘價值規律作為出發點，而是僅僅局限於價值規律。正因為如此，在李嘉圖那裡，級差地租不是作為剩餘價值的特殊形式，剝削雇傭勞動的結果，雖然我們在李嘉圖那裡也可以發現把地租當作剩餘產品來加以說明③。對李嘉圖來說，這個範疇不過是表述的方式，而不是解決問題。

由於這個原因，以及由於勞動價值理論的研究不夠精密（首先是不懂得商品價值和生產價格的相互關係），李嘉圖沒有研究絕對地租。而且，他還否認它的存在；其理由是，它仿佛同價值規律相矛盾。李嘉圖認為，既然在最壞的條件下生產的農產品價值（他把它和生產價格等同起來）規定所有農產品的價值和價格，所以這些土地不能提供地租，因為地租正是最壞的土地和最好的土地（中等土地等）生產費用的差額。在相反的情況下，地租則是商品價值的增加額。馬克思寫道：「這除了承認農產品經常高於它們的價值出賣以外，就再沒有別的了，但是這也就等於假定其他一切產品都是低於它們的價值出賣，或者說，一般說來價值同從理論上對它的必然的理解是完全不同的東西……這樣一來，政治經濟學的整個基礎就被推翻了。」④

李嘉圖竭力保持這個基礎，但不善於發展勞動價值理論以適應他當時的資

---

① 李嘉圖著作和通信集：第 1 卷 [M]．蔡受百，譯．北京：商務印書館，1983：55，56．
② 馬克思恩格斯全集：第 26 卷第 2 冊 [M]．北京：人民出版社，1973：272．
③ 李嘉圖著作和通信集：第 1 卷 [M]．蔡受百，譯．北京：商務印書館，1983：62．
④ 馬克思恩格斯全集：第 26 卷第 2 冊 [M]．北京：人民出版社，1973：269．

本主義經濟條件，以致否定絕對地租存在的可能性。

李嘉圖否定絕對地租的另一重要原因，是他不懂得把資本劃分為不變資本和可變資本兩個部分，不善於揭示工農業中資本有機構成的差別，以及由此產生的以絕對地租形式表現的剩餘價值餘額。

李嘉圖對地租和商品價格的關係的解決是錯誤的斷言地租沒有使農產品變得昂貴。他寫道：「穀物價格高昂不是因為支付了地租，相反地，支付地租倒是因為穀物昂貴。」① 李嘉圖由此得出結論：即使地主放棄「全部地租」，穀物價格也不會降低。

這一原理應用於級差地租是正確的。地主放棄地租，將會導致農場主去攫取，而農產品繼續按由最壞土地上的勞動耗費決定的價值出賣。馬克思寫道：「對絕對地租來說，那是錯誤的。說這裡土地所有權不提高原產品的價格，是錯誤的。相反，在這種情況下會提高價格，因為土地所有權的干涉使得原產品按照它的價值出賣，而它的價值高於它的費用價格。」② 因此，消滅土地私有權及其產生的絕對地租，將會降低農產品價格，其降低的程度相當於它們的價值和新的生產價格水準之間的差額數。同時，它將提高工業品的價格，其提高的程度相當於平均利潤由於以絕對地租形式表現的那部分剩餘價值參加平均利潤形成過程而增長的程度。

在這裡，李嘉圖錯誤的根源在於混淆了價值和生產價格。

但是，李嘉圖確認生產價格和平均利潤的存在。馬克思指出，李嘉圖的地租理論是以他的平均利潤學說為基礎③。這種情況下，使得李嘉圖可以把級差地租看作是超過平均利潤以上的餘額④，看作是「生產條件比平均條件好的資本由於在每一個生產領域有一個相同的市場價值」而提供的某種超額利潤⑤。在李嘉圖看來，投在農業中的資本，僅僅在投資方式上，不同於投入工業中的資本。馬克思寫道：「……這裡表現出價值規律的普遍適用性。」⑥ 但這樣一個事實，即農業資本因有機構成較低而不同於工業資本，這一差別乃是絕對地租的基礎，李嘉圖卻沒有注意到。

---

① 李嘉圖著作和通信集：第 1 卷 [M]. 蔡受百，譯. 北京：商務印書館，1983：61.
② 馬克思恩格斯全集：第 26 卷第 2 冊 [M]. 北京：人民出版社，1973：356.
③ 馬克思恩格斯全集：第 26 卷第 2 冊 [M]. 北京：人民出版社，1973：424.
④ 李嘉圖著作和通信集：第 1 卷 [M]. 蔡受百，譯. 北京：商務印書館，1983：58.
⑤ 馬克思恩格斯全集：第 26 卷第 2 冊 [M]. 北京：人民出版社，1973：269.
⑥ 馬克思恩格斯全集：第 26 卷第 2 冊 [M]. 北京：人民出版社，1973：269.

这就十分明显，正是由于劳动价值理论，李嘉图在探讨级差地租时取得了重要的科学成果。另外，由于他的价值理论不完善，用它作为研究方法时带有形而上学的性质，首先是同李嘉图的眼界的资产阶级局限性有联系，决定了他的地租理论的一系列部分存在错误或者不严密。

李嘉图还运用自己的基本观点探讨工资，在这里，我们同样发现他的方法既有科学的合理性，又有资产阶级的局限性。

李嘉图不同于斯密，十分明确地区分了体现在商品中并决定商品价值的劳动与所谓劳动的价值，即工资的差别。李嘉图写道：「商品的价值或其所能交换的任何另一种商品的量，取决于其生产所必需的相对劳动量，而不取决于付给这种劳动的报酬的多少。」① 他懂得，用于交换的商品所包含的一定量劳动，不会随工人以工资形式得到的那部分劳动产品的变化而变化。

李嘉图所看到的，不仅商品价值和劳动价值是不同的现象，而且在量上前者大于后者。马克思写道：「在李嘉图看来，产品的价值大于工资的价值，这是事实。这个事实究竟是怎样产生的，仍然不清楚。」②

可见，李嘉图停留在这样一个结论上，即工资存在的这一事实本身同价值规律不矛盾，因为商品价值决定于用于生产商品的劳动，而不是决定于这一劳动的价值。马克思在谈到李嘉图时写道：「他根据自己研究的整个性质只限于证明，变动着的劳动价值——简单说，就是工资——并不会推翻如下的论点：不同于劳动本身的商品的价值由商品所包含的劳动的相对量决定。」③

但是，李嘉图没有提出也没有解决价值规律适用于劳动与资本相交换的问题。而实际上，劳动是作为资本主义生产基础的商品。如果要与自己研究的基本前提相一致，李嘉图就应当把解决这一问题看作是自己分析的中心任务之一。但是，在这个问题上，李嘉图是最不彻底的。他在这里的立场简直接近于庸俗经济学。

李嘉图作为一位资产阶级经济学家没有揭示劳动力是商品。他把劳动力和它的职能作用——劳动相等同，因而本能地避开了这个问题，而这个问题的解决，将阐明资产阶级财富生产的隐密。马克思写道：「李嘉图本来应该讲劳动能力，而不是讲劳动。而这样一来，资本也就会表现为那种作为独立的力量与

---

① 李嘉图著作和通信集：第1卷 [M]. 蔡受百，译. 北京：商务印书馆，1983：7.
② 马克思恩格斯全集：第26卷第2册 [M]. 北京：人民出版社，1973：461.
③ 马克思恩格斯全集：第26卷第2册 [M]. 北京：人民出版社，1973：452.

工人對立的勞動的物質條件了。而且資本就會立刻表現為一定的社會關係了。可是，在李嘉圖看來，資本僅僅是不同於『直接勞動』的『累積勞動』，它僅僅被當作一種純粹物質的東西，純粹是勞動過程的要素，而從這個勞動過程是絕不可能引申出勞動和資本、工資和利潤的關係來的。」①

李嘉圖把勞動當作商品時，區分了勞動的自然價格和市場價格。他認為，勞動的價值，或它的自然價格，受勞動供求的影響，最終歸結為一定量的生活資料的價值，這是該社會為維持工人生命和延續其族類所必需的。

在李嘉圖看來，勞動的市場價格，實際上就是工資，則受勞動人口自然變動的影響，圍繞著勞動的自然價格而波動。當勞動的市場價格高於自然價格時，工人人數就增加，導致勞動的供給超過勞動的需求，也就產生失業。這種情況又導致勞動的市場價格下降到它的自然價格之下，即低於維持工人生命所必需的資料的數額。由於疾病和過早的死亡，工人人數會縮減，需求與供給趨於一致，勞動的市場價格提高到它的自然價格水準。「只有在貧窮已經使勞動者的人數減少，或勞動的需求已經增加之後，勞動的市場價格才會再提高到自然價格上……」②。在這裡，李嘉圖略微揭開了掩飾悲劇性後果的帷幕，對工人來說，對他們勞動的需求下降，就會有這種後果③。

李嘉圖在這樣說明工資的「自然規律」時，明顯地放棄了自己的基本前提——價值規律。在他那裡，作為決定勞動價值的主要機制，已經是供求規律了。馬克思在描述李嘉圖在上述問題上的立場時寫道：「李嘉圖在這裡，在其整個體系的一個基本點上，正像薩伊幸災樂禍地指出的那樣……是用需求和供給來決定價值。」④

但是，整個說來，李嘉圖在這裡依據價值理論，正確地解決了關於「勞動價值」量問題。他得出結論說，「勞動價值」取決於生產工人生活資料所必需的勞動時間。因此，它既不決定於構成工資的貨幣資金額，也不決定於工人

---

① 馬克思恩格斯全集：第 26 卷第 2 冊 [M]. 北京：人民出版社，1973：455-456.
② 李嘉圖著作和通信集：第 1 卷 [M]. 蔡受百，譯. 北京：商務印書館，1983：78.
③ 在專門研究李嘉圖的經濟觀點的著作《理解李嘉圖的關鍵》中，只指出了工資的「自然規律」的那樣一部分，這部分同人口增長是聯繫著的。「如果勞動的數量不夠，工人能比較滿意地抵補自己的需要，通常的結果是人口增長，因而增加勞動的供給，這樣使工資減少到赤貧的最低生活費」（克萊爾：《理解李嘉圖的關鍵》，第 16 頁）。而這一「規律」的另一方面，即工資降到最低生活費之下，並由此而發生勞動人口數的減少，在這樣闡述李嘉圖的觀點時，則被拋棄了。
④ 馬克思恩格斯全集：第 26 卷第 2 冊 [M]. 北京：人民出版社，1973：455. 還可參閱第 448 頁。

支付它而得到的使用價值量。但這種方法又使李嘉圖不能揭示剩餘價值。而且，由於他混淆了勞動和勞動力，對剩餘價值的起源、勞動與資本關係的實質的理解，變得困難起來了①。

李嘉圖從勞動價值理論的立場，分析了資產階級社會各階級的經濟矛盾這樣重要的問題。馬克思認為，李嘉圖最重要的功績是他對各階級經濟矛盾內在基礎的分析。他寫道：「……李嘉圖揭示並說明了階級之間的經濟對立——正如內在聯繫所表明的那樣……」②

關於這些經濟矛盾問題的提出本身，如果沒有對只有用於生產商品的雇傭工人勞動才是其價值的唯一源泉的理解，那是不可能的。而且，要接近於探明資本主義收入的剝削性質，也是不可能的。這就是為什麼庸俗政治經濟學如此熱心地捍衛薩伊的「三位一體公式」——資產階級社會存在三個生產要素及其相應的三個基本階級的收入。薩伊以混同價值創造過程和使用價值創造過程為基礎，一開始就排除了關於階級間經濟矛盾問題的提出。如果價值不是一個來源，而是幾個來源，而且每一個來源（「生產要素」）為其所有者創造相應的收入，如土地——地主的地租、資本——資本家的利潤、勞動——工人的工資），那麼，階級間矛盾的基礎，尤其是一個階級剝削另一個階級，就不存在了。李嘉圖巨大的功績在於，在這個問題上，他一貫堅持勞動是價值的唯一源泉的思想，並從這點出發，已接近於揭示資產階級社會階級間的經濟矛盾。

李嘉圖確認，工資和利潤成反比例關係，他寫道：「作為工資而付出的比例，對利潤問題是極為重要的，因為我們一眼就可以看清楚，利潤的高低恰好和工資的高低成反比。」③李嘉圖在利潤和地租的關係中，也發現了這種依存性。

從這些觀點出發，李嘉圖接近於懂得，隨著社會的發展，階級間的經濟矛盾有尖銳化的趨勢。他認為，隨著人口的增加，社會不得不轉到耕種愈來愈壞的地段。與此相聯繫，農產品價值應當提高，同時也應當提高地租額。李嘉圖由此作出貨幣工資增長（在實際工資水準不變的情況下）和利潤下降不可避免的結論。結果，土地所有者和其他階級之間的矛盾，以及資本家和工人之間的矛盾，都尖銳化了。同時，（由於李嘉圖混同於利潤率的利潤下降）削弱了

---

① 馬克思恩格斯全集：第26卷第2冊[M]. 北京：人民出版社，1973：460.
② 馬克思恩格斯全集：第26卷第2冊[M]. 北京：人民出版社，1973：183.
③ 李嘉圖著作和通信集：第1卷[M]. 蔡受百，譯. 北京：商務印書館，1983：21.

資本主義經濟發展的內在動因。

在這裡，表明李嘉圖懂得這樣一個重要事實，即資本主義經濟內在矛盾的發展，破壞了它的內部動力。李嘉圖關於資產階級社會階級間收入變動的學說，不知不覺接近於資本主義歷史暫時性的結論。馬克思寫道：李嘉圖「以自由競爭的絕對統治為前提，實際上就是不由自主地承認了資本的歷史性和自由競爭的局限性……」①

可見，在革命的工人階級已走上歷史舞臺的時期，李嘉圖的分析在科學上的誠實性和客觀性，儘管有其局限性和形而上學性質，對資產階級的思想陣地是嚴重的威脅。李嘉圖學說的這些特點同時也證明，他的理論已經窮盡了資產階級政治經濟學分析形式所包含的那些科學研究的可能性。

但是，不言而喻，李嘉圖離稍微充分地揭示階級間經濟矛盾的性質及其發展的趨勢還很遠。他企圖從價值規律的作用引申出上述矛盾，但十分明顯，如果把決定資本主義基本生產關係的剩餘價值規律棄置一旁，這種說明就不可能是真正科學的。李嘉圖之所以沒有揭示這個規律，是因為他不懂得，階級利益矛盾的根源在於資本主義生產基礎本身，而在分配領域，這一規律只是獲得了外部表現和進一步發展。李嘉圖只在分配領域看到了這些矛盾。方法上的缺點，使得李嘉圖不可能看到無產階級和資產階級之間矛盾的對抗性和不可調和性，以及資本主義生產方式的歷史暫時性。

在這裡，李嘉圖分析的缺陷還表現在，他混淆了剩餘價值規律和利潤所從屬的規律。馬克思寫道：「……李嘉圖作出了完全錯誤的結論，他說，因為『勞動的價值提高，利潤就不能不降低』，所以，利潤提高，勞動的價值就不能不降低。第一個規律與剩餘價值有關。但是，因為利潤是剩餘價值同全部預付資本之比，所以，在勞動價值不變的條件下，如果不變資本的價值降低，利潤就可能上漲。李嘉圖根本混淆了剩餘價值和利潤。由此他就得出了關於利潤和利潤率的錯誤規律。」②

資產階級經濟學家非常懂得，李嘉圖的學說稍微揭示了資本主義矛盾產生的機制。美國政治經濟學史家內夫寫道：「李嘉圖體系的主要之點，是地主、工人和資本家的利益。如所斷言的，它們的利益必然是對立的。」③ 他繼續寫

---

① 馬克思恩格斯全集：第 46 卷第 2 冊 [M]. 北京：人民出版社，1973：160.
② 馬克思恩格斯全集：第 26 卷第 2 冊 [M]. 北京：人民出版社，1973：214.
③ 內夫：《經濟學說》，第 160 頁。

到：按照李嘉圖的公式，「工資只有靠犧牲利潤才能增長……這真正是工人和資本家之間的對立的很好的表達。李嘉圖只同關係而不同數量打交道，什麼也沒改變，對立的基礎依然存在」①。

正因為如此，資產階級經濟學家盡力縮小作為階級間經濟矛盾基礎的李嘉圖勞動價值論的意義。

李嘉圖的學說，是資產階級古典政治經濟學（大家知道，它是馬克思主義的來源之一）的重要發展階段。毫無疑問，這提高了李嘉圖勞動價值理論的意義。他借助於這一理論所取得的科學成果，為馬克思主義經濟理論掃清了道路。

李嘉圖的功績在於，他善於突出資產階級生產最一般的、最基本的關係，並企圖從它所固有的關係這一角度探明資本主義經濟整個體系的內在規律性，企圖從它的內在基礎——耗費於其生產勞動決定商品價值和它的實際運動出發，說明資本主義制度的外部運動。但是，歷史局限性，主要是階級局限性，使他不能制定研究資本主義經濟真正科學的方法，以及它運行的真正科學的理論。這一任務，只能落在無產階級革命偉大的理論家馬克思和恩格斯的肩上。

第五節 新李嘉圖主義：是神話還是現實？

在20世紀60年代，資產階級經濟文獻中產生了企圖復興李嘉圖經濟理論的特殊流派。通常，新李嘉圖主義的出現，是同發表英國經濟學家皮羅·斯拉法的著作《用商品生產商品》相聯繫的②。

按照資產階級經濟學家的說法，斯拉法完成了「經濟理論上的革命」，引起了「價值理論在概念上的重大變革」③。他的著作被評價為「古典學派價值和分配理論的復興」「恢復了古典學派（在一定程度上也包括馬克思主義）研究價值和分配這些根本問題的方法的名譽」④。薩繆爾森則宣稱，政治經濟學中的「斯拉法時代」已經到來⑤。

---

① 內夫：《經濟學說》，第165頁。
② 斯拉法：《用商品生產商品——經濟理論批判緒論》，劍橋大學出版社，1960年。
③ 《當代經濟思想》，第250頁。
④ 楊格：《古典學派的價值理論：從斯密到斯拉法》，第55頁；米克：《經濟學和思想意識及其他論文》，倫敦，1967年，第161頁。
⑤ 《經濟文獻雜誌》，1971年，第3期，第400頁。

資產階級政治經濟學把當代資產階級政治經濟學中復興古典的即科學的傳統的厚望，同斯拉法的著作聯繫起來，並把它看作是「身著現代時裝的李嘉圖」①。

許多資產階級著作家相當坦率地強調指出了新李嘉圖主義的反馬克思主義傾向。例如，英國經濟學家斯蒂德曼在其著作《斯拉法以後的馬克思》中斷言，似乎斯拉法「戰勝了」馬克思主義的經濟理論②。

資產階級理論家依據斯拉法的理論，有時企圖使人懷疑馬克思主義在政治經濟學中所完成的革命變革。例如，英國經濟學家布列德里和霍瓦德寫道：斯蒂德曼在上述著作中，「借助於斯拉法的理論表明，在某些方面，李嘉圖的分析優越於馬克思主義，因此，馬克思對李嘉圖的評價有時是錯誤的」③。

是否在當代資產階級文獻中真正出現了恢復和發展古典學派的完成者的科學原理——勞動價值論、剩餘價值理論等的新李嘉圖主義呢？這個問題對理解政治經濟學發展的規律性，具有原則性的意義。如果說，在19世紀30年代資產階級庸俗政治經濟學代替了古典學派以後，科學的資產階級經濟理論在今天又重新得以復興起來，那麼，這就意味著，資產階級政治經濟學的發展與資本主義生產方式之間沒有客觀依賴性，上面指出的它那些發展的規律不再起作用，它從屬於另外的規律性，在當代條件下，除了科學的無產階級政治經濟學還可能有科學的資產階級政治經濟學。

斯拉法理論的內容究竟是些什麼呢？斯拉法主要著作取這樣一個名稱，不是偶然的。他實際上考察了「用商品生產商品」，對生產過程作了自然物質性質的描述，並用以偷換對它的社會經濟內容的揭示。在這裡，斯拉法依據的是李嘉圖尚不成熟的早期著作所運用的方法。

斯拉法作為出發點的再生產模式，是由兩個部門組成的極其簡單的經濟，其中一個只生產小麥，另一個只生產鐵。而且，為了生產自己的產品，每個部門按照當時的技術所決定的比例都要消費小麥和鐵。作為出發點模式的比例關係如下：

---

① 哈考特：《帝國主義者的社會科學》，倫敦，1982年，第197頁。
② 斯蒂德曼：《斯拉法以後的馬克思》，倫敦，1977年。
③ 《古典學派政治經濟學與馬克思主義政治經濟學》，倫敦，1982年，第32頁。

Ⅰ　280 誇特小麥①+12 噸鐵→400 誇特小麥；

Ⅱ　120 誇特小麥+8 噸鐵→20 噸鐵。

這一模式假定為簡單再生產，沒有剩餘產品。社會生產的總產品（400 誇特小麥+20 噸鐵），等於這兩個部門生產費用的總和（第一個部門生產所消費的 280 誇特小麥和第二個部門的 120 誇特小麥，共為 400 誇特；第一個部門和第二個部門所消費的鐵，同樣恰如所生產的鐵的數量；12 噸+8 噸＝20 噸鐵）。

小麥生產者（第一部門）為了恢復生產，需要 12 噸鐵，這只有從第二部門才能獲得。同樣，第二部門需要 120 誇特小麥。第一部門和第二部門之間的交換，比例為 1 噸鐵──10 誇特小麥（12 噸鐵──120 誇特小麥）。

這些交換關係是什麼呢？它們的社會經濟內容如何呢？

按照英國經濟學家楊格的意見，「這是均衡的價格，因為它們將保證最初的生產資料的再生產，從而為生產過程的重複創造了條件」②。

斯拉法在談到上述第一部門和第二部門之間的交換關係時寫道：「這些價值直接產生於生產方法。」③

這樣一來，這種交換關係被賦予了商品關係的性質。但模式本身並不包含商品生產產生所必需的條件。實際上，第一、第二部門之間存在勞動分工，只是由產品交換，而絕不是由商品關係的必要性所直接決定的。這些部門完全可能屬於一個公社、一個所有者，而排除它們所生產的產品交換的商品形式的出現。

根據這個原因，這些部門的產品具有價值形式的結論，是沒有足夠根據的。

但如果仍然假定，第一、第二部門之間存在商品交換，那麼，斯拉法關於「價值直接產生於生產方法」，而不是由生產這些商品所花費的社會必要勞動所決定，是毫無根據的。為了揭露這一點，只要提出為什麼第一、第二部門之間的交換按上述比例（1 噸鐵交換 10 誇特小麥）進行這個問題就夠了。

當然，這些數字反應了由生產方法實際所決定的相應部門的需要量。但是，這些數量同第一、第二部門間進行商品交換的比例，沒有任何關係。因為

---

①　斯拉法所用的「誇特」（「quarter」）──測量顆粒體的單位，等於 2.9 公擔（1 公擔等於 100 升──譯者註）。

②　楊格：《古典學派的價值理論：從斯密到斯拉法》，第 56 頁。

③　斯拉法：《用商品生產商品》，第 10 頁。

大家都很清楚，市場價格的形成完全不依靠於購買者的需要：對市場來說，購買者只作為購買能力即有效需求的體現而存在。

正是 12 噸鐵和 120 誇特小麥作為商品交換的這種情況，證明這一比例的基礎完全不是第一、第二部門的需要，而是某種別的東西。這究竟是什麼東西呢？

古典學派和馬克思主義經濟學說的理論家，早已闡明了這個問題——生產該商品的社會必要勞動量。正是這些勞動量相等，也就決定了該市場比例。

由此可以看到，第一、第二部門需要的比例與商品交換的比例相一致（斯拉法實際上是以此為出發點），是純粹偶然的現象。在自發的商品生產條件下，它原則上是不可能的。但正是這種一致性，為斯拉法提供了臆想的根據，把各部門的生產需要所從屬的規律性（它們直接依賴於生產方法）強加於商品交換關係。

可見，不是生產方法直接決定商品價值。商品是作為物化在其中的社會勞動的體現彼此進行交換，當然，生產方法對按單位商品計算的勞動量也會產生很大的影響。

斯拉法則忽視了大致由古典學派所發現的商品交換這一客觀規律——價值規律，企圖從「生產方法」中直接引申出商品關係。在斯拉法這位新李嘉圖主義者那裡，根本沒有一點勞動價值理論，而勞動價值理論卻是李嘉圖經濟學說主要的科學功績。

斯拉法還應用這種方法考察多種產品生產部門，以及生產「剩餘」的，即提供所生產的產品量超過其費用的某種餘額的經濟部門。結果，這種方法的反科學性變得更加明顯。實際上，如果說，斯拉法在進行簡單再生產的極其簡單的社會裡，只企圖從生產方法中引申出商品價格，那麼，他在擴大再生產模式中則竭力要引申出一種思想，即工藝技術關係直接決定其他社會經濟現象和過程，其中也包括利潤率大小。

根據斯拉法的觀點，資本主義商品經濟過程，沒有勞動價值理論，沒有剩餘價值學說，也能夠得到科學的說明。但大家熟知，資產階級政治經濟學中的這種立場絕不新鮮。例如，邊際主義理論——邊際效用和邊際生產力理論的擁護者（斯拉法提出過不無意義的論據反對他們），同樣企圖宣布價值和剩餘價值理論是不必要的。斯拉法立場的特點，也許只在於特別強調用技術說明經濟過程，而邊際主義者則企圖從心理上來加以理解。在這兩種情況下，我們見到

的都是對社會經濟現象作非經濟的解釋，這是庸俗政治經濟學一定變種的明顯特點。

斯拉法的立場，在方法論上意味著混同生產力和社會經濟關係。要知道，工藝技術關係是生產力的重要因素。它在不同的社會經濟條件下採取各種不同的社會形式。

因此，斷言斯拉法的模式「建立在古典學派和馬克思主義政治經濟學均以此為基礎的原則之上」①，是沒有任何根據的。

斯拉法究竟是怎樣應用自己的方法去探討多種產品生產部門的呢？

在這種情況下，斯拉法從只反應多種部門的自然物質依賴性的再生產模式出發。他建立了多種產品生產部門生產投入和產出的下列方程體系②：

$(A_a p_a + B_a p_b + \cdots + K_a p_k) = A p_a$

$(A_b p_a + B_b p_b + \cdots + K_b p_k) = B p_b$

$\cdots\cdots\cdots$

$(A_k p_a + B_k p_b + \cdots K_k p_k) = K p_k$

其中：

a，b，$\cdots$，k，表示每種由不同部門生產的商品；

A，B，$\cdots$，K，表示每年使用商品 a，b，$\cdots$，k 的數量；

A_a，B_a，$\cdots$，K_a，A_b，$B_b \cdots K_b$ 等，表示為生產 A，B，$\cdots$，K 使用商品 a，b，$\cdots$，k 的數量；

P_a，P_b，$\cdots$，P_k，表示各種商品 a，b，$\cdots k$ 每單位的價值。

斯拉法認為所有這些數量都是已知數，只有價值是未知數，正有待於借助這一方程體系來加以決定。

以其中一種商品當作價值標準，通過它表現所有其他商品的價值，也就是說，這個商品實際上是貨幣商品。這樣一來，就有了 K-1 個方程式及 K-1 個未知數，這就提供瞭解決這個體系的可能性。在斯拉法看來，要作出正是工藝技術關係直接決定商品價值的結論，有了這一點就夠了：「這就剩下 K-1 個獨立的線性方程，這些方程唯一的決定 K-1 個價格。」③

由此可見，在考察多種產品生產部門時，斯拉法也企圖從只有產品交換的

---

① 《古典政治經濟學與馬克思主義政治經濟學》，第 31 頁。
② 斯拉法：《用商品生產商品》，第 11 頁。
③ 斯拉法：《用商品生產商品》，第 11 頁。

條件中，引申出商品關係，混同 A，B，…，K 各部門需要的結構和它們之間的商品交換關係。在這裡，最鮮明地反應出斯拉法全部理論所固有的特點——混淆商品價格和它的價值，這一點實際上導致否定價值的存在，並把它歸結為價格。

這種立場同李嘉圖的學說相比，無疑是後退了。新李嘉圖主義者斯拉法抹去了從配第開始到李嘉圖結束的古典學派所走過的尋找內在價值規律的長期歷史過程。古典學派最巨大的成就，是區分了商品的「自然價格」「真實價格」「價值」和它的「真正價格」、作為價值的貨幣表現的價格本身之間的差別。

不言而喻，問題不僅在於，早在 300 年以前，古典學派就摸索到了價值規律，而他們的繼承者實際上放棄了他們所發現的科學真理；問題還在於，古典學派很接近於理解（雖然是最一般的形式）勞動價值理論的方法論作用。大家知道，馬克思認為李嘉圖對科學的「偉大歷史意義」，首先在於，這位古典學派的完成者竭力從勞動價值理論的觀點看待所有資本主義經濟現象，這就為制定政治經濟學真正科學的方法開闢了道路。用工藝技術來說明經濟現象的方法，對李嘉圖是格格不入的。

斯拉法在考察生產剩餘價值的經濟時，他的方法論立場和理論結構的毫無根據，更加暴露無遺了。在斯拉法所利用的方程體系中，出現了利潤率作為一個新的未知數 r：①

$(A_a p_a + B_a p_b + \cdots + K_a p_k)(1+r) = A p_a$

$(A_b p_a + B_b p_b + \cdots + K_b p_k)(1+r) = B p_b$

…………

$(A_k p_a + B_k p_b + \cdots K_k p_k)(1+r) = K p_k$

正如斯拉法所斷言的，這個體系，包括 K 個獨立方程，這些方程決定 $R-1$ 個價格和利潤率②。

但斯拉法沒有說明，利潤率是怎樣產生的，它的源泉是什麼。他只滿足於指出這麼一點，即隨著轉到考察生產剩餘產品（按照他的術語是「剩餘」）的經濟時，在再生產方程體系中出現了新的未知數——r。

這是形式邏輯方法，在這裡是用以代替簡單商品經濟轉化為資本主義經濟的歷史過程的分析，以及用以代替那決定不同生產部門的不同利潤率轉化為一

---

① 斯拉法：《用商品生產商品》，第 12 頁。
② 斯拉法：《用商品生產商品》，第 12 頁。

切部門所共同的平均利潤率這些社會經濟過程總和的分析。

從斯拉法的模式中可以看出，他認為剩餘產品的出現是再生產模式中導入利潤率的唯一理由。其實，經濟科學早已知道，在各種不同的社會經濟形態中都有剩餘產品，並採用各種不同的社會形式。例如，在封建主義條件下，地租是剩餘產品的基本形式，在資本主義下，則是產業利潤。斯拉法混淆了一般歷史形式和特殊經濟形式。由於這個原因，在斯拉法企圖說明利潤率起源的模式中，實際上找不到資本主義深刻實質的反應，這一實質在經濟現象的表面上表現為資本主義利潤，但卻是資產階級剝削雇傭工人的關係，剩餘價值規律。舍米捷科夫寫道：「斯拉法的模式沒有包含主要的東西——剝削關係的歷史和邏輯，這就不可避免地在他的體系中產生內部矛盾。」①

斯拉法的方法論更接近重農主義，而不是更接近於李嘉圖主義。大家知道，重農主義者沒有區分商品的價值和使用價值，用後者代替前者，企圖通過使用價值關係反應當時的經濟現象和經濟過程。但是，就是在 18 世紀，在方法論方面的這種立場也已經是一種倒退，因為差不多在重農主義以前的一個世紀，在配第的著作中，就已經有了區分商品的兩個方面、從勞動作為價值源泉起決定性作用的立場考察經濟現象的企圖。

斯拉法在論證自己的方法時，援引了李嘉圖的著作《論穀物低價格對資本利潤的影響》及其 1814—1815 年的信件，按照斯拉法的說法，其中闡明了李嘉圖的「穀物利潤理論」。

斯拉法在對它進行解釋時寫道：「……基本原則在於，農場主的利潤規定所有其他部門的利潤。這一原則的合理根據在於，在農業中，同一個商品，即穀物，既形成資本（理解為由工人的生活必需品所組成），又形成產品；與價值問題無關，在各種不同的穀物量之間，可以用區分所有產品和預付資本的辦法確定利潤，而且還確定資本的利潤率。」②

這種立場不是別的。正是重農主義純產品學說的變種。大家知道，重農主義者把剩餘價值（按照他們的術語，即純產品）看作是一年中所生產的產品（例如，收穫的穀物）和耗費於生產那些同樣以穀物表現的產品（種子、牲畜飼料、工人的糧食等）之間的差額。差別也許只在於，作為不發達資本主義、政治經濟學幼稚時期條件下所特有的方法論，斯拉法則用來研究成熟的和成熟

---

① 舍米捷科夫：《資本理論》，莫斯科，思想出版社，1977 年，第 210 頁。
② 轉引自：《古典學派政治經濟學與馬克思主義政治經濟學》，第 14 頁。

過度的資本主義現象。重農學派錯誤地把生產僅僅限制在農業，斯拉法將之推廣到現代差別極大的生產，在這種生產中起決定性作用的是工業和科學，而不是農業。

從斯拉法著作中引述的上面一段話，極其清楚地闡述了他的理論意圖：撇開勞動價值理論，對資本主義經濟現象進行說明。斯拉法理論的詮釋者強調的正是它的這一特點。《古典學派政治經濟學與馬克思主義政治經濟學》這一著作的主編布列德里和霍瓦德在其序言中談到斯拉法的理論時指出：「在這一理論的構思中，勞動價值理論不起任何作用。」①

在英國經濟學家斯蒂德曼的著作《斯拉法以後的馬克思》中，極其充分地揭露了斯拉法在價值理論領域的著作中的動機：論證分析資本主義經濟時，放棄馬克思的價值理論和剩餘價值理論的「必要性」。斯蒂德曼寫道：「……在簡單的合理的假設下，為要確定利潤率，只要具備生產的物質條件和實際工資也就夠了，不必管使用的是什麼方法，工具利用的期限如何，社會勞動分工怎樣，等等。任何一種價值量對確定利潤率，都沒有絲毫關係。由此可以得出結論，誰要對資本主義經濟進行物質主義的說明，誰就應當放棄馬克思的價值分析。」②

我們看到，資產階級理論家在向勞動價值理論的進攻中，用「科學的」利益來掩飾自己：為了科學分析的目的，明確宣布勞動價值理論是不必要的。而且，他們還斷言，這一理論是科學研究的障礙。上面已經說到的布列德里和霍瓦德在指出斯拉法否定價值理論之後寫道：「由於這一點，斯拉法的著作擺脫了同這一理論有關的那些限制。」③

如此否定地對待價值範疇，對待整個勞動價值理論，真正的原因究竟何在呢？

大家知道，這個理論揭示了勞動和工人階級在資本主義經濟關係體系中的真正狀況和主導地位。它是揭示資本主義剝削對抗本質及其暫時性的科學方法的基礎。布列德里和霍瓦德完全正確地指出：「馬克思在勞動價值理論中分析了資本主義的歷史發展。」④ 正是馬克思主義政治經濟學的這些方面首先遭到資產階級經濟學家的反對。在這一點上，布列德里和霍瓦德的下列論斷是有意

---

① 《古典學派政治經濟學與馬克思主義政治經濟學》，第31頁。
② 斯蒂德曼：《斯拉法以後的馬克思》，倫敦，1977年，第37頁。
③ 《古典學派政治經濟學與馬克思主義政治經濟學》，第31頁。
④ 《古典學派政治經濟學與馬克思主義政治經濟學》，第28頁。

義的:「古典學派政治經濟學和馬克思主義政治經濟學包含著重大的缺陷,其中最明顯的是這些學派所宣布的資本主義發展『規律』。」① 這些學派歪曲馬克思主義政治經濟學,也歪曲古典學派,作為這些規律的例子,它們援引了工資不斷趨向於最低生活資料的原理、資本主義經濟不斷趨向於停滯的原理、失業不斷趨向於增長的原理。這些原理與馬克思主義沒有任何共同之處這一事實,不能掩蓋斯拉法「更新」的真實背景——對資本主義歷史命運「不愉快」的結論。這些結論是從以勞動價值理論為基礎科學分析資本主義中產生的。

在上面引述斯拉法的模式中,工人的勞動被看作是工人的生存用品,類似於生產資料被看作生產要素。但十分明顯,斯拉法懂得,勞動在生產中不是以工人的生存用品的形式,而是以勞動本身的形式發生作用。斯拉法在自己的模式中以一定數量的同質勞動代替工人的生存用品數量,並表示如下:$L_a+L_b+\cdots L_k=1$ (指各個不同部門起職能作用的社會勞動總的份額)。

斯拉法是這樣來論證這一代替的:工資具有二重性,也就是既包括工人的必要生活資料,又包括部分「剩餘」(看作是可變的工資部分)。這使得斯拉法有理由把工資說成為可變量,由於這個原因,把工人的生活資料歸於「非基本品」,即像奢侈品一樣,不參加再生產過程的商品,因此也不影響生產品的價格②。現在,社會生產方程成為下列形式③:

$$(A_a p_a + B_a p_b + \cdots + K_a p_k)(1+r) + L_a w = A p_a$$
$$(A_b p_a + B_b p_b + \cdots + K_b p_k)(1+r) + L_b w = B p_b$$
$$\cdots\cdots\cdots$$
$$(A_k p_a + B_k p_b + \cdots + K_k p_k)(1+r) + L_k w = K p_k$$

在方程的左邊,「投入」中除了生產相應產品所必需的使用價值,還有利潤率和同質勞動的投入;在右邊,則是生產出來的產品。不難看到,利潤率轉化為工資不是別的,只不過是類似「生產要素」理論的資本主義辯護論:勞動僅僅被描述為形成具有價值的產品的因素之一。

把利潤率引進部門間的自然關係的圖式中,在斯拉法面前提出了一個衡量只表現在商品使用價值之中的經濟數量的複雜問題。但大家知道,利潤率是價值量——利潤和預付資本的比例。怎樣用不同質的各種使用價值來表現這種比

---

① 《古典學派經濟學與馬克思主義政治經濟學》,第30頁。
② 斯拉法:《用商品生產商品》,第14、15頁。
③ 斯拉法:《用商品生產商品》,第17頁。

例呢？要知道，利潤和資本作為使用價值是不能比較的，這是十分明顯的。

斯拉法企圖借助於「標準商品」這一範疇來解決這個任務，標準商品是指：「各種商品在其生產資料總量中和在其產品中的比例都是相同的。」①

斯拉法作了如下說明：如果說，國民經濟三個部門的產品相應為 180 噸鐵、240 噸煤和 360 誇特小麥，而所有三個部門生產這些產品的投入總共等於 150 噸鐵、225 噸煤和 300 誇特小麥，那麼，三個部門的這種產品就是「標準商品」。問題在於，所生產的商品與生產這些商品的相應的投入之間的比例總是為：1 噸鐵：1.5 噸煤：2 誇特小麥。

斯拉法以為，借助於「標準商品」，可以衡量經濟的數量，而不必訴諸價值範疇。例如，利潤率是「剩餘」和預付資本之比，它們表現在同樣的「標準商品」單位中，由於價格的變動而以同一比例發生變動，不受價格波動的影響。

從定義本身可以看出，「標準商品」範疇不是現實的概念。產品的產出結構和生產產品的投入結構，既如在整個再生產方面，又如在它的各個部門中一樣，都是相同的，而在這種同一的情況下，生產過程就失去了意義。要知道，在這種情況下，是假設生產某一產品所需要的生產資料、消費品和這類產品本身之間沒有質的差別，只承認它們之間的純數量的差別。這意味著，「標準商品」概念的前提是：沒有科學技術進步、抹殺它在不同經濟部門的非均衡性、生產的產品的名目表和質量發生變動，等等。在現代條件下，一個半到兩個世紀以前提供寫過《穀物利潤理論》的農業，也已經是高度專門化和高度機械化的生產，這種生產要消費許多經濟部門的產品，生產各種各樣的農產品。

現代生產的這許多過程和其他過程，使「標準商品」概念的科學意義化為烏有。而在斯拉法的理論中，它佔有重要的地位：在其上建立了「標準體系」「標準國民收入」「標準部門」等概念。

在考察斯拉法的理論和李嘉圖的學說的關係問題時，斯拉法提出的「有時期的勞動量」概念值得注意。他把「有時期的勞動量」理解為：把用來生產一定商品量的那些生產資料還原為用來生產該生產資料的勞動量這一形式邏輯推算的結果。斯拉法寫道：「我們將稱『還原為有時期的勞動量』……是這樣一種運算：在一種商品的方程中，用一系列的勞動量來代替所使用的各種生

---

① 斯拉法：《用商品生產商品》，第 25 頁。

產資料，每一勞動量都有適合於它的『時期』。」①

為了說明這種還原，斯拉法以表示商品「a」生產的方程為例：$(A_a p_a + B_a p_b + \cdots + K_a p_k)(1+r) + L_a w = A p_a$，然後一步一步「用它們自己的生產資料和勞動量來代替」② 用於這種生產的生產資料。

由於這種代替，得到下列方程③：

$L_a w + L_{a1} w (1+r) + \cdots + L_{an} w (1+r)^n + \cdots = A p_a$

在這裡，以一定價格（Ap_a）表現的商品「a」的年生產量，是無限的一串「有時期的勞動量」，每一勞動量都有相應的利潤率。十分明顯，該勞動量不是商品「A」的價值，因為這個勞動量不是商品「A」和其他商品相交換的基礎。須知，「有時期的勞動量」——這不是該時期再生產該商品所需要的社會必要勞動消耗量。這毋寧說是當時實際用於生產生產資料的勞動，而這些生產資料是用於生產商品「A」的，在每一時期，都有自己的複雜性、強度、技術水準等，如斯拉法所斷言的，相應的利潤率為其特徵。

斯拉法實際上賦予「有時期的勞動量」以純粹計算範疇的性質，而絕不是調節商品市場價格的客觀規律的性質④。但是，就是這一目的，他也是不能達到的，「因為『有時期的勞動量』的大小，由於利息率的波動，是不確定的」⑤。

在斯拉法「有時期的勞動量」理論中，實際消耗的、質量不同的勞動還原為同質的、作為商品價值實體的抽象勞動的過程並沒有發生。

同時，「有時期的勞動量」理論使得斯拉法再現了從李嘉圖時代起大家就已經知道的關於利潤與工資呈反比例依存性的原理，雖然沒有李嘉圖利潤理論所特有的那些科學因素。然而，斯拉法跟隨李嘉圖，只是在分配領域部分地揭示了勞動與資本經濟利益的對立性。斯拉法實際上拋棄了對資本主義經濟的主觀解釋，他的理論的中心是考察生產過程，而非流通過程，他的理論和這些情況使之接近於李嘉圖的立場。

但是，這些情況沒有提供任何根據把斯拉法的理論說成是「新李嘉圖主義」，也就是說，在科學方面，高於李嘉圖——古典學派的完成者的理論的理

---

① 斯拉法：《用商品生產商品》，第39-40頁。
② 斯拉法：《用商品生產商品》，第40頁。
③ 斯拉法：《用商品生產商品》，第40頁。
④ 《當代資產階級政治經濟學危機》，第86頁。
⑤ 《政治經濟學教程中反馬克思主義理論批判》，莫斯科，思想出版社，1983年，第186頁。

論。當然，要做到這一點，單純地重現他在一個半多世紀以前的思想是完全不夠的，何況一般說來，斯拉法並未能如此。在科學地說明社會經濟過程，其中包括當代的社會經濟過程方面，需要有獨立的重大的進展。但在馬克思主義經濟理論範圍之外，不可能有這種進展，因為馬克思主義經濟理論吸收了包括李嘉圖在內的古典學派的一切科學成就，是政治經濟學中的真正革命變革。

同時，應當承認，斯拉法的理論——遠不是資產階級經濟文獻中的通常現象。其中反應了對當代資產階級政治經濟學中占統治地位的思想體系的不滿，反應了在馬克思主義經濟理論範圍之外，尋找物質主義的、同邊際主義理論決裂的分析經濟現象的方法的意圖。這些嘗試統統遭到失敗，是當代資產階級政治經濟學深刻危機的表現。

資產階級古典政治經濟學曾經按照上升的路線發展。從分析資本主義生產個別的而且往往是表面的經濟現象，到研究整個資本主義經濟職能作用的科學理論體系——這就是資產階級古典政治經濟學發展的基本方向，它的代表人物在這方面獲得了巨大的成功，但古典學派未能完成這項事業。資產階級政治經濟學甚至在自己發展的最好時期，也沒有創立資本主義生產方式真正科學的理論。不過，它仍然接近於那樣的理論概括（首先是李嘉圖的理論），這種理論概括在工人階級和資產階級的公開階級鬥爭的條件下，對資產階級的統治是相當危險的。從制定勞動價值理論和利潤理論，直到承認勞動是價值的唯一源泉、雇傭工人的無酬勞動是利潤的唯一源泉，從發展分配理論，到得出關於工人階級和資產階級之間經濟矛盾的不可避免性，關於資本主義生產的刺激力——利潤率受到來自資本主義經濟內部機制本身發展方面的威脅的結論，為理解資本主義制度的剝削性質及其歷史暫時性打下了基礎①。

無產階級的階級鬥爭表明，在歷史舞臺上出現了一種社會力量，它能夠消滅資本主義生產方式。在這種條件下，古典學派的科學成果，儘管不精密，有局限性和矛盾，仍然和資產階級的根本利益發生了對抗性的矛盾。資產階級就是那樣一個階級，它產生了古典學派，這個學派的使命是捍衛這個階級的利益。馬克思在論述古典學派時寫道：「……在李嘉圖那裡，政治經濟學無情地

---

① 當代資產階級政治經濟學史家千方百計降低李嘉圖研究的科學意義，決定性的原因之一就在這裡。美國經濟學家施蒂格勒寫道：「……他對斯密研究的唯一補充在於對減少著的收入的研究加以系統化，雖然僅僅是局部的系統化……李嘉圖的特點，並不是在歸納法的基礎上作出巨大概括的才能（施蒂格勒：《經濟學史論文集》，第 197 頁）。這是說的這樣一位經濟學家。他的著作在資產階級古典學派的發展中是劃時代的。

作出了自己的最後結論並以此結束……」①

可見,古典學派認識過程的科學性,同它的階級本性即資產階級本性,發生了尖銳的不可調和的矛盾。黑格爾寫道:矛盾不斷地發展。這個矛盾究竟把資產階級政治經濟學引導到何處去呢?

認識過程的科學性與認識過程的階級目的之間矛盾的發展,對資產階級古典政治經濟學是致命的。當資本主義生產關係愈來愈成為社會生產力發展的障礙的歷史條件下,捍衛這些生產關係的必要性要求資產階級政治經濟學不再去揭示該生產關係的內在依存性。李嘉圖是古典學派最後的偉大代表人物,在他之後,庸俗學派在資產階級政治經濟學中,占了統治的地位。

---

① 馬克思恩格斯全集:第 13 卷 [M]. 北京:人民出版社,1973:51.

第二篇　壟斷前資本主義時代資產階級庸俗政治經濟學的演變

第四章　古典學派的危機和庸俗政治經濟學的統治

> 在全部有文字記載的歷史中，最有害者莫過於過分集中地觀察自己所在特殊社會的運行機制。
>
> ——約翰·貝爾納

第一節　古典學派的兩重性是庸俗政治經濟學形成的理論基礎

資產階級庸俗政治經濟學在歷史上的出發點是古典學派，前者是在19世紀30年代取代了後者的。古典學派理論怎麼會成為庸俗政治經濟學形成的起初的出發點呢？要知道，古典學派是資產階級政治經濟學史中的科學階段和最高成就啊！

前已指出，古典學派在科學研究中實際上受到資產階級眼界的局限，特別是在觸及資產階級財富生產的秘密這樣一些經濟理論的根本問題時尤為明顯。古典派學者的經濟著作中庸俗因素的存在正是與此有關的。

資產階級古典政治經濟學固有的這種兩重性（科學因素與庸俗因素交織並存），在亞當·斯密的經濟著作中表現得最為明顯，貫穿在他的各部分理論中——從方法論的出發點到再生產學說。

正因為這樣，亞當·斯密的理論也成了庸俗學派和古典學派彼此分離的出發點：如果說斯密學說的非科學原理被斯密之後最初出現的資產階級庸俗政治經濟學的特殊流派分離出來並加以系統化，那麼，他的學說中的科學原理則被大衛·李嘉圖所發展，李嘉圖對資本主義經濟規律性進行了相當深入的研究，

並依據他所發展的原理，同庸俗學派奠基者薩伊和馬爾薩斯進行了激烈的爭論。

古典學派的兩重性（科學原理和非科學原理的並存）來源於被考察的資產階級時代的矛盾狀態。古典學派矛盾的認識論根源在於，他們所研究的對象本身具有兩重性。大家知道，資本主義生產一方面是價值和剩餘價值生產，另一方面是使用價值生產。資產階級古典政治經濟學由於自身的階級局限性，不能在這些過程之間作出多少明確的區分，不理解資本主義生產的這兩方面的實際關係。

由此可見，古典學派兩重性的重要根源之一，就在於將資本主義的社會生產關係混同於它的拜物教的現象形態。

資產階級古典政治經濟學的兩種職能（意識形態的和經濟—實踐的職能）同該流派的兩重性（科學和庸俗兩方面）的關係如何呢？

對這個複雜的問題，不應當簡單化地看待，斷定資產階級古典政治經濟學的兩重性是它所履行的兩種職能的結果，即經濟—實踐職能賦予它科學的因素，而意識形態職能賦予它庸俗的因素。全部問題在於這些職能的性質和相互關係；在統一的受階級性制約的認識過程中，這些職能從未也不會彼此孤立地發生作用。

在資產階級政治經濟學維護當時尚屬進步的資產階級生產關係的條件下，認識過程的階級傾向使分析經濟關係的科學態度成為可能（因為資產階級的利益同當時社會從封建主義向資本主義的上升發展相符合）和必要的事情。維護資本主義這一性質本身，為實現科學的認識過程留下了充分的餘地。

同時，古典學派中存在庸俗因素的主要原因也在於它的資產階級本性，後者要求古典學派代表者掩飾資本主義生產方式的剝削本性及其歷史過渡性。古典學派這一特點不能不使科學的資產階級政治經濟學的認識能力受到限制。因此，古典學派兩重性的根源在於它的階級本性的兩重性，在於廣大勞動人民（資產階級在「自由、平等、博愛」口號下把他們吸引到自己周圍）的根本利益同資產階級狹隘的階級利益（只想為自己的利益而改變剝削勞動人民的形式）互不相容。

反應資本主義發展不同階段的著名代表者的歷史局限性也是古典學派兩重性的重要原因。亞當·斯密和李嘉圖實際上是站在同一立場上維護工業資產階級的。然而，在他們二人之間橫著一個歷史時代，即從資本主義工場手工業階

段過渡到機器大工業，亦即過渡到顯然更加成熟和更加發展的資本主義關係階段。這個事實不能不使他們的理論的科學內容有所區別。在科學性方面，亞當·斯密不如李嘉圖，斯密理論中的庸俗因素之所以更強烈，就是因為李嘉圖是在比較晚近的發展形式上研究資本主義生產關係的。

由此可見，古典學派非科學因素具有兩種來源。如果一種反應了研究對象（資本主義）本身尚不發展，那麼另一種則出於資產階級理論家的階級局限性。第一種形態的庸俗因素會被資產階級古典政治經濟學本身發展進程所排除，因為這些庸俗因素同該學派所包含的意識形態職能和經濟—實踐職能的可能性及要求是對立的，歸根究柢同資產階級的實際要求相對立。第二種形態的庸俗因素卻在代表古典學派最高階段的最著名理論家著作中被保存下來。

然而，不管古典學派的庸俗因素源於何種緣由，它們都成了現成的理論資料，成了庸俗經濟學形成一種獨立流派的根據。這些庸俗因素從資產階級古典政治經濟學的理論結構中被分離出來，加以系統化，並與其科學原理相對立。

這意味著，古典學派的科學成就在庸俗經濟學的形成中起過重要作用，當然是在完全不同於其庸俗方面的作用的意義上。在一定意義上，庸俗經濟學是資產階級對古典學派的科學與進步因素（特別是對其中為空想社會主義以及後來科學社會主義在反對資本主義秩序鬥爭中所利用的那些因素）的思想上的反動。

在認識論方面，問題在於庸俗經濟學家們試圖利用古典學派的庸俗因素來推翻其科學原理，這些科學原理在一定程度上反應了資本主義經濟關係的內在本質，而庸俗因素則是古典學派學者們對資本主義經濟過程表面的令人迷惑的現象描繪的結果。經濟現象的外部拜物教形式同現象的本性是對立的。

因此，我們認為，庸俗經濟學不是古典學派非科學因素的簡單繼承者。被利用的這些庸俗因素的意識形態性質、古典學派的第一批資產階級反對派庸俗化活動的方向和範圍，在一定程度上是由古典學派科學遺產的結構預先決定的。

庸俗經濟學反對古典學派學說的科學方面的鬥爭首先由於下述情況而加緊了：古典學派的科學原理被社會主義思想廣泛利用，試圖在此基礎上揭示資本主義的剝削性質，提出旨在維護勞動人民利益的經濟理論。

因此，我們認為庸俗經濟學形成的理論基礎確實在於古典學派的兩重性，儘管庸俗經濟學直接的思想來源當然是資產階級古典政治經濟學的庸俗因素。

第二節　古典學派被庸俗政治經濟學代替
　　　　——資產階級政治經濟學危機的開端

資產階級政治經濟學的危機表現在古典學派的破產和庸俗經濟學居於統治地位。馬克思的一段話，正是指的這種情形：「1830年，最終決定一切的危機發生了。法國和英國的資產階級奪得了政權。從那時起，階級鬥爭在實踐方面和理論方面採取了日益鮮明的和帶有威脅性的形式。它敲響了科學的資產階級經濟學的喪鐘。」① 對資本主義生產方式內在依存性的分析不復存在了（即使是在古典學派代表者的資產階級眼界範圍之內），庸俗經濟學家們致力於辯護性地描述經濟過程的令人迷惑的外觀。

值得注意的是，資產階級政治經濟學的危機早在總危機到來之前的幾十年間已經開始了。總危機則囊括了資本主義生產方式的一切方面，並且發展了社會主義生產方式革命地替代資本主義的實踐過程。資產階級經濟學史家有時也不自覺地承認資產階級政治經濟學的危機狀況是從19世紀30年代開始的。例如，著名的思想史家熊彼特（1954）指出：「李嘉圖主義大約在19世紀30年代失去了生命力。」②

新興的革命階級（無產階級）出現在歷史舞臺，證明社會發展的方向以及與此相關的政治經濟學對象的客觀內容發生了變化。社會發展方向發生變化的客觀依據則是18世紀末到19世紀初的產業革命，這場革命促成了工業無產階級作為資產階級社會的一個特殊階級的產生。從工場手工業過渡到機器大工業標誌著社會已完成了從封建主義向資本主義的發展，以及新發展階段（從資本主義向社會主義）的開始。勞動群眾在數百年歷史上為消滅人剝削人的生產關係所進行的鬥爭，為建立消滅一切剝削制度的社會創造了客觀前提。與此同時，政治經濟學研究對象的內容發生了變化：它在很大程度上完全成為研究社會從資本主義向社會主義發展的規律性了（首先是在社會主義的主客觀前提成熟的意義上）。

階級力量對比關係以及社會發展方向的這種變化，使得站在捍衛資產階級利益的立場已不可能對資本主義社會的經濟規律作出科學的分析，因為這勢必要揭示資本主義必然滅亡的歷史命運以及向更進步的社會主義生產制度過渡的

---

① 馬克思恩格斯全集：第23卷 [M]. 北京：人民出版社，1973：17.
② 《古典的和馬克思主義的政治經濟學》，第1-2頁。

必然性，當為消滅資本的政治和經濟統治的工業無產階級這一新型的革命階級出現在歷史舞臺上的時候，資產階級科學地認識社會發展規律的興趣也就化為烏有了。同時，隨著資本主義生產方式矛盾的尖銳化，這種認識對資本主義制度來說也變得愈益危險了。

在19世紀初無產者同資產者公開的階級鬥爭條件下，古典學派的內在矛盾就成了該學派破產的根源之一。一直起作用的認識過程的科學性與其階級傾向（目的）之間的矛盾達到了頂點。一方面，在新的條件下，若要堅持科學立場，資產階級政治經濟學應當放棄維護本階級利益，不再是資產階級的科學，拋棄束縛科學思想發展的資產階級形式，因為科學地研究社會規律同維護生產資料的資本主義私有制是格格不入的；另一方面，為了維護在公開的階級鬥爭條件下愈益成為社會發展障礙的資本主義制度，資產階級政治經濟學就要終止對待經濟過程的科學態度。

資產階級古典政治經濟學的階級傾向和它的認識過程的科學性質的矛盾是不可調和的。古典學派的破產，該學派早先彼此緊密聯繫的方面分化為反應彼此鬥爭的階級（資產階級和無產階級）利益的獨立的經濟思想流派，使上述矛盾獲得瞭解決。一方面，古典學派被庸俗經濟學取代，後者致力於履行維護資本主義的任務；另一方面，公正無私的科學研究則留給了無產階級的馬克思主義政治經濟學。然而這種分離是這樣實現的：認識過程及其階級傾向的差別儘管發生了重要變化，但在資產階級政治經濟學（現已庸俗化）中仍舊存在；這同（例如）下述情形相類似：由於價值和使用價值之間矛盾的發展，價值在貨幣形態上獨立出來，但這並沒有抹掉商品的價值和使用價值這兩方面的區別。

資產階級庸俗政治經濟學居於統治地位和無產階級的科學政治經濟學的產生，都發生在同一歷史時期——19世紀30～40年代，這絕非偶然。這全部過程——一方面，古典學派的破產，庸俗學派在資產階級政治經濟學中的確立；另一方面，革命的無產階級經濟科學的出現——是前已指出的規律的表現。依照這種規律，只有下述階級的代表者才可能將政治經濟學中的科學思想推向前進，這個階級應屬社會發展的首創者，它們是為改變人們的生產關係以適應生產力發展要求而奮鬥的革命的進步的階級。

馬克思指出：「只要政治經濟學是資產階級的政治經濟學，就是說，只要它把資本主義制度不是看作歷史上過渡的發展階段，而是看作社會生產的絕對的最後的形式，那就只有在階級鬥爭處於潛伏狀態或只是在個別的現象上表現

出來的時候，它還能夠是科學。」①

由此可見，只要社會主義的主客觀前提條件開始成熟，階級鬥爭具有尖銳和明顯的形式，資本主義的歷史過渡性質顯露出來，分析社會經濟發展過程的科學態度便不可能來自資產階級的研究者了。這個決定性的歷史事實推翻了資產階級政治經濟學關於社會生產的資本主義形式的永恆性和絕對性的根本論斷。理解我們在這裡碰到的過程，對於正確地看待當代資產階級政治經濟學是必要的。

19世紀30年代以來庸俗政治經濟學所經歷的種種重要變化，絲毫也未消除它作為處於危機之中的資產階級政治經濟學的庸俗學派的主要特點②。它無法逃脫危機，儘管數十年來資產階級經濟學家們實行了一系列「革命」（「凱恩斯主義革命」「里昂惕夫革命」「斯拉法革命」，等等）。它過去是，現在仍然是庸俗的，儘管由於社會經濟條件變化的影響，其性質發生了或多或少重要的變動。

一位著名的美國政治經濟學史家塞利格曼在其研究現代主要流派的著作中對資產階級經濟科學現狀持非常悲觀的看法。他說：「在現在的情況下，經濟學（Economics）如果是經濟學，它便不是科學；如果是科學，便不是經濟學了。它的文字表述部分可被看作是歷史的一個分支，而作為一種分析體系，它卻是數學的一個部分，如霍布森所說，經濟學充其量是同醫學診斷十分類似的一門技藝。」③

在20世紀70年代，主要由於凱恩斯主義經濟理論顯而易見的破產，資產階級經濟文獻廣泛地承認資產階級政治經濟學處於危機狀態。例如，英國經濟學家瓊斯・羅賓遜在《經濟理論的第二次危機》一文中指出：「我講的是……經濟理論的明顯破產。今天同過去一樣，對於除了經濟學家以外誰都感到是最為急迫的各種問題，它卻束手無策。」④ 她在另一著作中寫到，經濟理論無力解決資本主義面臨的各種問題，這些問題是同歷史上最為嚴重的20世紀30年代的世界性經濟危機密切相關的。她說，「迄今為止，對當年出現的那些問

---

① 馬克思恩格斯全集：第23卷［M］. 北京：人民出版社，1973：16.
② 在說明資產階級政治經濟學的現狀時，美國經濟學家佩特森指出：「認識過程的同樣局限性迄今為止仍在經濟思想的許多領域中居於支配地位，它使經院學者們得出脫離實際的荒謬結論（在一枚針尖上能擺放多少個天使？）」（《美國經濟學與社會學雜誌》第14卷，第4期，1955年7月，第420頁）
③ 塞利格曼：《現代經濟思想主要流派》，俄譯本，1968年，第534頁。
④ 《美國經濟評論》，1972年，第2期，第10頁。

題仍然欠缺一種切實的普遍認可的答案」①。這種危機實際上證明了資本主義再生產的自由市場機制的破產以及辯解性的「自由企業經營制」理論的破產。

瑞士經濟學家多普弗把經濟學危機同現代資產階級政治經濟學提出的實際建議不中用聯繫起來，這種情形在20世紀30年代「大蕭條」之後，就其規模來說是在第二次世界性的經濟危機（1974—1975）期間特別明顯地表現出來。多普弗說：「絲毫不必懷疑，現代經濟科學處於危機之中。如果危機被理解為無力解決現代問題的話。」②

資產階級政治經濟學的危機，如英國經濟學家沃德在一部書名醒目的著作《經濟學出了什麼差錯?》中指出，表現在它的方法面對現代資本主義的社會問題而一籌莫展③。美國經濟學家菲里普斯的結論是：「宏觀經濟理論當前處在危機之中。」④

不過，對現代資產階級政治經濟學狀況所持的這些很現實的看法，遠未揭示出這種經濟學所經歷危機的真實原因。例如，多普勒認為危機的根源在於科學分化過程——18世紀末政治經濟學與「社會哲學」的分離。其實，18世紀末19世紀初發生的不是危機，而是亞當·斯密和李嘉圖的資產階級古典政治經濟學的蓬勃發展。瓊·羅賓遜也認為現代資產階級政治經濟學危機的原因在於偶然和局部的情況——未能及時指明自發市場機制無力履行調節資本主義經濟的任務，這特別明顯地表現在「大蕭條」年代，表現在資產階級理論家們的「健忘」與「疏忽」。在談到凱恩斯主義危機的原因時，瓊·羅賓遜說：「整個困難都只是產生於一種完全的疏忽：當凱恩斯成為正統派時，忘記提出和解決利用充分就業的宗旨這一問題。」⑤

資產階級政治經濟學危機的真正原因實際上植根於更本質的過程，歸根到底在於資本主義生產方式的本質，在於從工場手工業發展到機器大工業階段時資本主義基本矛盾的急遽尖銳化。由此應當得出的重要結論是：這種危機的產生不在20世紀30年代，也不在70年代，而在19世紀30年代。

在說明當時資產階級政治經濟學的危機狀況時，馬克思寫道：「現在問題不再是這個或那個原理是否正確，而是它對資本有利還是有害，方便還是不方

---

① 《經濟文獻雜誌》，1977年，第4期，第1318頁。
② 多普弗：《未來的經濟學》，1976年，第3-4頁。
③ 沃德：《經濟學出了什麼差錯?》1972年，第89-90頁。
④ 《美國經濟評論》1982年，第2期，第378頁。
⑤ 《美國經濟評論》1982年，第2期，第6頁。

便，違背警章還是不違背警章。不偏不倚的研究讓位於豢養的文丐的爭鬥，公正無私的科學探討讓位於辯護士的壞心惡意。」①

這裡十分明確地規定了開始於19世紀30年代的資產階級政治經濟學危機的內容——放棄對經濟過程的科學分析，轉向庸俗的辯護士的立場②。馬克思在這裡還揭示了資產階級政治經濟學危機的原因。他強調指出，由於資產階級經濟理論完全從屬於維護資本主義的意識形態任務和經濟—實踐任務，從而將其變成了對資本「有利」和「方便」的意識形態。

由此可見，資產階級政治經濟學科學性的喪失，根源於它固有的反共產主義，根源於它千方百計地企圖歪曲和反駁科學共產主義，或對之保持沉默；科學共產主義反應了共產主義取代資本主義的必然性，從而也就指明了資產階級經濟學同實際的不可調和的矛盾。

當然，資產階級古典政治經濟學的破產絕不意味著這個學派的科學思想的破產。相反，古典學派的科學發現還是馬克思主義經濟理論最重要的來源之一。在科學社會主義奠基者馬克思和恩格斯的著作中，古典學派的有價值的科學遺產被保留下來，並且發揚光大了。

資產階級的科學政治經濟學的破產，即它被庸俗學派取代，反應了古典學派的資產階級局限性，說明資產階級在新的歷史條件下已不可能發展科學的政治經濟學。所以，資產階級的科學政治經濟學的破產是其資產階級形式和資產階級性質的破產，而絕非其科學內涵的破產。這表明，政治經濟學理論的科學內容同其資產階級形式互不相容。

認識社會經濟現象的過程從屬於資產階級利益的機構是異常複雜的。這裡包括資產階級思想和教育傳統，包括資產階級壓制異己思想的政治、經濟和道德的複雜社會機構，還有運用國家機器對公開地（包括意識形態）反對資產階級的階級統治的抗爭的直接鎮壓。列寧曾以資產階級政治經濟學對待馬克思

---

① 馬克思恩格斯全集：第23卷［M］.北京：人民出版社，1973：17.
② 資產階級史學家大多不願研究資產階級政治經濟學的危機過程的真實原因。他們通常不可能揭示經濟學為何「開始沉悶」（熊彼特語）。不過，他們的著作對19世紀開頭30多年所發生的從科學政治經濟學向庸俗經濟學的轉變這一事實有時會作出大體正確的描述。法國資產階級經濟學家薩列隆說：「誰想瞭解政治經濟學，誰就應當系統地研究魁奈、杜爾閣、斯密、李嘉圖和馬爾薩斯的著作，他們發現了政治經濟學的基本原理。後來的全部經濟學家所做的，只是在古典理論上加上瓦爾拉斯的數學、社會心理學和邊際主義。」（轉引自：勃克羅夫斯基；《法國資產階級政治經濟學：創新還是危機?》1961年，第7頁）。儘管作為資產階級史家，作者把科學政治經濟學等同於古典經濟學（並且把馬爾薩斯也列在其中），因而忽視科學經濟思想的最高成就——馬克思主義經濟學，但他還是正確地觸及下述事實：在李嘉圖和他的庸俗化者之間存在著一條科學和庸俗經濟學的分水嶺。

經濟理論的態度為例說明這種機構，他認為這也算是資產階級時代的一種規律了：「對科學的踐踏愈是厚顏無恥，就愈能獲得榮譽。」①

英國著名學者和社會活動家貝爾納在其《社會歷史中的科學》一書中這樣說明這種規律性：「社會科學史非常明顯地證明，抑制社會科學發展的真正原因是嚴重和實在的，並且受到管理社會者的制約，而這些人是從他狹隘的圈子得出絕大多數結論的……社會科學的落後和無效，即是由於這個常被忽視的原因；在所有對抗性社會中，社會科學成為賣身投靠者是不可避免的。」②

對所有對抗性社會來說，普遍存在的這種規律，即阻止和限制對社會經濟規律的科學研究，為了討好統治階級而歪曲經濟規律，在現代資本主義條件下，特別有力地發揮著作用③。

除了階級的原因之外，認識社會經濟現象的過程，還受到它自身特有的內在規律性的制約，因而使這種認識過程具有某種相對獨立性。最初分析某種現象的任何研究工作者，應從考察外部現象形態開始。認識過程本身的極端複雜性可能成為理論錯誤的原因。因此，錯誤可以出自純認識的原因。

認識過程的相對獨立性受著思想的歷史繼承性的制約。資產階級政治經濟學在履行自己的主要職能時不能不考慮到自己先前的全部發展。例如，資產階級庸俗經濟學發展的第一階段的特點表現在，在它的武庫中尚有古典學派的一系列科學原理，階級利益囿於傳統還不能一下子拋掉它們，其中有些原理甚至還得到了進一步發展和制定，儘管在這裡起主導作用的是當時資產階級社會的階級對抗性相對不發展。李嘉圖崇高的科學權威，他對英國資產階級政治經濟學所產生的持久影響，迫使其著名理論家（例如馬歇爾）不得不披上李嘉圖主義外衣，儘管他們的學說同李嘉圖理論毫無共同之處④。

---

① 列寧全集：第20卷［M］．北京：人民出版社，1957：187．
② 貝爾納：《社會歷史中的科學》俄譯本，第532-533頁。
③ 在經濟科學中，我們經常會碰到維護這樣假設的人，如果說他們的假設無疑是以事實為根據的，那麼也是依據「直覺」和「公開顯露的」事實，而不是依據對有關事實的分析和綜合；他們為獲得所希求的結論而錯誤地運用三段論法（假設法）。改變詞語的意義以迎合研究者的目的（「語義的錯誤」），忽視歷史事實。（《美國經濟學和社會學雜誌》第14卷，第4期，1955年7月，第420頁。）
④ 馬歇爾在其主要著作《經濟學原理》中有時企圖把自己說成是李嘉圖的後繼者並發展了他的理論。在論述李嘉圖價值論的一章中，馬歇爾企圖把自己特有的價值論說成是李嘉圖的理論，而他是以心理因素（資本家的忍欲和工人的犧牲）來決定價值的。因為李嘉圖沒有這種觀點，所以馬歇爾便以李嘉圖「喜用簡短詞句」和暗示加以解釋。馬歇爾說：「但是，很難設想，還會比他在第一章中對勞動和時間或等待是生產成本的要素這一事實更加強調。而遺憾的是，他喜歡用簡短的詞句，並且他認為讀者總會給自己補充他曾暗示的那些解釋。」（馬歇爾：《經濟學原理》，莫斯科，進步出版社，1984年，第3卷，第277頁）。

認識過程的相對獨立性有時是由認識過程服從於資產階級階級利益的間接的、習慣的、複雜的和矛盾的性質決定的。況且這些利益本身常常是相互抵觸的：暫時的和眼前的利益同資產階級的長遠利益並不總是吻合的，這在其理論學說中不能不有所反應。著名的合法馬克思主義代表者杜干-巴拉諾夫斯基即是一例。在俄國無產階級的階級鬥爭高漲形勢下（這在 20 世紀初表現得特別尖銳），杜干-巴拉諾夫斯基不得不承認資本主義剝削這一事實以及工人為自身經濟利益鬥爭的必要性。他在談及資本家與工人的關係時說：「……以勞動糊口的階級受著不勞動階級的剝削。」① 他又說：「利潤和租金是某些特殊社會階級的收入，這些收入的存在並不是社會經濟的必要條件——社會生產過程能夠在沒有資本家和土地所有者的條件下加以實現。」② 對於原則上堅持資產階級立場的理論家來說，認識到這些是十分難能可貴的。大家知道，合法馬克思主義企圖使工人運動服從於資產階級的影響。然而眼前利益又要求承認已在工人中廣泛傳播的馬克思主義學說，即使這些學說揭示了資本主義剝削的歷史秘密以及資產階級長遠利益的各種矛盾。

由此可見，使經濟理論服從於一定的階級利益的規律，如同所有其他社會規律一樣，是作為一定的客觀傾向起作用的，它必須經過無數的偶然性、偏離和干擾為自己開闢道路。這種規律的作用是十分複雜和矛盾的。它排除了簡單化地對待批判地分析資產階級經濟理論的可能性。

同時，顯而易見，妨礙資產階級政治經濟學發展的原因，不僅隱藏於它所研究的對象本身異常複雜，而且在於統治階級千方百計地阻撓科學地分析其統治地位的基礎。

資產階級政治經濟學的危機——這不是一種短暫的行為，而是一個漫長的破壞古典學派創立的各種分析工具、愈益深刻地背離科學分析經濟現象的過程。

資產階級政治經濟學的危機經歷了三個主要發展階段，這同 19 世紀 30 年代以來資本主義發展三個主要歷史時期（自由競爭時期、帝國主義階段和資本主義總危機）是相適應的，這三個歷史時期反應了資本主義基本矛盾發展的主要階段。

我們的經濟文獻中常有這種看法：資產階級政治經濟學的危機是資本主義

---

① 杜干-巴拉諾夫斯基：《政治經濟學原理》，第 374 頁。
② 杜干-巴拉諾夫斯基：《政治經濟學原理》，第 379 頁。

總危機，即消滅資本主義生產關係的歷史過程的反應。例如，《經濟學說史》教科書中說：「資產階級政治經濟學的危機是資本主義體系本身危機在資產階級意識中的直接反應。」① 教科書作者把這一危機的內容歸結為，資產階級經濟學家一方面由於自己資產階級眼界的局限不可能對資本主義總危機作出科學分析，而且予以否認；另一方面又不能完全無視資本主義腐朽和死亡過程，找不到使它擺脫危機的出路。

這就把資產階級政治經濟學危機看成是 20 世紀的現象，看作由於資本主義生產方式的崩潰才開始出現和愈益發展的現象。似乎只是在碰到資本主義總危機時，資產階級經濟思想才不得不轉向庸俗辯護的立場。但實際上這種轉變很早就發生了。

如果資產階級政治經濟學危機的內容可以用一種公式（「不能科學地分析資本主義，但也不能完全忽視它」）來規定的話，那麼這種公式適用於以往所有的庸俗政治經濟學，適用於它對資本主義經濟全部發展過程，而不僅僅適用於對資本主義總危機的說明。對政治經濟學的對象問題、價值，尤其是剩餘價值問題、工資問題以及政治經濟學的所有其他問題，資產階級經濟學家都不可能予以科學地研究，但也不能完全忽視它們。

資產階級政治經濟學危機不是一種資產階級思想流派簡單地代替另一種而居於支配地位，即使這種代替是很重要的，例如「自由企業經營」理論被國家對資本主義經濟的干預理論所代替，或者，反過來，新凱恩斯主義被新保守主義流派（「自由企業經營」理論是其重要組成部分）代替，像 20 世紀 70 年代中期以來所發生的那樣②。

這種危機是資產階級經濟思想整個體系的深刻而漫長的內部變形的過程，在這個過程中，資產階級經濟理論從一種性質的狀態轉變為另一種性質的狀態。

把資產階級政治經濟學危機僅僅解釋為資產階級經濟學重新審視其以往的，已不符合變化了的社會經濟狀況的教條，這是資產階級經濟學史家的典型

---

① 《經濟學說史》，莫斯科，1963 年，第 411 頁。
② 著名法國資產階級經濟學家讓·馬歇爾在《經濟科學當今的危機》一文中寫道：在法國，「存在著經濟科學的危機。因為古典學派追隨者以貨幣中性、經濟現象自發性和不干預原則為由，同凱恩斯的追隨者相對立，後者是從相反的觀點出發的。」（轉引自勃克羅夫斯基：《法國資產階級政治經濟學：創新還是危機?》第 65 頁）喬安·羅賓遜最先把新凱恩斯主義破產看作「經濟理論的第二次危機」（《美國經濟評論》，1972，第 2 期）。

立場。布留明寫道:「資產階級經濟學家把政治經濟學危機歸結為已不能滿足新的實踐需要的舊理論的危機。照此看來,資產階級政治經濟學危機僅僅意味著要求對它進行一番新的改造,尋求新理論,以便解決業已成熟的各種問題。因此,資產階級政治經濟學的危機就僅僅意味著從它的一個階段過渡到另一個階段,即具有暫時的性質。」① 例如,20世紀初的德國資產階級經濟學家斯托茨曼,早在1925年即把對待經濟現象的個人主義態度(奧地利學派)同來自社會法學派的「普遍主義」態度之間的對立,看作是政治經濟學危機的一種表徵②。這樣,斯托茨曼就把構成資產階級政治經濟學危機的整個過程僅僅歸結為奧地利學派危機的外部表現之一。這種立場同我們正在談論其命運的理論相比,至少是不科學的。它觸及了現象的外表,描述了各種明顯可見的事實,但卻掩飾了這一危機的實際範圍和原因。同時,資產階級政治經濟學危機的外部現象的根源在於資本主義基本矛盾的尖銳化,而資產階級歷史科學卻企圖把它看作是經濟理論的某種更新和發展過程。

例如,法國著名經濟學家馬夏爾這樣解釋經濟學的狀況:「這是較快的更新(經濟理論富於活力的一定的標誌),這是經濟思想『增長危機』的表現,如果願意的話,也可以說是經濟思想轉變的一種表現。」③

認為資產階級政治經濟學的危機源於資本主義經濟制度本身的危機這一觀念,由於具有明顯的激進性,所以會導致顯然不適當的結論。例如,依照這種看法,在19世紀和20世紀的庸俗資產階級政治經濟學之間不存在性質上根本的一致性。但這不符合實際。現代資產階級政治經濟學和李嘉圖之後的資產階級政治經濟學都是不科學的,旨在辯護性地維護資本主義。當然,在這種一致性範圍內,在資本主義發展的不同階段,資產階級庸俗政治經濟學具有非常重要的特點,從而可以在其危機的發展中劃分出基本的階段。

但由上述觀點卻應得出這樣的結論:古典的(科學的)資產階級政治經濟學同資本主義總危機以前的庸俗的(不科學的)政治經濟學在本質上是一致的。這種看法是從下述論斷引申出來的:資產階級政治經濟學深刻的質的變化,也是其科學和非科學流派的分野,被不適當地從19世紀30年代移到20世紀20年代,即被推後了大約一個世紀。但毫無疑問,古典學派(它在19世

---

① 布留明:《現代資產階級政治經濟學的危機》,莫斯科,1959年,第64頁。
② 斯托茨曼:《現代國民經濟學的危機》,柏林,1925年,第2頁。
③ 轉引自:布留明:《現代資產階級政治經濟學的危機》,第64頁。

紀30年代已經完結）和取代了它的庸俗經濟學，儘管都是資產階級經濟理論，但兩者之間的差別比起資本主義總危機開始前後的庸俗經濟學之間的差別要深刻得多。古典學派理論家推動了資產階級經濟科學向前發展，而在19世紀30年代以後由於古典學派的分析工具在庸俗經濟學家著作中被逐漸破壞而使資產階級經濟學向後倒退了。在這兩者——前進和倒退——之間同樣存在著深刻的區別①。

由此可見，把作為一個整體的資產階級政治經濟學的危機和它僅僅屬於資本主義總危機時期的後一階段危機相等同，勢必排除了把這種危機作為一個統一過程進行分析的可能性。這不能不得出完全錯誤的看法。

同時，不能不看到，在資本主義發展的三個時期（自由競爭時期、帝國主義發展初級階段和資本主義總危機時代，資產階級庸俗政治經濟學即是在這三個時期中演變的）中，資本主義總危機時期與前兩個時期相比，確有其非常突出的特點。因此，資產階級政治經濟學儘管仍然保留著庸俗和辯護的特點，但總危機時期的經濟學同先前兩個時期的庸俗經濟學相比，也具有異常突出的區別。資本主義秩序永恆性觀念的破滅使資產階級經濟學家不得不摒棄宣傳了數十年的整個教條。在這個時期，資產階級政治經濟學危機具有若干本質上嶄新的特點，資產階級經濟理論同以往一樣，無力影響廣大勞動群眾的意識形態即是其中之一。因此，這裡涉及的是資產階級政治經濟學危機深化的現代形式，在這種形式下，它的意識形態職能陷入危機境地，往往具有明顯破產的特點。在20世紀70～80年代，由於凱恩斯主義經濟政策和新古典綜合的破產，危機的許多鮮明特點顯露在現代資產階級政治經濟學的經濟—實踐職能上。然而，資本主義總危機時期資產階級經濟的特點並沒有排除資產階級從19世紀初喪失了它在歷史上的進步作用而開始的退化過程的全部內容。

資產階級政治經濟學喪失了科學地分析社會經濟過程的能力，不是在20

---

① 對資產階級經濟科學性質的根本變化和它向庸俗立場的轉變，資產階級經濟學史家們不是沒有注意到。早在1914年，熊彼特在論述19世紀30年代資產階級經濟政治學狀況時說：「在30年代科學著作的緒論中，對這門科學的蕭條的抱怨已經成了慣例。而這些牢騷是有緣由的。李嘉圖的最親近追隨者們在若干問題上已經對他的學說作了不正確的理解，不過，他們還是推動了他的事業。儘管是在很小程度上。這種狀況對新興學科來說是十分危險的：如果這門學科開始沉悶，那麼許多嶄露頭角的人才就會想方設法遠離它……」（熊彼特：《教義和方法時代，社會經濟學概論》，第1卷，1914年，第59頁）。美國經濟學家霍蘭德對李嘉圖以後時期資產階級經濟科學的沒落有更為突出的說明。他由於把辯證法同詭辯混為一談，所以在《大衛·李嘉圖》一書中這樣寫道：「研究精神讓位於教條主義，分析被字面爭論所代替，理性的獨立性受到了損害，科學理論墮落為無效的辯證法，甚至成了階級利益的辯護者。」（霍蘭德《大衛·李嘉圖，百年評價》，1910年，第7頁）

世紀20年代，而是更早，即19世紀30年代，如馬克思所確定的那樣。

資產階級政治經濟學的危機狀況同導致19世紀初產生過剩經濟危機的各種過程有關，同無產階級的第一批革命發動（這是政治危機）有關，歸根到底同產業革命所引起的資本主義基本矛盾的尖銳化有關。由此可見，在總危機以前很久即已產生的、顯示了資本主義歷史過渡性的資本主義社會的經濟與政治的危機過程，乃是資產階級政治經濟學危機的基礎。

當然，隨著資本主義總危機的到來，資產階級政治經濟學發生了一系列十分重要的變化。它的危機深化了，資本主義辯解採取了新的形式，往往致力於新的任務。從整體上說，資產階級政治經濟學的危機進入一個全新階段，它實際上是由資本主義總危機引起的，並且反應了總危機。所以，在這個發展階段，資產階級政治經濟學的危機實際上是整個資本主義生產體系總危機的反應。它同以往各階段的主要的本質區別即在於此。然而這遠不是資產階級政治經濟學危機狀態的開端。

勃克羅夫斯基在其有意義的研究著作《法國資產階級政治經濟學：更新還是危機？》中正確地指出：「……資本主義國家當今官方經濟科學的危機，同19世紀30年代資產階級政治經濟學所處的危機狀態相比，具有十分確定的獨特的性質。」① 作者認為資產階級政治經濟學的危機是一個長期的複雜的經濟科學庸俗化過程，它開始於19世紀30年代。

如果否認這種危機遠在資本主義總危機以前即已產生的事實，則不可能理解資產階級政治經濟學衰落的本質和原因，不可能理解它演進的動力和規律，以及危機的新階段同以往各階段的區別和繼承性。

認為資產階級政治經濟學危機只是在20世紀20年代才產生的看法，實際上忽視了新舊庸俗經濟學的原則上的共通性，沒有注意到資產階級科學的政治經濟學的破產以及在其廢墟上所確立的庸俗經濟學的統治，實際上正是資產階級政治經濟學危機產生的過程和原因。忘記了資產階級政治經濟學危機發展的頭兩個階段。這就把經濟理論庸俗化的形式以及從意識形態上維護資本主義的方法的改變，同資產階級政治經濟學的危機狀態混為一談了。從這種立場出發，對於根除這種危機本身的問題就會得出錯誤的結論。

---

① 勃克羅夫斯基：《法國資產階級政治經濟學，更新還是危機？》，第6頁。

第三節　資產階級政治經濟學職能的變化同其危機有關

隨著資產階級政治經濟學危機的開始，資產階級經濟科學的職能也發生了重要變化。分析這種變化，無論是對理解資產階級政治經濟學的演進，還是對說明它的現狀都有重要意義。

在資產階級政治經濟學中，認識過程及其階級傾向之間，存在著有機的，儘管是充滿深刻矛盾的統一。資產階級經濟學家的認識過程，就其分析的對象及其性質和分析的方向等而言，自始都是有階級性的。

對資產階級政治經濟學發展規律的分析以及對這種經濟學的批判，還是要求把資產階級政治經濟學的這兩個基本方面區別開來。否認這種認識過程的存在，無論是對古典學派，還是對庸俗學派來說都是不正確的。當然，這絕不意味著承認資產階級庸俗政治經濟學認識過程有科學性，因為他們通常限於描述經濟過程的外部現象。認識過程是一個複雜的過程，而且可以說又是一個客觀的過程。描述經濟現象的外部表象，這是所有認識過程的必經的最初階段。但前者遠非後者的全部。分析經濟現象的外部依存性也不能完成這個任務。要使分析成為真正科學的，就應當在外部的似是而非的現象背後揭示出社會發展的內在規律性，確定其內容和方向，以及最終確定其形式。局限於最初階段絕不意味著不存在認識過程。當然，在這種條件下，它不具有科學性。

隨著庸俗經濟學統治地位的建立及其危機的進一步深化，判斷它所制定的經濟概念的真理性的標準發生了重要變化。對實用性科學來說，實踐活動就是這種標準。但對資產階級政治經濟學來說，情況就複雜多了，它既涉及服務於反動階級的意識形態要求，又涉及其經濟—政治需要。從意識形態的角度即維護資本主義來說，這種或那種資產階級概念符合於資產階級利益的，就是真理，即使這些概念是虛假的，不符合資本主義生產方式的實際關係。從意識形態維護資本主義來說，一切有用的都是真理。大家知道，這就是資產階級哲學家所制定的一整套思想觀念——實用主義。實踐在這裡起著一種獨特的標準的作用，用以確定這種或那種資產階級概念同資產階級利益符合的程度。

實用主義真理觀用於資產階級政治經濟學的經濟—實踐職能顯然是不夠的。為了給資產階級的實際建議提供理論根據，資產階級政治經濟學在一定程度上不得不採用一般科學的真理標準。否則，資產階級便不可能得到真正符合其實際需要從而考慮到資本主義經濟的若干客觀過程的建議。

當階級利益使認識過程停止在其最初某個階段、不能接近社會生產關係的內部、不能揭示社會經濟發展的最重要規律時,認識過程就帶上了庸俗性質。在這方面,庸俗的(包括當代的)資產階級政治經濟學具有代表性[①]。

同時,很顯然,如果沒有認識過程,即使由於反動的階級利益而使這個過程極其有限,現代資產階級政治經濟學便不可能實現從意識形態上維護資本主義的任務;這裡還沒有涉及其從經濟—實踐上維護資本主義的任務,這個任務應以為壟斷聯合和資產階級國家制定經濟政策處方為前提,不研究資本主義生產的哪怕是表面的數量依存性,是完全不行的。

從防止低估我們的階級的和意識形態對手的角度來看,區分資產階級政治經濟學的認識過程和它的階級傾向是重要的。關於當代資產階級政治經濟學的庸俗性質的正確原理,有時被解釋成仿佛資產階級經濟理論一般來說喪失了具備某種認識過程的能力。這種立場會導致錯誤的結論:資產階級政治經濟學無論是在意識形態還是在實際鬥爭中都不是值得重視的對手。

資產階級政治經濟學的危機對其基本職能的影響是十分重大的,可以從其職能的變化中看到危機的直接和間接的體現。隨著資產階級社會作用的變化,隨著它從進步階級轉變為反動的、只關心保持和鞏固其經濟和政治統治的階級,資產階級政治經濟學認識過程的階級目的發生了變化。因為資產階級利益一方面同廣大勞動群眾(首先是無產階級)的利益;另一方面同生產力發展利益在新的條件下愈益具有對抗性,所以資產階級政治經濟學具有反動的、反民主的和辯解的性質。隨著資本主義歷史進步使命的消失,使資產階級思想家能把資本主義作為符合社會發展要求而加以維護的客觀依據,也不復存在了。

在這些新的條件下,資產階級政治經濟學就同必須維護剝削階級的私利發生了衝突,這個階級業已成為社會進步的障礙,成為剝削和壓迫勞動群眾的階級。

資產階級政治經濟學認識過程的階級傾向的客觀內容,在這些新的歷史條件下發生了質的變化:它現在直接維護的不是社會經濟發展的利益,不是在一定階段上同資產階級利益相符合的生產力發展的利益,而是已經過時的資本主義生產關係,資產階級對無產階級的剝削,它作為社會發展的障礙而起的反動社會作用。資產階級政治經濟學維護的對象本身,發生了重大變化。

---

① 對資產階級庸俗政治經濟學方法論的更詳細的論述,參看雷金娜:《資產階級政治經濟學的方法論》,莫斯科,思想出版社,1969年。

資產階級社會作用的變化、資產階級社會階級力量配置的變化（由新的進步階級——工業無產階級出現在歷史舞臺上而引起），決定了資產階級政治經濟學階級立場的重要變化。如果說古典學派曾捍衛資產階級反對土地所有者的利益，那麼，代之而起的庸俗經濟學則通過自己的許多代表者為資產階級和土地所有者反對無產階級的利益提供理論依據。階級立場的這種變化，不能不使資產階級政治經濟學的理論體系和政治結論具有反民主的性質。

　　資產階級政治經濟學社會本質如此急遽的變化（表現在它的階級目的具有本質的全新的內容），對其認識過程有決定性影響。資產階級政治經濟學認識過程的變化（由其危機所引起）是沿著兩個主要方向發展的：第一，喪失科學性；第二，喪失其以往的相對獨立性。

　　資產階級庸俗政治經濟學的主要使命（這決定著它的社會本質）已變成資本主義剝削和壓迫的辯解論。因此，它的認識過程就喪失了古典學派曾有的相對獨立性，僅僅成為替資本主義辯解的附屬品。

　　然而，主要問題在於資產階級政治經濟學的認識過程喪失了它前所具有的科學性。資產階級政治經濟學已不能分析社會發展的內在規律性。資本主義的反動利益使認識過程停留在最初幾個階段——描述和整理外部的次要的經濟依存關係，而不能分析深層的本質的規律和關係，因為這種分析勢必要得出資本主義不可避免地要被社會主義生產方式代替的結論。

　　如果說，真正的認識過程的特徵在於從比較不全面、不深刻過渡到更加全面和更加深刻的話，那麼，在反動的階級利益影響下，認識過程的這種變形，使其沿著直接相反的方向演變，即從比較全面和深刻的真理過渡到不全面和不深刻。經濟科學庸俗化過程的內容就是這樣。

　　由於資產階級政治經濟學危機的發展，資產階級經濟學認識過程的主要矛盾即認識的主客體之間的矛盾急遽尖銳化了。認識過程主要沿著消極的方向發展。在李嘉圖著作中達於頂點的資產階級政治經濟學，在庸俗經濟理論中開始了自己的倒退運動。對經濟過程本質的分析被對愈益遠離本質的經濟形式的描述代替；研究對象本身的無限性和人類所認識的部分的有限性之間的矛盾對所有科學來說是普遍存在的，然而在資產階級政治經濟學危機發展過程中，上述矛盾變得更尖銳了：由古典學派的研究所獲得的相對真理幾乎喪失殆盡。美國資產階級經濟學家哈伍德在說明現代資產階級政治經濟學狀況時寫道，下述事實是很糟糕的：「對經濟學研究應當符合什麼要求，經濟學家們眾說紛紜。也

可以說，經濟學家沒有回答經濟知識是什麼樣的問題。」①

由此可見，由於資產階級社會作用的根本變化，不僅在資產階級政治經濟學的社會本質上，而且在其認識過程上都發生了深刻的質的變化。資產階級政治經濟學總是具有黨性的科學。資產階級經濟學家們認識經濟現象的過程總是懷著維護和論證本階級利益的目的。這意味著，在資產階級政治經濟學的兩個基本方面（認識過程和階級傾向）中，起決定作用的是後者。階級目的的性質，捍衛資本主義的需要，決定著認識過程的性質。

資產階級政治經濟學的認識過程取決於其階級傾向這一點，以客觀規律的必然性在發生著作用。在不同國家和不同時期它的表現不盡一致。然而我們到處都看得到大體相同的情形：資產階級剛一喪失進步作用，它的政治經濟學就變成為反科學的和反動的意識形態。如果英國和法國在這個過程中採取明顯的表現形式是在19世紀30年代，那麼在德國，資產階級的階級地位一般來說排除了「……『資產階級』經濟學取得任何獨創的成就的可能性」②。在以俄國資產階級政治經濟學同馬克思主義的關係為例說明這個過程時，列寧寫道：「在1905年以前，除了農奴主和『官僚』以外，資產階級沒有看到另外的敵人；因此，它對歐洲無產階級的理論竭力抱同情態度，不注意『左面的敵人』。在1905年以後，俄國產生了反革命的自由資產階級，於是自由派的教授們趁他們在『社會』上的『威信』絲毫沒有喪失的時候，就來認真地消滅馬克思主義了。」③

資產階級政治經濟學兩個基本方面相互依存的重要後果，是庸俗經濟學自始至今一般反科學性趨勢的加強。由此就應當得出結論，當代資產階級政治經濟學不放棄辯護性的捍衛剝削關係，也就是說，不再是資產階級經濟科學，就不可能擺脫危機狀況，因為危機歸根到底決定於下述一點：在資本主義生產方式範圍內，生產力的社會性和佔有的私人形式之間的矛盾，是不可能消除的。

資產階級政治經濟學已墮落為反動的意識形態，在反對共產主義的幌子下，公開地反對人類的社會經濟進步。它在當今世界中的基本社會作用，就是如此。

研究資產階級政治經濟學認識過程及其階級傾向的相互作用，同資本主義

---

① 《美國經濟學和社會學雜誌》第14卷，第4期，1955年7月，第419頁。
② 馬克思恩格斯全集：第23卷 [M]．北京：人民出版社，1973：18．
③ 列寧全集：第20卷 [M]．北京：人民出版社，1957：184．

日益增長的矛盾之間的關係，有助於揭示資產階級政治經濟學危機運行的機制、發展程度和表現形式。

資產階級政治經濟學危機的前史發生於 18 世紀末 19 世紀初，此時庸俗經濟學成為一個獨立學派。它的奠基者是英國的馬爾薩斯、法國的薩伊。資產階級政治經濟學的危機本身的發展經歷了三個階段：

（1）庸俗經濟學統治地位的確定及其在資本主義自由競爭時期的演變（19 世紀 30~70 年代）。最著名的代表者有英國的西尼爾、法國的巴斯夏、德國的羅雪爾和美國的凱里。

（2）帝國主義時代的政治經濟學（19 世紀 70 年代—20 世紀 20 年代），最著名的代表者有英國的馬歇爾、美國的克拉克、奧地利的門格爾等人。

（3）資本主義總危機時代的庸俗經濟學（20 世紀 20 年代至今）。

第五章　馬克思主義政治經濟學的發展是資產階級經濟科學危機深化的最重要基礎

> ……馬克思的全部天才正在於他回答了人類先進思想已經提出的種種問題。他的學說的產生正是哲學、政治經濟學和社會主義的最偉大代表的學說的直接繼續。
>
> ——列寧

科學的無產階級政治經濟學的產生，同資產階級政治經濟學危機的原因，出於相同的力量即新的革命階級——工業無產階級的形成；其使命是消滅資產階級的經濟與政治統治。庸俗經濟學在資產階級政治經濟學中主導地位的確立與科學的馬克思主義政治經濟學的發展，乃是同一社會過程的兩方面——歷史主動精神從資產階級手中轉到了新的革命階級即無產階級手中——的反應。

同時，馬克思主義政治經濟學（它對資產階級經濟思想進行了科學的批判）又是資產階級政治經濟學危機深化的決定性因素之一。馬克思主義政治經濟學的發展，它在工人運動中的廣泛傳播，迫使資產階級經濟學家尋找新的為資本主義制度辯解的手段，為得出新的進攻工人階級的思想而拋開原有的理論。

馬克思和恩格斯為政治經濟學和其他社會科學的發展作出了無可估量的貢獻。

在勞苦大眾進行了數百年奮不顧身的鬥爭之後，由於機器大工業及其產兒即工業無產階級的出現，才第一次產生了「饑餓者和奴隸」取得革命勝利及其完全的經濟和政治解放的客觀前提。消滅最後的對抗性生產方式（資本主義）並過渡到新的社會經濟制度（共產主義）的客觀必要性產生了。無產階

级的天才理論家馬克思和恩格斯的偉大功績首先在於，他們揭示了建立新的社會主義社會的歷史必然性。

馬克思和恩格斯在政治經濟學中所實現的革命性轉變的實質在於，他們在政治經濟學史上首次創立了真正科學的無產階級革命的經濟理論，為無產階級指明了使自身擺脫資本主義剝削以及使全人類擺脫所有剝削和壓迫的複雜而艱難的道路。由於馬克思和恩格斯的研究，社會主義從空想變成了推翻資本統治和建設社會主義與共產主義的革命科學。

政治經濟學的變革是資產階級社會的社會經濟關係革命轉變的序幕，是無產階級革命和建設社會主義的序幕。因此，資產階級政治經濟學從馬克思主義產生時起便對無產階級的革命理論極盡攻擊之能事。它的優秀的理性力量一百多年來一直致力於推翻馬克思主義。19世紀中期以來所有的資產階級政治經濟學流派都在這個舞臺上表演過。這裡有歷史學派（克尼斯和希爾德布蘭德）、奧地利學派（龐巴維克和門格爾）、社會法學派（施坦列爾和施托爾茨曼）、英美學派（馬歇爾和克拉克）、馬爾薩斯主義和凱恩斯主義、制度主義和「人民資本主義」、國家調節論和新自由主義、新保守主義和「新馬克思主義」，等等。

馬克思主義曾經並且仍然受到強烈的抵制、禁止和反駁，但這些企圖均未得逞。隨著資本主義矛盾的發展，無產階級階級鬥爭的加強，以及世界社會主義力量的增長，馬克思主義獲得了愈益廣泛的傳播。馬克思和恩格斯所創立、列寧加以發展並且由列寧主義者運用於帝國主義和資本主義總危機時代的無產階級革命理論，是社會經濟進步的最強大的加速器。

馬克思和恩格斯所預見的社會主義，在當代已經成為社會發展的決定性力量。

馬克思列寧主義最強大的原動力在於，它從真正科學的立場反應了社會發展的客觀規律性，反應了為新社會而奮鬥的億萬勞動群眾的切身利益。列寧指出：「馬克思的學說之所以萬能，就是因為它正確。」①

第一節　馬克思科學地解決了政治經濟學的對象與方法問題

制定政治經濟學的對象和方法在馬克思著作中具有特殊意義。要真正科學

---

① 列寧全集：第19卷［M］. 北京：人民出版社，1957：3.

地解決這些問題,一方面,是在馬克思揭示的規律的基礎上,深刻分析社會結構各種最重要組成要素及其相互作用的結果;另一方面,這些問題的解決意味著政治經濟學最終成為一門獨立的科學,使政治經濟學形成的漫長過程得以終結。

馬克思以前的經濟思想——資產階級古典政治經濟學和空想社會主義——不曾闡明政治經濟學對象的實際內容,未能制定研究經濟現象的科學方法,儘管在這方面也發表了若干重要的有價值的見解。馬克思的先驅者通常把政治經濟學的對象解釋為經濟生活的某一個別領域。他們不能明確地將生產關係同生產力劃分開來,理解經濟關係在社會關係體系中的地位和作用,對經濟規律作出真正唯物主義的辯證的解釋。

在揭示政治經濟學對象和制定研究經濟過程的方法方面,馬克思並不是對其先驅者的思想簡單地予以發展,而是在理解社會發展基本規律上實現了真正的變革。

馬克思證明,物質生產的發展是歷史過程的基礎,它最終決定著社會的階級結構,各階級的相互關係決定著人們的思想和政治制度。恩格斯寫道:「正像達爾文發現有機界的發展規律一樣,馬克思發現了人類歷史的發展規律,即歷來為繁茂蕪雜的意識形態所掩蓋著的一個簡單事實:……直接的物質的生活資料的生產,因而一個民族或一個時代的一定的經濟發展階段,便構成為基礎,人們的國家制度、法的觀點、藝術以至宗教觀念,就是從這個基礎上發展起來的,因而,也必須由這個基礎來解釋,而不是像過去那樣做得相反。」①

人類社會本身的產生、存在和發展,如馬克思和恩格斯所指出的那樣,的確是以社會物質生產為前提的,社會發展的這個具有決定性意義的規律性的發現,第一次為社會科學提供了堅實的基礎,它是對全世界歷史的看法上的革命性轉變。列寧說:「社會學中這種唯物主義思想本身已經是天才的思想。」② 當然,不僅對政治經濟學,而且對所有社會科學來說,唯物史觀都是真正革命的發現,是研究社會發展規律中的革命性轉折。

依據科學的抽象法,馬克思從所有的社會關係中劃分出人們的經濟關係和生產關係,作為全部社會關係體系中基本的決定性關係。他揭示了這些關係的社會性質,指出人們不可能在社會之外進行生產;由於生產的社會性,人們都

---

① 馬克思恩格斯全集:第 19 卷 [M]. 北京:人民出版社,1973:374-375.
② 列寧全集:第 1 卷 [M]. 北京:人民出版社,1957:119.

不得不在一定的經濟關係中進行生產，而不管他們願意與否。被馬克思的先驅者看作由人的本性、人們的思想和道德所決定的個別偶然現象，對馬克思來說卻是生產方式的最重要的客觀方面，是實現人們所有經濟實踐活動的方式。列寧指出：「唯物主義提供了一個完全客觀的標準，它把生產關係劃為社會結構，使我們有可能把主觀主義者認為不能應用到社會學上來的一般科學的重複律應用到這些關係上來。」① 如馬克思所說，生產關係給生產力的發展以巨大作用，並決定著社會上層建築的性質。

馬克思首次明確區分了社會生產力和社會生產關係，把同生產力水準有確定依存性的生產關係作為政治經濟學這門科學的特有研究對象。

馬克思以前的經濟思想僅僅提出了這個問題，但未解決它。在解釋政治經濟學對象方面，馬克思以前的科學經濟思想的發展中存在著愈益區分生產力和生產關係的傾向，但誰也不能解決這個問題②。

馬克思闡明了經濟生活各主要領域的辯證的相互作用，他指出，對分配、交換和消費起決定作用的是物質資料生產。與此相關，馬克思把所有經濟領域中社會生產關係的總和視為政治經濟學的對象，而所有先驅者思想的重要缺陷在於把研究對象限制在其中某一領域或某幾個領域。大家知道，重商主義把政治經濟學對象看作流通、重農主義——農業生產、亞當·斯密——整個物質生產領域、李嘉圖——分配、西斯蒙第——消費。馬克思在政治經濟學對象問題上的立場意味著，一方面是古典學派有關科學原理的發展，另一方面則是對庸俗經濟學家理論的打擊，後者企圖使政治經濟學對象的解釋有利於為資本主義辯解。

馬克思以前的所有經濟思想充其量試圖對在一定的生產關係下經濟的作用

---

① 列寧全集：第1卷［M］. 北京：人民出版社，1957：120.
② 如果說配第的著作甚至還沒有觸及這種區分，那麼重農主義者（在某些具體情況下）則提出了有關階級關係以及研究這種關係的必要性問題。魁奈寫道，借助於抽象概念和計算，「能夠研究和估價不同階級的相互關係……」（《魁奈選集》，莫斯科，1896年，第225頁）。但重農主義者還沒有明確劃分出生產關係範疇，最早試圖把人們的生產關係作為一個整體劃分出來，看作一種特殊現象的是李嘉圖。在解釋自己分析的對象是支配物質資料分配的法則時，李嘉圖試圖把生產的資產階級社會形式劃分出來，作為研究的對象。李嘉圖社會主義者在這個問題上前進了一大步，最有意義的是約翰·布雷的著作《對待勞動的不公正現象及其消除辦法，或強權時代和公正時代》。布雷認為「……人在社會中或是同其他人的交往中是作為生活的創造者本身起作用的」。在這個說法中，布雷把人們的「交往」作為一個特殊的現象。然而他沒有劃分出特殊的生產關係。他運用魯濱孫式的方法，證明他不理解人們交往的深刻的社會性質。在布雷看來，各種宗教—倫理原則是交往的基礎。而布雷的著作是在馬克思和恩格斯的第一批著作發表之前不多幾年（1839年）問世的。

作出分析，而沒有提出有關這些關係本身變動規律的問題。馬克思在《哲學的貧困》中寫道：「經濟學家們向我們解釋了生產怎樣在上述關係下進行，但是沒有說明這些關係是怎樣產生的，也就是說，沒有說明產生這些關係的歷史運動。」① 馬克思首次完成了這個任務。

馬克思的偉大功績是他揭示了生產關係發展的規律。馬克思證明，人們的經濟的生產的關係取決於社會生產力的發展水準，隨著生產力的發展，生產關係整個體系也會變化②。社會制度、經濟關係和現象的全部總和的變化之最深刻的根源正在這裡。社會經濟發展第一次得到了真正科學的、唯物主義的說明。

馬克思依據自己的分析指出，生產力的發展會產生一種客觀必然性，代替已同進一步發展生產力的要求相衝突的舊的生產關係體系。沒有什麼力量能夠消除這種必然性，保持住已經過時的生產關係，後者曾是生產力發展的形式，但已變成這種發展的障礙。

根據對人類社會歷史的深刻概括，馬克思得出了關於從一種社會制度過渡到另一種社會制度時社會革命必然性的結論。他指出，在這種或那種生產關係體系的背後，站著的是具有自己經濟和政治利益的階級；消滅這種不適應生產發展要求的體系，不可避免地意味著使統治階級喪失其經濟和政治的支配地位。很顯然，除了通過革命道路，不可能實現如此深刻的階級經濟關係的變革。由此可見，馬克思科學地證明，社會革命即國家政權從反動階級手中轉到進步階級手中，乃是社會發展的客觀規律，是一種社會經濟形態代替另一種社會經濟形態。

馬克思在這裡深刻地揭示了科學政治經濟學、無產階級政治經濟學的革命意義③。列寧說：「在自己的著作《政治經濟學批判》（1859）和《資本論》

---

① 馬克思恩格斯全集：第4卷 [M]. 北京：人民出版社，1973：139-140.
② 列寧全集：第1卷 [M]. 北京：人民出版社，1957：121.
③ 正因為這樣，當代資本主義的思想家們才企圖推翻（不知多少次了！）馬克思列寧主義的哲學基礎，散布不存在社會發展客觀規律性的思想。美國經濟學家和社會學家羅斯托在《經濟成長的階段》的「馬克思主義、共產主義和成長階段」一章中寫道：「由超過傳統階段的社會組成的世界的主要現象不是經濟——不管它是不是資本主義的——而是作出選擇的整個過程」（羅斯托：《經濟成長的階段》，紐約，1961年，第213頁）。傳統社會是指前資本主義社會，這個原理必然使他否認社會形態替代的規律性。羅斯托說，這個結論「不會導致一系列的嚴格的和不可避免的歷史階段。它導致在變化中的社會情況所許可的範圍內作出的選擇的種種類型」（同上書，第112頁）。羅斯托的全部「理論」，同資本主義總危機第三階段中多數資產階級政治經濟學流派一樣，目的在於擾亂當代最重要的問題——社會主義代替資本主義的客觀必然性問題。

(第 1 卷, 1867) 中, 馬克思使這門科學發生了革命。」①

分析生產關係的歷史態度, 使馬克思在社會思想史中第一次揭示了人類歷史發展的主要階段: 原始社會、奴隸社會、封建社會、資本主義社會和共產主義社會; 並且創立了廣義政治經濟學, 即研究所有社會經濟形態發展的科學。這樣便克服了資產階級古典政治經濟學和空想社會主義的局限性, 前者只以一個即資本主義生產方式作為研究對象, 後者則把對抗性形態的歷史看作是對「理性道路」的背離。

馬克思以前的經濟思想僅僅提出了經濟規律的問題, 對規律的客觀性質在一定程度上也摸索到了, 但不能理解規律的性質。經濟規律通常被解釋成自然的或人類本性的規律。

馬克思和恩格斯發現生產關係是生產方式的最重要方面之一, 他們分析了這些關係的性質、特點和社會職能, 這使他們得以揭示經濟規律的實際本質。他們證明, 經濟規律是人們的社會生產關係規律, 即調節著這些關係的內在的、客觀的因果聯繫, 而不是永恆的人類本性規律。這樣, 就把作為一種特殊類型的規律的經濟規律範疇, 最終地同自然規律範疇劃分開來了。

馬克思的偉大功績在於, 他不僅揭示了生產關係要適合生產力性質的規律——這是所有的社會生產關係體系發展的普遍規律, 而且揭示了資本主義每一種重要經濟關係對生產力發展水準的依賴性。這樣, 各階級的經濟關係在馬克思的解說中不僅獲得了準確的質的規定, 而且獲得了準確的量的規定。馬克思經濟學最重要特點之一在於, 在整個體系中, 它都基於這樣的規律: 資本主義生產關係體系的每個重要方面在數量上都依存於它的生產力發展水準。這使馬克思的學說具有這樣的特點: 完全反應了資本主義的經濟實際及規律性, 具有內在的動態性和徹底的革命性。現代資產階級經濟學家關於馬克思主義一般經濟理論、勞動價值論特別是剩餘價值論已經「過時」的斷言之所以完全不能成立, 原因就在於此。

由於這些發現, 使政治經濟學成了一門真正的社會歷史科學。它最終地同其他社會經濟學科分離開來, 首次確立了自己特有的研究對象。在資產階級古典學派的著作中, 政治經濟學還沒有同其他社會科學分離開, 例如統計學 (配第)、農業經濟學 (重農主義)、財政學 (亞當‧斯密和李嘉圖)。

---

① 列寧全集: 第 21 卷 [M]. 北京: 人民出版社, 1957: 31.

分析了生產關係的表現形式是馬克思和恩格斯特別重要的功績。他們發現，資產階級社會的生產關係帶有商品拜物教性質，這種性質掩蓋了這些關係的實際內容。明確區分人們的生產關係及其物質的、虛幻的形式，揭示這些關係的發展規律，並且分析這些外部形式本身，馬克思和恩格斯是獨一無二的。分析生產關係的這種態度，顯示出資產階級經濟學家庸俗概念的方法論缺陷，因為他們是以描述經濟過程的商品拜物教形式為基礎的。

　　要解決這些問題，首先使馬克思得以制定分析經濟關係的統一的科學方法，同時考慮到研究對象的特點。將這種方法用於研究經濟關係，首先是資本主義生產方式，便得出了按其科學與實踐意義來說是傑出的成果。正因為這樣，恩格斯才對馬克思主義研究經濟現象的方法給予了很高評價。恩格斯在評論《政治經濟學批判》時寫道：「馬克思對於政治經濟學的批判就是以這個方法作基礎的，這個方法的制定，在我們看來是一個其意義不亞於唯物主義基本觀點的成果。」① 在說明歷史的和邏輯的方法是歷史唯物主義在政治經濟學對象上的反應時，恩格斯指出：「歷史從哪裡開始，思想進程也應當從哪裡開始，而思想進程的進一步發展不過是歷史過程在抽象的、理論上前後一貫的形式上的反應；這種反應是經過修正的，然而是按照現實的歷史過程本身的規律修正的……」② 資本主義的歷史從商品開始，因此，對它的分析也應從研究商品生產開始。

第二節　創立真正科學的勞動價值理論

　　在馬克思列寧主義關於資本主義生產方式的理論中，勞動價值論佔有特殊地位。理解商品關係的規律是科學分析作為商品生產最高發展階段的資本主義生產關係的最重要條件。正因為這樣，馬克思才如此注意研究價值論。沒有一個真正科學的勞動價值論，要揭示剩餘價值規律，得出關於資本主義的科學理論以至馬克思主義全部經濟學說，都是不可能的。

　　商品關係不僅是資產階級生產方式的最簡單最普遍的關係，而且是它的歷史基礎。馬克思的這個結論使他得以闡明勞動價值論在研究資本主義經濟中所具有的異常重要的意義。這個結論還意味著，作為研究所有社會經濟形態一般

---

　　① 馬克思恩格斯全集：第 13 卷 [M]. 北京：人民出版社，1973：532.
　　② 馬克思恩格斯全集：第 13 卷 [M]. 北京：人民出版社，1973：532.

方法的歷史和邏輯的方法，應加以具體化。以便考慮這種或那種生產方式的生產關係的特點，考慮其最初的（簡單的）、主要的和其他的生產關係的特點。勞動價值論顯然不能作為研究（例如）自然經濟占統治地位的封建主義的最初的方法論原則；但要揭示資本主義內在的深刻規律性，它卻是唯一可能的途徑和方法。

資產階級政治經濟學古典派學者奠定了勞動價值論的基礎，對勞動價值論的發展作出了重要貢獻，然而，馬克思和恩格斯在分析商品關係時的科學發現，卻必須看作是價值論中的革命性變革。

闡明生產商品之勞動具有二重性，是馬克思最偉大的發現，它對理解資本主義生產關係有著無可估量的意義。馬克思寫道，對資本主義生產方式發展各種要素的理解，都會歸結到勞動的二重性。他指出：「商品中包含的勞動的這種二重性，是首先由我批判地證明了的。這一點是理解政治經濟學的樞紐……」①馬克思在《政治經濟學批判》中首次闡述了勞動二重性學說，後來在《資本論》中加以發展並始終一貫地將其用於分析資本主義經濟規律。1867 年 8 月 24 日馬克思在致恩格斯的信中談及剛問世的《資本論》第一卷時說：「我的書最好的地方是：①在第一章就著重指出了按不同情況表現為使用價值或交換價值的勞動的二重性（這是對事實的全部理解的基礎）；②研究剩餘價值時，撇開了它的特殊形態——利潤、利息、地租，等等。」②

在資產階級社會中，勞動及其產品的二重性，是馬克思價值論中「主要的東西」③。同時，既然資本主義經濟關係的整個體系都具有商品形態，所以勞動二重性學說就為理解資本主義全部（無任何例外）經濟現象和經濟過程提供了一把鑰匙④。

馬克思在研究商品關係時指出，商品生產者的勞動具有二重性。一方面，作為勞動的有用的有目的之形式，它是有用的具體的勞動；另一方面，作為人類體力和腦力的耗費，它是抽象的勞動，這種耗費與其具體形式無關。馬克思指出，抽象勞動是人類勞動的一定的歷史形態，它為商品生產條件下所特有。應當把它同生理意義上的勞動區別開來，後者是人類社會生活的永恆條件，表

---

① 馬克思恩格斯全集：第 23 卷 [M]. 北京：人民出版社，1973：55.
② 馬克思恩格斯全集：第 31 卷 [M]. 北京：人民出版社，1973：331.
③ 巴加圖利亞，維弋茨基：《馬克思的經濟學遺產》，莫斯科，思想出版社，1976 年，第 39 頁。
④ 阿法納西也夫：《馬克思的偉大發現：勞動二重性學說的方法論意義》，莫斯科，思想出版社，1980 年。

现為「勞動一般」這個範疇。馬克思把勞動具體形式的抽象化看作真實的經濟過程，看作社會生產過程中隨時實現的過程。這種抽象化發生在每次交換行為中（當商品生產者比較自己的勞動時），並且表現為商品所固有的某種共同物，它不以其不同使用價值為轉移，因此也不依花費在其上的具體勞動為轉移，因此，商品是構成商品價值實體並決定其數量的一般抽象人類勞動的物質體現者。馬克思說：「商品交換關係的明顯特點，正在於抽去商品的使用價值。」①

資產階級古典政治經濟學未曾解決勞動二重性問題。古典派學者受資產階級眼界的局限，不可能提出生產商品的勞動的特殊性問題，因為他們把這種勞動看作社會生活之永恆不變的條件。商品生產者勞動的特殊社會性質問題從未提到古典派學者面前。不理解勞動二重性，使資產階級古典政治經濟學在方法論上喪失了對待資本主義生產方式特別重要的方法。

發現勞動二重性，使馬克思得以對古典學派未能解決的最複雜的政治經濟學問題作出科學分析，並揭露庸俗經濟學家的概念即將具體勞動與抽象勞動相等同的深刻根源及其各種後果。這種理論在研究調節商品關係的規律時起著重要作用。依據勞動二重性學說，馬克思第一次闡明了商品的二重性。我們在亞里士多德著作中已經看到對此二重性的描述，但對此後世世代代的研究者來說，它始終是一個謎。馬克思以前的經濟思想只是在某種程度上描述了商品的二重性。例如，亞當·斯密區分了商品的交換價值和使用價值。但李嘉圖不理解這種二重性的原因，因而也不理解、有時看不到與商品──資本主義生產相聯繫的各種過程的二重性，由此引起了他們理論中一系列的錯誤。

馬克思證明，商品二重性來自生產商品的勞動二重性。作為勞動的有用形式的具體勞動創造使用價值，而作為人的體力和腦力的耗費的抽象勞動在商品生產所固有的社會形式上創造商品價值。在此基礎上，馬克思闡明了商品生產成果的二重性的原因，而他以前的經濟思想對此則全然不理解。由於勞動二重性，商品的價值和使用價值同時被創造出來。正是馬克思指出了商品是價值與使用價值的矛盾的統一體。

馬克思在政治經濟學史上第一次闡明了商品價值的社會性質。他在商品交換關係背後看出了人們即商品生產者的生產關係。大家知道，馬克思把價值定

---

① 馬克思恩格斯全集：第23卷［M］. 北京：人民出版社，1973：50.

義為在物的外殼掩蓋下的人和人之間的關係①。馬克思指出，勞動是所有生產的永恆的必要條件，但是只有在商品經濟條件下它才具有衡量與調節商品生產者交換關係的功能。通過馬克思的分析，商品價值第一次被理解為，由生產商品的平均社會必要勞動耗費所調節的商品生產者之間的具有歷史過渡性的社會生產關係。馬克思正是把這種關係看作資產階級生產方式的元素的一般的關係。馬克思說：「……對資產階級社會說來，勞動產品的商品形式，或者商品的價值形式，就是經濟的細胞形式。」②

理解價值是歷史過渡性的生產關係，具有巨大的科學意義和政治意義。它揭穿了資產階級關於商品關係從而資本主義制度具有永恆性和自然性的謊言。

古典學派甚至沒有提出價值的社會性質問題，他們把價值視為人類本性的表現。亞當·斯密和李嘉圖實際上以價值量問題代替了價值本質問題，只分析了商品關係的數量方面。但他們不曾解決商品價值量問題。

馬克思揭示了商品價值量對生產力發展水準的數量上的依存關係。他指出，商品價值決定於在其生產上所耗費的對當時生產力水準來說是平均的具有代表性的抽象勞動。他區分了實際花費在商品生產上的個人勞動，以及在該種商品上所花費的社會必要的平均勞動。決定商品價值量的正是後一種勞動。馬克思的先驅者中，有的未能作此區分（例如，配第），有的則對社會必要勞動作了不正確解釋（例如，李嘉圖）。而庸俗經濟學家則無視這種區分，堅持他們反對勞動價值論的辯護性概念。

正確解決價值量問題對分析資本主義關係具有重大意義，因為商品價值量是一種聯繫的環節，通過它直接實現了資本主義整個生產關係對生產力發展水準的數量依存性。

馬克思指出，從商品價值形成的角度看，生產過程是兩重的。在同一生產過程中，新價值的創造和舊價值從生產資料向新商品的轉移是同時進行的。如果說新價值由耗費的抽象勞動所創造，那麼舊價值的轉移則是借助於具體勞動實現的，具體勞動的有用性在新創造的商品使用價值中保存了舊價值。這樣，馬克思就科學地解決了商品價值構成問題。他判明商品價值由兩部分組成：新創造的價值和從往年轉移過來的價值，從而解決了資產階級古典政治經濟學留下來的一個謎——即所謂「斯密教條」。由於不理解價值的兩重性結構，所以

---

① 馬克思恩格斯全集：第 13 卷 [M]．北京：人民出版社，1973：22．
② 馬克思恩格斯全集：第 23 卷 [M]．北京：人民出版社，1973：8．

他們不可能著手研究一系列重要問題：揭示資本的價值構成；理解資本累積過程；研究社會資本再生產，等等。馬克思對該問題的解決是對庸俗經濟學廣泛運用的「斯密教條」這一概念的打擊。

勞動二重性學說是研究價值形成問題的重要前提。馬克思說：「……如果我們記住，商品只有作為同一的社會單位即人類勞動的表現才具有價值對象性，因而它們的價值對象性純粹是社會的，那麼不用說，價值對象性只能在商品同商品的社會關係中表現出來。」① 馬克思由此得出結論，商品的交換價值或交換關係是其價值的必然表現形式。

同時，馬克思證明，商品價值在資本主義條件下不可能直接表現為耗費於其生產上的勞動時間。它只能在與之等價交換的另一商品的一定量使用價值上表現出來。商品價值在另一商品的一定量使用價值上獲得外在的表現。這樣，馬克思也就證明了小資產階級的「勞動小時」觀念，以及以它為依據的空想社會主義理論，是完全站不住腳的。

只有研究了具體勞動和抽象勞動的特點，才能揭示等價形式的秘密。等價形式的重要特徵之一，是「……使用價值成為它的對立面即價值表現的形式」②。這個分析是研究價值形式歷史發展（即從簡單的、個別的或偶然的形式發展到總和的或擴大的形式，再到一般的形式，最後到貨幣形式）的必要環節，也是首次在政治經濟學史上揭示貨幣本質及起源的必要環節。馬克思指出，貨幣是抽象勞動的物質體現者。他說，在貨幣上，「……一般勞動時間……作為特殊物品，作為商品……」③。

然而資產階級古典政治經濟學甚至不曾想過分析商品的價值形式並以此為依據去解決貨幣形式之謎，儘管它們接近於區分價值和交換價值，但卻沒有看出交換價值恰是價值的必要表現形式。

馬克思的分析的意義之一在於，不研究價值形式，要理解資本主義經濟價值關係領域發生的過程是不可思議的，因為除了分析價值形式、分析外部的表現形式以外，沒有任何其他方法可以分析研究這些關係。馬克思寫道：「……一個商品的價值性質通過該商品與另一個商品的關係而顯露出來。」他又說：「只有不同種商品的等價表現才使形成價值的勞動的這種特殊性質顯示出

---

① 馬克思恩格斯全集：第23卷 [M]. 北京：人民出版社，1973：61.
② 馬克思恩格斯全集：第23卷 [M]. 北京：人民出版社，1973：71.
③ 馬克思恩格斯全集：第13卷 [M]. 北京：人民出版社，1973：36.

來……」①

　　勞動二重性學說是馬克思揭露商品拜物教秘密的出發點。馬克思指出，資本主義生產關係物化和體現在物的關係中。與此相關，這些社會關係的社會性質在人們的意識中似乎同生產關係的物的形式結合在一起。人們的關係表現在物的關係的拜物教形式上。正因為這樣，馬克思在研究商品拜物教性質時才得出下述結論：「商品世界的這種拜物教性質……是來源於生產商品的勞動所特有的社會性質。」② 物的形式掩蓋了資本主義生產關係的實際內容。

　　揭露商品拜物教秘密，從研究資本主義生產關係的方法論的角度來看，是十分重要的。馬克思把人們的生產關係同這種關係的物的易引起誤解的形式區別開來。這就開闢了對複雜的資本主義經濟現象進行真正的科學分析，揭示資本主義生產關係實質的道路。馬克思指出，資本主義的所有生產關係及其整個體系被偶像化為物的易使人誤解的形式了。這些經濟關係愈發展，其拜物教形式愈複雜和神祕化。因此，不揭露商品拜物教秘密是不可能對資本主義經濟發展的規律作出真正科學分析的。古典學派囿於形而上學立場甚至不曾提出商品拜物教問題。他們不去分析生產關係的內容，而局限於描述這些關係的物的外表，被商品拜物教俘虜。他們將資本的本質混同於反應雇傭工人受資本家剝削的關係的物的形式。他們把資本解釋為生產資料、商品與貨幣。但所有這些不過是資本的物的形式，是它的生產的、商品的或貨幣的形式，而不是資本本身。不理解商品拜物教，是古典學派方法論的階級局限性的重要表現之一。

　　商品拜物教學說，從研究和批判庸俗政治經濟學來說具有特殊意義。一方面，只有這個學說，才能闡明這種資產階級經濟學流派的真正性質，後者是站在為資產階級利益辯護立場上，以描述資本主義經濟過程的外部的靠不住的拜物教形式為基礎的。資本主義生產關係的拜物教形式為這種關係的內容提供了虛假的概念，然而這種拜物教形式卻形成了庸俗經濟學的各種範疇③。對庸俗經濟學這一特點的理解，大大提高了批判者的力量，因為這使人們能夠理解資產階級辯護士們所維護的理論的實際根源與認識論根源。另一方面，理解庸俗經濟學這個重要特點，就可以看出，資產階級理論離奇古怪和別出心裁的結構，並不是出自某個資產階級理論家頭腦的偶然遐想，而是資本主義經濟真實

---

　　① 馬克思恩格斯全集：第 23 卷 [M]．北京：人民出版社，1973：64-65．
　　② 馬克思恩格斯全集：第 23 卷 [M]．北京：人民出版社，1973：89．
　　③ 馬克思恩格斯全集：第 23 卷 [M]．北京：人民出版社，1973：93．

過程（首先是其外部表現形式）的反應，是資產階級的真實階級意向經過資產階級利益、思想傳統等折射的反應。這種或那種資產階級經濟理論的產生及其擴散的程度，從這種觀點來看，是發生在資產階級社會經濟、政治或思想生活中的社會經濟變化的某種徵兆。對此，馬克思列寧主義科學應當給予正確評價，並在同資產階級意識形態鬥爭中加以利用。

馬克思和恩格斯最偉大的功績在於，他們研究了資本主義條件下價值和價值規律所發生的變化。他們的生產價格學說完全克服了使古典資產階級政治經濟學遭到破產的矛盾。他們指出，隨著資本主義生產部門之間的競爭、運輸工具以及信貸體系的發展，商品的市場價格開始直接由生產價格來調節，後者等於生產成本加平均利潤，而生產價格的基礎是價值。這就是說，商品價值轉化成為生產價格。馬克思對生產價格的分析，是其科學的勞動價值論的進一步發展和證實，從而摧毀了資本生產力、「生產三要素」之類庸俗概念的基礎。

馬克思的價值理論是研究資本主義經濟規律，其中包括其基本規律——剩餘價值規律的最重要的出發點。

第三節　馬克思揭示資本主義生產方式的「經濟運動規律」

馬克思制定的科學的剩餘價值理論，是他在政治經濟學中實現的革命變革的最重要組成部分。

揭露剩餘價值起源的秘密，使馬克思得以論證了下述原理：剩餘價值規律乃是資本主義社會形態的基本規律，它調節著資本主義社會各階級的生產關係。馬克思指出，剩餘價值規律在資產階級社會經濟規律體系中佔有特殊地位。馬克思在論述資本主義本質時寫道：「生產剩餘價值或賺錢，是這個生產方式的絕對規律。」① 追逐利潤是一種客觀的必然的目標，這就決定了（直接或間接地）這種生產方式的整個生產關係的性質、傾向及動因。馬克思在自己的主要理論著作《資本論》中首先研究了剩餘價值規律。他在《資本論》初版序中指出：「本書的最終目的就是揭示現代社會的經濟運動規律。」②

馬克思的先驅者中也有人研究過剩餘價值規律，但他們不理解這裡所涉

---

① 馬克思恩格斯全集：第 23 卷 [M]. 北京：人民出版社，1973：679.
② 馬克思恩格斯全集：第 23 卷 [M]. 北京：人民出版社，1973：11.

的是資本主義的基本規律，沒有看到它的歷史過渡性，儘管他們知道增加利潤是資本家活動的決定性動機。

馬克思的勞動價值理論，特別是關於生產商品的勞動二重性學說，在揭示剩餘價值規律中起了巨大的作用。

在考察貨幣和商品轉化為資本時，馬克思首先強調指出，剩餘價值不是來自交換過程。從使用價值來看，交換對雙方都有利。由於商品與貨幣的交換，買賣雙方都從中獲得更多好處。馬克思寫道：「如果說商品的使用價值對買者比對賣者更有用，那麼商品的貨幣形式對賣者比對買者更有用。」① 從價值的角度看，商品交換是等價交換，排除了任何一方得利的可能性。商品是價值與使用價值的統一體這個事實完全不意味著它應被支付兩次：一次為價值，另一次為使用價值。在批判企圖從流通說明資本主義收入起源的各種資產階級理論時，馬克思指出了它們在事實上和認識論上的缺陷。他說：「那些試圖把商品流通說成是剩餘價值的源泉的人，其實大多是弄混了，是把使用價值和交換價值混淆了。」② 剩餘價值不可能來自貨幣方面，因為貨幣本身作為抽象勞動的物化形式和物質體現者，不包含自我增殖的內在源泉。

在貨幣和作為資本的商品流通（貨幣——商品——貨幣）中，剩餘價值只能來源於商品本身的使用價值即其消費，而不是來自其價值，因為商品交換實質上是等價的。不過，說剩餘價值來自商品的消費僅指如下場合，即某種商品本身的使用價值是價值的源泉。這種商品在資本主義市場上是存在的，這就是雇傭勞動力。

由此可見，以勞動二重性學說來分析資本主義關係，使馬克思在揭示剩餘價值源泉上有了正確的方向。

馬克思最偉大的功績在於，發現了在資本家和工人之間交易中的商品不是勞動而是勞動力。正是這個發現使馬克思能夠闡明剩餘價值的起源。馬克思最初是在 1857—1859 年手稿中提出這一發現的。該手稿是《資本論》的最早草稿。分析勞動力的二重性，它的使用價值和價值，為馬克思開闢了理解剩餘價值的道路。他指出，勞動力的使用價值與其他任何商品的使用價值有根本區別。它的使用價值在於勞動，在於能夠創造出超過自身價值的價值。剩餘價值是由工人新創造的超過勞動力價值的那部分價值。

---

① 馬克思恩格斯全集：第 23 卷 [M]．北京：人民出版社，1973：182．
② 馬克思恩格斯全集：第 23 卷 [M]．北京：人民出版社，1973：181．

在資產階級社會剝削階級不勞而獲的各種收入形式背後，馬克思揭示了它們共同的基礎——剩餘價值。發現與其具體形式有別的剩餘價值，具有重大意義。作出這種區分可以闡明資產階級生產關係最深刻的基礎，第一次科學地解決了資本主義收入的起源及其剝削性質問題，把它們歸結為真正的起源——雇傭工人的無償勞動。

　　馬克思發現，剩餘價值與其表現形式無關，這使得他可以從價值規律作用的角度闡明剩餘價值的起源，從而解決以往所有經濟思想裹足不前並遭到失敗的問題。資產階級古典學派因為把勞動視為商品，結果陷入死胡同。這種錯誤的立場排除了以勞動價值論理解資本主義利潤起源的可能性。

　　空想社會主義者的結論是，利潤是價值規律受到破壞的結果，即資本家沒有對工人的勞動支付足夠的報酬；這樣，利潤被看作某種偶然的東西，丟掉了始終存在勞動價值規律的基礎①。他們不能科學地解決資本主義政治經濟學的這個核心問題。

　　馬克思從下述原理出發，即勞動力像其他商品一樣，歸根到底要按自身的價值出賣，工資則是這種價值的貨幣等價物。他指出，工人在勞動過程中創造的價值要比他的勞動力價值多。構成剩餘價值的這個餘額被資本家無償佔有，成為資產階級發財致富的實際源泉。因此，如馬克思所說，剩餘價值不是價值規律遭到破壞所致，而是在完全遵循價值規律要求的基礎上產生的。

　　這個結論使馬克思能夠證明，資產階級對工人的剝削不是偶然的現象，不是破壞了「公正性」，而是一種客觀必然的生活基礎，是資本主義生產的本質，是它固有的客觀必然性。由此應當得出結論，在資本主義範圍內消滅剝削是不可能的。馬克思的這個結論對工人運動有巨大意義。他徹底摧毀了資本主義下各階級利益「和諧」的辯護性理論。

　　馬克思依據勞動二重性學說揭示和研究了剩餘價值的兩種基本形式（絕對的和相對的形式），以及相應地增加剩餘價值的兩種基本方式（增加勞動強度和延長勞動時間、提高勞動生產力）。

　　揭示剩餘價值規律在資本主義生產方式經濟規律體系中的地位，使馬克思能說明剩餘價值理論在研究資本主義方面的重要方法論意義。因為剩餘價值理

---

　　① 空想社會主義者之一——約·弗·布雷寫道：「在等價交換中，任何人都不能靠損害別人利益而生存；如果現今的情形就是如此，那麼一個階級佔有其他階級勞動產品便是不可能的。」（約·弗·布雷：《對待勞動的不公正現象及其救治辦法，或強權時代和公正時代》，莫斯科，1956年，第74頁）

論所揭示的是資產階級致富的最重要最深刻的秘密，所以其他所有複雜問題便可迎刃而解。恩格斯論及馬克思對剩餘價值規律的研究時指出：「他認為，這裡擺在他面前的⋯⋯是在於這樣一種事實，這種事實必定要使全部經濟學發生革命，並且把理解全部資本主義生產的鑰匙交給那個知道怎樣使用它的人。根據這種事實，他研究了全部既有的經濟範疇。」①

馬克思和恩格斯在對資本主義經濟的所有理解中都實現了轉變，依據剩餘價值規律研究了資本主義生產關係的全部體系。

馬克思以其科學的剩餘價值理論第一次揭示了資本的本質。大家知道，馬克思的先驅者對資本週轉的某個階段作過研究，但卻把資本同其物的形式混淆了。重商主義者關注的是貨幣，重農主義者關注的是商品，亞當‧斯密和李嘉圖關注的則是資本的生產形式。只有空想社會主義者接近於把資本理解為社會秩序現象，理解為支配勞動的手段②。但他們不曾揭示資本的實際本質。

只有馬克思證明，資本不是物，而是資產階級社會所特有的生產關係，即資本家剝削雇傭工人的關係，是剩餘價值的生產（工人）和佔有（資本家）的關係。這種關係構成資本主義的本質。它的產生是同生產資料被資產者壟斷、小生產被消滅並把小生產者轉化為無產者聯繫在一起的。無產者被剝奪了生產資料，因而不得不向資本家出賣自己的勞動力。這種關係產生於生產力發展的一定階段，而且在長期內是生產發展的進步形式。然而，隨著大機器工業出現，資本主義私人佔有形式逐漸同生產的社會性質發生衝突，同生產的要求不適應與日俱增。

剩餘價值理論使馬克思得以首次揭示資本的構成，從資本的性質而不是從其流通特點來劃分它。馬克思以前的經濟思想只不過劃分了固定資本和流動資本，而馬克思卻證明，從創造價值和剩餘價值的角度來看，資本可劃分為不變和可變兩部分，前者體現為生產資料，後者指的是正在發揮職能的雇傭勞動力。只有後面這個部分才是剩餘價值的源泉，因而馬克思稱之為可變資本，它所創造的價值超過勞動力價值；而資本不變部分的價值則經由勞動轉移到製成品中。

---

① 馬克思恩格斯全集：第 24 卷［M］. 北京：人民出版社，1973：21.（著重點是我加的——B‧阿法納西也夫）

② 李嘉圖社會主義者托‧霍吉斯金在《保護勞動反對資本的要求，或資本非生產性的證明。關於當前雇傭工人的團結》中寫道：「**固定資本之所以有用不是由於過去勞動，而是由於現在勞動，它給自己的所有者提供利潤不是因為它被累積，而是因為它是獲得對勞動的支配權的手段。**」（引自《馬克思恩格斯全集》，第 26 卷第 3 冊，第 328 頁）

不變資本和可變資本學說結束了關於資本生產性的幻覺。另外，它也是馬克思的資本有機構成學說的基礎；資本有機構成學說在資本主義生產方式的科學理論中具有巨大作用；它使馬克思能以剩餘價值規律揭示最重要的經濟過程和現象同生產力發展水準的一系列數量依存規律，研究資本主義一系列規律的作用機制（簡單和擴大再生產規律、平均利潤率和生產價格規律、利潤率傾向下降規律、級差地租和絕對地租規律，等等）。

剩餘價值理論和資本有機構成學說奠定了分析資本主義累積一般規律的基礎。馬克思的前輩和同時代人描述過這個規律的後果及外部表現，但並不理解其客觀性質及其作用機制。而馬克思證明了資本主義生產的機構本身必然導致工人階級和資產階級之間矛盾的尖銳化；他還指出：隨著資本主義發展所累積起來的巨大的日益增長的生產能力，不可避免地導致資本主義被社會主義革命地替代，這都是資本主義生產方式本性所致。這就是資本主義累積的歷史趨勢。

資產階級社會的階級結構、各階級的經濟矛盾和階級鬥爭，在馬克思主義產生以前很久就有人描繪過。馬克思在 1852 年 3 月 5 日致約·魏德邁的信中指出：「至於講到我，無論是發現現代社會中有階級存在或發現各階級間的鬥爭，都不是我的功勞……我的新貢獻就是證明了下列幾點：①階級的存在僅僅同生產發展的一定歷史階段相聯繫；②階級鬥爭必然要導致無產階級專政；③這個專政不過是達到消滅一切階級和進入無階級社會的過渡。」①

在馬克思和恩格斯的著作中研究了這樣一些經濟規律，在這些規律的基礎上，勞動和資本之間的對抗性矛盾不斷反覆出現，對無產者的剝削在強化，從而為社會主義革命創造著各種主觀與客觀前提。列寧說：「馬克思學說中的主要的一點，就是闡明了無產階級這個社會主義社會創造者的具有世界歷史意義的作用。」② 這個發現在社會思想史中構成了一個時代。馬克思的先驅經濟學家沒有深究無產者在資本主義下的悲慘地位，不理解正是資本主義結構本身創造、組織、團結和訓練了無產階級去同雇傭奴隸的剝削制度進行決定性鬥爭。

馬克思和恩格斯創立的科學共產主義理論，同揭示了資本主義基本經濟規律本質的剩餘價值理論是密不可分的。列寧寫道：「資本主義社會必然要轉變為社會主義社會這個結論，馬克思是完全而且僅僅根據現代社會的經濟發展規律得出的。」③

---

① 馬克思恩格斯全集：第 28 卷 [M]. 北京：人民出版社，1973：509.
② 列寧全集：第 18 卷 [M]. 北京：人民出版社，1957：581.
③ 列寧全集：第 21 卷 [M]. 北京：人民出版社，1957：71.

第四節　社會主義從空想轉變為科學

馬克思和恩格斯以前的社會主義理論——空想社會主義，最早提出了資本主義與廣大人民群眾利益不一致以及資本主義必然要被新的社會制度即社會主義替代的問題。他們企圖從人的本性、永恆的道德善行和公正性中引申出這種必然性。他們之所以被稱為空想的社會主義，就是因為看不到消滅資本主義和建設社會主義的客觀力量和規律①。

資本主義生產和工人運動尚不成熟，因而使空想社會主義者看不到推翻資本主義制度的力量的出現。他們不理解無產階級具有世界歷史意義的作用，沒有把無產階級看作推動建設社會主義的革命力量。「在他們的心目中，無產階級只是作為這個受苦最深的階級才存在的」②。他們的立場脫離了革命的階級鬥爭，這便決定了他們的社會主義理論的空想性質。

然而，在空想社會主義的幻想中仍然有某些對社會主義的天才預見。不過，這些預見絕不是對社會發展客觀規律的科學理解，而只是來自他們對資本主義缺陷及不合理性的認識。馬克思和恩格斯寫道：「這種幻想的未來社會方案……是從無產階級希望社會總改造的最初的充滿預感的激動中產生的。」③

空想社會主義看到，資本主義的一切弊端來自生產資料私有制的統治。他們提出了以社會所有制取而代之的思想，提出了未來制度的優越性問題。然而，空想社會主義「既不會闡明資本主義制度雇傭奴隸制的本質，又不會發現資本主義發展的規律，也不會找到能夠成為新社會的創造者的社會力量」④。

隨著無產者階級鬥爭的發展，空想社會主義的進步作用完結了。當社會進步的決定性力量是無產者與資產者的鬥爭時，否認階級鬥爭和無產階級革命的空想社會主義就變成了一種反動的流派。創造真正科學的社會主義理論的必然性出現了。

---

① 即使空想社會主義的優秀代表也不過僅僅理解到完全消滅資產階級社會制度的必然性，並在「公正的」永恆理想中尋求未來社會的基礎。布雷寫道：「所有的社會與政治不公正現象都來自現時代占統治地位的社會制度——來自現代形式的所有制結構；因此，為了一勞永逸地結束現存的不公正和痛苦現象，必須徹底摧毀現代的社會制度，並代之以另一種更適合公正和人類理性原則的制度。」（約·弗·布雷：《對勞動的不公正現象及其救治辦法或強權時代和公正時代》，第38-39頁）
② 馬克思恩格斯全集：第4卷[M]. 北京：人民出版社，1973：500.
③ 馬克思恩格斯全集：第4卷[M]. 北京：人民出版社，1973：501.
④ 列寧全集：第19卷[M]. 北京：人民出版社，1957：6.

在人類歷史上，為勞動群眾的解放提供強大思想武器的這種科學理論——科學社會主義——是由無產階級的偉大領袖馬克思和恩格斯首創的。

科學社會主義是在總結勞苦大眾數百年來為自身解放而進行的鬥爭經驗、首先是無產階級鬥爭經驗基礎上產生的。創立科學社會主義理論，在所有社會科學、首先是政治經濟學中是最重大的革命變革。科學社會主義是由無產階級同資產階級鬥爭的需要而產生的。馬克思主義作為無產階級運動的科學理論表現大約形成於19世紀40年代，這不是偶然的。資本主義的階級對抗性和其他深刻的矛盾，在這個時期已經明顯地表現出來了。

在馬克思和恩格斯的天才著作中，社會主義第一次成為科學理論，它基於對資本主義社會形態客觀經濟規律的研究，為無產階級和其他勞動群眾指明了擺脫剝削、貧困、戰爭和民族壓迫，政治上無權和愚昧落後狀態的現實道路。列寧寫道：「馬克思絲毫不想製造烏托邦，不想憑空猜測無法知道的事情。馬克思提出共產主義的問題，正像自然科學家提出某一新的生物變種的發展問題一樣，因為我們已經知道，這一變種是怎樣產生以及朝著哪個方向演變的。」①

在社會主義從空想向科學的轉變中，馬克思和恩格斯的兩個最偉大的發現起了突出作用，這兩個發現就是歷史唯物主義和剩餘價值規律。科學社會主義奠基人指出，社會歷史是社會經濟形態相繼地更替，而這種更替絕不是自動實現的。消滅反動階級意欲保持的生產關係，不能不經過鬥爭。因此，對抗性經濟形態發展的規律是被剝削者同剝削者的階級鬥爭，而從一種形態過渡到另一種形態的途徑則是社會革命。

由此可見，社會歷史並不是無法解釋的偶然性的堆砌，而是人類前進發展的合乎規律的過程。這個發現是社會主義從空想到科學轉變的重要前提。普列漢諾夫指出：「馬克思把辯證法引進社會主義，從而使它成了科學，這給了空想主義以致命打擊。」②

對使資本主義產生和發展的生產力的特點的研究以及對資本主義經濟規律作用的研究，使馬克思和恩格斯得以證明，資本主義是人剝削人的生產方式的最後一個階段。具有真正社會性的生產力的巨大發展、大機器工業的發展，消除了產生生產資料私有制的客觀原因。恩格斯指出，共產主義是大工業及其相伴而產生的現象——世界市場、經濟危機、無產者形成和資本累積，以及由此

---

① 列寧全集：第25卷 [M]．北京：人民出版社，1957：444-445．
② 《普列漢諾夫全集》，第18卷，莫斯科-列寧格勒，1928年，第270頁。

而引起的無產者與資產者之間階級鬥爭的產物①。隨著資本主義時代生產力的發展，首先出現了建設社會主義社會的客觀可能性和必然性，這種社會是勞動人民真正平等、沒有私有制和剝削的社會。馬克思和恩格斯科學地證明，資本主義的滅亡和社會主義的勝利同樣是不可避免的。

在科學地制定剩餘價值論的基礎上，馬克思和恩格斯研究了勞動和資本的關係，揭示了工人階級在資本主義下的真正地位——雇傭奴隸。他們闡明了資本主義剝削的本質，說明了它在資本主義下的客觀必然性，並且指出，無產階級的失業和貧困乃是資本主義經濟運行的條件和必然後果。因此，不消滅資本主義制度這個龐大的剝削勞動人民的機構，便不可能消滅上述各種條件。

資本主義矛盾尖銳化迫使無產階級愈益堅定地投入為自身解放的鬥爭。不過，如沒有用科學革命理論武裝起來的自己的政黨，無產階級便不可能實現自己的世界歷史使命，實現自身的解放。馬克思和恩格斯指出了將科學社會主義理論同工人運動結合起來的必要性：社會主義理論沒有無產階級勢必軟弱無力，無產階級沒有社會主義理論就會在黑暗中徘徊。列寧指出：「把社會主義與工人運動結合起來，這是馬克思和恩格斯的主要功績：他們創立的理論闡明了這種結合的必要性並且提出了社會主義者組織無產階級的階級鬥爭的任務。」②

馬克思和恩格斯在總結國際工人運動經驗的基礎上為無產階級的革命鬥爭制定了科學的戰略與策略。他們指出，只有革命道路才能使無產階級獲得政權，只有無產階級專政才能徹底粉碎資產階級的反抗、保證建設社會主義。不消滅所有的剝削形式，不能建設社會主義。不消滅所有的剝削形式，不解放所有勞動人民，無產階級便不可能擺脫資本主義剝削和壓迫。馬克思和恩格斯寫道：「無產階級是現代社會的最下層，它如果不摧毀壓在自己頭上的、由那些組成官方社會的階層所構成的全部上層建築，就不能抬起頭來，挺起腰來。」③所有被剝削群眾的根本利益在於，在反對剝削者的鬥爭中，團結在無產階級的周圍。

在指出資本主義生產社會性的同時，馬克思和恩格斯論證了私有制不可避免地要被公有制代替，前者已成生產力發展的最大障礙，後者則為生產的無限

---

① 馬克思恩格斯全集：第 4 卷 [M]. 北京：人民出版社，1973：312.
② 列寧全集：第 4 卷 [M]. 北京：人民出版社，1957：225–226.
③ 馬克思恩格斯全集：第 4 卷 [M]. 北京：人民出版社，1973：477.

發展開闢了廣闊前景。他們科學地論證了消滅剝削階級以及隨著時間的推移消滅一般階級差別的必然性。馬克思和恩格斯天才地預見到，在生產資料公有制基礎上，為了人民利益組織整個社會生產的不可避免性，從而將會消滅生產無政府狀態和經濟危機、消滅經濟關係的自發性對人們的支配。只有在社會主義和共產主義下，才能完全消滅對勞動者的剝削與貧困①。

科學共產主義奠基人指出，社會主義和共產主義將克服使人畸形發展的城鄉之間以及體力勞動和腦力勞動之間的矛盾，為社會全體成員的全面發展創造條件。隨著人剝削人制度的消滅，國家之間支配與服從的關係以及戰爭也行將告終。

無階級的共產主義社會不是空想，而是不斷發展的大工業的客觀要求。馬克思和恩格斯以社會發展規律的知識武裝了無產階級，把他們的革命熱情引向衝擊資本主義和建設社會主義與共產主義的方向。

---

① 現代資產階級政治經濟學在現代社會發展趨勢問題上特別明顯地表現出完全無能。羅斯托在論及共產主義時寫道：「……這不是唯一的可能性。還有子女厭煩無聊的問題，人類新的內心世界的發展問題，向外層空間和瑣細的興趣發展的問題——如果魔鬼支配一些懶漢的活，還會有破壞問題。」（羅斯托：《經濟成長的階段》，第 222 頁）。辯護性的經濟成長論的作者羅斯托聲稱，他要同依照馬克思的方法，對近代史的解釋進行競爭。然而，他的解釋卻突出地表明，他實際上無力回答現代有關社會發展趨勢的最重要問題。

第六章　自由競爭時期資產階級政治經濟學危機的基本特點

> 事物在其現象上往往顛倒地表現出來，這是幾乎所有的科學都承認的，只有政治經濟學例外。
>
> ——馬克思

資產階級政治經濟學的危機產生於19世紀30年代，隨著資本主義矛盾的發展和尖銳化，隨著無產者和資產者之間階級鬥爭的發展和尖銳化，這種危機將更加深化；它大大地縮小了對資產階級政治經濟學認識（生產）過程的可能性。

拒絕分析資本主義經濟現象的本質，抱著為資本主義辯護的目的，簡單地描述經濟生活的表面現象，這是資產階級政治經濟學危機的最重要形式。

資產階級經濟學家愈來愈放棄研究生產這個經濟生活的決定性領域。他們把流通領域作為自己研究的對象，認為流通在經濟中起決定性作用。他們的目的在於掩飾資本主義的利潤、地租、利息及其他非勞動收入的真正起源。因此，資產階級政治經濟學竭力反對勞動價值理論，而代之以對商品貨幣關係表面現象的描述。庸俗經濟學諸概念的內容、它們的性質，以及其範疇的整個體系，都在逐漸發生變化。瞭解這一點，有助於看清資產階級政治經濟學庸俗化的程度和趨勢。

第一節　庸俗政治經濟學範疇的商品拜物教性質

資產階級政治經濟學危機的第一階段，包括19世紀30~70年代。它在這一時期危機深化的主要形式是怎樣的呢？

為了回答這個問題，有必要分析一下庸俗經濟學範疇的認識論性質。為此，又必須瞭解它同商品拜物教的關係。大家知道，商品拜物教是無政府主義商品生產的特點，因為把生產關係物化在商品中正是這種生產所固有的特點，商品的價值和使用價值應當經受社會的檢驗，商品首先要進入消費過程。

　　人們的社會生產關係總是實在的。它們被物化，不僅由於它們固有的客觀性質，而且因為，就這些關係的內容而言，它們是人們在數不勝數的物質資料的生產、分配、交換和消費中的社會關係。

　　然而，僅有社會生產是商品生產這一點，還不足以產生商品拜物教。在社會主義下商品生產依然存在，但卻沒有商品拜物教。同時，商品生產領域的擴大絕不會創造產生商品拜物教的前景。

　　商品拜物教只是自發發展的無政府主義商品生產的特點，因為只有在這些條件下，物才支配人；由於社會生產的無政府狀態支配著商品生產者，價值支配著使用價值，歸根到底，剝削者支配著被剝削者。商品原本是人類勞動的產品，在上述條件下卻有了特殊性。它們是無政府主義生產關係的承擔者，因而這種關係從表面現象看就成了物品和商品「自然的」特點。

　　人們日常的認識，即使正確地反應了經濟現象的拜物教性質，也絕不可能超出對這些外部表面現象的理解，結果就會對經濟過程的內在本質得出完全歪曲的概念。因此，揭示現象內部聯繫的科學真理總以一種反常的、同外部表面現象顯然對立的形式而出現。

　　把商品拜物教的產生簡單地歸結為在追求真理過程中所出現的對經濟過程的錯誤觀念是不妥當的。問題在於，商品拜物教觀念在無政府狀態商品經濟的經濟關係的拜物教形式中有其客觀基礎。這種觀念試圖從商品的自然屬性出發，來解釋商品作為一定生產關係的體現者所承擔的社會職能，例如，從商品的使用價值出發來說明商品價值的產生。商品拜物教的主觀方面就在這裡。

　　在將資本主義剝削關係神祕化方面，同勞動力轉化為商品有關的那些表面現象起著特殊作用。大家知道，許多情況使人們的日常意識留下這樣一種虛幻的觀念，即勞動是商品，工資是對於人耗費全部勞動的報酬。在論及「勞動的價值」這一概念實際上消除了價值概念時，馬克思指出：「但是這類虛幻的用語是從生產關係本身中產生的。它們是本質關係的表現形式的範疇。事物在其現象上往往顛倒地表現出來，這是幾乎所有的科學都承認的，只有政治經濟

學例外。」①

馬克思的商品拜物教學說，有助於闡明資產階級庸俗政治經濟學範疇的認識論性質。在論述資本主義生產關係所採取的形式的拜物教性質時，馬克思指出：「這種形式恰好形成資產階級經濟學的各種範疇。對於這個歷史上一定的社會生產方式即商品生產的生產關係來說，這些範疇是有社會效力的、因而是客觀的思維形式。」② 一方面，這種「思維形式」在一定歷史條件下帶有客觀性，但它卻顯示了庸俗經濟學範疇的不科學性，因為它所反應的只是經濟過程的外部的拜物教形式③。另一方面，庸俗經濟學範疇的拜物教性質使我們可以瞭解資產階級政治經濟學教條的生命力之所在。就其認識上的特點（絕非階級本質）來說，庸俗經濟學的範疇非常接近於日常的意識，因此他們對這些意識的領會已為對經濟過程的拜物教形式作出自己的反應做好了準備。庸俗經濟學的生命力取決於：它們依據的是在人們意識中反覆出現的對資本主義經濟現象的拜物教形式的「客觀思維形式」。在談到反應現象外部表面性的範疇與理解和揭示其內在規律性聯繫的範疇之間的重要區別時，馬克思說：「前者是直接地自發地作為流行的思維形式再生產出來的，而後者只有通過科學才能揭示出來。」④

馬克思的分析證明，商品拜物教性質不僅為庸俗經濟學中屬於價值論的那些範疇所固有，而且是庸俗經濟學整個範疇體系的特點。商品價值本是按照產品生產中所耗費的社會必要勞動交換自己勞動產品的商品生產者的社會關係，但它在表面上卻是商品的自然屬性、它的效用、「稀缺性」等因素的產物。資本主義生產自發性地對商品生產者的支配，資本對勞動的支配，表面上卻表現為貨幣的權力從而作為特種金屬（黃金）的權力，而絕不作為資本主義關係的體現者。作為商品的勞動力以勞動商品表現出來，而它的價值與價格則表現為勞動的價格。資本是雇傭工人受資本家剝削的關係，卻表現為能帶來新貨幣的貨幣，利潤（利息）似乎來自全部資本（貨幣、生產資料），而不是僅僅來

---

① 馬克思恩格斯全集：第23卷 [M]. 北京：人民出版社，1973：587-588.
② 馬克思恩格斯全集：第23卷 [M]. 北京：人民出版社，1973：93.
③ 資產階級政治經濟學史家有時也指出庸俗經濟理論原則上的表面性。例如，德米特里耶夫在談到直接從供求關係說明價格的理論時指出：「……所有的供求論……都有一個通病：詳盡地（有時詳盡得多餘）描述現象，而對他們所分析的現象卻全然沒有給予應有的解釋。」（B. K. 德米特里耶夫：《經濟學概論》，莫斯科，1904年，第111頁）
④ 馬克思恩格斯全集：第23卷 [M]. 北京：人民出版社，1973：593.

自資本的可變資本，地租則是土地的自然屬性（帶來收入）的表現。如此等等。①

由此可見，商品拜物教學說為理解庸俗經濟學整個範疇體系的認識論特點，提供了一把鑰匙。

同時，注意到下述情況是重要的：資本主義生產關係的商品拜物教形式是異常多樣化和多層次的，因為它們所反應的這種關係本身就具有複雜的層次。例如，馬克思區分了本質形式和現象形式。如果說勞動力的交換價值對其價值來說是一種本質形式，那麼，名義工資則是更遠離並更歪曲其本質的現象形式②。

不僅各種經濟過程的形式具有多重性，而且，經濟現象如同其他一切現象一樣，其本質也具有這種多重性。蘇聯哲學家凱德洛夫曾談到本質具有「多重性或多層次性」③。這種情況對於理解經濟理論庸俗化的特點和趨向是很重要的。

讓我們更貼近地考察一下構成資產階級社會基本生產關係的資本在資產階級意識中是如何反應的。資本的內涵是資本家剝削雇傭工人，工人生產剩餘價值，卻被資產階級無償佔有。但資本的外部的物的形式卻是貨幣、生產資料和商品④。

既然剩餘價值未費資本家分毫，而為了生產商品他卻必須支付商品的生產費用，於是生產費用在他看來就是商品的實際價值。

這種觀念由於生產費用是商品售賣價格的最低限這一情況而強化了。因為

---

① 資產階級政治經濟學的範疇反應了這些拜物教觀念。美國經濟學家薩繆爾森指出：地租是自然資源帶來的收入，利息是以資本品總價值的美元數表示的收入。（薩繆爾森：《經濟學》，俄譯本，莫斯科，1964年，第631-632頁）

② 馬克思恩格斯全集：第23卷 [M]．北京：人民出版社，1973：593.

③ 《自然科學發展中的矛盾》，莫斯科，1965年，第21頁。

④ 凱恩斯認為資本是帶來收入的財產。他避而不談資本的社會經濟本質，只限於描述資本的一種現象形式（凱恩斯：《就業、利息和貨幣通論》，俄譯本，進出版社，1978年，第199、282頁）。對資本的商品拜物教式的解說是形形色色的。美國經濟學家赫什萊弗認為「真實資本」是指有助於帶來收入或構成使用價值源泉的各種物質對象（赫什萊弗：《投資、利息和資本》，英格爾伍德-克利夫斯，1970年，第7頁）。資本實質上被看作是生產力的各種物的要素。它們是作為形成使用價值的要素而起作用的，而為任何社會所共有。美國經濟學家杜伊的解釋更為庸俗。他說：「資本不過是『生產力』的同義語。資本包括生產中所使用的一切：人在交易中的智力或其個性；修剪的花、土地、原料、道路、橋樑、房屋、機器、甚至社會秩序的穩定。」（杜伊：《現代資本理論》，紐約，1965年，第23-24頁）資產階級對資本解釋的共通點在於抹殺資產階級對工人的剝削，這一庸俗的辯解性傾向。

賣價如低於生產費用便不可能補償墊支資本甚至要虧本。

商品生產費用與商品價值形成過程是什麼關係？既然資本家除了生產費用以外在商品生產上再沒有支付別的什麼，那麼生產費用難道不是價值的源泉嗎？

庸俗經濟學家所提出的一系列辯護性觀念都是以曲解生產費用和價值的關係，以生產費用或類似的東西來說明商品價值形成的基礎的，這使得理解上述問題顯得更重要了。

其實，商品價值與生產費用之間有著本質區別：前者（c+v+m）取決於商品生產上所耗費的全部社會必要勞動，而生產費用在數量上只是一部分價值即資本家所耗費的價值（c+V）。然而具有決定性意義的是生產費用和商品價值之間在其形成過程中具有更深刻的本質區別。正是這一點使馬克思得出結論：「成本價格這一範疇，同商品的價值形成或同資本的增殖過程毫無關係。」① 問題在於，某種商品的生產費用的一部分價值——支付生產資料，或不變資本——從這些生產資料簡單地轉移到所生產的商品上，在生產過程中什麼也不創造。而另一部分——支付可變資本——雖然同樣不加入創造新價值的過程，因為它是勞動力價值的等價，但是在生產過程中勞動力卻作為一種特殊使用價值起作用，創造新價值。

不過，成本價格在表面上「具有一種假象，似乎它是價值生產本身的一個範疇」②。它們是墊支資本中加入新商品價值形成的那部分價值③。這樣一來，新價值的真正源泉反而不見了，因為生產費用這一形式抹殺了不變資本和可變資本之間的區別。這種區別因為它們都是資本主義生產的客觀必要條件而被模糊起來，在這種生產當事人的意識中，兩者是一回事。

創造商品價值過程的實際內容，從而無產者和資產者的階級經濟關係的實際內容被神祕化，在很大程度上同下述情況有關：墊支資本的不同部分具有固定資本和流動資本形式。這製造了一種假象，商品價值中等於生產費用的部分，似乎恰好來自花費在該商品製造上的資本，因為固定資本和流動資本依其在該商品生產過程中實際支出的程度而進入生產費用（固定資本是部分地，流動資本是全部地進入生產費用）。

---

① 馬克思恩格斯全集：第 25 卷 [M]．北京：人民出版社，1973：33.
② 馬克思恩格斯全集：第 25 卷 [M]．北京：人民出版社，1973：33.
③ 這種觀念是現代邊際主義的基礎之一。例如，美國經濟學家凱爾克魯斯認為：「商品價格受該商品邊際單位的生產費用調節。」（A. 凱爾克魯斯：《經濟學導論》，倫敦，1951 年，第 225 頁）

因為可變資本同一部分不變資本記在一個項目下，同它們一起形成流動資本，於是製造出一種虛假概念：可變資本（在一定情況下即是現實的勞動力）同不變資本中流動的部分一樣只將自己價值轉移到所生產的商品中，而不參與新價值的創造。資本劃分為固定資本和流動資本，完全抹殺了價值和剩餘價值實際的形成過程。因此，馬克思在強調資本主義關係商品拜物教形式的階梯性時，得出了關於來自資本劃分為固定資本和流動資本的拜物教觀念的看法，他說：「這樣，資本的增殖過程的神祕化也就完成了。」①

由此可見，資本主義生產關係各種不同的外部現象，並不是在同等程度上使該生產關係神祕化的。在一定意義上，它們同它們所反應的過程與現象的內在本質並不處於同樣的地位，因此，它們同這些現象不符合和加以曲解的程度也不同。

這一點，從勞動力的價值和價格轉化為勞動的價值和價格的虛假形式這個資本主義關係神祕化方面所起的特殊作用中，可以明顯地看出來。勞動的價值和價格這一形式掩蓋了資本主義剝削這一事實本身，似乎勞動與資本是等價的，工資似乎是對勞動的全額支付②。馬克思說：「這種表現形式掩蓋了現實關係，正好顯示出它的反面。工人和資本家的一切法權觀念、資本主義生產方式的一切神祕性、這一生產方式所產生的一切自由幻覺、庸俗經濟學的一切辯護遁詞，都是以這個表現形式為依據的。」③

大家知道，剩餘價值僅僅是可變資本的產物，是雇傭工人的勞動超出必要勞動時間的成果。然而，它在表面上卻是同時來自生產上所支付的資本的所有構成部分，即一方面來自生產資料，另一方面來自雇傭勞動力。它在表面上還有一定根據：資本的所有成分同時參與生產費用的形成。

過程的實際內容在很大程度上還被如下情況掩飾：剩餘價值（利潤是其轉化形式）在表面上同全部墊支資本有關，而不僅僅同實際耗費的資本有關。因此就出現了一種更神祕的觀念：利潤的源泉不僅僅是某種商品的生產費用，而且是那一部分不變資本——它在該生產過程中不曾花費，儘管生產是在它參與之下進行的。這就是說，利潤源泉是全部墊支資本，庸俗經濟學家們所抓住的正是這種表面現象。馬爾薩斯說：「資本家對於他所預付的資本的一切部

---

① 馬克思恩格斯全集：第 25 卷 [M]. 北京：人民出版社，1973：41.
② 「工資無非是某種勞動的價格」（G. L. 巴赫：《經濟學》，紐約，1954 年，第 392 頁）。
③ 馬克思恩格斯全集：第 23 卷 [M]. 北京：人民出版社，1973：591.

分，都期望得到同樣的利益。」①

　　流通中的令人迷惑的外部現象更遠離資本主義經濟的內在秘密——剩餘價值的生產過程，同資本主義生產過程本身的外表形式相比，流通現象使資本主義關係的神祕化更發展更複雜化了，使其進一步轉化了。馬克思說明了資本主義生產所固有的「主體與客體的顛倒」，即一方面，支配著活勞動的過去勞動人格化為資本；另一方面，勞動力轉化為商品，轉化為對象。他得出結論：「從這種顛倒的關係出發，甚至在簡單的生產關係內，也必然會產生出相應的顛倒的觀念，即歪曲的意識，這種意識由於真正流通過程的各種轉化和變形而進一步發展了。」②

　　資本家以為花費在生產上的資本有其內在價值，利潤則是價格超過這個價值的餘額，它來自流通領域。

　　這種虛假的神祕化的概念由於以下情況而得到表面的證實：儘管剩餘價值是在生產中創造的，但外表上並不是這樣，因為剩餘價值要在流通中實現，而且正是在流通中才具有了可以捉摸的形式——利潤。剩餘價值實現的程度以競爭條件為轉移，馬克思說：「……對單個資本家來說，由他本人實現的剩餘價值，既取決於對勞動的直接剝削，也取決於互相詐騙的行為。」③

　　流通領域中影響剩餘價值實現的各種因素，也使剩餘價值的源泉帶上了虛假的外表。例如，流通時間愈短，生產時間愈長，在其他因素不變的條件下，剩餘價值量愈多。馬克思指出：「流通時間和勞動時間在它們的進程中會互相交錯，好像二者同樣地決定著剩餘價值。」④ 這便引發出一種歪曲概念，仿佛剩餘價值不同生產直接有關，不同剩餘勞動的佔有直接有關，而是來自資本本身的運動，來自它所固有的形態變化，歸根到底來自資本流通。

　　這種觀念由於剩餘價值轉化為利潤、商品價值轉化為生產價格而強化了。在此基礎上產生了這樣一種虛假的外表，似乎利潤不僅是由用於生產領域的資本的所有部分創造的，而且也由流通領域中的資本份額所創造。通過部門間競爭所形成的平均利潤僅僅取決於墊支資本量，該利潤是墊支資本的產物。

　　既然剩餘價值量從而利潤量取決於資本如何組織和實現對勞動的剝削，因

---

① 馬克思恩格斯全集：第 25 卷 [M]. 北京：人民出版社，1973：44.
② 馬克思恩格斯全集：第 25 卷 [M]. 北京：人民出版社，1973：53-54.
③ 馬克思恩格斯全集：第 25 卷 [M]. 北京：人民出版社，1973：52.
④ 馬克思恩格斯全集：第 25 卷 [M]. 北京：人民出版社，1973：52.

而利潤就以一種顛倒的形式表現為對資本家「剝削勞動」的報酬。儘管實際上不是如此。如果組織和管理生產的職能轉到被雇傭的管理人員手中時，這一點就表現得十分明顯：在這種情形下資本家仍然獲得利潤。利潤依存於市場行情波動也引起了這種虛假的觀念：利潤是對資本家所固有的進取精神的報酬，是對「風險」的報酬，等等。

「我們越往後研究資本的增殖過程，資本關係就越神祕化，它的內部組織的秘密就暴露得越少。」① 馬克思在此又一次強調指出了資本主義關係商品拜物教形式的層次性：其實際內容不是在一個層次上，而是在大小不同的層次上被歪曲的，因為它們同這種內容並不處在同一關係中。距離價值、資本、剩餘價值等越近，即距離經濟生活的表面現象越近，它們在人們眼中越顯得神祕化。

不過，資本主義關係的具體表現本身並不以同一程度被神祕化。我們看到，在工業資本執行職能過程中，生產和佔有剩餘價值的直接關係被種種神祕化形式的密網包裹著。工業利潤多少還有同生產相關聯的痕跡，「至於資本，如果就生產過程來進行考察，那麼認為它是獵取別人勞動的工具這樣一種觀念，總是或多或少地保存著」②。可是，在流通領域中使用的資本，先是商人資本，卻會引起一種錯覺，似乎商業利潤是當事人相互詐欺的結果，是來自商人的交易，總之，直接來自流通領域。然而，這還沒有把實際的內在聯繫完全掩蓋起來。馬克思說：「不管怎樣，這裡利潤是用交換，就是說，用社會關係而不是用物來解釋的。」③

另一個事實是借貸資本，即帶來利息的資本。這種資本不是作為生產和流通過程的手段，而是作為「準備形式」的資本起作用的：它是為得到新貨幣而預支的貨幣。

利息是一種特殊形式的剩餘價值，它是同借貸資本聯繫在一起的。但在表面上，利息則是用貨幣生出的貨幣。馬克思指出：「在生息資本上，這個自動的物種，自行增殖的價值，創造貨幣的貨幣，達到了完善的程度，並且在這個形式上再也看不到它的起源的任何痕跡了。社會關係最終成為物（貨幣、商品）同它自身的關係。」④

---

① 馬克思恩格斯全集：第26卷第3冊 [M]. 北京：人民出版社，1973：500.
② 馬克思恩格斯全集：第26卷第3冊 [M]. 北京：人民出版社，1973：500.
③ 馬克思恩格斯全集：第26卷第3冊 [M]. 北京：人民出版社，1973：503.
④ 馬克思恩格斯全集：第26卷第3冊 [M]. 北京：人民出版社，1973：503.

利息來自利潤形式的剩餘價值，這同工業利潤迥然不同。因此，剩餘價值生產在利息上的神祕化的最終表現來自這種情況：這裡獵取的是已被資本家佔有的，在生產中創造的剩餘價值，因而無論是同生產還是同流通均無任何明顯關係。

「正因為如此，照（通常的）觀念來看，資本主要存在於這種形式中」①。馬克思在說明來自借貸資本形式的資本主義關係的神祕性時，得出的結論就是這樣。

資本主義經濟關係的各種拜物教表現形式，存在著一定的內在聯繫和相互依存性，這就有可能通過反應這些拜物教形式的觀點體系而製造出神祕的和虛假的觀念。在指出商品拜物教的這種特點時，馬克思說：「因為在一極上，勞動力的價格表現為工資這個轉化形式，所以在另一極上，剩餘價值表現為利潤這個轉化形式。」② 其實，一方面，工資實際上充其量是工人在必要勞動時間中創造的價值的等價，而在表面上卻表現為對工人全部勞動的支付；另一方面，剩餘價值是可變資本的產物，是工人的剩餘勞動果實並被資本家佔有，而在表面上它卻表現為全部資本的產物。

總之，資本主義關係得以表現的各種各樣的外表形式，絕不是以同樣程度神祕化這些關係的。

第二節　資產階級政治經濟學內涵的（經濟的）庸俗化形式的概念

資本主義生產關係拜物教的表現形式，以及反應它們的庸俗政治經濟學範疇的這些特點，使得可以提出資產階級政治經濟學庸俗化的基本傾向的問題。

庸俗經濟學家利用愈益遠離本質的經濟現象的商品拜物教形式，在壟斷前資本主義時代是很典型的。例如，在價值理論上，資產階級經濟學家放棄勞動決定價值的規定，而將價值代之以價值的轉化形式——生產價格（價值的重要形式）、交換價值（價值的外部表現形式）、使用價值（商品二重性之一）、生產費用（耗費於生產的資本的貨幣價值形式）以及價格（價值的貨幣形式），等等。

---

① 馬克思恩格斯全集：第 26 卷第 3 冊 [M]．北京：人民出版社，1973：503．
② 馬克思恩格斯全集：第 26 卷第 3 冊 [M]．北京：人民出版社，1973：503．

經濟理論庸俗化是一種異常矛盾的現象。不過，在自由競爭時代，它的主要傾向顯露得十分明顯，即資產階級經濟學家轉而利用那些愈益遠離資本主義經濟過程本質的拜物教形式。資產階級政治經濟學庸俗化的這種形式可以稱作內涵形式。

它說明了經濟庸俗化過程的強度，說明了資產階級經濟學家為了替資本主義辯護，抹殺這些過程的實質利用其經濟過程的形式而遠離它的內容的程度。

資產階級政治經濟學庸俗化的這種形式，反應了它喪失以往所具有的認識過程的科學性質的程度。

拒絕對經濟關係作科學的研究，而代之以對經濟現象的令人迷惑形式的描述這個事實，絕沒有窮盡經濟科學庸俗化的可能性。拒絕的程度有所不同，政治經濟學庸俗化的程度也有所區別。在資產階級政治經濟學危機的不同階段，庸俗化的強度不盡相同。而且，這種庸俗化強度在這個或那個階段中的變化，取決於資產階級思想家是為了掩蓋經濟過程的本質而利用這個過程的那些形式。實際上，從認識論的觀點來看，以哪種概念為基礎是沒有什麼差別的：被研究現象的本質同這種現象的形式有關（例如，商品的價值與其價格）；現象的本質形式（例如，生產價格）或外部的表面形式同現象的本質脫節（例如，商品的市場價格）。可見，以資產階級概念為基礎的經濟形式的性質，將表現出科學被庸俗化的各種不同程度：這種庸俗化所研究的經濟現象離本質越遠，就越加庸俗；反之，它離得愈近，就越沒有那麼庸俗。

只有這樣看待資產階級經濟思想，才能把握住它發展的主要趨向。資產階級政治經濟學危機是變化和發展的，絕不是一時的行為，也不是凝固不變的。

從這個觀點來看，經濟科學的庸俗化是一個過程，就其內容來說，是一種同科學認識過程相對立的過程。如果說科學認識過程是從描述現象的外部形式進而到揭示其本質，那麼，庸俗化則是方向相反的運動：從比較深入本質到較少觸及本質，再到各種具體形式的現象。這種現象決定了經濟科學這種庸俗化形式的客觀界限。

資產階級政治經濟學危機發展的內涵形式的特點在於，在它的基礎上所出現的辯護手法的變化，並未超出經濟理論本身的範圍，因此它可被稱為庸俗化的經濟形式。不過，這種範圍勢必要受到為辯護性目的而利用的經濟過程形式多樣性的限制。維護資本主義的經濟形式不能完全排除理解實際過程的可能性——即使不是它的本質，也是它的形式。如果說一般的知識（社會經濟過

程的知識包括在內）就其本質來說是無限的，那麼，經濟的庸俗化在現象的外部和具體形式上卻有自己客觀的界限。因此，在庸俗化的一定發展階段上產生了超出經濟範圍本身的必要性，需要一種不同於內涵形式的庸俗化形式。

第三節　資產階級政治經濟學危機的前史：
　　　　庸俗政治經濟學作為一個特殊流派的產生

　　早在 19 世紀 30 年代以前很久，亦即資產階級政治經濟學危機到來之前，庸俗政治經濟學作為資產階級經濟思想的一個特殊流派就已經出現了，這表明在資產階級經濟理論中嚴重的危機過程產生了。

　　庸俗經濟學成為資產階級政治經濟學的一個特殊的獨立的流派，在歷史上的起點是 18 世紀法國資產階級革命，因為這場革命表明了資產階級的革命可能性是很有限的，證明它不過是以一種新的剝削形式代替舊的剝削形式而已。革命把廣大人民群眾，其中包括力圖衝破這場革命的資產階級範圍的那個階層——新興的無產階級，吸引到運動中來，18 世紀末 19 世紀初空想社會主義的活動就是這個階層的期望的反應。法國空想社會主義者聖西門和傅立葉的學說，以及巴貝夫的空想共產主義學說，正是在這個時期出現的。

　　引人注目的一個事實是，庸俗政治經濟學理論成為一個特殊流派，它和偉大的法國空想社會主義者的理論的產生，幾乎是在同一時期。資產階級社會分化為無產者和資產者，引起了經濟理論深刻的階級分野。然而，這個過程遠未結束。資產階級尚未喪失其進步作用，科學的資產階級政治經濟學還在前進。庸俗的資產階級政治經濟學未居支配地位，它在這一時期與古典學派並存，把後者所包含的庸俗因素分離出來並加以系統化，以之同科學的資產階級政治經濟學進行頑強鬥爭。馬克思寫道：「只是在政治經濟學達到一定的發展程度（即在亞當·斯密以後）和形成穩固的形式時，政治經濟學中的一個因素，即作為現象觀念的單純的現象復寫，即它的庸俗因素，才作為政治經濟學的特殊表現形式從中分離出來。」①

　　馬克思對資產階級政治經濟學發展中構成其危機直接前奏的這個時期的解說是特別重要的。馬克思在《剩餘價值理論》中指出：「從 1820—1830 年，

---

① 馬克思恩格斯全集：第 26 卷第 3 冊 [M]. 北京：人民出版社，1973：556-557.

總的說來,是英國政治經濟學史上一個大的形而上學的時代。」① 他在另一處又指出,這十年是「……英國政治經濟學史上形而上學方面最重要的時期」②。

一方面,這是李嘉圖的理論(政治經濟學中的科學遺產)傳播的時期。資本主義大工業尚不發達,以及由此而來的階級鬥爭的尚不發展,說明了古典學派代表者的研究為什麼會有一定程度的科學性。同時,空想社會主義企圖利用李嘉圖的科學原理來批判資本主義並論證社會主義思想「……李嘉圖的理論也例外地被用作攻擊資產階級經濟的武器」③。

另一方面,這個時期的特徵又在於李嘉圖學說庸俗化的廣泛發展,古典的和庸俗的政治經濟學平行發展,它們之間進行著激烈的理論鬥爭。只消指出以下事實就足夠了:馬爾薩斯的主要著作《政治經濟學原理》(他在其中庸俗化了李嘉圖理論)出現於這個時期的開頭——1820年;托侖斯的《財富生產概論》出現於1821年;問世於同年的還有詹姆斯·穆勒的《政治經濟學原理》。稍後一些時候,在1824年出版了德·昆西的《三位法學家關於政治經濟學的對話,主要是關於李嘉圖原理》。第二年,按馬克思的說法,「反對李嘉圖的主要著作」——貝利的《關於價值的性質、尺度和原因的批判意見……》問世。就在1825年這一年,也出版了麥克庫洛赫的主要著作《政治經濟學原理》,這本書反應了李嘉圖理論的徹底破產。

在考察了這個時期之後,馬克思總結說:「這個時期英國的政治經濟學文獻,使人想起魁奈醫生逝世後法國經濟學的狂飆時期,但這只是像晚秋晴日使人想起春天一樣。1830年,最終決定一切的危機發生了。」④

1830年革命後,科學的資產階級古典政治經濟學的發展告終了,庸俗的辯護性學派開始占了上風。這是一個主要方面,資產階級政治經濟學危機的開始就表現在這裡。

不過,庸俗經濟學家們並不是一下子就把古典學派的科學原理拋掉的。早期的庸俗經濟學家還有必要保留其中一系列原理,因為他們的理論是古典學派經濟理論分解的產物。同時,早期經濟學家,例如薩伊和詹姆斯·穆勒,在某些問題上還對經驗性的經濟資料或多或少地給予科學的理論研究。馬克思說:

---

① 馬克思恩格斯全集:第26卷第3冊[M]. 北京:人民出版社,1973:15-16.
② 馬克思恩格斯全集:第26卷第3冊[M]. 北京:人民出版社,1973:116.
③ 馬克思恩格斯全集:第23卷[M]. 北京:人民出版社,1973:16.
④ 馬克思恩格斯全集:第23卷[M]. 北京:人民出版社,1973:17.

「庸俗的政治經濟學在其較早的發展階段，找到的材料還沒有完全加工好，因此它本身在參與解決經濟問題的時候還或多或少地從政治經濟學的觀點出發，例如薩伊就是這樣，而那位巴師夏卻只有剽竊，並且力圖用自己的論據把古典政治經濟學中不合口味的方面消除掉。」①

馬克思在這裡說明了資產階級政治經濟學進一步庸俗化的發展趨勢。他指出，在庸俗經濟學的早期代表和晚期代表之間有著重要區別，因為後者的庸俗化水準更高。如果說前者還發展了古典學派的個別原理，那麼後者則力求消除其中「不合口味」的方面（即科學的、對資產階級有害的方面）。

19世紀30年代以前的庸俗經濟學，同資產階級政治經濟學危機開始後的庸俗經濟學的重要的本質區別就在這裡。這是第二個主要方面，使我們可以把資產階級政治經濟學的危機的起點定在19世紀30年代。

然而，資產階級政治經濟學庸俗化的主要流派和形式，對於整個自由競爭時期來說所特有的主要流派和形式，早在19世紀30年代以前庸俗學派奠基人的著作中已經形成了。下面我們即將考察這些著作。庸俗化的內涵經濟的形式在歷史上是資產階級經濟科學衰落的第一種形式。它在資產階級政治經濟學危機的第一個發展階段——到19世紀70年代止——居支配地位。馬克思在《剩餘價值理論》第三冊中所研究的正是這種形式，他在這裡分析了李嘉圖學派（這是英國資產階級古典政治經濟學的最高成就）解體的過程。

不過，庸俗經濟學開始成為一個特殊流派時，借助過非經濟的辯護手法。馬爾薩斯的人口論（按照卡列爾的說法，這是馬爾薩斯的「悲觀的科學」）便是依據生物的解釋，來說明資本主義最重要的社會經濟過程，說明它尖銳的矛盾——貧困、匱乏和失業。

儘管這個理論在18世紀末19世紀初資產階級圈子中引起過轟動一時的成功，而且在某種形式上延續至今，但它在經濟理論庸俗化的基本過程（它們決定了早期庸俗經濟學家著作的主要傾向）中不過是一個插曲。況且，生物學也不是馬爾薩斯全部經濟理論的基礎。

庸俗經濟學的第一批代表者及其奠基者是法國經濟學家讓‧巴蒂斯特‧薩伊（1767—1832）和英國經濟學家托馬斯‧羅伯特‧馬爾薩斯（1766—1834）。正是在他們的著作中，古典學派的庸俗因素第一次被搞成一種同古典學派理論相對立的特殊觀點體系。其中包含著使我們對庸俗政治經濟學作為一種獨立流

---

① 馬克思恩格斯全集：第26卷第3冊［M］．北京：人民出版社，1973：557．

派產生的事實作出判斷的實質性標準。

亞當·斯密的學說在資產階級經濟學史上是一個分界線；如果說在科學原理方面他的理論促成了李嘉圖的經濟學說——資產階級古典政治經濟學的完成，那麼，斯密學說中不科學因素就成為形成第一批系統的庸俗概念的基礎。

薩伊所運用的辯護方法是，企圖將發達資本主義關係與其在歷史上的出發點——簡單商品生產和流通關係相等同，從而將資本主義的特點從理論分析中消除掉。他還進而想避開分析這些關係的社會經濟內容。他將簡單商品流通等同於實物交換。他的許多概念都建立在這種基礎上：以對資本主義生產關係外部現象的表面描述，代替對這種關係的社會本質的研究。

如果說，資產階級古典政治經濟學的前進運動特別表現在反應科學分析深化的各種概念的區分上，那麼，經濟科學的庸俗化則企圖混淆概念，將它們加以等同，表明他們已轉向描述表面的形式和關係。馬克思寫道（首先指薩伊）：「經濟學辯護士的方法有兩個特徵。第一，簡單地抽去商品流通和直接的產品交換之間的區別，把二者等同起來。第二，企圖把資本主義生產當事人之間的關係，歸結為商品流通所產生的簡單關係，從而否認資本主義生產過程的矛盾。」①

薩伊的典型的辯護方法是消除社會經濟關係的社會形式，而強調其物的內容。結果，商品（這是使用價值和價值的對立統一）在他那裡變成了產品，變成了使用價值；而商品交換則成了使用價值的交換。薩伊混淆了一系列概念：商品價值及交換價值，以及使用價值、效用。薩伊說：「物品的價格是其價值的尺度，而價值是其效用的尺度……」② 這樣，在他那裡，價格成了效用的貨幣表現。薩伊說：「價值和效用量是一回事。」③

可見，薩伊企圖把資本主義生產的第一個和出發點條件——勞動產品的商品形式從理論分析領域中清除出去。這種態度表明，從勞動價值論的角度對它進行分析會有助於揭示對資本主義辯護士來說許多不愉快的東西。

薩伊還企圖從理論中清除資本主義生產方式第二個也是決定性的條件——勞動力轉化為商品。雇傭勞動被代之以工人的「服務」，即只從事使用價值的勞動，而雇傭勞動的社會規定性，促使商品貨幣轉化為資本的社會關係，都被薩

---

① 馬克思恩格斯全集：第23卷 [M]．北京：人民出版社，1973：133．
② 薩伊：《政治經濟學概論》，莫斯科，1896年，第15頁。
③ 轉引自：《李嘉圖著作集》，第5卷，莫斯科，1961年，第243頁。

伊拋開了。馬克思指出:「既然對服務的購買中完全不包含勞動和資本的特殊關係(在這裡,這個關係或者完全消失了,或者根本不存在),那麼,對服務的購買,自然成為薩伊和巴師夏之流最喜歡用來表現資本和勞動之間的關係的形式。」① 比起把它歸結為勞動的買賣,即歸結為表面上所呈現的那種形式,這是對資本主義關係內容的更加庸俗的解釋。這顯然帶有辯護性,因為它把資本和勞動說成財富生產的平等參與者。馬克思在談及薩伊的經濟辯護手法時指出:「這就不僅是退回到資本主義生產以前,而且甚至退回到簡單商品生產以前去了。」②

資本主義生產在薩伊那裡被轉變成與社會形式無關的一般生產;因而也就把資本主義生產所特有的規律轉變為「一般的生產規律」。資本主義生產的基本要素(雇傭勞動、資本和土地私有制)被「剝掉了」它的資本主義形式,並被轉變為相應的一般勞動、生產資本和土地。通過把價值和剩餘價值生產過程替代成創造使用價值的過程。薩伊企圖把只參加勞動過程,即創造使用價值的要素(勞動、生產資料和土地)說成是價值的源泉。薩伊的庸俗的生產三要素論就是這樣產生的。

資產階級政治經濟學史家承認,薩伊企圖用影響商品供給與需求的那些因素來規定價值。美國當代經濟學家奧塞爾在談及薩伊同勞動價值論的鬥爭時指出:「他認為供給和需求首先受著生產費用和效用的調節。」③

薩伊儘管想把商品價值歸結為使用價值,但他仍不能不承認生產的決定性作用。在他看來,價值與生產費用是完全相同的。儘管他把生產費用甚至生產本身這些概念都庸俗化了——他把生產歸結為「服務的生產與交換」——但他不可能完全不承認生產的決定性作用,即使是在庸俗的意義上解釋生產也罷。實際上,無論是商品的效用,還是資產階級社會基本階級的收入,薩伊都是從生產引申出來的,儘管他想著力抹殺這些階級在生產中的實際作用。

薩伊把價值歸結為效用和「服務」,為庸俗的主觀價值論開了方便之門。不過,薩伊還是企圖從「生產三要素」引申出價值,而不是從對商品效用的主觀評價引申出價值。例如,薩伊在談到物品的所有者時指出:「物主可以對它(指效用——阿法拉西耶夫)給予很高的評價,但他不可能由此致富」。在

---

① 馬克思恩格斯全集:第 26 卷第 1 冊 [M]. 北京:人民出版社,1973:435.
② 馬克思恩格斯全集:第 26 卷第 2 冊 [M]. 北京:人民出版社,1973:572.
③ 奧塞爾《經濟思想的演進》,紐約,1963 年,第 91 頁。

他看來，物品價值的尺度是它在交換中所能獲得的物品量，「因此，它得到的越多，它本身價值越高」①。可見，薩伊是從承認物品具有某種由其效用決定並且等同於交換價值的價值出發的。

薩伊以「生產三要素」解釋資產階級社會三個主要階級收入的來源：勞動是工資的源泉，資本是利息的來源（資本家的進取精神則是企業家收入的來源），土地是地租的來源。這樣，勞動與資本的關係就被歸結為工人和資本家彼此交換「服務」。

按照這種理論，每一種「生產要素」似乎都為自己的所有者創造出相應的收入，代表了它參與生產的份額。無論是利潤還是地租，從這種觀點來看，都不是雇傭工人的勞動創造的。每種要素所獲得的僅僅是它所生產的那部分。資本家對勞動的剝削不復存在了。這種理論實際上排除了階級利益的衝突②。

這一整套理論無非要證明這樣一種虛假的命題：價值與收入源泉多樣性，並據此偷偷塞進有關資本主義社會不存在剝削的辯護性思想。

薩伊的「三位一體公式」表面上對生產、分配和交換過程提供了一種嚴密的解釋，因為三種「生產要素」在薩伊那裡是作為物質生產的要素，作為收入的獨立源泉，也作為決定商品價值的要素出現的。

但是，薩伊理論外表的嚴密完全不能證明其正確。它不過反應了前已指出的資本主義關係的商品拜物教形式的特點，正是它們構成了這種關係物的表現的特殊體系。

薩伊的再生產理論也是基於這種方法論的。按他的說法，資本主義社會中不可能出現普遍的囊括一切經濟部門的生產過剩。他認為，為了在市場上售賣而提供的每種商品，都意味著並能促成同樣數量的需求③。由於總供給和總需求保證相等，所以資本主義經濟可以自動地調節。薩伊在這裡抽掉了流通過程的資本主義形式和商品形式，並且把與其他商品相對照的貨幣的作用描述為一種產品，於是得出結論說，歸根到底，「產品以產品購買」。馬克思在揭露

---

① 薩伊：《政治經濟學概論》，第13頁。
② 正是由於「生產要素」論的辯護性，所以它在當代資產階級政治經濟學中得到廣泛傳播，被包括進這些要素的，除了已經指出的三種要素外，還有一系列其他的東西。美國經濟學家 E. 奈文在《經濟分析教本》中，把土地、資本、勞動和企業經營（被看作是「特種形式的勞動。」）解釋為「生產財富的要素」。奈文：《經濟分析教本》，紐約，1967年，第18頁。在這裡，把資本家剝削工人的勞動列入財富的源泉。列入其中的還有國家（參看賴思《經濟學原理導論》，牛津–倫敦，1965年，第18頁）
③ 薩伊：《政治經濟學概論》，第40-41、42頁。

薩伊的立場在事實上和方法論上的缺陷時寫道：「讓·巴·薩伊由於知道商品是產品，就斷然否定危機。」① 薩伊在這裡抽掉了資本主義的社會生產關係，把資本主義流通的複雜機制歸結為直接的產品交換。

由此可見，薩伊的經濟理論將商品拜物教觀念及其庸俗的辯護性解釋系統化了。具有歷史過渡性的資本主義生產關係，似乎成了所有一般生產的永恆條件。

薩伊提出的一系列思想，成了庸俗政治經濟學進一步發展的基礎。他的價值論是庸俗的邊際效用論的來源之一，而且以此形式延續至今；「生產三要素論」的各種變形，構成當代庸俗經濟學的基石。薩伊的「市場法則」排除了生產過剩經濟危機的可能性，這同大量的異常明顯的事實是對立的。然而它在資產階級的理論文獻中居於支配地位，直到 20 世紀 30 年代「大蕭條」以前，直到凱恩斯著作的出版。這種情況表明，庸俗經濟學的某些核心觀念，不僅以辯護性描述資本主義經濟過程的表面現象為基礎，而且有時甚至顯然同這些表面現象相對立。然而，它們卻得到資產階級理論家們的廣泛傳播，如果資產階級的意識形態需要這樣做的話。

這方面的一個例證就是「薩伊法則」的復興，它在當代資產階級政治經濟學的新保守主義流派中得到了廣泛傳播，結果，在資產階級經濟學中間就經濟理論的一系列基本問題引起了尖銳的爭論。只消指出後凱恩斯主義對新古典學派一般均衡論的批判就夠了。大家知道，後者是新保守主義經濟理論的基石之一。美國經濟學家戴維遜在《後凱恩斯學派——經濟理論危機的出路》中指出，一般均衡論者忽視了商品世界分解為特殊商品和貨幣兩部分，以及由此而引起的資本主義經濟的尖銳矛盾。他指出：「依照一般均衡論……每個人的支出應當等於他同時售賣的量。實現問題在新古典模式中不會產生，因為它們實際上是以物易物的體系，在這種體系內，商品是以商品按照現行的均衡價格支付的；在這種體系內，不存在貨幣制度的邏輯，也不存在貨幣價格或未來預先『無法確知的事情』。」②

新保守主義復活了早已被生活推翻了的舊庸俗經濟學的教條，它在當代資產階級政治經濟學中被提到了前列，這是其危機深化的明顯表現。

現代貨幣主義離「薩伊法則」已經不遠了。它的核心原理之一是認為貨

---

① 馬克思恩格斯全集：第 23 卷 [M]. 北京：人民出版社，1973：133.
② 《公共利益、特殊問題》，1980 年，第 165 頁。也可參看《現代經濟思想》，第 329 頁。

幣流通總量對資本主義國家的經濟行情會發生決定性影響。如果說，薩伊想把以物易物的商業交換公式 T_1-T_2 用於分析資本主義，那麼，貨幣主義則企圖把簡單商品流通公式 $T_1-Д-T_2$（目的在於交換使用價值，在於效用，而絕非資本主義利潤最大化）用於以金融資本高度發達為特徵的現代資本主義現象。許多資產階級理論家都強調指出了這種方法論立場的缺陷。例如，美國經濟學家明斯基指出：「貨幣主義方法……是以我們所處的經濟中居支配地位的結構關係的錯誤解釋為基礎的。」[1] 他寫道，對於以使用資本為基礎、擁有發達的金融體系的資本主義經濟，是不能運用「農村集市」通行的標準的。「如果所說的是那種經濟，那麼貨幣總量的作用便不可能受到需求曲線的限制，並招致某位評估員的介入，以促進商品交換按照農村集市規則進行」[2]。

值得注意的是，站在更反動立場上的當代資產階級經濟學家，企圖首先恢復薩伊理論中最庸俗的因素，而不是保留古典學派遺產的那些原理。例如，薩伊承認經濟規律的客觀性質。薩伊認為，「政治經濟學是對調節人類社會經濟的法則的明確闡述……」，政治家「應當根據這門科學的原則行事，就像想成功地修橋建壩的人必須依據動力學和水力學的法則行事一樣」[3]。

漫長而漸進的庸俗化過程顯然有深化的趨勢。因此，同某些當代資產階級政治經濟學家相比，薩伊還算是嚴肅的經濟學家（因為他遠未完成古典派理論的瓦解）。例如，當代英國經濟學家賴思認為，「廣義」的資本，應包括諸如健康、體力和整個社會智力的發展這些事物。在他看來，資本依照其「經濟意義」應當分為兩種形式：固定的（相對持久的物品）和流動的（不久即可轉化為貨幣的）[4]。賴思在這裡掩蓋和歪曲了固定資本和流動資本的劃分，將流動資本混同於流通資本；他忘記給資本作出任何經濟的解釋。

薩伊還不曾借助於資本主義流通的相互詐欺來解釋資本主義利潤。同重農主義者（古典學派特殊流派的代表者）一樣，薩伊正確地指出，等價交換不會使社會擁有的價值總量增加或減少。

薩伊和馬爾薩斯的著作，奠定了古典學派庸俗化的基礎，這種庸俗化在後來的資產階級政治經濟學中得到了進一步發展。他們理論的許多原理成為當代資產階級政治經濟學爭議的對象。

---

[1] 《現代經濟思想》，第430頁。
[2] 《現代經濟思想》，第431頁。
[3] 薩伊：《政治經濟學概論》，第5頁。
[4] 賴思：《經濟學原理導論》，第19頁。

例如，馬爾薩斯是「有效需求論」的第一位作者，該理論在凱恩斯主義體系中成了中心點。奧塞爾說：馬爾薩斯的「市場滯銷論在 1820 年還不如現在更有用」①。馬爾薩斯為戰爭所做的辯解時常被現代庸俗經濟學家們提起。馬爾薩斯關於資本主義經濟不是自動調節的論斷在凱恩斯主義中得到了復活，並為經濟增長理論的一些流派所認同。

馬爾薩斯的人口論儘管站不住腳，但沒有從歷史舞臺上消失。美國經濟學家伊斯杰林就此指出：「保守派政治家們常利用這種理論為社會現狀作證明。」② 大家知道，馬爾薩斯斷言，人口數似乎以幾何級數增長，而生活資料卻以算術級數增長，因此勞動群眾的貧困來自永恆的自然的原因，而與社會制度不相干。他寫道：「『下層』階級總有一天不再遭受貧困的負擔……是完全不可思議的。」他又說：「貧窮的主要的和不變的原因，同政權形式或財產分配不平等很少有關或幾乎無關……」③

戰後由於帝國主義殖民體系的瓦解和一系列獲得解放的國家出現在歷史舞臺，這些國家面臨著本國人民生活水準問題和克服經濟中殖民主義畸形發展問題，在這種條件下，馬爾薩斯人口論又重新被少數發達國家用來為其推行新殖民主義服務。

馬爾薩斯主義的謬誤，至少是由以下兩種情況決定的：第一，馬爾薩斯忽視了技術進步，而技術進步保證了工農業中勞動生產率的增長，不會導致出現臭名遠揚的「土地肥力遞減規律」。第二，馬爾薩斯忽視了人們的社會生產關係對其生活水準的影響。無數事實無可辯駁地證明，在勞動人民掌握了國家政權，消滅了剝削並發展了社會生產的地方，他們的生活水準會有極大地提高。

馬爾薩斯於 1820 年發表了《政治經濟學原理，對其實際運用的考察》。他既是亞當·斯密學說也是自己同時代人李嘉圖學說的直接庸俗化者。由於處在階級矛盾相對不發展條件下，所以他也像薩伊一樣，在庸俗化古典學派理論方面只邁出了第一步。

在同古典學派的鬥爭中，馬爾薩斯主要依據的是古典派學者對經濟過程的本質和現象之間的明顯矛盾所做的揭示的描述。他利用了這樣一個事實：經濟過程的本質與其表現形式並不直接相符合；他以此對資產階級思想在古典學派

---

① 奧塞爾：《經濟思想的演進》，第 83 頁。
② 《現代經濟思想》，第 686 頁。
③ 轉引自：《人口變動的原因及後果》，第 1 卷，紐約，1973 年，第 386 頁。

著作中所達到的科學真理的內核，表示懷疑並企圖加以推翻。

在一定意義上可以說，發展資本主義的普魯士道路和美國道路的矛盾，是馬爾薩斯反對古典學派的鬥爭的基礎，而不僅僅是無產階級和資產階級利益的對抗，這種對抗在 18 世紀末 19 世紀初尚不明顯。這不是說馬爾薩斯主義沒有看到無產階級鬥爭對統治階級的危險性。而且，馬爾薩斯人口論的主要目的：在於使資產階級和大土地所有者免受衝擊——因為貧困和失業的原因是「自然規律」；反駁空想社會主義者要求消滅資產階級制度的宣傳（特別是葛德文在其《論所有制》一文中批判了私有制，正確地指出私有制是資本主義社會弊端之根源）。美國經濟學家奧塞爾指出：「馬爾薩斯人口論是為富人服務的，使其免為貧窮和他們自己的舒適承擔責任；貧民受苦應咎由自取。」①

馬爾薩斯的主要動機，畢竟在維護大土地所有者的「舊社會」免受正在發展中的資本主義革命潮流的衝擊；維護資產階級和土地所有者免受無產階級的貪求之害。「……馬爾薩斯攻擊李嘉圖，同對舊社會來說是革命的那種資本主義生產傾向做鬥爭」②。如果說，李嘉圖維護資本主義制度，是因為把它作為最順利和最快地發展生產力的條件，那麼，馬爾薩斯維護它，則只是因為它「為舊社會造成更廣闊、更方便的物質基礎」，他同時要求資本主義生產從屬於土地貴族的利益。因此，他所要求的發展資本主義的類型，是所謂普魯士道路。

馬爾薩斯階級立場的這種特點，說明了下述初看起來反常的現象：一方面，馬爾薩斯是庸俗經濟學的奠基人之一；另一方面，他又是這樣一位經濟學家，如馬克思所說：「馬爾薩斯並不打算掩蓋資產階級生產的矛盾，相反，他是想要突出這些矛盾……」③ 這些情況，連同無產階級和資產階級的階級矛盾尚不發展的事實，說明馬爾薩斯為什麼遠未最終瓦解古典學派的理論。

例如，馬爾薩斯還不能否認價值存在本身。而且，他聲稱自己是勞動價值論的擁護者。這樣，事情似乎只是同資產階級政治經濟學古典學派的用語之爭了。他說：「我們把花費在商品生產上的勞動稱為商品的價值實際上是正確的，但是，我們是在不同於日常意義上使用價值一詞的。」④ 李嘉圖在評論馬爾薩斯這方面的觀點時說：「馬爾薩斯先生始終不渝地假定，花費在商品生產

---

① 奧塞爾：《經濟理論的演進》，第 83 頁。
② 馬克思恩格斯全集：第 26 卷第 3 分冊 [M]．北京：人民出版社，1973：48.
③ 馬克思恩格斯全集：第 26 卷第 3 冊 [M]．北京：人民出版社，1973：56.
④ 馬爾薩斯：《政治經濟學原理》，1820 年，第 61 頁。

上的勞動量是商品價值的主要原因。」①

古典學派的影響是那樣強有力和直接的，迫使馬爾薩斯不得不在口頭上承認勞動價值理論。正如馬克思指出的，馬爾薩斯在許多場合所採用的是「斯密的另一個價值規定：價值決定於生產某一物品所必需的資本（累積勞動）和勞動（直接勞動）的量」②。

為什麼我們斷定馬爾薩斯是勞動價值論的反對者呢？因為在他那裡，雖然口頭上承認勞動價值論的某些原理，但與此同時，他卻同整個勞動價值論，同把勞動價值論用於分析資本主義關係，進行了始終一貫的堅定不移的異常機敏的鬥爭。馬爾薩斯將李嘉圖的價值論庸俗化的目的，在於破壞古典學派方法論的核心。

亞當·斯密和李嘉圖有所察覺，但未予說明價值規律與剩餘價值規律之間、價值規律與平均利潤率規律之間的矛盾，是馬爾薩斯反駁古典學派理論的出發點。馬克思指出：「……亞當·斯密曾樸素地表述了一切相互矛盾的因素，因而他的學說成了截然相反的各種觀點的源泉和出發點。」③ 馬爾薩斯抓住這些矛盾不是為了解決它，而是為了使經濟理論向後倒退，為了資產階級和土地所有者的利益，去反駁勞動價值規律，抹殺剩餘價值規律。

在將價值的內在尺度和外在尺度加以對照時，馬爾薩斯指出：「生產商品的勞動是商品價值的主要原因，但它……不是價值尺度。」④ 承認耗費勞動是價值源泉，卻否認它的價值尺度職能。然而，大家知道，勞動之所以是價值的內在的尺度，恰是因為它是價值源泉。因此，馬爾薩斯這種矛盾的提法是有其用意的，即否認耗費勞動是價值實體。這是因為，如果勞動不是價值的內在尺度，它也就不是價值源泉了。

在馬爾薩斯看來，商品價值決定於所謂購買勞動，即在市場上以某種商品所能購得的勞動。這表明馬爾薩斯在反對勞動價值論時，企圖以價值的外部表現形式來決定商品交換價值。

馬爾薩斯這一基本立場，是亞當·斯密的不科學的價值理論的惡劣變種。他自己的「貢獻」在於，他所謂的同商品相交換並決定商品價值的購買勞動，

---

① 《李嘉圖著作集》第 3 卷，莫斯科，1955，第 133 頁。
② 馬克思恩格斯全集：第 26 卷第 3 冊 [M]．北京：人民出版社，1973：4．
③ 馬克思恩格斯全集：第 26 卷第 3 冊 [M]．北京：人民出版社，1973：13．
④ 馬爾薩斯：《政治經濟學原理》，第 107-108 頁。

實際上僅指活勞動。因此,馬爾薩斯強調指出,通過商品售賣總能獲得更多的勞動。馬爾薩斯說:「某一商品通常支配的勞動量,必定可以代表並衡量生產這一商品花費的勞動量加利潤。」①

在這裡,簡單商品交換關係被等同於資本主義經濟關係,而利潤則被認為出自流通,出自那種虛幻的情況:在同體現在商品中的一定量勞動交換時,商品生產者總能得到更多的勞動量。因此,馬爾薩斯企圖消除李嘉圖在「勞動的價值」和「勞動量」之間所做的區別,這一區別亦即勞動力價值和該勞動力所創造的價值的區別,正是這種區別為理解剩餘價值的起源指明了道路。

馬克思指出:「和李嘉圖不同,馬爾薩斯先生想一下子把『利潤』包括在價值規定之中,以便使利潤直接從這個規定得出。由此可見,馬爾薩斯感到了困難之所在。」② 困難在於,無法解釋勞動和資本之間的交換,無法依據商品等價交換的原則解釋剩餘價值的起源。

馬爾薩斯怎樣「解決」這個困難呢?由於他把簡單商品交換條件下商品所有者的等價交換關係,等同於勞動和資本之間歸根到底不等價的交換關係,因而他一般地否認商品按價值進行交換。李嘉圖提出的問題沒有解決,而是被馬爾薩斯取消了。資本主義生產關係被融入商品關係之中,從而也就消除了李嘉圖提出的極其重要的方法論問題:從資本主義關係的普遍的、基本的、在歷史上構成出發點的基礎——商品關係,來解釋資本主義關係的整個體系。

馬爾薩斯用以反駁勞動價值論的根據是這樣一個事實:商品價值並不直接等於其生產價格。在他看來,調節商品價值的是,「生產商品所必需的勞動量和利潤量」③。這意味著,馬爾薩斯企圖利用價值的存在形式(生產價格)來否認價值本身,否認作為交換關係的價值。馬爾薩斯說:「商品價值取決於生產中所用的資本量,加上該資本依照它被使用期間的通常比率計算的利潤,這是自然的,也是必要的。」④ 這裡所說的無非是生產價格,因而馬爾薩斯沒有什麼貢獻可言。

然而,這種說法對馬爾薩斯來說,是在探索價格的內在規律時,為生產價格分析直接對立的目的效勞。在他看來,同勞動價值論顯然對立的生產價格是推翻勞動價值論的最重要的出發點之一。正是依據生產價格現象,使它同其基

---

① 馬克思恩格斯全集:第 26 卷第 3 冊 [M]. 北京:人民出版社,1973:8-9.
② 馬克思恩格斯全集:第 26 卷第 3 冊 [M]. 北京:人民出版社,1973:9.
③ 馬克思恩格斯全集:第 26 卷第 3 冊 [M]. 北京:人民出版社,1973:24.
④ 馬爾薩斯:《政治經濟學原理》,第 103 頁.

礎——價值相脫離，馬爾薩斯才得出結論說，商品價值完全不同花費在其上的勞動量成比例，而等於耗費的資本和正常利潤。李嘉圖在評註馬爾薩斯的《政治經濟學原理》同他進行爭辯時指出：「所使用的資本量以及資本週轉期限等並沒有取消，而僅僅使『商品價值由其生產上所必要的勞動決定這個一般原理』發生變形而已」①。

破壞了古典學派的方法論，使馬爾薩斯得以復活重商主義關於利潤起源的觀念，導致庸俗的「讓渡利潤」觀點，把利潤視為商品價格超過價值的結果。

馬爾薩斯追隨著李嘉圖，實際上不承認關於工資和價格會輪番上漲的辯護性理論。例如，他說：「李嘉圖先生認為，勞動價格上漲會使大批商品的價格下降。這無疑好像是反常的，但它仍然是真實的……」② 工資普遍提高會使平均利潤率下降，而對相當多的商品（在其生產價格中利潤佔有較大比重）來說，工資的這種上升意味著生產價格下跌，因而也就是市場價格的下跌。

馬爾薩斯立場的特點在於，他企圖利用李嘉圖的這些正確的、然而未從生產價格論觀點予以制定的原理來推翻勞動價值論。他寫道，如果「勞動價格」的提高會引起幾乎所有商品價格的變動，那麼「商品交換價值同耗費其上的勞動成比例的學說將會是什麼情況呢？」③

由此可見，馬爾薩斯企圖依據生產價格這個現象，利用生產價格取決於工資一般水準和平均利潤率的變動這一事實，否認生產價格的基礎，否認它在歷史上作為出發點的基礎，即商品價值。在這裡，馬爾薩斯是站在庸俗的立場上，不過他所依據的是價值的最重要的形式之一。

馬爾薩斯對利潤來源的解釋也是這樣。他避而不談內在的關係，卻以現象的外部（儘管不是最表面的）形式為依據。馬克思說，馬爾薩斯「強調了資本和雇傭勞動之間的不平等交換」④。他這樣做完全不是為了揭示資本主義的剝削性質，而是相反，企圖證明價值規律不適用於勞動與資本的交換，抽掉利潤論的基礎即勞動價值論，把利潤說成是來自不等價交換的某種偶然現象。

十分有趣的是，在某些情況下，馬爾薩斯所利用的資本主義關係的外部現象，對資產階級是極為不利的。階級對抗尚不尖銳，使得馬爾薩斯在否定以價值規律為基礎的剩餘價值規律這一客觀規律性時，能夠依據這樣的表現形式，

---

① 李嘉圖著作和通信集：第 1 卷 [M]. 蔡受百，譯. 北京：商務印書館，1983：58-59.
② 馬爾薩斯：《政治經濟學原理》，第 91 頁。
③ 馬爾薩斯：《政治經濟學原理》，第 95 頁。
④ 馬克思恩格斯全集：第 26 卷第 3 冊 [M]. 北京：人民出版社，1973：7.

這些形式並不直接表現這些現象的表面，甚至還是資本主義關係的重要表現形式之一，因為在勞動和資本的不等價交換中，確定了資本主義剝削的結果。而在表面上，資本主義關係卻表現為以等價關係為基礎的勞動的買與賣，但勞動又表現為按其「價值」被支付了的商品。

這種情況（庸俗經濟學的最初代表者之一，利用重要的現象形式否定其內在規律），又一次著重表明，經濟理論庸俗化過程具有漸進性。

馬爾薩斯並沒有大大超出古典派學者庸俗原理的範圍。他沒有自己的基礎和材料對經濟理論加以庸俗化，他所利用的不過是古典學派遺留下來的東西。馬克思在總結自己對馬爾薩斯觀點的分析時指出：「我們已經看到，當馬爾薩斯企圖根據亞當・斯密觀點的弱點建立一種對立的理論來反對李嘉圖根據亞當・斯密觀點的優點建立的理論時，他顯得多麼幼稚、庸俗和淺薄。」①

因此，馬爾薩斯在庸俗化工作中，十分廣泛地利用了經濟現象的現存形式，遠未完全抹殺對科學具有原則意義的經濟過程的本質與其表現形式之間的區別。馬爾薩斯也遠未窮盡經濟庸俗化的可能性。他還保留了古典學派的若干極為重要的科學原理，其中包括亞當・斯密對資產階級社會劃分為資本家、工人和土地所有者。他還採用了反應這三個階級收入變化的「利潤」「工資」和「地租」範疇，強調了勞動與資本交換的不等價性、經濟危機的可能性以及資本主義的其他一些矛盾。

例如，在指出馬爾薩斯經濟理論的這個特點時，馬克思談到過馬爾薩斯的下述「模糊猜測」：剩餘價值應按照用在工資上的那部分資本計算②。馬克思還談到馬爾薩斯關於生產工人的定義（「生產工人就是直接增加自己主人的財富的工人」）③。也是不錯的。

馬爾薩斯只是為資產階級經濟科學的倒退奠定了基礎。「這樣，馬爾薩斯不但沒有超過李嘉圖，反而在他的論述中企圖使政治經濟學倒退到李嘉圖以前，甚至倒退到斯密和重農學派以前」④。

經濟理論解體過程比其發展過程要快得多。資產階級政治經濟學在發現價值規律的蹤跡並正確理解這個規律與供求波動的關係之前，用了一百年時間；而庸俗經濟學為使經濟理論脫離其開頭的立場（回到重商主義），總共

---

① 馬克思恩格斯全集：第 26 卷第 3 冊 [M]．北京：人民出版社，1973：51.
② 馬克思恩格斯全集：第 26 卷第 3 冊 [M]．北京：人民出版社，1973：33.
③ 馬克思恩格斯全集：第 26 卷第 3 冊 [M]．北京：人民出版社，1973：29.
④ 馬克思恩格斯全集：第 26 卷第 3 冊 [M]．北京：人民出版社，1973：8.

只需要幾年：李嘉圖的著作於1817年問世，而馬爾薩斯的「反駁」過了三年就出籠了。

第四節　內涵的(經濟的)庸俗化形式的發展是自由競爭時期資產階級政治經濟學危機深化的主要特點

這個時期資產階級古典經濟學庸俗化內涵的（經濟的）形式的一般特點，可以說是將研究過程加以簡化，用簡單商品經濟關係代替資本主義生產關係及其規律，把勞動和資本的特殊關係歸結為它的一般基礎——商品關係。而後者又意味著從分析資本主義關係的內容轉到辯護性地描述其令人迷惑的商品形式。可見，庸俗政治經濟學避開了李嘉圖提出的問題——從資本主義生產的一般的、基本的關係，即商品關係出發，來闡明資本主義生產的規律性，從前者引出後者。恰好相反，庸俗政治經濟學則企圖將兩者等同起來，把後者歸結為前者。

李嘉圖經濟理論最初的庸俗化者的特點特別表現在，他們形式上以維護李嘉圖學說的姿態出現，但實際上一步步地破壞了李嘉圖學說體系的整個大廈。充當這種角色的恰是一些朋友，他們比敵人更難辦。

李嘉圖理論的第一批庸俗化者之一是托倫斯（1780—1864），他於1821年即李嘉圖的《原理》問世四年後出版了《論財富的生產》。托倫斯的出發點是李嘉圖已發現但未在一般形式上加以表述的這個矛盾：商品價值決定於用於其生產上的勞動與等量資本獲得等量利潤之間的矛盾；李嘉圖將它視為例外。但托倫斯沒有解決這個矛盾。「托倫斯以李嘉圖的例外為依據否定了規律本身」①。他簡單地描述了平均利潤率這一現象，但並未想以勞動價值論來解釋它。馬克思指出，他是「為了把『現象』本身說成是現象的規律」②。

托倫斯說：「如果所使用的是量相同而耐久程度不同的資本，那麼，一個生產部門生產的商品連同資本餘額，跟另一個生產部門生產的產品和資本餘額，在交換價值上將是相等的。」③ 全部問題在於，當說到不同生產部門的資本時，托倫斯實際上是指等量資本在不同部門有著不同的有機構成，它們

---

① 馬克思恩格斯全集：第26卷第3冊 [M]. 北京：人民出版社，1973：75.
② 馬克思恩格斯全集：第26卷第3冊 [M]. 北京：人民出版社，1973：73.
③ 馬克思恩格斯全集：第26卷第3冊 [M]. 北京：人民出版社，1973：73.

「推動」不等量勞動，但它們的產品的「交換價值」卻是一樣的。可見，托倫斯簡單地描述了生產價格的外部現象，但把它作為價值規律的對立面和否定者。於是，托倫斯認為：「商品的交換價值就由花費在生產上的資本量，或者說累積勞動量決定了。」①

托倫斯表面上還堅持了李嘉圖的用語：價值決定於勞動；不過，只決定於累積的物化的勞動。托倫斯陷入了惡性循環：因為企圖限於描述價值的現存形式——生產價格，卻不理解它同價值的實際關聯，而且實際上拋棄了價值。所以馬克思指出，托倫斯在一定程度上提出了問題，因為他指出，等量資本使用不同量勞動，但卻生產等量「價值」。所以托倫斯得出結論：價值不決定於勞動，而決定於花費的資本。

亞當·斯密曾將商品全部價值歸結為新創造的價值，托倫斯的看法有所不同，他將商品的全部價值視為是從資本現有價值中轉移過來的（包括生產資料價值加剩餘價值）。兩人的說法當然都不對。不過，亞當·斯密的觀點沒有排除揭示剩餘價值來源的可能性，而托倫斯的立場則完全消除了這種可能性，因而帶有明顯的辯護性②。

由於實際上將商品價值等同於生產費用，所以托倫斯在解釋利潤起源時勢必轉向交換和流通領域，買者似乎「有一種傾向」，對商品的支付多於其生產所花費的東西，從而出現了資本家的利潤。資本主義剝削關係在這裡被混同於簡單商品交換關係了。

由此可見，托倫斯顯然看到了生產價格現象，但由於不理解價值規律同平均利潤和生產價格規律之間的聯繫，從而像馬克思指出的那樣，轉而求助於「虛構，說是資本而不是勞動決定商品的價值，或者確切些說，價值根本不存在」③。托倫斯就這樣拋棄了李嘉圖的勞動價值理論。

李嘉圖學說體系的解體是從詹姆士·穆勒（1773—1836）的著作開始的。然而穆勒「還維護了李嘉圖所維護的歷史的利益——反對土地所有權的產業資本的利益」④。他在一系列理論和實際問題上比李嘉圖還前進了一步。例如，穆勒比李嘉圖更堅決地反對土地私有權，要求土地國有化。他同李嘉圖一樣不掩飾勞動和資本的對立。他直截了當地要求提高利潤的比率，並理解這只有在

---

① 馬克思恩格斯全集：第 26 卷第 3 冊 [M]．北京：人民出版社，1973：74．
② 現代資產階級理論家提出下述看法絕非偶然。
③ 馬克思恩格斯全集：第 26 卷第 3 冊 [M]．北京：人民出版社，1973：85．
④ 馬克思恩格斯全集：第 26 卷第 3 冊 [M]．北京：人民出版社，1973：87．

壓低工資條件下才能辦到。他反對把資本說成是商品價值源泉的「資本生產力」論，在這點上，他也同李嘉圖的觀點一樣。

李嘉圖與穆勒觀點的根本區別在於所研究的資料本身發生了重要變化。如果說，前者研究的是豐富而充滿矛盾的活生生的資料，那麼後者研究的只是李嘉圖的這些資料所借以表現的理論形式。由此而來的對待李嘉圖理論的教條式態度，是該理論在穆勒手中解體的重要原因。庸俗經濟學的教條主義後來有了進一步發展：所維護的已不是李嘉圖主義，而是穆勒對它的解釋了（例如麥克庫洛赫等人所做的那樣）。

穆勒對李嘉圖確認的價值規律和平均利潤規律之間矛盾的「解決」，實際上意味著拋棄了勞動價值論。穆勒無法（直接以價值規律的觀點）解釋生產價格和平均利潤規律的一種表現——例如葡萄酒的情形：葡萄酒的「價值」在窖藏期間有所增加，儘管在此期間並沒有加進任何勞動；也就是說，他無法直接從工人所生產的剩餘價值來解釋釀酒者所獲得的、由部門間競爭所決定的、剩餘價值總額在資本家之間重新分配的利潤的來源。於是他純粹以口頭上的詭辯和繁瑣哲學來擺脫這些困難。穆勒認為，既然酒的「價值」增加了，在其上花費的勞動必定更多。馬克思在談到穆勒的庸俗化觀點的特點時說：「一般規律同進一步發展了的具體關係之間的矛盾，不是想用尋找仲介環節的辦法來解決，而是想用把具體的東西直接列入抽象的東西；使具體的東西直接適應抽象的東西的辦法來解決。而且是想靠捏造用語……來達到這一點。」①

馬克思還說：「這種手法在穆勒那裡還只是處於萌芽狀態；它比反對者的一切攻擊更嚴重得多地破壞了李嘉圖理論的整個基礎，這一點在考察麥克庫洛赫時可以看出來。」② 馬克思在這裡著重指出：①從詹姆士·穆勒到麥克庫洛赫，李嘉圖主義的庸俗化更加緊了。②教條主義以及由此而來的繁瑣哲學對科學理論是極端危險的。

資產階級庸俗政治經濟學的教條主義，是在19世紀初最發達資本主義國家中已確立了經濟和政治統治的資產階級保守主義傾向的反應。

不過，穆勒的上述方法還是一種例外。「穆勒只是在他絕對找不到其他出路的時候，才求助於這種方法。但是，他的基本方法與此不同。在經濟關係——因而表示經濟關係的範疇——包含著對立的地方，在它是矛盾，也就是

---

① 馬克思恩格斯全集：第26卷第3冊［M］．北京：人民出版社，1973：91.
② 馬克思恩格斯全集：第26卷第3冊［M］．北京：人民出版社，1973：91.

矛盾統一的地方，他就強調對立的統一因素，而否定對立」①。

例如，對於李嘉圖已經覺察到的價值規律與剩餘價值規律之間的矛盾，商品等價交換與勞動和資本之間顯然不等價交換的矛盾，穆勒是這樣解決的：他認為，在這種交換中，工人出賣給資本家的不是自己的勞動，而是他自己在產品中佔有的份額。

這樣一來，穆勒便把包含著勞動和資本對立的資本主義關係歸結為簡單商品交換關係，歸結為交換當事人的某種統一，從而抹殺了資本主義生產關係特殊的規定性。如果說，李嘉圖對資本主義生產關係的分析是從其元素的、在歷史上作為出發點的關係——商品關係出發的，那麼，穆勒則通過將它們等同起來而大大倒退了一步，因為他破壞了李嘉圖所具有的從抽象上升到具體這一科學方法的萌芽。我們已經看到，這種庸俗化方法——把發達的資本主義關係歸結為它們當初的基礎，而不是從後者引申出這種關係——在薩伊那裡已經發展起來了，特別在他的市場論和服務論中。

可見，穆勒在這裡求助於虛構來解決實際問題，即把工人轉變成依照資本主義方式生產出來的商品（確切些說，是其中體現了工人加進勞動的那部分商品）的所有者和售賣者。

因此，在李嘉圖主義解體的第一階段，當它的分析工具尚未完全遭到破壞時，反應其特點的資本主義關係的表面形式（且不說李嘉圖發現的包含這種關係的元素了）已經成為政治經濟學中「令人厭惡的方面」而被抹殺了。

按照穆勒的說法，利潤只有在資本家不充分支付工人工資的場合才會產生，也就是說只有在價值規律在這種交換中受到破壞時才會產生。為了避開這一不可避免的結局，穆勒斷言，這種情形不會發生，因為資本家為工人作了「墊支」。儘管十分明顯，除了工人自己的勞動外，資本家什麼也不會為他墊支。因此，本身站不住腳的「墊支說」，不可能說明勞動和資本在勞動產品等價交換規律基礎上事實上的不等價關係。

詹姆士·穆勒除了在空洞的名詞上尋求出路，別無他途：「工人的份額」，因而他所要求的商品的價值，取決於供給和需求。這表明他完全無力解決問題。正如馬克思所指出的，穆勒「要克服這種障礙，只有根本脫離」② 李嘉圖理論的矛盾。

---

① 馬克思恩格斯全集：第 26 卷第 3 冊 [M]．北京：人民出版社，1973：86.
② 馬克思恩格斯全集：第 26 卷第 3 冊 [M]．北京：人民出版社，1973：102.

在同「薩伊定律」（斷言供給和需求相等，排除經濟危機的可能性）相似的穆勒的市場理論中，也表現出把對立統一看作沒有對立的統一，從而從分析中消除資本主義生產的矛盾的意圖。

在直接反對李嘉圖理論的資產階級經濟學家的著作中，對這一理論的庸俗化是沿著另一條道路進行的。

貝利的《對價值的本質、尺度和原因的批判研究》出版於 1825 年，馬克思指出：「這是反對李嘉圖的主要著作（也反對馬爾薩斯）。試圖推翻學說的基礎——價值。除了『價值尺度』的定義，或者更確切地說，具有這一職能的貨幣的定義以外，從積極方面來看，沒有什麼價值。」①

貝利在反對勞動價值論時企圖依據價值的外部表現之一——交換價值。大家知道，在表面現象上，交換價值是商品交換的數量關係。馬克思說：「這是直接的現象。貝利就是緊緊抓住了這種現象。交換價值表現為商品進行交換的量的關係這種最表面的形式，在貝利看來，就是商品的價值。從表面進入深處，是不允許的。」② 完全不同的商品為什麼在交換中可以相等，這種相等的根據是什麼，貝利不感興趣。他所解釋的只是該商品與其他商品相交換的量的關係。

貝利否認李嘉圖所揭示的商品絕對價值（即耗費在商品生產上的勞動量）與相對價值（即表現在其他商品使用價值上的絕對價值）之間的區別。貝利認為，價值不是什麼內在的和絕對的東西，它只是物品之間的數量關係③。

如果說，以李嘉圖為代表的古典學派終於區分了商品價值和交換價值，這種區分從下述觀點來看尤其重要：它提出了區分價值實體及其外部表現問題且引發了價值源泉問題，那麼，庸俗經濟學在貝利手上正是因此而企圖把價值和交換價值相等同，而且取消價值概念本身。貝利把價值的名義尺度混同於它的內在尺度，混同於它在商品或價格上的表現，因此，歸根到底等同了商品價值和它的價格，這就使經濟學重新回到重商主義的起點上去了。

貝利關於價值的庸俗概念還是粗糙的。他畢竟還沒有把價值解釋為個別的物品的特性，沒有歸結為對物品效用的主觀評價。正如馬克思所說，在貝利那裡，價值是「……物和物之間的關係，而實際上價值只不過是人和人之間的

---
① 馬克思恩格斯全集：第 26 卷第 3 冊 [M]．北京：人民出版社，1973：133-134.
② 馬克思恩格斯全集：第 26 卷第 3 冊 [M]．北京：人民出版社，1973：150.
③ 馬克思恩格斯全集：第 26 卷第 3 冊 [M]．北京：人民出版社，1973：150，157.

關係,社會關係在物上的表現,它的物的表現——人們同他們的相互生產活動的關係」①。在貝利心目中,價值是一種社會現象,還沒有把它與商品作為物品的自然屬性完全結合起來。在他看來,價值是一種物的關係,但沒有歸結為某種物品的特點,而被看作是與它們有所不同的東西。當然,貝利對價值的解釋是商品拜物教的鮮明表現,但還不是其極端表現。在貝利看來,原來同一種商品所具有的價值,也就是與其相交換的另一種商品所具有的價值,即它們相交換時的具體數量關係。依照這種數量關係的增減,同一種商品可以有不同價值。價值範疇按這種解釋就失去了任何意義。

貝利的立場更值得注意的原因在於,勞動價值論是李嘉圖學說的基礎,是決定李嘉圖全部科學原理體系研究的出發點。貝利企圖推翻這個基礎。這個基礎對資產階級的危險性在19世紀20年代已經昭然若揭了。

貝利還致力於推翻「李嘉圖法則」。依照這個法則,十分尖銳地提出了關於無產階級和資產階級經濟對立的問題。這個法則總的來說就是工資和利潤成反比例變動。貝利所要反對的恰是這個法則的正確原則。

貝利把自己的價值論用到勞動的價值即工資上,得出的結論是,工資無非是勞動所交換的商品量,即一定量使用價值。而利潤則是資本家所獲得的價值與其資本價值的關係。

在將上述兩種現象加以對照時——實際上它們是不可比的,因為它們有不同的尺度——貝利得出結論,既然隨著勞動生產率的增長,工人獲得的使用價值量仍然不變,而「利潤價值」與資本價值的比例增長了,那麼,「李嘉圖法則」就是錯誤的。馬克思寫道:「這個針對著李嘉圖的荒謬論斷完全沒有擊中目標,因為李嘉圖只是斷言,兩個份額的價值的提高和下降必定成反比。」②

我們已經看到,貝利在解釋價值時將價值等同於外部表現形式——交換價值,歸根到底等同於商品價格,從而倒退到價值之極終的具體的表現形式——價格。因此,對他說來除非在經濟領域之外尋求商品交換等價性的某種基礎,此外不存在其他什麼基礎。由此引出了貝利的下述論斷,認為這種基礎存在於商品生產者的意識之中。貝利說:「一切在商品交換中間接或直接對人的意識起決定性影響的……情況,都可以看作是價值的原因。」③

---

① 馬克思恩格斯全集:第26卷第3冊 [M]. 北京:人民出版社,1973:159.
② 馬克思恩格斯全集:第26卷第3冊 [M]. 北京:人民出版社,1973:166.
③ 馬克思恩格斯全集:第26卷第3冊 [M]. 北京:人民出版社,1973:177.

我們首先要指出，價值如同資本主義的其他客觀經濟規律性一樣，是在資本主義生產方式當事人背後、作為一種自發的、不可知的力量起作用的。因此，為了把勞動產品轉變為具有價值的商品，完全不需要在商品生產者對這種過程的意識下進行。

重要的是另一點：為什麼正是貝利站在了這種立場？與同時代的反對李嘉圖的人們不同，貝利在反對李嘉圖學說科學原理方面走得最遠。因此，開始在非經濟領域（人的意識）尋求商品等價交換的源泉者正是貝利，就不是偶然的了。馬克思說：「貝利所以把問題轉入意識領域，是因為他在理論上走進了死胡同。」① 我們認為，馬克思的這個原理具有原則性意義，因為它揭示了庸俗政治經濟學所以一般地以非經濟原因來解釋經濟過程的原因。馬克思在這裡實際上提出了政治經濟學庸俗化的經濟形式和非經濟形式的區分。

不過，買賣雙方的意識在貝利那裡還未作為價值的終極原因——如同奧地利學派的「主觀價值論」者所主張的那樣。貝利用來解釋這種原因的還是那樣的「一切情況」，即處於交換當事人意識之外並對意識起作用的一切情況，它們還不是意識本身，而是在一定程度上影響意識的情況。

正因如此，貝利把生產費用作為價值的主要「原因」。他實際上同托倫斯站到了一起，以商品生產上所支付的資本額來決定商品價值。貝利說：「大部分商品的價值是由用在商品上的資本決定的。」② 他也像托倫斯一樣陷入了惡性循環：用由商品組成的資本價值來決定商品價值。

李嘉圖經濟理論的完全解體是蘇格蘭經濟學家麥克庫洛赫實現的。按照馬克思的說法，麥克庫洛赫為李嘉圖體系的解體提供了「最可悲的樣板」③。他不僅是李嘉圖的庸俗化者，而且是對李嘉圖理論持教條式態度的詹姆士・穆勒的庸俗化者。相比之下，馬爾薩斯甚至可以說是嚴肅和深刻的批判者了。

麥克庫洛赫為資本主義辯護的重要手法，同他的大多數前輩一樣，一是將資本主義生產方式的關係等同於先於它的簡單商品經濟關係。不過，對他們來說共同具有的這個一般手法，在麥克庫洛赫那裡還有特殊的更庸俗的地方。

麥克庫洛赫表面上也承認，價值理論應當作為整個政治經濟學體系和經濟實踐的基礎。他說：「不認識決定交換價值的原理，就不可能對支付給勞動的

---

① 馬克思恩格斯全集：第 26 卷第 3 冊［M］. 北京：人民出版社，1973：177.
② 馬克思恩格斯全集：第 26 卷第 3 冊［M］. 北京：人民出版社，1973：180.
③ 馬克思恩格斯全集：第 26 卷第 3 冊［M］. 北京：人民出版社，1973：182.

報酬對價格和利潤量變動的影響有一個明確概念；不認識支配土地開支和勞動報酬的規律，同樣不可能確定稅收的實際降低，也不可能對商業和金融立法方面出現層出不窮的各種問題得出正確的結論。」① 然而，麥克庫洛赫自己學說的宗旨恰是破壞勞動價值論——李嘉圖的這個具有決定性意義的方法論基礎。他的主要手法在於消除勞動力作為價值源泉的決定性特點，把它描述成所有商品的特點。麥克庫洛赫反對工人階級、維護資產階級和土地所有者的利益，決定了他的立場具有特殊的庸俗性。

麥克庫洛赫借用了李嘉圖作出的下述區分：商品的實際價值——為生產它所必須耗費的勞動和相對價值——以一定量其他商品表現的實際價值；也即採用了下述思想：在成交商品中包含的勞動時間是一樣的。然而，在採用這些思想時，麥克庫洛赫「以徹底的愚鈍」把勞動也包括在這些「其他商品」中了。因此，商品相對價值被他說成決定於商品換得的勞動或其他任何商品的量了②。由此他得出結論：在供求相等條件下，所有商品，包括勞動在內，都是同包含同量勞動的商品相交換。根據這種觀點，工人在工資形式上所獲得的物化勞動，同他在自己的活勞動形式上出賣給資本家的勞動是一樣的。資本家和工人的關係被歸結為簡單商品生產者的關係，他們之間的關係於是成了商品等價交換了。馬克思寫道：「這樣，剩餘價值的源泉就消失了，李嘉圖的整個理論也就瓦解了。」③

由於取消了普通商品與勞動力（「勞動」）之間的區分，麥克庫洛赫也就排除了區分勞動力本身的價值與工人所創造的價值的可能性。為了解釋利潤的起源，他只能轉向流通領域。麥克庫洛赫聲稱，在供求相等的條件下，商品的相對價值總是等於它的實際價值。但是，他又作出了與他先前的觀點直接對立的論斷，說「事實上相對價值總是大於實際價值」。

因此，麥克庫洛赫是從價格超過價值，亦即從流通領域引出利潤的。

可見，麥克庫洛赫在這裡直接轉向了詹姆士·穆勒的立場，也就是重商主義立場。麥克庫洛赫說：「用一定量勞動生產的商品，始終交換或者說購買用同樣多的『勞動生產的其他任何商品……事實上它換得的總是更多，而且正

---

① 麥克庫洛赫：《論政治經濟學的原理、成就、對象和重要性》，莫斯科，1834年，第84-85頁。
② 馬克思恩格斯全集：第26卷第3冊 [M]．北京：人民出版社，1973：186．
③ 馬克思恩格斯全集：第26卷第3冊 [M]．北京：人民出版社，1973：185．

是這個餘額構成利潤』。」①

利潤在他那裡是簡單商品經濟的產物，而絕非資本主義經濟產物，更確切地說，是簡單商品流通的產物。

由於無法解釋商品總能依照多於生產它們的勞動量來相互交換這一奇怪現象，麥克庫洛赫就像他轉向上述論點一樣，又不得不轉向經濟關係領域之外的現象。他說：「資本家不會有任何動機去用一定的已完成的勞動量的產品交換相同的待完成的勞動量的產品。這就等於貸款而不收任何利息。」②「利潤的產生用資本家有賺取『利潤』的動機來解釋。」③

由此可見，麥克庫洛赫實際上是以價值規律在「勞動」與資本交換中遭到破壞為基礎來解釋利潤的，這就拋棄了李嘉圖理論的主要前提，即要求根據勞動價值論來解釋資本主義經濟關係，於是他站到李嘉圖的對立面上去了。

在考察李嘉圖提出但未解決的第二個問題（等量資本獲得等量利潤）時，麥克庫洛赫把李嘉圖理論進一步庸俗化了。在這裡，他不但拋棄了李嘉圖政治經濟學的基礎，而且，按照馬克思的說法，他「還更進一步，破壞了這個基礎的基礎」④。問題的實質在於，麥克庫洛赫在此更明確地拋棄了勞動價值論。麥克庫洛赫在聲稱「勞動是財富的唯一源泉」時，⑤ 把勞動概念本身庸俗化了。

眾所周知，由於勞動力的使用價值——勞動的特殊性質，勞動力才成為價值和剩餘價值的唯一源泉。麥克庫洛赫也想從價值規律角度去解決等量資本獲得等量利潤的問題，但是他硬說固定資本和流動資本的各種物質要素皆具有「勞動」和創造價值的能力。勞動力作為商品這個特點原本是資本主義經濟的決定性標誌，在這裡卻被看作是加入生產過程的所有使用價值的一般特點。

因此，這種辯護性手法是建立在消除勞動價值論的基本原則——價值決定於勞動時間之上的；並且把勞動（這是人類一定的社會生產活動）混同於物質過程，這個過程的特點，是生產中資本的物質要素作為使用價值而發生作用。

而且，麥克庫洛赫比薩伊還要低一等，因為後者還沒有把自然力、動物和

---

① 馬克思恩格斯全集：第 26 卷第 3 冊 [M]．北京：人民出版社，1973：188．
② 馬克思恩格斯全集：第 26 卷第 3 冊 [M]．北京：人民出版社，1973：188．
③ 馬克思恩格斯全集：第 26 卷第 3 冊 [M]．北京：人民出版社，1973：189．
④ 馬克思恩格斯全集：第 26 卷第 3 冊 [M]．北京：人民出版社，1973：192．
⑤ 麥克庫洛赫：《論政治經濟學的原理、成就、對象和重要性》，第 97 頁．

機器的作用說成價值的源泉,儘管薩伊採用過這種思想。他不同於薩伊之處在於,他認為構成價值源泉的只是那些能夠加以壟斷的物品和使用價值。同時,使用價值顯然不管是否被壟斷都不變化。麥克庫洛赫正是企圖以這些特徵來解釋它們參與了價值的創造。

麥克庫洛赫重複了資本生產力理論,而他卻自以為這是對李嘉圖主義的合乎邏輯的發展,儘管李嘉圖的理論排除了勞動以外的任何因素作為價值的源泉①。由於斷言價值的創造是資本的物質要素「起作用」的結果,麥克庫洛赫就把資本主義生產的兩個方面等同起來了。這兩個方面是:創造價值的過程——在這個過程中唯有抽象勞動是主動因素;創造使用價值的過程——在這個過程中加入物的(作為使用價值起作用的生產資料)生產過程的則是各種要素(連同具體勞動)。價值與使用價值的混淆最終是以這種等同為基礎的。

如果說,李嘉圖提出了以勞動價值論來闡明資本主義規律和關係的總和這一問題,那麼,麥克庫洛赫則破壞了勞動價值論的基礎,亦即整個李嘉圖學派的基礎。「對李嘉圖觀點的這種庸俗化的結果,就是把使用價值和交換價值等同起來,因此,我們必須把這種庸俗化看成是這個學派作為一個學派解體的最後的最醜惡的表現」②。

不過,麥克庫洛赫的觀點還不是一般資產階級政治經濟學庸俗化過程的最終結果。他畢竟還承認社會經濟生活受到經濟規律的調節,這些規律具有不以各國的民族特點為轉移的一般性質。因此經濟理論應當研究大量現象並得出具有「不變和普遍作用……」的結論③。

19世紀20年代末,資產階級經濟學拋棄了李嘉圖主義的核心原理:勞動是價值的唯一源泉;要求以勞動價值論來說明資本主義經濟的全部過程,其中包括資本主義利潤的起源以及生產價格現象。

到了19世紀30年代即庸俗經濟學開始居支配地位時,資產階級政治經濟學由於李嘉圖主義的瓦解而喪失了自己的科學性。

---

① 李嘉圖在1821年1月25日致麥克庫洛赫信中說:「我堅信我們走在正確的道路上。因為我們強調指出商品中的勞動量是調節它們的相對價值的法則。」(《李嘉圖著作和通信集》第8卷,劍橋,1951,第344頁)。

② 馬克思恩格斯全集:第26卷第3冊[M].北京:人民出版社,1973:201-202. 現代資產階級政治經濟學的理論水準,從下述事實即可看出,他們把麥克庫洛赫看作經濟科學的古典派學者(《現代經濟學的英國先驅者》,奧布賴恩和普雷斯利主編,倫敦,1981年,第37、59頁)。

③ 麥克庫洛赫:《論政治經濟學的原理、成功、對象和重要性》,第13頁;又見第11、17-18、19、78頁。

綜上所述，可以看到，李嘉圖主義的解體是一個具有十分明確方向的過程，它反應了資產階級政治經濟學庸俗化的愈益強化，儘管還是在不太發展和矛盾的形式上。

「以上關於李嘉圖學派的全部敘述表明，這個學派的解體是在這樣兩點上：

（1）資本和勞動之間按照價值規律交換。

（2）一般利潤率的形成。把剩餘價值和利潤等同起來。不理解價值和費用價格的關係」①。

李嘉圖主義庸俗化過程在這些基本問題上不斷發展，馬克思正是這樣總結了這些問題。

第五節　歷史學派是內涵的（經濟的）庸俗化的極端形式

內涵的（經濟的）庸俗化已達到客觀極限的極端形式，是19世紀40年代產生於德國的所謂歷史學派。該學派的擁護者的主要著作的名稱本身，就強調了從「歷史方法」的立場重新考察政治經濟學，實際上，是以辯護性地描述資本主義生產方式的具體歷史形式來取代對該生產方式內部依存性的分析。

歷史學派最著名的代表人物是：威廉·羅雪爾（1817—1894），他於1843年發表了《歷史方法觀的政治經濟學講義大綱》；布魯諾·希爾德布蘭德（1812—1878），他的主要著作是《現在與未來的政治經濟學》（1848）；卡爾·克尼斯（1821—1898），他在《歷史方法觀的政治經濟學》（1853）中闡述了自己的觀點。

值得注意的是，馬克思在研究庸俗政治經濟學的演進時指出，歷史學派是政治經濟學庸俗化的極端表現。他說：「最後的形式是教授形式，這種形式是『從歷史的角度』進行工作的……」②這樣說絕不意味著歷史學派一般來說結束了庸俗化過程。我們將會看到，它只是我們所謂的內涵的（經濟的）庸俗化流派的最後形式，因而也是向政治經濟學庸俗化的另一種形式的過渡，這種形式依據對經濟過程的非經濟的解釋來為資本主義辯護。

從此以後，資產階級經濟學家在庸俗化政治經濟學上比以往任何時候都走

---

① 馬克思恩格斯全集：第26卷第3冊［M］.北京：人民出版社，1973：259.
② 馬克思恩格斯全集：第26卷第3冊［M］.北京：人民出版社，1973：558.

得更遠。

值得注意的是，以歷史學派為代表的內涵庸俗化的這一極端形式出現在1848年資產階級革命在德國漸趨成熟、即將爆發之際。歷史學派代表者所採用的辯護性手法的特點的來源，既有德國所特有的意識形態鬥爭條件（例如，必須維護工業資產階級利益和土地所有者——容克的利益，達此目的的最佳方式當然是借助於「歷史的方法」），又有與其他資本主義國家共同的階級矛盾。

歷史學派代表者企圖以庸俗的國民經濟史代替政治經濟學，以對歷史事實的表面分類、收集整理和細緻描述代替分析社會發展的客觀經濟規律。「歷史主義者」拒絕抽象方法，而代之以露骨的經驗主義，否認各國共有的客觀經濟規律。但它畢竟是政治經濟學的而不是經濟史的特殊流派。「歷史主義者」企圖借助於歷史圖式為社會發展提供一幅一般政治經濟藍圖，這種歷史圖式無視社會形態規律性的更替，它是以對交換形式演進的辯護性描述為基礎的。

歷史學派不是一下子就作為古典學派的對立面出現的。羅雪爾在闡述有必要從歷史方法觀重新審視政治經濟學時，還沒有把他的方法與古典學派的方法對立起來。而且，他把亞當·斯密也列入歷史方法的擁護者。希爾德布蘭德在其主要著作（在羅雪爾1843年主要著作之後五年問世）中，則已經包含了從庸俗歷史方法對古典學派（首先是對亞當·斯密）的直接批判。對歷史方法的完整表述可從克尼斯的著作中得到，他的主要著作《歷史方法觀的政治經濟學》是在1848年革命以後問世的。

在歷史學派範圍內，政治經濟學內涵庸俗化方法經歷了一定的變化，這首先明顯地表露出它的辯護傾向。

正如列夫申在自己著作中所指出的：「庸俗的歷史學派的形成和發展，受到了黑格爾法哲學的最反動方面的強烈影響。」[1]「歷史主義者」是站在私有制永恆性從而也是站在資本主義永恆性立場上，儘管有其特殊形式。除了所有制關係以外，其餘任何社會現象他們都承認。希爾德布蘭德在這方面的觀點值得注意。他認為，在古典學派理論中，「國民經濟的所有規律……皆存在於時間與空間之外…因而他們（指古典學派）完全忘記了，人類作為社會的生物首先是文明與歷史的產物；人類需求、教育以及對待物品價值的態度，如同對待

---

[1] 列夫申：《英國資產階級經濟學家價值理論批判》，莫斯科，1961年，第33頁。

人一樣，不會到處一樣，而地理和歷史則隨著人類教育一起不斷地變動和發展」①。

顯然，歷史學派代表者在批判古典學派（因其反歷史主義）時，企圖以對歷史過程的唯心主義解釋，來代替古典學派的自發的唯物主義（在希爾德布蘭德看來，社會關係的變化的基礎在於「人類教育」和意識的發展），而且取消了社會經濟關係變化的歷史規律問題。

歷史學派在破壞經濟理論方面是很賣力的。只消指出下述情形就夠了：他們完全歪曲了經濟現象發展的觀念，而代之以觀點的演進。他們讚成在完全保持資本主義經濟的根基、保持資產階級和容克貴族的經濟與政治統治條件下，對其次要因素作出改變。依照這種理解，資產階級社會所特有的生產關係被置於歷史過程之外。政治經濟學對象在「歷史主義者」那裡成為某種非歷史主義的東西。歷史學派的內在矛盾在於，他們企圖依據歷史方法去論證資本主義私有制、對雇傭工人的剝削以及資產階級和容克政治統治的「永恆性」。階級立場使他們不得不完全偽造歷史。

因此，歷史學派無力克服所有的毫無例外的資產階級政治經濟學的（既包括古典的、更包括庸俗的）方法論上的缺陷：形而上學，對待社會生活現象的反歷史主義態度，這個方法的根源在於要求把資本主義生產方式看作自然的和永恆的制度的資產階級理論的階級本性。

歷史學派代表者堅決反對資產階級古典學派關於「自然規律」（認為它調節著社會經濟生活）的學說。這其實是他們的「理論」活動的主要方面之一。不過，他們所攻擊的既非這一學說的形而上學性質，也不是古典學派關於資本主義規律永恆不變的立場，而是其中最有價值的因素，即認為規律性本質上是經濟過程之客觀的不以人的意志為轉移的。「歷史主義者」借口仿佛是發展基礎的「精神因素」不會重演而是不斷變化的，否認社會現象這樣發展的可能性本身，否認社會經濟生活的規律性，這是歷史學派與古典學派的本質區別。

在「歷史主義者」對待古典學派關於經濟規律的客觀性的否定態度中，庸俗政治經濟學表明了下述事實：資產階級（特別在1848年革命以後）喪失了為自身利益利用社會進步規律的可能性，歷史發展同資產階級的根本利益處於不可調和的矛盾之中。

---

① 希爾德布蘭德：《現代和未來的政治經濟學》，聖彼得堡，1860年，第19頁。

歷史學派還否認資本主義經濟規律、資本主義社會經濟發展具有一般性和國際性，認為各民族歷史發展道路不會重複①。可見，古典學派企圖抽象掉資本主義在各國發展的歷史特點，以便闡明它們所共有的資本主義經濟運行與發展的內在規律。與此不同，「歷史主義者」則集中注意的是這種發展的具體歷史特點。

這種觀點的最徹底表現就是「歷史主義者」堅決否認古典學派的抽象法，這一否定排除了（儘管古典學派在運用這一方法時有許多缺點）理論分析的可能性本身。這樣一來，政治經濟學就不再是理論科學了。

毫不奇怪，歷史學派會將國民經濟宣布為自己研究的對象，用「國民經濟學」代替政治經濟學，並且反對資產階級古典政治經濟學的「世界主義」性質。科學名稱上的這種變化反應了研究對象上的重要變化。研究對象已是這個或那個國家生產關係具體歷史形式的民族特點。

把政治經濟學看作某種「民族的科學」，與古典學派的立場相比是一個很大的倒退，因為這種看法意味著取消經濟關係而代之以政治關係，古典學派劃分出來的和研究的正是經濟關係本身。這種特點更明確地反應在「歷史學者」關於國家及其在社會發展中的作用的觀點上。按照歷史學派———一位先驅者亞當·繆勒的說法，「國家不是一種單純的法律機關，不是人類教育的一個部門，而是人類關係的全部總和並且有自身的目標」②。這裡顯然把政治關係與社會關係的全部總和等同起來了，把經濟關係融入政治關係中了。經濟「連同法律事務」被繆勒看作「國家的重要組成部分」。希爾德布蘭德的說法值得注意：「繆勒經濟理論的依據不是個別人的活動，而是關於國家、關於民族聯盟的概念⋯⋯」③。

可見，歷史學派在經濟科學庸俗化方面比李嘉圖學派解體的最庸俗的代表者（例如麥克庫洛赫）走得還遠。如果說李嘉圖的庸俗化者將自己的理論置於直接經濟規律性的最外部最表面的現象形態上，而且在這種意義上也還沒有完全割斷政治經濟學與其研究對象的聯繫，那麼，歷史學派則甚至超出了這些外部經濟形式的範圍。它使自己的理論建立在更遠離經濟關係實質的社會政治關係形式上（國家及其經濟政策等），通常不僅不研究實質，而且甚至連直接

---

① 「每個民族都處在它所特有的經濟發展階段上」（希爾德布蘭德《現在和未來的政治經濟學》，第59頁）。
② 轉引自希爾德布蘭德《現代和未來的政治經濟學》，第31頁。
③ 轉引自希爾德布蘭德《現代和未來的政治經濟學》，第31頁。

經濟過程的外部形式也棄之不顧。這表明庸俗化具有了一種全新狀態：它趨向於超出特殊的經濟形式的範圍，而依據經濟關係的上層建築的社會政治的形式。

19世紀70年代問世的馬克思的《資本論》經受住了資產階級和無產階級經濟學家之間的論戰，論戰表明歷史學派完全無力以其特殊的經濟理論來對抗科學社會主義。然而，「歷史主義方法」作為替資本主義辯護的手法之一，在現代資產階級政治經濟學（制度主義、「經濟增長階段」論等）中仍然保留下來了。

歷史學派從兩方面來說，是向庸俗化的新形式（即非經濟形式）的過渡：一方面，它可以說是內涵的（經濟的）庸俗化的極限；另一方面，「歷史主義者」在若干特殊經濟問題上通常都依據非經濟的庸俗化形式。

歷史學派是壟斷前資本主義時代資產階級政治經濟學危機發展的極端形式。但它並沒有結束這種危機，這尤其是因為採用庸俗的歷史方法導致取消了作為一門理論科學的政治經濟學。而資產階級又非常需要一種十分強大的意識形態武器以影響群眾。資產階級感到需要更全面的庸俗化經濟理論，但他們仍然不會放棄把政治經濟學作為一種為資本主義辯護的武器。

同古典學派居支配地位的時期相比，資產階級政治經濟學在李嘉圖時期之後的發展，在其性質和傾向上都已迥然不同。向上發展被倒退運動所替代。李嘉圖之後的資產階級經濟學家們一步步地拋棄了李嘉圖主義經濟理論中的科學因素；隨著資本主義矛盾的尖銳化和工人運動的高漲，這些科學因素與資產階級政治經濟學的階級傾向變得越來越不相容了。隨著資產階級的階級傾向具有愈益明顯的反動的辯護性質，認識過程的可能性縮小了。

壟斷前資本主義時代資產階級政治經濟學危機發展的主要形式是內涵的（經濟的）形式。它在歷史學派理論中找到了最終形式，這種理論顯示出這樣的趨勢：超出庸俗化經濟形式本身的圈子，轉向非經濟的形式，以尋求維護資本主義制度的論據。這顯示出庸俗化的經濟形式的局限性，顯示出資產階級社會的階級矛盾已尖銳到這種程度：借助於純經濟方法的辯護已變得愈發困難了。然而，非經濟的庸俗化形式在壟斷前資本主義時期的政治經濟學中尚未占統治地位。而且，在它的基礎上還未形成像後來那樣的資產階級政治經濟學派別；非經濟的一套辯護手法還不發展——所利用的是生物的、心理的和國民經濟史的現象。資產階級政治經濟學庸俗化的非經濟形式在帝國主義時代才具有了支配地位，這說明資本主義矛盾尖銳化程度更高了。

第六節　資產階級政治經濟學中的混合主義派別

約翰·斯圖亞特·穆勒在李嘉圖經濟理論庸俗化過程中佔有十分特殊的地位。一方面，他不屬於資本主義辯護士之列，另一方面，馬克思正是把這位經濟學家的著作看作資產階級政治經濟學破產的最鮮明的表現。約翰·穆勒的經濟觀點是資產階級政治經濟學危機的客觀性質的鮮明例證。

約翰·穆勒的主要經濟學著作出版於19世紀40年代：《略論政治經濟學的某些有待解決的問題》（1844年），《政治經濟學原理及其對社會哲學的某些應用》（1848年）。這時期資產階級和無產階級之間的階級矛盾已十分尖銳：一方面表現為科學的資產階級政治經濟學解體過程和庸俗化過程的迅猛發展，另一方面無產階級科學的政治經濟學也處於蓬勃發展時期。經濟理論領域的階級分化也隨之日益加快了，並在很大程度上顯露出這樣一種事實：科學的分析社會經濟過程同維護資本主義制度不相容。

因此，隨著科學的無產階級經濟理論的發展和資產階級經濟學公開地退化，出現了企圖調和無產階級和資產階級利益的經濟思想派別，它無視階級矛盾的對抗性，並據此為處於瓦解之中的資產階級政治經濟學尋求出路。馬克思指出：「1848年大陸的革命也在英國產生了反應。那些還要求有科學地位、不願單純充當統治階級的詭辯家和獻媚者的人，力圖使資本的政治經濟學同這時已不容忽視的無產階級的要求調和起來。於是，以約翰·斯圖亞特·穆勒為最著名代表的毫無生氣的混合主義產生了。這宣告了『資產階級』經濟學的破產，關於這一點，俄國的偉大學者和批評家尼·車爾尼雪夫斯基在他的《穆勒政治經濟學概述》中已作了出色的說明。」①

可見，混合主義派別的出現，一方面反應了資產階級社會階級矛盾對抗性有了相當程度的發展，另一方面鮮明地反應了即使是主觀上忠實於科學的經濟學家的資產階級立場也不可能對經濟過程作出科學分析。1875年2月11日馬克思在致拉甫羅夫信中談及約翰·穆勒時說，他的活動「是一個鮮明的例子，說明資產階級經濟學家即使懷著最良好的願望，甚至在他們好像已經掌握真理的時候，也是本能地沿著錯誤道路走的」②。

---

① 馬克思恩格斯全集：第23卷 [M]．北京：人民出版社，1973：17-18；又見《經濟問題》，1978年第7期．
② 馬克思恩格斯全集：第34卷 [M]．北京：人民出版社，1973：117．

因此，馬克思把資產階級古典政治經濟學的破產同約翰·穆勒的名字聯繫在一起，儘管這位經濟學家的立場由於他有時想考慮進步階級——無產階級的利益而在科學態度方面超過李嘉圖主義解體的先前代表者的庸俗概念。約翰·穆勒的著作明顯地證明，資產階級政治經濟學的破產是一個客觀過程，是由其階級本性決定的，與主觀願望無關。因此，我們難以苟同下述看法：約翰·穆勒在學說史上的地位是「對自由競爭時代所有的庸俗政治經濟學的總結」①。

與資產階級庸俗經濟學家相比，約翰·穆勒依靠另外的階級基礎，企圖「調和資本的政治經濟學與無產階級的要求」，這一事實使得政治經濟學中這一特殊流派的代表人物，同庸俗辯護學派和古典學派都有重要的差別，儘管約翰·穆勒不曾解決李嘉圖理論的矛盾，而且在許多問題上仍站在庸俗立場上。約翰·穆勒的學說，是資產階級政治經濟學危機擴大過程中質量上新因素的反應。

資產階級經濟學流派的分化，如同一般政治經濟學的分化一樣，取決於社會階級結構和階級關係的變化。約翰·穆勒的地位應從這個過程中去尋找。

李嘉圖以後資產階級政治經濟學的發展，顯然呈現出一種倒退運動。正在形成的無產階級政治經濟學與資產階級庸俗經濟學的矛盾已經如此尖銳，以致有些資產階級經濟學家試圖制定出一種凌駕於階級之上且調和其利益的科學政治經濟學。而在階級矛盾發展的更早時期，對資本主義社會在理論領域的矛盾給予改良主義解決的嘗試還不曾有過。

在約翰·穆勒的著作中，這種企圖表現為將古典學派的科學原理與其庸俗化者的非科學的、商品拜物教的觀念機械地結合起來。在此基礎上，自然不可能制定出科學的政治經濟學。

企圖站在調和各階級利益立場上來制定和發展科學政治經濟學，這是資產階級古典政治經濟學破產的令人信服的證明。正因為這樣，馬克思在《資本論》第一卷再版跋文中才把古典學派的破產同約翰·穆勒的名字聯繫在一起。馬克思還說：「……在李嘉圖以後半個世紀，約翰·斯圖亞特·穆勒先生還在拙劣地重複那些最先把李嘉圖學說庸俗化的人的陳腐遁詞，鄭重其事地宣稱他比重商主義者高明。」②

---

① 列夫申：《英國資產階級經濟學家價值理論批判》，第37頁。
② 馬克思恩格斯全集：第23卷［M］．北京：人民出版社，1973：565．

約翰·穆勒對商品價值的解釋，十分明顯地表現了他的理論的兩面性，即在其中結合了科學原理和庸俗原理。

　　一方面，他混同了商品價值和交換價值。他說：「價值是相對的概念。物品價值指的是它能換得的某種其他物品或一般物品的量。」① 另一方面，他又對價值作了如下區分：「暫時的市場價值——取決於需求和供給，」「不變的」或「自然的」價值——「市場價值經過任何波動之後總要回復到它。」②

　　約翰·穆勒在這裡指的僅僅是商品價值及其交換價值之間量的差別，但並不理解它們之間質的關係，即交換價值是價值的必要表現形式。

　　約翰·穆勒對商品價值源泉的解釋的特點是平淡無奇的混合主義。一方面，他重複了李嘉圖和亞當·斯密的若干錯誤原理（其中包括斯密教條），時而把價值源泉歸結為商品的稀缺性，時而歸結為生產費用，生產費用又被歸結為工資、利潤和租金，等等③。另一方面，商品價值源泉在他那裡又被解釋成耗費在商品生產上的勞動。他說：「如果一種物品一般來說比另一種具有更大價值，其原因在於在它的生產上或要求更多勞動量，或是這種勞動通常要更多報酬⋯⋯」④ 他既然把商品價值與生產價格混同起來，所以也就把資本流通速度和利潤率算在價值源泉之列了。

　　不過，約翰·穆勒還是認為勞動在商品價值形成中起著特殊作用。在總結價值源泉問題的考察時，他說：「在所有這些要素中，最重要的是生產所必需的勞動量，其他要素固然也有重要影響，但畢竟是次要的。」⑤

　　約翰·穆勒企圖調和階級矛盾，表現在他試圖抽象掉生產的資本主義形式，以及抹殺無產階級和資產階級之間的本質差別。他像李嘉圖學說的第一批庸俗化者一樣，把勞動生產率看作是利潤的源泉，然而勞動生產率只是剩餘產品的一般條件，與社會形式無關；它只是決定剩餘產品量從而決定利潤量的要素之一。可見，約翰·穆勒把利潤和一般的剩餘產品混同了。前者是剩餘價值的轉化形式，它本身只是剩餘產品的一種特殊的歷史的形式；而後者則與其具體形式無關。因此，他認為在不存在商品資本主義的生產形式時利潤還將存

---

① 約翰·穆勒《政治經濟學原理》，第 2 卷，莫斯科，進步出版社，1980 年，第 222 頁。
② 約翰·穆勒《政治經濟學原理》，第 2 卷，莫斯科，進步出版社，1980 年，第 222 頁。
③ 約翰·穆勒《政治經濟學原理》，第 2 卷，莫斯科，進步出版社，1980 年，第 222、223 頁。
④ 約翰·穆勒：《政治經濟學原理》，第 2 卷，莫斯科，進步出版社，1980 年，第 224 頁。
⑤ 約翰·穆勒《政治經濟學原理》，第 2 卷，莫斯科，進步出版社，1980 年，第 224 頁。

在。他說：「如果沒有勞動分工，那就沒有任何買賣行為，但利潤依然存在。」①

可見，這樣「簡化」資本主義關係（約翰·穆勒在這裡已做到了這一步），所抽象掉的不僅是生產的資本主義形式，而且是它的商品形式。

依照這種程度的「簡化」來區別不同問題的關係。例如，約翰·穆勒企圖以危機的抽象可能性來解釋危機，比方說，從買和賣的分離，也就是從簡單商品交換關係來引申出危機。

馬克思特別指出如下事實不是偶然的：約翰·穆勒忽視生產的社會形式，沒有看到它們的客觀必然性和歷史必然性。他沒有看到資本主義社會中居支配地位的經濟關係同它所特有的客觀必然的階級結構的聯繫。他說：「我到處假定，除少數例外，事物的現狀在工人和資本家作為階級而互相對立的一切地方都占統治地位……」② 然而，約翰·穆勒欣然相信，「即使在工人和資本家作為階級而互相對立的經濟制度下，資本家這樣做也沒有絕對的必要」③。照此說來，在社會分裂為資本家和工人階級的條件下，可以存在某種不同於這種社會中居統治地位的那種社會經濟關係。

由此引申出了約翰·穆勒把雇傭工人說成是（在一定程度上）資本家的想法。其「根據」是工人在得到工資以前無償地將自己的勞動墊支給了資本家。

「……在這種情況下，在他擁有必要生活資料的程度上，他實際上成了資本家了，因為他把自己的資本投入企業，提供了經營企業所需的一部分基金……」④。

穆勒這裡再次表現出無視生產的社會形式。然而工人的這種貢獻並不會給他帶來任何利潤。從這種墊支獲利的只是資本家。而約翰·穆勒卻把資產階級剝削無產階級的機制的因素之一看作是階級劃分的明顯條件，認為這個因素是這種階級劃分無條件存在的標誌。

對李嘉圖以後資產階級思想來說共有的教條主義對約翰·穆勒來說也是具有代表性的。因為他「……從未發現他前輩這種錯誤的分析，這種錯誤分析

---

① 約翰·穆勒《政治經濟學原理》，第 2 卷，莫斯科，進步出版社，1980 年，第 144 頁。
② 約翰·穆勒：《政治經濟學原理》，第 2 卷，莫斯科，進步出版社，1980 年，第 144 頁。
③ 馬克思恩格斯全集：第 23 卷 [M]. 北京：人民出版社，1973：565 註.
④ 約翰·穆勒：《政治經濟學原理》，第 2 卷，莫斯科，進步出版社，1980 年，第 144 頁。

即使以資產階級的眼光,從純粹科學的觀點來看,也亟須加以糾正。他到處以門徒的教條主義態度記下他的老師們的混亂思想」①。例如,他步亞當·斯密的後塵,重複了他的錯誤原理,把全部資本用於工資。

約翰·穆勒在解釋企業利潤的性質時,試圖採取某種兩面性立場。一方面,他對現象加以庸俗的辯護性解釋,認為利潤是一種特殊形式的工資,用以支付資本家監督工人和管理生產的勞動、資本家的忍欲以及投資風險。他說:「……利潤應當足以報償忍欲、補償風險,以及支付為監督生產所必需的勞動和技藝。」②

另一方面,他又把企業利潤看作雇傭工人的無償勞動。他說:「產生利潤的原因是勞動所生產的比維持勞動所需要的多。」③ 約翰·穆勒接近於區分必要勞動時間和剩餘勞動時間,儘管沒有用這些概念。他說:「……工人除了再生產他們所需要的必需品和工具以外,將有剩餘時間來為資本家的利益勞動。」④ 由於不理解勞動二重性從而價值形成過程的二重性,使約翰·穆勒像西尼爾一樣,也把為了轉移在生產生產資料過程中耗費的價值所必需的時間,算入勞動日的結構之內,確切些說,算入必要勞動時間之內。

在資本利潤源泉問題上的科學態度,使約翰·穆勒得以對決定利潤量的因素作出符合實際的解釋。他寫道:「……資本家的收入取決於兩種(而且只有兩種)因素:第一,取決於產品量,換句話說,取決於勞動生產力。第二,取決於產品的哪一部分歸工人所有,取決於工人所得的產品部分與工人生產總額之間的比例。」⑤

不難看出,約翰·穆勒利潤理論的科學因素推翻了它的庸俗方面。如果說前一方面使它接近於古典學派的概念,那麼,後一方面則同庸俗經濟學家對該問題的解釋相吻合。雙重階級立場產生了約翰·穆勒雙重的理論體系。

在約翰·穆勒那裡,還可碰到陳腐的庸俗的「讓渡利潤」論,即用商品價格超過其價值來解釋利潤的起源。在這裡,利潤被說成是簡單商品生產範圍內的例外。約翰·穆勒有時認為,工人所得的工資等於他所創造的全部產品,且不說穆勒從商品價值構成中排除了不變資本,從而把商品的全部價值等同於

---

① 馬克思恩格斯全集:第23卷 [M]. 北京:人民出版社,1973:647 註.
② 約翰·穆勒:《政治經濟學原理》,第2卷,莫斯科,進步出版社,1980年,第143頁.
③ 約翰·穆勒:《政治經濟學原理》,第2卷,莫斯科,進步出版社,1980年,第143頁.
④ 約翰·穆勒:《政治經濟學原理》,第2卷,莫斯科,進步出版社,1980年,第143頁.
⑤ 約翰·穆勒:《政治經濟學原理》,第2卷,莫斯科,進步出版社,1980年,第146頁.

其中新創造的價值了。他在這裡將工人所創造的全部價值，同其中被支付的部分混同起來了。

約翰·穆勒在利潤論上的立場的兩重性表現在，他企圖依據西尼爾的「忍欲」論。馬克思指出：「約翰·斯圖亞特·穆勒先生一面同意李嘉圖的利潤理論，同時又接受西尼爾的『節欲報酬論』。他對於黑格爾的『矛盾』，一切辯證法的源泉，雖然十分生疏，但對各種平庸的矛盾卻很內行。」①

約翰·穆勒反對「資本生產力論」，並且接近於把資本理解為一種社會關係。他說：「嚴格說來，資本並不具有生產力。唯一的生產力是勞動力，當然，它要依靠工具並作用於原料。」他又說：「資本的生產力不外是指資本家借助於他的資本所能支配的實際生產力的數量。」②

然而，約翰·穆勒沒有明確地區分作為生產關係的資本與資本的物的形式，沒有把這種區分用到特殊的政治經濟學範疇上。他甚至常將資本與其物的形式簡單地等同起來。他稱資本是為生產而「累積的勞動產品量」。他寫道：「資本在生產中的職能在於，它為生產活動提供必需的廠房、保護、工具和原料，為工人在生產期間提供食品和其他生活必需品。」③

在這種情況下，生產資本形式實際上被說成是永恆的和自然的東西，因為勞動產品的物的形式與社會形式被等同起來了。

不過，約翰·穆勒接近於理解資本主義的歷史過渡性質。他認為，社會主要階級之間存在深刻的利益衝突與敵對的制度，不可能永遠存在下去。他指出：「……不能期待人類分成兩個不平等階級（雇主和雇傭工人）的狀況能夠保持不變。」④ 他認為，資本家比雇傭工人對消滅這種制度更感興趣。他寫道：「雇主遲早會發現，同那些利益與感覺敵對的人們密切而經常的接觸是不可能生活的。」⑤

約翰·穆勒認為，通過漸進的改良主義道路，可以實現以非資本主義的、社會主義的關係代替資本主義關係。他寫道：「經營者和工人之間的關係可以通過兩種途徑之一逐漸演變成夥伴關係：在某種情況下，可以是工人和資本家

---

① 馬克思恩格斯全集：第 23 卷 [M]. 北京：人民出版社，1973：654 註.
② 馬克思恩格斯全集：第 26 卷第 3 冊 [M]. 北京：人民出版社，1973：258.
③ 約翰·穆勒：《政治經濟學原理》，第 2 卷，莫斯科，進步出版社，1980 年，第 148 頁。
④ 約翰·穆勒：《政治經濟學原理》，第 3 卷，莫斯科，進步出版社，1980 年，第 96 頁。
⑤ 約翰·穆勒：《政治經濟學原理》，第 3 卷，莫斯科，進步出版社，1980 年，第 97 頁。

的聯合，在另一些情況下，而且最終會在所有情況下，可以是工人之間的聯合。」① 前者指工人參與分紅的制度，後者指工人協作社。他對後者賦予特殊意義，因為他認為，未來的社會組織是工人生產協作社完全統治的社會，私人資本深知，與工人的生產團體鬥爭是徒勞的，因而願與它們攜手並進。他寫道：「因此……可以期望的是，如果人類的進步將繼續下去並不斷發展，那麼，最終流行的將不是這樣的聯合形式：這種形式存在於作為主要企業主的資本家和對管理過程毫無影響的工人之間；而是另一種聯合形式：當工人自己在平等和共同支配他們借以進行生產的資本條件下聯合起來時，勞動便置於工人自己的管理、決定和監督之下了。」②

他又說：「隨著資本支配權的這種變化，下述情況變得越來越令人信服了：讓資本社會化，比借助於不良分子為維護舊體系而鬥爭要好得多。」③ 在這裡，調和互相對立的階級的經濟利益的企圖，已從純粹理論領域轉到社會經濟預測和實際建議的領域。

約翰·穆勒的階級局限性，鮮明地表現在他不理解資產階級社會的社會對抗性的根基和不可調和性，不理解改造該社會為社會主義制度需要革命形式的客觀必然性。儘管如此，在空想社會主義的影響（這是無疑的）之下，他仍然得出了以社會主義代替資本主義的正確結論，認為這種社會主義應建立在參與「生產性地利用」生產資料的全體成員的「公共所有權」的基礎上④。

馬克思特別強調約翰·穆勒這樣的經濟學家立場的特點，這不是偶然的。馬克思說：「為了避免誤解，我說明一下，約翰·穆勒之流由於他們的陳舊的經濟學教條和他們的現代傾向發生矛盾，固然應當受到譴責，但是，如果把他們和庸俗經濟學的一幫辯護士混為一談，也是很不公平的。」⑤ 約翰·穆勒觀點的這個特點，說明了為什麼當代資產階級政治經濟學史家在把露骨地為資本主義辯護的第一批庸俗經濟學家抬到古典學派行列時，卻猛烈攻擊約翰·穆勒的學說。美國經濟學家斯蒂格勒在《經濟學史論文集》中，除了稱約翰·穆勒為「平庸的經濟學家」之外，未再置一詞⑥。

---

① 約翰·穆勒：《政治經濟學原理》，第 3 卷，莫斯科，進步出版社，1980 年，第 100 頁。
② 約翰·穆勒：《政治經濟學原理》，第 3 卷，莫斯科，進步出版社，1980 年，第 11-113 頁。
③ 約翰·穆勒：《政治經濟學原理》，第 3 卷，莫斯科，進步出版社，1980 年，第 138 頁。
④ 約翰·穆勒：《政治經濟學原理》第 3 卷，莫斯科，進步出版社，1980 年，第 138 頁。
⑤ 馬克思恩格斯全集：第 23 卷 [M]. 北京：人民出版社，1973：670（註）.
⑥ 斯蒂格勒：《經濟學史論文集》，第 6 集。

資產階級政治經濟學危機的初步發展已證明，它是一個複雜而漫長的退化過程。早在資本主義總危機到來之前，在壟斷前資本主義階段，它已經產生和發展起來了。這反應了資本主義生產方式對抗性矛盾的增長，反應了工業無產階級的形成以及它反對資本主義制度的鬥爭不斷增強。資產階級政治經濟學危機首先表現在它的科學派別——古典學派的瓦解，以及庸俗經濟學在資產階級經濟學文獻中的確立。

　　與此同時，資產階級政治經濟學思潮的不科學的、庸俗的性質在不斷趨向加強。起初（亞當·斯密之後），在資產階級政治經濟學中的庸俗派別剛剛形成之時，它同古典學派的科學原理以及空想社會主義學說做鬥爭。李嘉圖之後，在機器工業階段，庸俗派別占據統治地位，它們日益徹底地放棄對社會經濟過程進行科學分析，利用越來越遠離其本質的商品拜物教形式為資本主義生產方式進行辯護。政治經濟學庸俗化的經濟形式已接近於自己的客觀界限——經濟現象的最表面形式，並且顯露出轉變到以非經濟形式為資本主義辯護的傾向。

　　所有這些過程，表明了引起資產階級政治經濟學危機的各種因素的客觀性。

第三篇　帝國主義時代的資產階級政治經濟學與微觀經濟分析

第七章　外延的(非經濟的)庸俗化是帝國主義時代典型的資產階級政治經濟學危機的新形式

> 在政治經濟學中，最大的錯誤產生於漠視最明顯的真理。
>
> ——約・斯・穆勒

隨著 19 世紀資產階級社會階級矛盾的加深，資產階級本來意義上的經濟的（甚至是庸俗的）理論為資本主義生產方式辯護的可能性，愈來愈暴露其局限性了。

早在資產階級政治經濟學危機的第一階段，為資本主義辯護的類似手法就已經顯得不夠了，而且，同帝國主義下社會界限特別明顯地表現出來一樣，在經濟上為資本主義辯護的某種認識論極限也開始顯現出來了。

眾所周知，「科學本身是人類認識從現象到其本質有規律地運動的結果……因而是無限的」[1]。

但是，對科學的庸俗化則是與科學認識過程相對立的過程：庸俗化的特徵是從最深刻的本質到不那麼深刻的本質，從本質到現象，到其虛假的外部形態，並當作本質來看待。因此，如果一般認識其中也包括對經濟過程的認識按其性質來說是無限的話，那麼，內涵的（經濟的）庸俗化形式則在經濟現象外部的具體的形式上有自己的最終界限。

正因為如此，在經濟的庸俗化形式發展的一定階段上，必然要超出經濟本身範圍的界限，利用非經濟的庸俗化形式。階級對立的加深，迫使資產階級政治經濟學必然採取這種形式。

---

[1] 《自然科學發展中的矛盾》，莫斯科，1965 年，第 21 頁。

第一節　外延的（非經濟的）庸俗化形式的概念

19世紀末，在資本主義矛盾加強的作用下，資產階級政治經濟學庸俗化以及它的危機的新形式開始發展起來。這些形式的獨特性在於：資產階級經濟學家離開自己的經濟理論陣地走到其他社會的和自然科學的領域，並對後者進行歪曲。在偽造一些由自然科學所觀察的現象時，庸俗經濟學家企圖把那些虛構的現象說成是經濟現象的最終原因。在這裡，他們照例是以外部的表面現象，而且是以非經濟性質的現象為依據的。

眾所周知，作為一門特殊科學——政治經濟學對象的人們的經濟關係，是社會關係總體系中的一個有機部分，並在同社會與自然的關係和生產力的密切聯繫（依賴性）中發展起來的。人們的經濟活動，同人們思想的、技術—生產的、政治的、民族的、心理的和其他的關係極其密切地交織在一起，同時，對一些人來說是社會的形式，對另一些人來說則是基礎，或者同它們處在別的聯繫中。這些關係的多樣性，它們相互聯繫的複雜性，為庸俗政治經濟學歪曲經濟關係的實際提供了方便的材料。

庸俗的資產階級政治經濟學，拋棄古典學派的科學成果，從古典學派遺留給他們的對經濟現象本質的理解水準走向外部的表面現象。下一步則是：從對經濟現象外表的辯護性的描述（尚保持在經濟現象上），轉到對由其他科學研究的非經濟的表面現象作類似的描述。按照這一原則構造的庸俗經濟理論，實質上已超出對經濟過程作本來意義的經濟解釋的範圍。與此相聯繫，與內涵的（經濟的）形態不同，資產階級政治經濟學的這種變形的庸俗化，可以稱為外延的（非經濟的）形式。

當然，資產階級政治經濟學危機發展的兩種形式的差別儘管很重要，卻是相對的。外延形式是對內涵形式作的某種形式的發展和補充：外延形式愈來愈離開對資本主義生產關係和規律的實質進行理解，對它們採用非經濟的解釋。同時，正如我們將進一步看到的，內涵庸俗化也在外延庸俗化的基礎上發展起來，因此，在這種外延庸俗化居統治地位的條件下，庸俗化加深的過程也不會停止下來。

隨著經濟科學庸俗化的外延形式的產生和擴大，內涵形式絕不會退出歷史舞臺。相反，它是外延庸俗化的某種基礎，因為非經濟的解釋、通常是對經濟

生活的表面現象進行描述，這種描述使庸俗化的內涵形式引申出了資產階級的經濟理論。外延的庸俗化，無論是在歷史上還是在邏輯上，都是內涵庸俗化的繼續和發展。

一、資產階級經濟學外延庸俗化產生和發展的原因

在《剩餘價值理論》中，馬克思一般地闡明了那種自相矛盾的現象的原因，那就是資產階級經濟學家有時對資本主義經濟過程作非經濟的解釋。貝利否定商品價值存在的事實本身，而同時企圖說明在具有不同使用價值的商品交換過程中，通過作用於人們在這種交換中的意識的「全部狀況」所顯露出來的平等關係。馬克思在分析貝利的觀點時寫道：「貝利之所以把問題轉移入意識領域，是因為他在理論上走進了死胡同。」①

因此，從其隱蔽的、內在的規律的角度，是不可能說明外部呈現出來的現象的，這就是促使資產階級經濟學家進行非經濟的解釋現象的實質及其產生的原因。在資產階級經濟學危機發展的第一階段尚屬個別現象的東西，到了它的第二階段即帝國主義時期，在其最後的一批庸俗學者那裡，成為占統治地位的了。隨著馬克思《資本論》的問世，馬克思主義在工人中的廣泛傳播和資本主義矛盾進一步加深，整個資產階級經濟學「按其理論部門來說已經走進了死胡同」②。

資產階級政治經濟學外延庸俗化是由資產階級經濟學認識過程階級目的的重大變化引起的。同向非經濟因素過渡相聯繫的經濟現象認識的可能性的縮小，又是在向帝國主義過渡階級鬥爭尖銳化的條件下，由庸俗政治經濟學必須解決的那些辯護性任務的複雜性所引起的。

因此，外延庸俗化把看作較為高級的規律的社會規律性歸結為自然科學規律性——比較低級的現象，乃是分析對象那種「簡單化」的個別情況，這種情況我們在考察內涵形式時已經遇見了（把資本主義關係歸結為簡單商品生產關係，而簡單商品生產關係又歸結為簡單勞動過程的關係）。在這種情況下，庸俗化過程的特點是，把比較複雜的社會過程機械地歸結為簡單的但已經

---

① 馬克思恩格斯全集：第26卷第3冊［M］．北京：人民出版社，1974：177．

② 貝爾納在論述資產階級政治經濟學時寫道：「……19世紀中葉經濟著作的基本目的發生了根本變化，儘管還不明顯。新時期經濟學家的任務。現在不是反對舊式保護主義和土地佔有者的利益。而是反對下面來的，即社會主義運動方面首先是馬克思方面來的批評以捍衛資本主義。而這就要求更精細地、科學地進行辯護。」（貝爾納：《社會歷史中的科學》，第568頁）．

不是社會的而是自然的過程了。

分析對象如此「簡單化」,沒有給科學提供任何東西,它對資本主義的辯護則提供了異乎尋常的可能性。列寧在論述關於庸俗學者企圖在社會過程採用自然科學概念時寫道:「事實上,依靠這些概念是不能對社會現象作任何研究,不能對社會科學的方法作任何說明的。再沒有什麼事情比在危機、革命、階級鬥爭等現象上貼上『唯能論的』或『生物社會學的』標籤更容易了,然而,也再沒有什麼事情比這種勾當更無益、更繁瑣和更呆板了。」①

政治經濟學庸俗化的兩種基本形式的產生——前帝國主義階段典型的內涵庸俗化和帝國主義階段的外延庸俗化——是由運用到庸俗時期資產階級政治經濟學史中的歷史和邏輯的方法決定的。在這種情況下,歷史的方法是經濟科學庸俗化過程的具體再現,它的必然形式是以偶然形式表現出來的,而邏輯的方法是關於必然形式和這一過程的階段作為擺脫了偶然表現形式的純粹形態的抽象概念。

雖然庸俗化的外延形式同內涵形式是同時產生的、一起發展並相互交錯著,但我們認為,把在資本主義總危機以前兩種形式的區分看作是庸俗政治經濟學史的基礎,是有重要原因的。第一,外延形式更加深刻、更加成熟的庸俗化形式,是在這個意義上說的,即它不去揭示經濟過程的實質,這和內涵形式是不可比擬式絕對不占據統治地位,它只有在第二階段才具有這種作用。這時,形成了資產階級政治經濟學的許多派別,整個地或者絕大部分都建立在庸俗化外延形式上。

正因為如此,我們主要從這一時期庸俗化的內涵形式占支配地位的角度來研究危機第一個階段。而第二階段,則從本質上不同於內涵形式的庸俗化外延形式的立場進行研究的。

利用這種非社會的規律性,不僅在政治經濟學,而且在資產階級社會學都曾發生,而且具有同樣的目的。大家知道,直到今天,資產階級社會學家仍然企圖通過把自然規律和概念推廣應用到社會,以擺脫自己的理論絕境。看來,可以認為,同樣為資產階級辯護的其他資產階級社會科學也具有庸俗化的外延形式。貝爾納寫道:「從直接把其他科學的方法,特別是生物學的方法運用到社會科學上,會得到極其簡單的、虛偽的、危險的結論。」②

---

① 列寧全集:第 14 卷 [M]. 北京:人民出版社,1959:329.
② 貝爾納:《社會歷史中的科學》,第 537 頁。

值得注意的是，在19世紀末20世紀初的資產階級經濟學文獻中，關於經濟分析的範圍問題正是從經濟過程對非經濟過程的關係的角度提出來的。德米特里耶夫寫道：「只有當分析的結果達到超出經濟科學領域並相應地研究其他學科（心理學、生理學、生物學、物理學、機械學等）這樣的事實，我們才可能把我們的分析看作是完結了的。」① 在這裡、這種分析的範圍，不是說明研究現象的決定性原因、規律性和基本趨勢，而是對待同樣影響研究現象的那些非經濟事實的態度。但是，如果一定的思想目的強迫這樣做，那麼，對經濟分析這樣的範圍的理解，絕不排除並加以忽視它。在經濟分析範圍方面，著名的合法馬克思主義者杜干—巴拉諾夫斯基就持這種立場。他寫道：「當我們還沒有達到超出經濟科學領域那些因素以前，價值原因的研究就不該停止。在價值主觀原因的分析中，生物學的和心理學的規律就是這樣的因素。因為政治經濟學不可能把心理學和生物學作為自己的任務。」② 但是，庸俗經濟學往往擔當起了這一任務。力圖把李嘉圖勞動價值理論和主觀價值理論結合起來的杜干—巴拉諾夫斯基就不可避免地招致這樣的命運。

二、外延庸俗化最初形式的特點

為剝削關係辯護的外延形式本身，並不是庸俗資產階級經濟學的發明。自古以來，居統治地位的剝削階級的思想家就利用過它。在古代曾對社會科學提供許多有價值的東西的偉大思想家亞里士多德的著作中，在他捍衛奴隸制的主張中，我們看到，利用了辯護的外延形式。亞里士多德斷言：奴隸制是人的本性發展的一種「自然」現象。在這裡，亞里士多德以生物學的規律來偷換社會經濟規律。在他的著作中，他企圖尋找當時的奴隸制關係的原因。馬克思寫道：……像亞里士多德那樣的思想巨人，在評價奴隸勞動時都難免發生錯誤③。

雖然庸俗化的外延形式在資本主義產生前很久就已經採用了，在資產階級政治經濟學古典學派的著作中，我們也發現了它們的成分，但它畢竟是19世紀末到20世紀初庸俗政治經濟學的產兒。正是在這個時期，它成了決定庸俗資產階級政治經濟學新質狀態的為資本主義辯護的統治形式。

---

① 德米特里耶夫：《經濟學概論》，第107頁。
② 德米特里耶夫：《經濟學概論》，第107頁。
③ 馬克思恩格斯全集：第23卷［M］．北京：人民出版社，1973：99（註）．

在資產階級政治經濟學危機發展的第一階段，其外延庸俗化成分就已經出現了。例如，對勞動後備軍這種資本主義特有現象作生物學解釋的馬爾薩斯主義，從心理學立場解釋剩餘價值某些形式的英國庸俗經濟學家西尼耳的理論，就都是這樣。值得指出的是，在這一時期，庸俗化的這種形式被那些站在最反動的階級立場上的資產階級經濟學家特別廣泛地發展了。

庸俗的外延形式，在 18 世紀末 19 世紀初經歷過工業革命的最發達的資本主義國家英國，獲得了最引人注目的流行不是偶然的。資本主義的這種辯護形式首先被用來掩飾資本主義矛盾最尖銳的表現，並用來為勞動者的貧困、饑餓和失業辯護，同時，也用來為由於戰爭、瘟疫等原因，他們的生育率下降和死亡率上升作辯護。

馬爾薩斯在《論人口原理》中，為了在工人階級的意識中灌輸「關於資本主義制度對勞動群眾的貧困狀況無關的思想作了最大限度的努力」。馬爾薩斯絲毫也不隱避捍衛資產階級制度和為貧困辯護的意圖。馬爾薩斯寫道：「貧困的主要原因和不斷發生的原因，很少或完全不取決於統治的方式或財產的不均衡分配……這些重要的真理，就是從人口規律中得出來的。」馬爾薩斯繼續寫道：如果能使「下層階級」相信這種狀況的真相，那麼，「貧困就不會引起那種對政府和上層階級的憤怒和仇恨，我們就可免去對付不服從和叛逆的經常的準備……」①。

馬爾薩斯企圖根據虛構的人口生物學規律對資本主義下勞動者的貧困進行解釋、辯護，並使之永恆不變。這一規律是建立在企圖把資本主義採用機器而產生的相對過剩的勞動人口看作永恆的、自然的社會狀況，而這種社會狀況又是從「一切生命的本質」的生物學屬性中產生出來的，並看作是動物界與社會世界的一般規律。這樣一來，生殖過程便是生物學過程。但是，全部問題在於，這些過程是在對其有重大影響的一定社會經濟條件下產生的。因此，人口的發展是生物的、社會經濟的和其他規律與因素極其複雜的綜合作用的結果。經濟科學的任務，只是研究一定發展階段社會經濟規律對人口再生產帶來的那種影響。馬爾薩斯把勞動者貧困的責任加諸生物學規律時，他就離開了資本主義累積一般規律的分析。

在馬爾薩斯人口理論中運用的庸俗化外延形式，為他的一般經濟理論奠立了根基，這就是 18 世紀末 19 世紀初資產階級經濟科學產生深刻危機過程的重

---

① 馬爾薩斯：《論人口原理》，第 2 卷，第 341 頁，聖彼得堡，1868 年。

要特徵之一。

馬爾薩斯是庸俗政治經濟學生物學派，或者是外延庸俗經濟學的生物學形式的創始人，庸俗經濟學的基本前提，是把科學的生物學規律當作社會經濟過程的決定性原因的思想。施泰因寫道：「這一派別的實質在於把經濟生活中由特殊的生物學規律所駕馭的獨立因素認為是經濟的主體……」①

從馬爾薩斯那裡，我們也可發現對經濟過程作神學解釋的成分。例如，在談到消費品生產的增加比人口增長更緩慢時，馬爾薩斯寫道：「樂善好施的造物主，知道自己屬民的需求和需要，由於她使他們從屬的規律的作用，不願提供那麼豐富的生產消費品，就像空氣和水一樣。」②

在這裡，十分明確地斷言：建立在生產資料私有制基礎上的規律，就是宗教起源的規律。但是，由於一系列社會經濟原因，資產階級政治經濟學普遍神學化的條件尚不成熟，在馬爾薩斯那裡，它未起重大作用。

在非經濟基礎上實行政治經濟學庸俗化中，英國資產階級經濟學家西尼耳（1790—1864）邁出了新的一步。西尼耳把這一方法首次運用到資本主義政治經濟學的核心問題——剩餘價值問題。西尼耳對商品價值和資本主義各種收入作了心理學的解釋。商品的價值，西尼耳歸結為生產費用，也即歸結為該商品不包括剩餘價值的那一部分；同時，生產費用又被描述為生產代理人的某種「心理」感受。他一方面把它們歸結為工人的犧牲，即限制工人的空間時間去為生產而勞動；另一方面歸結為資本家的「犧牲」，即放棄資本的消費。因此，西尼耳把工資和利息當作工人和資本家彌補他們的「損失」而得到的「報酬」，當作補償遭受的損失的某種等價物。在這種情況下，企業家的收入，被西尼耳視為資本家管理生產的某種「工資」。

由此可見，西尼耳正是企圖在經營主體的心理方面說明資本家收入的源泉，為資本家佔有收入作辯護。在這裡，他離開了經濟關係自身的範圍，甚至離開了經濟關係虛幻的、拜物教形式，轉向非經濟領域——心理學，這裡怎麼也不可能找到資本主義收入來源的。同時，顯而易見的是，政治經濟學心理學化也遠不是由西尼耳完成的。須知，連剩餘價值的形式之一（企業的收入）也被西尼耳從經濟基礎中排除了，從似乎是由資本家實現的管理職能中排除了。

資產階級政治經濟學庸俗化的外延形式，正如我們已經看到的，在它的危

---

① 施泰因：《經濟思想的發展》，第 1 卷，列寧格勒，1924 年，第 224 頁。
② 馬爾薩斯：《政治經濟學原則》，第 228 頁。

機開始前很久就已經產生，在古典經濟學的代表人物如重農學派的著作中已經見到資產階級政治經濟學的外延形式。眾所周知，杜爾閣就有主觀價值理論的成分。整個重農學派的特點就是把經濟再生產過程與自然再生產過程混為一談。對古典學者來說，庸俗化的外延形式，寧可說是他們的階級和歷史局限性的結果，是他們的前進過程中科學認識經濟現象的一種例外。在最初的庸俗經濟學家那裡，利用庸俗化的這種形式還不普遍，以個別成分進入他們的理論中，還只有這種庸俗化形式的個別成分。在許多情況下，它只是個別經濟理論的基礎，而不是整個思潮。

因此，庸俗化的外延形式不是一下子就形成了。最初，只是在這種形式的基礎上產生庸俗經濟學的個別理論觀點。整個地轉向外延庸俗化立場趨勢的德國歷史學派只是在19世紀中期才產生的。而且，這一流派也沒有占統治地位。外延庸俗化直到19世紀末才在資產階級政治經濟學中開始占真正的統治。在帝國主義時代，庸俗化的這種外延形式成為大多數資產階級經濟思想流派的基礎。各個流派的相互區別，主要在於外延庸俗化的趨向和基礎了。曾經是某種例外的東西，現在已經成為常規化的了。

三、諸科學相互影響是科學發展的必然形式

社會科學和自然科學的相互作用是完全合乎規律的、必然的現象：科學按自身的性質是統一的，正如它們研究的物質世界是統一的一樣。它們之間的界限不總是確定的。科學的相互作用，反應它們愈來愈深入到物質世界的奧秘，物質世界的各個發展過程彼此是密切聯繫的，經常處於相互作用之中。這種相互作用是科學認識進一步發展的必要條件和形式。科學的相互作用和相互影響促使它們豐富起來，導致新科學在過去已經形成的學科的結合點上建立起來。貝爾納寫道：「馬克思的主要思想之一乃是科學統一的思想……」①

科學發展的這種共同的規律性，在整個政治經濟學史中，特別是在資產階級古典政治經濟學史中得到了完全的證實。大家知道，政治經濟學作為一門科學（在它的資產階級形式內產生的過程本身），是在自然科學積極影響資本主義制度社會經濟現象的研究下進行的。自然科學家和醫生：英國人威廉·配第（17世紀著名的醫生）、法國人弗朗斯瓦·魁奈（18世紀的著名外科醫生）、美國人白尼亞米·福蘭克林（著名的自然科學家），都是古典學派的奠基人和

---

① 貝爾納：《社會歷史中的科學》，第516頁。

著名代表人物，這不是偶然的。顯然，在大衛·李嘉圖的著作中，古典學派達到了自己的頂峰，李嘉圖所學的自然科學，首先是物理學，對他的觀點產生了良好的影響。

當然，在古典學派時代，資產階級思想家力圖把自然科學成就用來維護本階級的利益。例如，自然規律觀念乃是發展中的資本主義反對「人為的」封建關係的最重要的根據。美國經濟學家奧塞爾寫道：「在古典學派的經濟理論中，牛頓思維創立了一種為收入來自財產的辯護的思想。既然處於靜止狀態的自然規律就能最好地發生作用，那麼個人的繁榮與節省就是社會財富，因此，地租、利息和利潤便是對財產和生產性地利用財富的必要的和正當的報酬。」[1]「自由企業精神」的理論暴露出同資產階級啓蒙學者關於「自然秩序」的哲學學說有著明顯的聯繫，通過這一學說，又同17~18世紀自然科學家關於自然規律天然地發生作用的理論有明顯的聯繫。

政治經濟學作為一門科學，由於對社會經濟現象的分析應用自然科學的方法而形成了。對待社會如同對待整個有生命的機體的這種方法，給政治經濟學提供了社會現象發展中有規律性的思想，使得可以摸索到經濟規律的客觀性質，可以提出關於在實踐中利用經濟規律的可能性和必要性的問題，甚至可以在一定程度上發現經濟過程的社會方面。列寧在《又一次消滅社會主義》中提出客觀規律性的思想已經從自然科學滲透到社會科學時寫道：「正是『從自然科學奔向社會科學的潮流』證實了和證實著這一觀念，並使它成為一種不可避免的觀念。」[2]

自然科學對古典的資產階級政治經濟學的形成和發展過程如此富有成效的影響決定於，受到當時先進的資產階級關心其發展的經濟理論，把自然科學大多數科學結論，首先是方法論方面的結論吸收進來。這些結論，既是自然現象，也是社會現象所固有的。

正由於自然科學方法對經濟研究的影響，政治經濟學的一系列重要問題被提出來了，並在某種程度上得到了闡明，在政治經濟學尚處在形成時期，自然科學本身的發展是不充分的。長期以來，機械學是自然科學的基本部門，它決定了所有其他自然科學——物理學、化學、天文學、生物學等科學的發展。在這個部門中，發展起來的方法，滲透到其他的自然科學，然後也滲透到社會科學。

[1] 奧塞爾：《經濟思想的演變》，第373頁。
[2] 列寧全集：第20卷［M］. 北京：人民出版社，1957：192.

美國經濟學家奧塞爾在《經濟思想的演變》這一著作中，對這一過程進行說明時寫道：「牛頓對經濟思維的影響可以追溯到古典學派的思想。為了消除垂死的封建機構和遏制重商主義的控制……正在成長的資產階級要求新的思想體系。自然規律必須駕馭經濟制度和人們的作用。在當時，這些思想是新的和革命的思想。」①

　　17世紀英國人加爾韋依在自己的生物機體的研究中，主要依據力學概念，發現了人類機體的血液循環現象，促使同時代人提出和闡明了整個社會資本的再生產和循環問題。正如當時所形容的，即社會「政治軀體的營養汁」問題。加爾韋依的同時代人配第醫生首先試圖提出這個問題並設法解決它，英國經濟學家康替龍加以發展。在馬克思時期以前，魁奈醫生在他的著名的《經濟表》中的研究是馬克思以前時期最好的，這都不是偶然的。在魁奈著作中，「健康的」和「病態的」社會狀況的劃分，意味著提出了從封建社會（「病態狀況」）向資本主義過渡的必要性問題。把貨幣看作是「政治軀體的脂肪」，過多妨礙它的積極性，不足則引起疾病，這使得配第提出了流通所必要的貨幣量的重要問題。

　　自然科學對社會科學發展的刺激性影響，不僅僅是政治經濟學起步時的特徵，它在我們的時代更是強而有力。列寧寫道：「眾所周知，從自然科學轉向社會科學的強大潮流，不僅在配第時代存在，在馬克思時代也是存在的。在20世紀，這個潮流是同樣強大，甚至可以說是更加強大的。」② 然而，政治經濟學為要具有消化自然科學的科學成就，並發展自己的科學研究方法的能力，它自己必須站在科學立場上。而這只有維護社會發展進步的經濟理論才是可能的。

　　資產階級政治經濟學的危機及其深刻性，無論是內涵形式還是外延形式，都意味著資產階級理論對其他社會科學，以及自然科學的關係的根本變化。如果說，在古典學派時期自然科學的發現曾豐富了經濟思想，那麼，在庸俗化時期，自然科學的發現便主要成為資產階級政治經濟學最辯護的、最反動的理論的基礎。這種變化的原因，不在自然科學，它根源於資產階級理論自身性質的本質變化，根源於它變為替資本主義辯護，而不關心科學地認識經濟現象。

　　鮮明的例子是「社會達爾文主義」，它試圖把生物世界的規律性移植到人

---

　　① 奧塞爾：《經濟思想的演變》，第372、373頁。
　　② 列寧全集：第20卷[M]．北京：人民出版社，1957：189．

類社會。奧塞爾在闡明「社會達爾文主義」的立場時寫道：「達爾文的主要思想是爭取生存的鬥爭和以個人差別為基礎的自然淘汰，以及最適合於物種進化的生存。這些觀念在某些方面產生了影響，然而，無論如何不能對所有經濟思想流派都產生影響……爭取生存的無限制的競爭與鬥爭，保證最高貴的人（the best peole）的生存。貧困的、病態的、未受教育的和饑餓的人是最低等的人，因此，他們既不應當指責社會，也不應當為自己的不幸狀況而指責比較優裕的階級……在國際上，爭奪殖民地和勢力範圍的鬥爭使得有適應能力的種族在反對低等民族的競爭中得以生存。」①

庸俗經濟學家利用自然科學和非經濟的社會科學的原理，完全不是為了促進政治經濟學的發展，而是為了證明要擺脫對資本主義生產關係及其規律的分析②。從這個目的出發，資產階級經濟學家力圖依據那種與經濟過程不相同的自然和社會的現象與規律，即其他非經濟學科所研究的那些特點。在這種情況下，這些領域的特殊規律，被看作是經濟生活的特殊規律，這就不僅導致對經濟現象因果聯繫的歪曲和對政治經濟學的庸俗化，而且導致對其他科學的結論和原理的庸俗化，並為資本主義辯護。這些科學就有了它們並不固有的許多職能和作用。同非經濟科學的這種聯繫，可能導致實際上也只能導致資產階級政治經濟學衰落的加劇。

第二節　外延的（非經濟的）庸俗化轉變為帝國主義階段資產階級政治經濟學危機的主要形式

……與 18 世紀的社會科學不同，
模糊性是 19 世紀末的社會科學所固有的。
——貝爾納

19 世紀最後 30 年和 20 世紀初的種種事件，使資本主義生產方式的矛盾這樣的尖銳化，引起了資產階級政治經濟學如此根本的變化，這就有一切理由

---

① 奧塞爾：《經濟思想的演變》，第 373、374 頁。
② 貝爾納寫道：「社會科學為了解決基本問題（而不是迴避這些問題）所需要的，就是較少爭取其他科學認真制定的技術方法。而更多地表現出勇氣來。」（貝爾納：《社會歷史中的科學》，第 537 頁）

談論資產階級政治經濟學危機新的、第二階段已經到來。在此基礎上，階級矛盾和無產階級同資產階級之間的鬥爭大大加劇了，而這又是由剝削的增長、經濟危機的加深、資本主義壟斷的產生和發展所引起的。馬克思的主要著作——《資本論》的問世（第一卷，1867 年；第二卷，1885 年；第三卷，1894 年；第四卷，1905—1910 年），馬克思主義的廣泛傳播，它在工人運動中成為占統治地位的潮流，在發達資本主義國家群眾性的工人政黨的產生，以及工人運動的普遍高漲，對資產階級政治經濟學危機的進一步加深起了巨大的作用。在 1871 年的巴黎工人起義中，階級矛盾的尖銳性已明顯地表現出來了。這次起義向世界表明，無產者已成為資本主義可怕的對手，並敢於覬覦國家政權。巴黎公社——這是無產階級專政的第一個歷史形式，對資產階級政治經濟學產生了巨大的影響。1871 年的事件表明了資產階級辯護術的虛弱，它已無力把勞動者的智慧變為自己的俘虜。在階級矛盾尖銳化的條件下，資產階級對資本主義經濟辯護士的需要成為日益迫切的了，而這種可能性則首先由於馬克思主義的廣泛傳播而日益受到限制。正因為如此，在帝國主義時代，資產階級政治經濟學危機加深的主要形式，已經是外延的（非經濟的）形式。

資產階級政治經濟學庸俗化的外延形式的廣泛流行，證明資產階級政治經濟學危機已經進入質的新階段。庸俗化的這種形式比之內涵形式，資產階級經濟學家離經濟現象的本質更遠。現在不僅是經濟過程的虛假的拜物教形式，而且更為虛假地、更無可比擬地遠離非經濟過程的形式開始被描述為經濟現象的深刻原因。為了說明自己研究對象的現象的本質，這種「科學」不得不轉向其他科學，並表明自己是毫無根據的①。同時，外延庸俗化成為統治形式，表明資本主義辯護手法的破產，因為這種辯護手法只是建立在經濟過程外部的拜物教形式基礎之上的。

19 世紀 70 年代至 20 世紀 20 年代期間，出現了很多資產階級政治經濟學流派，這些流派的共同點（對經濟辯護的補充）是從非經濟立場來辯護性地說明資本主義的經濟過程。這個時期，資產階級政治經濟學流派首先是以外延庸俗化的各種派別來相互區別的。

例如，新歷史學派、社會—法律學派、心理學派（奧地利學派和英美學

---

① 美國政治經濟學史家塞利格曼在談到當代資產階級政治經濟學的這個特點時，不無譏諷地寫道：「……它以極其有趣和有益的方式利用了從人類知識的其他領域所抄襲來的方法，但它沒有自己的明確的原則，而這些原則應當使它成為科學的、能夠預測事變的進程，例如，像天文學那樣。」（塞利洛曼：《當代政治經濟學的基本流派》，第 534 頁）

派)、地理學派(地理政治學派)、倫理學派、社會學派(制度主義)、生物學派(新馬爾薩斯主義)、神學學派(社會天主教學派),等等,就是外延庸俗化的各種派別。

在同革命的馬克思主義理論做鬥爭時,資產階級辯護士為了捍衛資本主義制度,便向資產階級科學,如:國民經濟史、法學、社會學、心理學、倫理學,以及人類學、生物學、地質學等尋找論據。資產階級經濟學家甚至不得不轉向神學。他們力圖動用一切處在他們支配下的思想手段,實際是一切社會的和自然的科學①首先為了推翻揭示了資產階級經濟學的解剖學和生理學的馬克思主義政治經濟學,推翻從馬克思主義中產生的革命結論。不管怎樣,力圖解決由資產階級根本利益所決定的這個首要的思想任務,這也就是資產階級政治經濟學危機外延形式發展的原因。

這些毫無疑問的事實,暴露出資產階級政治經濟學無力在自己的經濟理論的基礎上同馬克思主義相對抗,暴露出資產階級政治經濟學危機的發展及其瓦解是在社會主義轉變為真正的科學的明顯影響下發生的。

外延的或者非經濟的形式,是帝國主義時代資產階級經濟學典型的庸俗化新的形式,但絕沒有消除舊的形式,而是同內涵形式交織在一起,並在它的基礎上加以補充和發展。外延庸俗化的統治是資產階級政治經濟學這門科學破產的明顯例證,因為資本主義經濟過程實際上服從於自己的內部規律,而不是從屬於它的外部因素,雖然這些過程也受到外部因素的影響②。

《資本論》對整個資產階級政治經濟學和它的各個流派的演變是巨大的、多方面的。馬克思的《資本論》正是那正在發展的無產階級運動新的社會革命力量的科學理論的表現,而新的革命力量就引起了資產階級政治經濟學的危機狀況。

科學的馬克思主義政治經濟學無論是對資本主義的辯護論在內容上,還是在形式上,都引起了深刻的變化,例如,它排除了庸俗化經濟形式占統治的可能性。

---

① 各門科學,首先是自然科學發展的複雜性和矛盾性,被資產階級思想家利用來破壞馬克思主義的哲學陣地。我們還記得所謂19世紀末的自然科學危機和資產階級思想企圖利用它來推翻唯物主義辯證法。

② 社會科學與生物學的聯合,使社會科學養成了某種觀察的習慣和邏輯**歸納法**,因而在某種程度上戒除利用從亞里士多德和教會那裡繼承的初始原則中的演繹法結論。但是,這種聯合也應當產生一種信息;社會學——這不過是人類的生物學,這一信念在我們的時代具有多麼嚴重的毀滅性後果。(貝爾納:《社會歷史中的科學》,第563頁)

在考察經濟科學外延庸俗化形式時，關於科學分類問題起了重要的方法論作用。

主要以庸俗化的外延形式為基礎的庸俗資產階級政治經濟學流派的劃分及其變化，庸俗經濟學體系自身的變化，不能不同現存科學體系及其變化聯繫在一起。庸俗經濟學中的這種依存性，不僅是諸科學相互作用一般規律的特殊變種，而且是從政治經濟學庸俗化這種特殊形式中直接產生的。

傳統的把科學劃分為社會科學（其對象是人類社會）和自然科學（研究自然）這種最一般的劃分顯然是不夠的，因為它不囊括科學的總和。許多科學——哲學、數學和某些其他科學的研究對象，包括了社會的和自然的秩序，因此，既不可能歸屬於前者（社會科學），也不可能歸屬於後者（自然科學）。

值得提出的是：這裡利用的科學分類原則不是一樣的。把科學劃分為社會科學和自然科學的基礎，是研究對象上的差別，而把科學劃分為哲學、數學等，提到首位的是分析方法（數學的、邏輯的等）上的差別。實質上，從這裡也就產生了這類劃分的不一致①。

如果把統一的原則——按它們的研究對象的差別作為科學分類的根據，那麼，全部科學的總和就分解為大約三個獨立的類別，雖然是密切聯繫的很大的差別：

（1）其對象是研究自然規律的自然科學（物理學、化學、生物學、天文學、生物物理學、生物化學，等等）。

（2）研究特殊的本質上不同於自然規律的社會關係的規律性的社會科學（政治經濟學、美學、具體的經濟學等）。

（3）綜合科學或者是社會自然科學（既研究自然現象，又研究社會現象

---

① 因此，凱柏和科瓦利佐（在整個說來具有意義的論文《論社會科學的分類問題》中）所提出的劃分為人文科學和社會科學的建議，也沒有解決問題。他們寫道：「哲學不是社會科學知識，而是人文科學。在這一術語中，塞進了這樣一個思想，即哲學的任務不僅是研究關於世界的客觀知識，而且人們同世界的關係，都可得到反應，這與其他科學不同，這些科學是按照它本身存在的那樣。而不依賴於人及其利益來認識研究的客體」（《社會科學的方法論問題》，莫斯科，1966年，第45頁）。

我們要指出，這裡混淆了各個科學分類的原則。一方面，從研究的**對象的角度看**，作者既不把哲學歸入社會科學，也不歸入自然科學；另一方面，**從它參與制定世界觀的角度看**，把哲學劃作人文科學。這樣一來，從這兩位作者早些時候採用的原則（研究對象）的觀點看，哲學分類的問題並沒有解決。同時，在人文的標準下，實際上把具有極不相同的特殊研究對象和包括「人的」（確切些說，階級的）關係的所有社會科學，都靠近他們所揭示的客觀真理。顯然，出發點原則的這種不確定性，不能提供劃分科學的統一標準。同時，劃分出這一新的特徵（某一科學參與制定一個階級或各個階級的世界觀），本身就是極端重要的，因為它使得人們可以看到科學思維的這一重要職能。

的規律性），綜合科學同樣分為兩類：①研究自然和社會一般規律的包羅萬象的綜合科學（哲學、數學、控制論，等等）。②研究自然和社會過程的獨特規律性的局部綜合科學（例如，處於社會學、歷史學和生物學結合點上的人類學）。

這種方法，至少可以揭示出資產階級政治經濟學外延庸俗化的三個基本派別，這些派別的區分是以哪一類科學作為它們的基礎，歸根究柢，以脫離政治經濟學對象自身的程度來加以區分的。

其所以能夠稱之為社會外延庸俗化最巧妙的形式，在於以社會的規律性，通常是上層建築的規律性來偷換經濟本身的規律性。它表現為對經濟過程與其相聯繫的社會現象的現實依存性的過分誇張，例如，社會—法律學派的追隨者對經濟過程做的**法律**解釋、**歷史**解釋（在新歷史學派著作中）、語義解釋，對經濟過程的庸俗社會學解釋（制度主義），以及依靠其偽造社會科學的類似資產階級政治經濟學的各種流派，均是如此。

資產階級政治經濟學第二類流派，把所謂**綜合的**(社會自然的) 科學選作庸俗化的基礎。無論是在其特殊的數學流派中，還是在其他流派代表人物的著作中，辯護性的資產階級政治經濟學的數學化，都可以作為這類庸俗化的例子。在資產階級政治經濟學的奧地利學派和英美學派的理論中，對經濟過程的心理解釋（因為心理學是局部綜合科學，即社會自然科學），也可歸入這一類。

庸俗化最原始和深刻的形式，乃是用自然的規律性來偷換社會經濟的規律性；同時，用其他低級的，而且是被歪曲了的形式來偷換某種高級的規律。因此，這裡當作庸俗化基礎的，不僅不是經濟的，而且也不是社會的過程和現象，而是自然過程和自然現象以及研究它們的科學。例如，對社會經濟現象的**生物學**解釋（在馬爾薩斯主義包括現代馬爾薩斯主義中可以找到鮮明的但不是唯一的表現）、對這些現象的地理解釋（地理政治學）①，以及其他資產階級政治經濟學自然外延庸俗化形式，也都是這樣。

根據神學擬訂的、為剝削辯護服務的不合理信條的那種資產階級政治經濟學流派，應屬於特別的一類②。例如，**社會天主教**學說的政治經濟學觀點，便

---

① 地理政治學的創立者之一哈斯霍費爾，把地理政治學定義為「關於地理決定政治」的學說（轉引自海登：《德國地理政治學批判》，譯自德文，莫斯科，1960年。第77頁）。

② 貝爾納寫道：資產階級思想家「在公認的頹廢的世紀裡，竭力訴諸宗教的、神祕的和公然無理的社會科學」（貝爾納：《社會歷史中的科學》，第570頁）。

屬於這一類。

在這些基礎上，建立起了作為資產階級（或小資產階級）政治經濟學特殊形式的許多機會主義和修正主義經濟理論，這些理論適合於在工人中宣傳資產階級思想。

誠然，庸俗的政治經濟學流派與資本主義辯護的方法之間的相互聯繫，比之前面援引的公式要複雜得多。因為各個不同的流派廣泛採用了許多辯護方法。但是，按辯護的主要形式，也就是依據既反應其社會本質，又反應其認識性質的標準，對資產階級政治經濟學流派加以劃分，就為主要依據資本主義辯護的非經濟形式的庸俗政治經濟學流派提供了一把分析的鑰匙。

第八章 資產階級政治經濟學外延的(非經濟的)庸俗化的基本派別

考慮到按照外延庸俗化原則建立的資產階級政治經濟學流派主要依據的基礎（非經濟的社會科學、自然科學以及神學）的差別，可以分為下列四個主要流派：①社會外延的；②綜合外延的；③自然外延的；④神學的——社會天主教學說的經濟概念。

不難看出，資產階級政治經濟學流派的這種分類，確認了它的各個派別的代表人物不同程度地放棄了對資本主義社會經濟過程的科學分析，並且表明，在帝國主義時代一般理論的資產階級政治經濟學危機具有多麼複雜紛繁的形式，它的認識機構遭到的破壞是多麼巨大！同時，必須著重指出，一般理論的資產階級政治經濟學庸俗性加強的趨勢，並不完全排除資產階級經濟學家在實用的、專門的經濟科學領域有價值的探討。另外，這種趨勢遇到了一定的相反的作用，這就是在資產階級經濟理論政治經濟學自身方面，遇到了來自反應非壟斷的中等資產階級利益的資產階級批評家對整個壟斷組織和帝國主義的批評。

除了帝國主義時代資產階級政治經濟學的內涵庸俗化形式，下列四個外延庸俗化派別得到了廣泛的傳播。

第一節 資產階級政治經濟學的社會—外延庸俗化派

資產階級政治經濟學庸俗化的社會外延流派的特點在於，用整個來說是辯護性地描述各種社會過程和現象來偷換對資本主義生產內在依存性的分析。這些社會過程和現象對經濟過程產生了一定的影響，但絕不決定經濟過程。然而，正是這種作用被強加給這些社會現象。為了使人們離開對資本主義剝削實

質及其歷史暫時性的理解，資產階級經濟學家使資本主義經濟失去它因其內部矛盾的發展而自身所固有的獨立運動，並且把那些社會上層建築現象，如法權、風俗等非經濟因素描述為資本主義經濟過程的決定性原因。

這一學派包括許多資產階級政治經濟學各學派，在這些學派中，我們只談談社會—法律學派和新歷史學派。

一、社會—法律學派

不僅國民經濟史、心理學、倫理學，而且還有法律學，都被資產階級政治經濟學外延庸俗化利用。在19世紀的70~80年代，在德國和奧地利就形成了所謂社會—法律學派（施坦姆勒、施托爾茨曼等）。當時的法律本身就是反科學的資產階級思想意識的一個派別，這種情況促進了站在資產階級法律立場上的政治經濟學的庸俗化。貝爾納在談到資產階級法律的性質時寫道：「……它是社會研究的最隨意的和不科學的部門之一。」① 這種庸俗化是建立在過分誇大法律標準在社會生活，其中包括人們的經濟活動中的作用的基礎之上的。

社會—法律學派的代表人物企圖把人們的法律關係，看作是經濟現象和過程的最終原因和深厚的基礎。施坦姆勒寫道：「……在分析社會生活時，人們之間的法律關係概念和法律上被調整的關係的概念，乃是所有這一切的**本質的最終的基礎**。」② 他們在經濟和法律現象之間畫等號，施坦姆勒還斷言：……同樣的，大量的法律關係的表現，稱之為經濟現象③。

當然法權對經濟生活產生影響。但是，它不決定經濟關係的內容，不是經濟關係的「最終基礎」。相反，正是經濟關係歸根究柢決定法律，決定法律標準的內容。社會—法律學派的代表人物所以要把法律描述為經濟過程的基礎，是為了否定社會發展的客觀規律：如果法律是經濟的基礎，後者又僅僅被法規調整，法律本身只服從道德標準，那麼經濟便由「人類的自由意志」、它的「道德理想」來調節了。在帝國主義時代，當社會主義的革命的準備和實現提到議事日程上時，庸俗經濟學家的這種立場就意味著使資產階級秩序永世長存。社會—法律學派著名代表人物之一吉里寫道：「社會生活的運行不是依據自然進化的規律，它由法律制度所決定，而法律制度是人們合理的活動

---

① 貝爾納：《社會歷史中的科學》，第647頁。
② 施坦姆勒：《從唯物史觀看的經濟與法律》第1卷，聖彼得堡，俄文版，1907年，第273頁。
③ 施坦姆勒：《從唯物史觀看的經濟與法律》第1卷，聖彼得堡，俄文版，1907年，第275頁。

的結果。」①

　　以上所考察的流派的特點在於，它的代表人物在承認社會經濟過程的社會性質的同時，竭盡全力論證關於社會經濟過程的非物質性和非生產性這一論點：根據他們的觀點，政治經濟學是社會科學。但是，同分析生產沒有任何共同之處，社會—法律學派把生產當作純技術現象。

　　在否定物質生產在社會生活中起決定性作用的同時，社會—法律學派的擁護者得出了關於社會發展沒有客觀規律的結論，這一結論是資產階級宣傳所必需的。吉里寫道：「……應當消除……迷誤，似乎社會是**通過自然的途徑**或如人們所說的**以自然規律的必然性**朝新的、變化了的形態發展。」②

　　他們從這種立場出發，企圖把由馬克思主義政治經濟學所制定的基本理論概念和範疇拉入自己的軌道。施坦姆勒寫道：「如果不對社會生產關係概念首先說清人們在自己的相互關係中必須遵循的規律，那麼，這個概念就全然不意味什麼……」③ 從這一觀點出發，如果生產關係不具有法權形式，那生產關係就不算什麼了。根據這種解釋，法權關係已經不是形式，而是作為生產關係的內容了。從馬克思主義經濟理論中借用「社會生產關係」範疇的同時，社會—法律學派的代表人物，竭力閹割這一範疇的物質客觀內容，而把社會生產關係同法律關係混為一談。施坦姆勒宣稱：除了法律關係所提供的，不存在「任何的**社會**聯合的形式」④。

　　該流派的擁護者十分懂得，經濟和法權關係的這種解釋，乃是把經濟生活的因果依存性從科學中排除掉。吉里寫道：「施坦姆勒公正地指出：社會科學方法不應當是因果方法（如馬克思、恩格斯所認為的那樣）而應當是目的論的方法。」⑤ 與此相聯繫，重要的是應當指出：庸俗經濟理論的特殊流派之一，即社會—法律學派的擁護者，**對經濟過程作目的論的解釋**，而這種解釋又把某種自古就有的目的性和合理性（似乎是經濟過程內在固有的目的）強加給經濟過程。

　　根據這種觀點，工人的工資是用以支付工人對消費品的需求，而資本家的利潤則用以保證資本家的生活。既然商品的價值由收入即利潤和工資所構成，

---

① 吉里：《社會主義、共產主義、無政府主義》，莫斯科，1923年，第10頁。
② 吉里：《社會主義、共產主義、無政府主義》，莫斯科，1923年，第27頁。
③ 施坦姆勒的上述著作，第1卷，263頁。
④ 施坦姆勒的上述著作，第1卷，第226頁。
⑤ 吉里：《社會主義、共產主義、無政府主義》，莫斯科，1923年，第28頁。

那麼，其目的就在於維護工人和資本家的生存。

目的論的方法在施托爾茨曼的著作《國民經濟的目的》中表現得最明顯。社會—法律學派的代表人物企圖用這種唯心主義方法對資本主義和一般生產方式進行解釋。施坦姆勒聲稱：「**在社會的意義上，生產方式是以外部方式調節合作的特殊形式**，旨在獲得滿足需求所必要的資料。」① 在這樣的說明中，資本主義生產的目的就同生產一般的目的相一致了。

實際上，資本主義經濟（包括商品關係）的全部基本現象，在社會—法律學派擁護者的著作中，從法權起決定性作用的立場給予瞭解釋。施坦姆勒在用主觀價值範疇偷換價值範疇時，得出關於「價值」決定性地依從於法律標準的結論。他寫道：「價值……只對我們現存的法律秩序基礎上的**商品交換**才有意義。」② 他企圖把這個觀點硬加給馬克思，斷言法律關係的分析也是馬克思價值理論的對象。施坦姆勒在談到「馬克思的價值規律」時寫道：「這個規律力圖建立……關於基本的而又大量的法權關係現象的統一的觀點。」③ 即關於商品關係現象的統一觀點。

所有這一切表明，社會—法律學派擁護者們的十分確定的意向就是使馬克思主義政治經濟學的範疇失去它的客觀的、物質生產的，從而也是階級的內容，使這些範疇所反應的社會經濟過程的形式適應於資產階級庸俗政治經濟學的思想任務。

可見，社會—法律學派較之主觀心理學派反應了更加發達的階級鬥爭條件。與主觀心理學派不同，社會—法律學派被迫承認（雖然是口頭上的）經濟現象的社會性質，不讚同主觀心理學派所固有的魯濱孫式的方法，把這種方法看作帝國主義時代效力不夠的思想手段。而且，用對待經濟現象的目的論方法來偷換因果分析，即使是「從心理方法」的立場上進行的因果分析，也是經濟理論庸俗化的明顯加強，因為這種方法在原則上把經濟關係的因果性問題取消了。

二、新歷史學派

19世紀70~80年代，資產階級政治經濟學中的所謂新的或者年輕的歷史

---

① 施坦姆勒：《從歷史唯物主義觀點看經濟和權力》第1卷，第268頁。
② 施坦姆勒：《從歷史唯物主義觀點看經濟和權力》第1卷，第277頁。
③ 施坦姆勒：《從歷史唯物主義觀點看經濟和權力》第1卷，第278頁。

學派（施穆勒、密契爾、布倫坦諾等），其理論在德國已經產生並在其他國家獲得了傳播。它是使舊歷史學派的方法適應於新的社會經濟條件下為資本主義剝削關係辯護的任務。一方面，這時德意志已經聯合為一個統一的民族國家，這就沒有必要證明這種統一的至關重要性和讚揚統一國家的好處了。但是，「民族」性對國家的崇拜，成了德國庸俗經濟學的傳統特徵，這些特徵還從德國壟斷資本、德國帝國主義的侵略政策獲得新的養料。另一方面，由於社會民主運動的高漲，馬克思主義經濟理論在德國獲得了廣泛的傳播，推翻馬克思主義經濟理論的任務就提到了首要地位。

布留明教授在說明新舊歷史學派的社會經濟發展條件的差別時寫道：「如果舊歷史學派的主要目的是同德國已經成熟的資產階級民主革命做鬥爭，主要反對古典學派和空想社會主義，那麼，年輕的歷史學派表明自己的主要任務是反對革命的工人運動和它的思想意識——馬克思主義。」①

所有這一切，不能不引起對資本主義作「歷史」辯護的方法的改變。

資產階級政治經濟學外延庸俗化首先利用國民經濟史，這一事實絕不是偶然的。這一科學十分接近政治經濟學，對資產階級的維護包含著不小的危險。不論怎樣客觀地解釋國民經濟史，都將導致對資本主義暫時性的理解。資本主義辯護士的任務，可歸結為用反科學的經濟史去偷換政治經濟學概念。年輕的歷史學派同馬克思主義鬥爭的主要方法之一，是原則上拒絕政治經濟學理論本身。

這些「歷史學者」拋棄抽象法，鼓吹經驗主義，否定總結歷史材料的必要性，把自己的注意力集中到過去封建德國的狹窄的地方題材上，忽視了社會發展的規律性。因此，使歷史材料不可能得出歷史過程有規律性的結論，把局部的、單個的經濟發展現象提到第一位。新歷史學派的代表人物施穆勒把他當時的經濟科學狀況描述為「精密的經驗時代」②。施穆勒斷言：「沒有必要提出廣泛的歷史問題，只需要借助舊歷史方法研究單個的事物。」③ 貝爾納在論及這類「歷史學家」時寫道：「……歷史學家愈被認為是科學的人，他愈不去說明為什麼發生這類事件。當依照一個選定的日期而且不加總結時，就可能獲得最好的客觀主義名聲。但是，這是很片面的、不可靠的方法……這是偶然的和

---

① 《經濟問題》，1940年，第10期，第137頁。
② 《經濟問題》，1940年，第10期，第138頁。
③ 施穆勒：《國民經濟學原理》第1卷，第120頁。

荒謬的歷史……」①

否定政治經濟學理論，對新歷史學派的擁護者來說，不僅排除了正確理解社會經濟發展的客觀規律的可能性，而且也排除了正確理解他們選擇來作為專門研究對象的國民經濟史的許多局部問題的可能性。因為國民經濟史的這些局部問題脫離了合乎規律的歷史過程的總鏈條。由「歷史學家」收集的大量事實材料，在歷史學派的著作中沒有獲得科學的理論闡述。貝爾納寫道：「決定這種立場的背後原因在於：解釋歷史的任何嚴肅的和合理的企圖將不可避免地導致對現存經濟制度的批評，更壞的是，將不可避免地導致馬克思主義。歷史最多只可能指出這種『進步』，甚至到 19 世紀末連這一點也成為十分可疑的了。」②

「歷史學家」研究表面分類和描述歷史事即時，企圖從心理和倫理在社會經濟生活中占首要地位的觀點說明這一切。可見，新歷史學派是以庸俗的外延形式為依據的，並建立在以庸俗國民經濟學取代政治經濟學的基礎上。新歷史學派的特點首先在於：它的代表人物利用這種方法來推翻馬克思主義的政治經濟學。另外，資產階級政治經濟學新歷史學派無疑比舊歷史學派更加庸俗。

舊歷史學派沒完全喪失關於資本主義經濟關係的階級性質及其剝削內容的概念。新歷史學派的特點是具有鮮明的經驗主義，沒有能力透過外部現象考察其規律性，甚至是庸俗辯護的臆斷的考察也不行。他比舊歷史學派更愈來愈離開資本主義經濟過程的本質。在這裡，內涵庸俗化是在外延庸俗化的基礎上和範圍內發展的。

第二節　資產階級政治經濟學的社會—自然庸俗化派

帝國主義時代資產階級政治學流派這一分支的特點在於，社會—自然（綜合的）科學在這裡是外延庸俗化的基礎。這些科學具有自己研究領域的對象，這些領域比純粹社會現象更遠離經濟範圍，而純粹社會現象是上面考察過的資產階級政治經濟學流派外延庸俗化的基礎。因此，社會—自然庸俗化乃是外延庸俗化的特殊派別。社會—自然庸俗化的基礎，既是局部的（例如心理學）綜合科學，又是包羅萬象的（數學）綜合科學。

---

① 貝爾納：《社會歷史中的科學》，第 564 頁。
② 貝爾納：《社會歷史中的科學》，第 564 頁。

一、主觀心理學派

在向帝國主義過渡的時期，資產階級政治經濟學的這樣一個流派獲得了廣泛流行，這個流派的主要特點是它的代表人物把經濟理論**心理化**。他們力圖把經濟主體的心理感受、心理評價，當作是經濟現象和過程基本的和決定性的原因。這一流派的名稱本身——「主觀心理學派」——反應了如下的事實，即它的代表人物（門格爾、維塞爾、龐巴維克等，奧地利學派或邊際效用理論的擁護者，以及馬歇爾、克拉克——英美學派的擁護者）企圖對經濟過程作心理的解釋。布留明寫道：「奧地利學派的特點是：它企圖提供嚴格的徹底的心理理論。」① 在這裡，局部的綜合科學——心理學充當了外延庸俗化的基礎。

庸俗經濟理論的這種形式，首先是為了排除對經濟規律客觀性質的理解。從這一目的出發，心理學派的擁護者企圖：第一，切斷反應人們生產關係的經濟現象同物質生產的規律性聯繫，從而取消其客觀經濟內容；第二，閹割這些現象和過程的社會內容。對於心理學派來說，普遍地「對科學分析現狀的可能性表示絕望，拒絕科學，竭力蔑視任何概括，躲避歷史發展的一切『規律』，用樹木擋住**森林**……」② 擺在庸俗經濟學其他流派和心理學派擁護者面前的這個任務，是從所謂經營主體的個人心理起決定性作用的觀點來解決的③。

例如，門格爾的《政治經濟學原理》，就是從形式上承認經濟生活中的因果聯繫的普遍性和客觀性開始的。他寫道：「一切現象服從因果法則，這個偉大的原則無一例外，要在我們的經驗中尋找與它矛盾的東西是徒勞的。」④ 在這裡，正如我們已經看到的那樣，對這個「偉大原則」甚至有人所共知的誇大了的作用。門格爾把個人心理看作是經濟過程的基礎。總的來說，他在口頭上否定社會經濟生活中有任何偶然性的可能。門格爾繼續寫道：「正如我們自己的個性和個性的各種狀況乃是這個偉大世界聯繫中的一員，我們的個性從一種狀況轉變到完全不同的另一種狀況，除非受因果法則的影響，是不可想

---

① 布留明：《政治經濟學中的主觀學派》第 1 卷，莫斯科，1928 年，第 127 頁。
② 列寧全集：第 20 卷 [M]. 北京：人民出版社，1957：192.
③ 「在資本主義世界……心理的作用在於為經濟和政治制度提供科學的辯護。它還為了消滅人們為了改變這些制度的願望……」（貝爾納：《社會歷史中的科學》，第 613 頁）。
④ 門格爾：《政治經濟學原理》，俄文版，傲得薩，1903 年，第 1 頁。

像的。」①

誠然，人類的狀況在一定原因的影響下會發生變化，這是正確的。但是，這遠不是決定經濟過程的原因，而正是人類心理狀況的變化，對它的評價、情緒等，被描述為經濟過程的最終原因。

主觀學派的各個代表人物的庸俗化活動在美國經濟學家格羅塞的著作《經濟虛構》中作了十分詳盡的披露。格羅塞在說明「心理方法」在否定認識經濟現象的可能性中的便當性時寫道：「在不可控制的心理反應範圍內，不可能區分可認識的與不能認識的。因此，心理的經濟理論從一切認識不過是幻覺出發，成為可以理解的了。在這個概念中缺乏把偶然的與間或的、非偶然的與非間或的加以區分的認識論標準。一般的和局部的、具體的和抽象的成為不能區分的了……」他繼續寫道：「但是，隨著客觀認識的心理基礎的喪失，建立在其上的客觀同一性的基礎也就喪失了，因而劃分和檢驗經濟規律的認識論前提也喪失了。」②

可見，在資產階級政治經濟學中，心理學派產生和變化的實質在於，它不限於以前的庸俗經濟學所具有的用經濟的外部現象來偷換經濟過程的內容，而是整個地拋棄了經濟本身的、物質生產的領域，轉到遠離經濟的一個領域，即轉到心理領域③。

在閹割經濟過程的物質和社會內容時，心理學派把所有影響經濟過程的各種因素僅僅歸結為經營個體的心理對這些過程發生的作用④。

人的心理是人的意識對自然和社會過程的特殊反應。因而，人的經營心理

---

① 門格爾：《政治經濟學原理》，俄文版，傲得薩，1903 年，第 1 頁。
② 格羅塞：《經濟虛構》，俄文版，莫斯科，1962 年，第 34—35 頁。
③ 不言而喻，資產階級經濟學家不是沒有看到這樣一種情況，即他們在運用這種（心理的）方法時，離開了政治經濟學本身這個領域。但是，他們認為，經濟理論建立在非經濟基礎上是可能的。俄國資產階級政治經濟學家德米特里耶夫寫道：「**分析這些曲線**（效用曲線——阿法拉西耶夫註）**超出了政治經濟學領域**。但這並不意味著這些曲線採取何種形式對經濟學家是無關緊要的：這些曲線的某種形式，**在很大程度上決定**我們**關於建立市場價值學說時**所作出的**一切結論**。因此，在從其他學科借用材料來建立這些曲線時，應當極其慎重地對待借用的材料，以免作出過於匆忙和不可靠的結論。（德米特里耶夫：《經濟學概論》，第 137 頁）。當然，效用可以是分析的對象，其中包括圖表方法，德米特里耶夫的迷誤並不在此。但是，在主觀評價商品效用的基礎上來說明價值關係——這就超出了經濟理論的界限。這是庸俗辯護學派所採取的方法。德米特里耶夫原則上承認建立經濟理論（這裡講的是」市場價值」理論）的可能性，但這是在非經濟的「其他學科」的基礎上，他認為需要慎重地加以對待。
④ 「心理領域同實際很少聯繫這一事實，只不過抹去了它的科學結論的魔力……邊際學派的主要特徵——它的形式主義和主觀主義，是 19 世紀末一般精神墮落的具有代表性的特點」（貝爾納：《社會歷史中的科學》，第 569 頁）。

不是別的，正是現實經濟關係的反應。因此，把經營主體的心理反應提到第一位，就是放棄對現實本身的分析，就是用考察在心理反應中被歪曲的方式來代替它。這種方法，一方面抽掉了生產力和生產關係發展的客觀規律，這適合帝國主義時代特別加強了的資產階級政治經濟學的辯護意圖。另一方面，它卻能捉摸到某些由經營主體的心理所確定的經濟生活中數量的和職能的依存性。順便指出，由此也就產生了主觀學派理論結構數學化的可能性。

二、邊際效用理論

主觀心理學派的擁護者否定商品價值作為商品價格規律存在的事實，用心理「價值」範疇偷換它。龐巴維克寫道：「價值的實質，我們是在人類幸福的物質意義上來看待的。」[1] 門格爾對「價值」也作了同樣的解釋。他說：「對我們來說，價值就是具體財貨或者財貨數量所具有的那種作用，因為我們在滿足自己的需求中，意識到依存於它們的存在，並為我們所擁有。」[2] 可見，「價值」被解釋為個人心理的反應。這種立場意味著既抽象掉了社會生產力，又抽象掉了生產關係。門格爾消滅了19世紀上半葉庸俗經濟學家尚保留的分析工具的痕跡。

同時，任何一般生產的最終目的——滿足需求，被歪曲地反應，因為從使用價值的意義在於為了消費的角度解釋「價值」，就是在占統治地位的資本主義生產關係體系之外來談目的。

商品的價值同商品的使用價值處在密切聯繫之中的這一事實，乃是把商品的二重性僅僅歸結為它的一個方面——使用價值的認識論根源之一。大家知道，只有耗費在商品生產中的抽象勞動才是商品價值的源泉。但是，為了要充當價值源泉，抽象勞動必須體現在使用價值之中，這種使用價值能滿足某種社會需求，而且這種商品的使用價值量不能超過該商品的社會需求量。商品價值對它的使用價值的這種依賴性（從而抽象勞動對具體勞動的依賴性），被奧地利學派的理論家們絕對化，並把它作為「價值」的唯一基礎。這樣，商品的價值，即決定其價格的規律，從分析中去掉了。

站在經營個體心理評價起決定作用的立場上來解釋經濟財貨的價值，不可能直接有效地同馬克思的價值理論相對立，因為這種主觀理論否定（類似歷

---

[1] 龐巴維克：《經濟財貨價值理論原理》，聖彼得堡，1903年，第62頁。
[2] 門格爾：《政治經濟學原理》，第77頁。

史學派）在運用於商品關係時的規律性原則。事實上，從主觀價值論的觀點來看，同樣的財貨在同一時間同一個經營主體會獲得完全不同的評價，因而具有不同的「價值」，這取決於它們滿足這種個人的何種需要。一方面，在這種方法下，「價值」概念就喪失了普遍性，成為某種單個的、偶然的東西，這就不可能成為政治經濟學的研究對象①。另一方面，從這種立場出發，要能造成一種表象，來說明價格高昂的商品而效用不是很大（例如，珍貴的寶石），對於人類有很大效用的商品（例如食品、水等）價格比較低，恐怕也很困難。這種狀況，就是制定邊際效用理論的原因之一，儘管這種理論只是提供了商品關係規律性的表象。

根據邊際效用理論，同樣經濟財貨的「價值」得到了同樣的表現，並由效用中一個最小的（邊際的）效用來決定。它的擁護者斷言，經濟主體都是從該種經濟財貨最小單位的效用的觀點來評價同類經濟財貨每一個單位的效用的。其中舉了這樣的例子：某個經營主體有五袋糧食，其質量和數量是一樣的。第一袋糧食滿足該經營者的最大需求——他個人的需求；第二袋糧食滿足一些較小的需求——用作牲畜飼料，等等；最後一袋糧食，即第五袋糧食用於滿足最不重要的需要，餵養鸚鵡。正因為經營財貨的這一個單位具有最小的效用，它被當作決定每一袋糧食的「價值」的邊際效用。這一原理是這樣加以論證的：每一袋糧食的喪失（由於出賣、損失或任何別的原因），實際上只意味著喪失第五袋糧食，即最小效用的一袋糧食，因為在所有的各種損失中，只是最不重要的需要得不到滿足。龐巴維克寫道：「……**一件物品的價值是由它的邊際效用量來決定的**。」②

因此，邊際效用理論僅僅是從個人對其效用的主觀評價中得出財貨的「價值」的。奧地利學派理論家把這種方法作為價格理論的基礎。從奧地利學派的觀點來看，價格是競爭各方對財貨效用的不同主觀評價在市場上互相衝突的結果。龐巴維克寫道：「……**價格自始至終是主觀評價的產物**。」③

奧地利學派的缺陷不在於他從事使用價值問題的研究。在這方面，它的代表人物作了一系列有益的探索，特別強調財貨的客觀屬性（化學的、物理的

---

① 甚至麥克庫洛赫也認為，科學範疇應當具有普遍性；「一個理論與同樣的和經常出現的事實不一致，必定是理論的錯誤……」他寫道：政治經濟學研究「使全人類動作起來的熱情和嗜好，而不是那些偶然影響某個人行為的東西」（麥克庫洛赫：《政治經濟學》第 11、13 頁）。
② 龐巴維克：《經濟財貨價值理論原理》，第 40 頁。
③ 龐巴維克：《經濟財貨價值理論原理》，第 146 頁。

屬性等）和它的效用，說明商品的這些客觀屬性同人的需要的關係之間的差別，同時考察了商品的使用價值對處在消費者支配下的商品量**函數從屬性**①。奧地利學派理論的非科學性決定於，在現實經濟關係中不起決定性作用的因素成為這一理論結構的基礎。

心理學派的思想，在當代資產階級經濟文獻中得到廣泛的宣傳。美國經濟學家威爾遜在談到主觀價值範疇時寫道：「發現能夠說明適用於一切商品和要素的統一基礎，是杰文斯和奧國學派的巨大成就。從經濟活動的主要目的，即需求的滿足開始，他們就發現了主觀價值……複雜的資本主義經濟的一切基本的相互聯繫，都能從這種簡單的思想中引申出來。」②但是，這種「簡單的思想」用來對抗經濟理論方面的馬克思主義是不夠的。在實踐方面，心理方法同樣沒有多大效力。美國經濟學家魏因特勞布在這種聯繫中察覺到：杰文斯「把經濟科學的火車轉到資源分配的軌道上，沿著這條軌道，這列火車開到了奧地利學派十分混亂的絕境中……」③。

對我們來說，必須著重指出奧地利學派的下列兩個特點：第一，對資本主義生產方式發展的規律（價值規律、剩餘價值規律等）進行庸俗辯護性的解釋，其目的是為仿佛反應了人的本性的資本主義制度辯護並使之永世長存，使用的方法就是對它們作主觀心理解釋。第二，確定許多資本主義生產實際存在的數量上的函數依存性，在這一流派的代表人物那裡，對這些同樣作了非科學的解釋。當然，奧地利學派的擁護者否定價值的存在，就不可能對商品價值與勞動生產率變化的依賴性給予科學的說明。但是，這種依賴性的外部表現通過主觀方法的三棱鏡，同樣得到了自己的反應。奧地利學派的代表人物規定了經濟財貨的「價值」與其數量之間的反比例依賴關係，即這些財貨越多，它們的「價值」就越低。在這裡，透過個人的心理這面三棱鏡，反應了實際存在的商品價值依存於社會勞動生產率的增長，而在表面現象上，則反應出了它依賴於這些商品的數量。

在長時期內，邊際效用理論是資產階級政治經濟學的必然屬性，只是隨著它的經濟實踐職能的發展，才顯現出拋棄邊際效用理論許多重要因素（消費占首位、魯濱孫式的方法、對待經濟過程的主觀心理方法，等等）的趨勢，

---

① 德米特里耶夫：《經濟學概論》，第 117 頁。
② 威爾遜：《經濟理論的經典》，第 31、32 頁。
③ 《現代經濟思想》，第 626 頁。

而有時還拋棄整個理論。①

三、主觀心理學派形成的啓發式認識論基礎

人類的認識在一定意義上是二重性的：它是主觀的，因為它既然提供客觀世界的主觀方法，任何主觀的認識不可能不具有一定的特點；它又是客觀的，因為既然在最終結果中包含著，也不可能不包含客觀過程的反應。「人的概念就其抽象性、隔離性來說是主觀的，可是就整體、過程、總和、趨勢、源泉來說卻是客觀的」②。

因此，主觀因素在認識過程中是不可避免的，既然他妨礙並阻止獲得客觀真理，它就處在同這一過程的實質的深刻矛盾之中。認識過程必然從主觀感覺的特殊性（這種認識的唯一可能的形式）中解脫出來，並在實際上，依其解脫的程度，實現客觀真理的認識。

由此可見，在資產階級政治經濟學中，主觀學派至少有下列兩個認識上的根源：第一，極端誇大經濟過程（主要是它們的形式）對人們心理實際存在的依賴性。經濟規律和經濟關係是人們的社會關係。它們必然通過社會實踐表現出來。不同於自然規律的是，在社會之外和人們的活動之外，不可能有經濟規律。從這裡就創造出一種假象，即人們參與其中的經濟關係，是意識所賦予的，並具有一定的心理傾向，這些關係正是在「人類本性」的這些特點上建立起來的。但是，既然社會經濟關係是占統治地位的所有制形式的表現和實現形式，不以個人甚至某個民族的任何心理氣質的特點為轉移，這就不再是假象了。

第二，主觀心理學派的基礎是把認識過程的這樣一個因素絕對化，這個因素同把實際感覺的主觀特點帶入認識過程是相聯繫的。誇大主體的作用是一般唯心主義的，特別是心理的、主觀的資產階級政治學的認識論基礎。

---

① 這個理論同經濟活動從來沒有密切的聯繫，事務家們從邊際計算中沒有得到任何對自己交易有利的東西（貝爾納：《社會歷史中的科學》，第568頁）。「經濟學家在遭到失敗時。用虛構來安慰自己，似乎這個理論真有根據，因為對這個理論來說，需要的只是企業家作為邊際主義者來行動。這是不大中用的安慰，因為社會極其需要理解公司、工會、商會和政府機構的調節政策」（謝利格曼：《當代經濟思想的主要流派》，第534頁）。研究邊際效用理論當前演變的著作有：基里洛夫：《產品使用價值的計算是提高社會產品效用的因素》，莫斯科，1969年；萊曼：柏林，1968年；研究論文有：施托爾貝克：《關於20世紀邊際效用理論變化的札記——當代資產階級政治經濟學中的新趨勢》，索非亞，1965年。

② 列寧全集：第38卷［M］．北京：人民出版社，1957：223.

但是，經濟規律、經濟關係和對它們認識的過程的這些特點，顯然不能說明資產階級政治經濟中的心理學派正是產生在19世紀最後的20多年的原因。不研究心理學的歷史，也許得不到答案。

這門科學的歷史表明，心理學作為一門獨立的學科正好是在19世紀的最後20多年形成的。「只有在19世紀的最後20多年，在物理學、化學、生物學取得巨大勝利之後，心理學才走上了獨立發展的道路。」①

正是在上述考察的時期內，關於人類行為由特殊的心理學規律決定的概念，在心理學中已經形成了，而心理學規律既不能歸結為力學、物理學、化學等規律，也不能歸結為生物學規律，儘管它們同所有這些規律，特別是同生物學規律密切聯繫著。當時心理學的最新成就，已經把心理學規律看作是人類行為獨立的內在原因。而且，關於心理學規律可能用數學來反應的思想也已經產生了。「關於心理現象從屬於一定的規律的思想（這種思想已被經驗性研究所證實，並可能用數學來加以反應），由心理物理學這一新的邊緣學科的研究而加強了」②。

所有這一切，即人類活動的最終原因在於心理學規律和關於這種規律可用數學說明的思想，我們在資產階級政治經濟學的心理學派代表人物的著作中已經看到，富有特點的是從函數依存性，而不是從因果依存性的角度考慮心理學現象。

資產階級政治經濟學心理學派所運用的基本概念和規律究竟是些什麼呢？有理由認為，在這裡，而不僅僅在一般的方法論原理方面，我們看到的是對心理科學的承襲，是把心理學的規律和概念搬到經濟關係領域來。

我們以心理學中著名的「韋伯定律」作為定律的例子。這個定律的內容可表述如下：「在檢驗刺激強度不變的情況下如何區分感覺強度時，韋伯確定了一個基本事實：級差不決定於數量之間的絕對差，而決定於該強度對起始強度的關係。」③ 或者在更一般的形式下，「……增加的刺激量必須是一個常數（指每一個程式），才能察覺感覺的明顯差別……」④。韋伯（1795—1877）這

---

① 雅羅謝夫斯基：《心理學的歷史》，莫斯科，1966年，第4頁。在19世紀50~70年代，已有了許多說明心理學已成為一種特殊的科學的文獻。
② 雅羅謝夫斯基：《心理學的歷史》，莫斯科，1966年，第282頁。
③ 這個常數通常用 $\Delta R/R$ 常數公式表示（R 代表刺激量，ΔR 代表刺激增加量，叫「韋伯定律」——譯者註）
④ 雅羅謝夫斯基：《心理學的歷史》，莫斯科，1966年，第283頁。

些原理是有價值的，它強調了感覺對外部作用有調整的性質，包含著在方法學上對心理學很重要的結論，即關於心理學現象的材料可能用數學方法研製的重要結論，正如我們所看到的那樣，這些原理對邊際效用概念的形成產生了影響。

例如：

（1）奧地利學派的代表人物把「價值」視為對外部刺激的主觀心理反應。

（2）「價值」量不是由絕對量（如大量的使用價值、耗費勞動的數量）而是由相對量決定的。

（3）這種相對量是某種「增加的刺激量」——邊際效用，是在該類財貨中的最後物品，按照對該物品的評價來評價所有該類財貨的效用。

（4）「增加的刺激量」對現有財貨的比例必須是固定的，因為被評價的物品的數量在發生變化的情況下，邊際效用本身也會發生變化。

而且，還把經濟關係調節者的作用不正確地強加給心理規律。把心理規律硬搬到經濟學的情況下，經濟理論的庸俗化就不可避免。

為了論證自己理論的中心點而借用心理學的理論原理，甚至引起了資產階級經濟學家對奧地利學派的方法和結論的批評。俄國資產階級經濟學家德米特里耶夫寫道：「按照我們的意見，把邊際效用學說同所謂韋伯和費希納的『基本心理物理學定律』① 相聯繫的一切企圖，都屬於這樣一些不正確的結論，是過於膚淺地認識這種心理物理學的結果。」②

確認奧地利學派的形成同心理學作為一門科學的形成過程的聯繫，在這樣一方面是重要的，它可以對19世紀70年代的資產階級政治經濟學心理學流派產生的直接原因作出解釋。這一流派的許多思想，在18世紀和19世紀上半葉的資產階級經濟學家的著作中已經研究過了。德米特里耶夫寫道：「……建立關於邊際效用的完備的學說的全部資料，在18世紀中葉的義大利經濟學家加利阿尼那裡就已經有了。」③ 在19世紀的西尼耳、羅西、杜皮特和其他許多資產階級學家的著作中，邊際效用概念也得到了發展。

---

① 德國物理學家費希納（1801—1887）在韋伯研究的基礎上假設最小覺差為感覺量的單位，認為刺激量按幾何級數量增減，感覺量按算術級數增減，並運用微積分公理，得出感覺量與刺激量對數成比例的公式，即 $S=K\log R$（S代表感覺量，K代表常數，R代表刺激量）。這一公式有時叫「費希納定律」，有時叫「韋伯—費希納定律」。——譯者註。
② 德米特里耶夫；《經濟學概論》，第137頁。
③ 德米特里耶夫；《經濟學概論》，第137頁。

邊際效用理論的基本原理在19世紀中葉德國經濟學家戈森的《論人類交換規律的發展》（1854年）一書中就已經形成了。關於決定該類全部財貨價格的最後一個單位財貨的效用的思想，在法國經濟學家杜皮特的《社會勞動效用的衡量》（1844年）一書中已經提出來了。英國經濟學家傑文斯提出了「最後效用程度」（final degree of utility）這一術語，後來被定義為「邊際效用」。

19世紀70年代的資產階級經濟學家在兩個基本原因的影響下，把這些思想加工成了嚴整的觀點體系。這兩個基本原因是：

（1）馬克思《資本論》問世以來，在資產階級政治經濟學面前，迫切需要制定捍衛資本主義的新的理論方法（歷史學派不能提供這種方法）。但是，這種狀況並不說明為資本主義辯護的這種形式（正是心理學的形式）的產生。

（2）19世紀60～70年代，心理學作為一門特殊科學已經形成，出現了從心理學方法的立場利用它來改造庸俗經濟學的可能性。

其實，資產階級政治經濟學中心理學派形成的階級歷史基礎和啓發式認識論基礎，正在於此。不同國家的心理學流派幾乎同時產生，完全不是它的正確性的證明，如資產階級政治經濟學史家（例如熊彼特）所認為的那樣。但是這個事實說明了很多問題。它證實了這樣一種情況，不同國家的資產階級政治經濟學是在一些同樣的規律的作用下發展的。

庸俗資產階級政治經濟學的這一流派，作為自己產生的一個基礎，是新的科學知識部門的形成，這就是心理學。但是，這種聯繫本身並沒有揭露心理學派的階級性質和傾向性，因為它們完全由另外的原因所決定，這就是19世紀末20世紀初思想鬥爭的條件。

奧地利學派的理論，企圖從心理學方法的立場出發，建立自己關於利潤起源的概念。從這一目的出發，帶來了「現在財貨」（例如工資）和「未來財貨」（例如勞動）的範疇。利潤被看作對現在財貨和未來財貨不同評價的結果。但是，這樣的利潤理論沒有獲得稍微廣泛的流行。利用心理學方法研究利潤和工資這樣一些辯護性概念的邊際生產力理論，從資產階級宣傳鼓動的觀點來看，是比較成功的。

四、邊際生產力理論

薩伊的「三位一體公式」為現在廣為流行的這種理論奠定了基礎。「三位一體公式」是從社會產品的價值由獨立的「生產要素」所創造出發的。隨著

时间的推移，萨伊的「三位一体公式」经历了某些变化。众所周知，萨伊竭力抽象掉资本主义生产关系，仅仅突出三个「要素」：劳动、资本和土地。出于对资本主义辩护的利益，开始是要求把企业主，然后是把国家和政府包括在「生产要素」之内①。

在著名的工党理论家斯德拉彻的著作《现代资本主义》中，这一理论阐述如下：「现存的分配制度是从自然规律中产生的，这一规律规定：每一个人都必须得到同他对生产实际上所作的贡献相适应的报酬：工人——获得工资，资本家——因等待而获得利息和因风险而获得利润，律师——因在法庭上捍卫资本家的事业而获得奖赏，经济学家——因阐明整个生意经而获得薪金。」②

由此可见，「生产要素」理论断言资产阶级社会基本阶级的收入具有互不依赖的来源，其目的是要论证不存在对雇佣劳动的剥削。

生产要素理论是毫无根据的，它在各种完全不同的现象之间画上等号就暴露了这一点。马克思在揭露把生产力同社会生产关系混为一谈的「三位一体公式」的荒诞性，谈到所谓生产要素时写道：「财富的各种所谓源泉，属于完全不同的领域，彼此之间毫无共同之处。它们互相之间的关系就像公证人的手续变成甜菜和音乐之间的关系一样。」③ 实际上，如果土地和劳动（看作是人与自然的关系）对所有生产方式都是共同的，本身与生产的社会形式没有任何关系（须知，正是企图从其中直接引申出地租和工资），那么，第三个「生产要素」——资本，便是一定的、历史暂时性的生产关系，仅仅为资本主义生产方式所特有。

「生产要素」理论建立在忽视创造商品的劳动的二重性的基础上，建立在由此引起的把商品的使用价值同商品的价值，把作为使用价值生产过程的简单劳动过程同价值创造过程混为一谈的基础上。从劳动、土地和生产资料是简单劳动过程即创造使用价值的过程所必需的条件中，资产阶级经济学家作出结论：所有这些要素是独立的、互不依赖的源泉。

生产要素理论是资本主义下庸俗的阶级利益调和理论的变体之一。资产阶

---

① 斯密特：《经济学》，纽约，1946年，第360页。这一方法的粗鲁坦率，在部分资产阶级经济学家中，也产生了对要素理论正确性的怀疑。美国经济学家皮尔逊写道：「现在的理论家说，工资的决定不能归结为某个行为的规则；既然这涉及经济影响本身，在确定工资时，就存在不确定的因素，甚至存在非决定论。而以前的经济学家倾向于把这些归结到最低限度。」（皮尔逊：《工资理论的演变——工资决定的新概念》，纽约，1957年，第31页）
② 斯德拉彻：《现代资本主义》，伦敦，1956年，第231-232页。
③ 马克思恩格斯全集：第25卷 [M]. 北京：人民出版社，1973：920.

級經濟學家企圖貫徹這樣的思想，即「生產要素」的所有者是為達到最好的生產效益而合作的必然的代理者。因此，他們企圖論證資本主義生產方式的永恆性和必然性。馬克思寫道：「……這個公式也是符合統治階級的利益的，因為它宣布統治階級的收入源泉具有自然的必然性和永恆的合理性，並把這個觀點推崇為教條。」①

從生產要素理論的立場出發，資產階級經濟理論學家還企圖解決工資問題。建立在「三位一體公式」基礎上的生產力工資理論在其發展中經歷了兩個基本階段：①由薩伊和美國庸俗學家凱里（1858年出版的《社會科學原理》）所提出的這一理論的早期的、最簡單的方案；②這一理論晚期的、複雜的方案，即由克拉克提出的邊際生產力理論。

這一理論最簡單方案的代表人物把勞動說成是生產要素之一，這一要素只創造社會產品價值的一部分，並完全佔有這一部分。他們在竭力論證資產階級和工人階級利益和諧的神話時，斷言工資似乎有同勞動生產率的增長成正比例增長的趨勢。這一理論的擁護者援引工資水準的民族差別，援引資本主義國家在工業方面比較發達的國家，其平均工資水準比不發達國家要高，作為例證。

一般說來，在發達國家裡工資雖然實際上高一些，但這種論據仍然是不能成立的。它絕不證明工資同勞動生產率呈正比例關係。勞動生產率的變化對實際工資額的影響並不是直接的，而是一方面通過對商品價值，另一方面通過對勞動力價值發生作用來產生影響的。

如果增長的社會勞動生產力降低工人消費的商品的價值，比降低勞動力價值更多（有許多因素如需求提高規律、勞動強度增加等，是妨礙勞動力價值降低的），那麼，在工人消費的商品中，勞動力價值的相對表現就提高。在這樣一些條件下，由於勞動力價值的降低，實際工資增長的客觀可能性將會形成。它會不會變成事實，這取決於工人階級在反對資產階級的鬥爭中的組織程度，取決於這一鬥爭在多大程度上可能限制資本主義客觀上所固有的工資下降的趨勢。

在高度發達的國家裡實際工資較高，不僅僅因為勞動生產率較高。在這些國家裡，無產階級是在比較發達的條件下形成的，要求更高；工人的熟練程度和勞動強度較高，工人運動比較發達。因此，僅僅以勞動生產力的差別為依據，完全不足以說明各國工資水準的差別。馬克思寫道：「……在比較國民工

---

① 馬克思恩格斯全集：第25卷[M]．北京：人民出版社，1973：939．

資時，必須考慮到決定勞動力的價值量的變化的一切因素：自然的和歷史地發展起來的首要的生活必需品的價格和範圍、工人的教育費、婦女勞動和兒童勞動的作用、勞動生產率、勞動的外延量和內含量。」①

邊際生產力理論的基礎是由德國經濟學家屠能在《孤立國》一書中奠定的。在資產階級經濟學家——美國人克拉克（1847—1938）和英國人馬歇爾（1842—1924）的著作中得到解釋的邊際生產力論，是舊生產力理論同奧地利學派理論的結合，即同邊際效用理論、生產力遞減原則或收益遞減原則的結合。

首先，我們來談談邊際生產力遞減原則——邊際生產力理論的原則之一。從馬爾薩斯那裡借用來的並應用於一切領域和生產要素，而不僅是土地的這個「原則」的內容就是：隨著某一生產要素的增加，與其餘要素相比，它的生產率將會降低。例如，在一個擁有100臺車床的工廠裡，工人人數從100人增加到101人，那麼，第101人的生產率比第100人的生產率要小。如果工人的人數再增加一個單位，那麼，第102人的生產率比第101個工人的生產率又要小，等等。

當然，最簡單的生產要素的一定比例，是一切生產的正常組織的條件。例如，在一定的機床和一定的工藝方式下，從事勞動的完全可能是一定數量的熟練程度的工人。但是，從這裡完全不應當得出生產力遞減的原則。

生產力遞減理論的毫無根據，在於它把資本有機構成隨生產力的發展而提高的規律抽象掉了。實際上，技術進步是減少而不是提高活勞動對物化勞動的比重。在這種情況下，勞動生產率是在提高，而不是降低。

在資產階級政治經濟學中廣泛流行的辯護手法，即把非代表性的，但在現實中卻可以遇到的個別場合說成規律，是生產力遞減理論的基礎。在設備規模不變的情況下，關於工人數量增加的這種理論的主要原理便是這樣。但是，在設備規模不變工人數量增加的大多數情況下，勞動生產率仍會上升而不會下降，因為工人數量增加導致新的勞動分工。生產率遞減理論把由於勞動協作而提高勞動生產率抽象掉了。

邊際效用理論是邊際生產力理論的第二個基礎。邊際效用理論最初是作為價值理論產生的，只是後來才被應用來作為資產階級分配理論的基礎。關於這一點，美國資產階級經濟學家鄧若普指出：「邊際生產力理論的產生是由於把

---

① 馬克思恩格斯全集：第23卷［M］. 北京：人民出版社，1973：613.

邊際效用方法擴展到生產要素價格形成的問題，擴展到把價值歸算於以成品價格為轉移的要素。」①

邊際效用理論不僅否定商品價值的存在，而且還對價值的貨幣形態——價格作庸俗的解釋。這種理論建立在反科學的抽象法之上。它抽象掉了物質財富的生產、產品的商品形態，資本主義生產關係。

邊際生產力理論把勞動作為經濟財富來考察，勞動的「價值」是在邊際效用原則的基礎上決定的。與生產力遞減原則相適應，在設備規模不變的情況下，每一新增就業工人的生產率隨著企業工人人數的增加而下降。

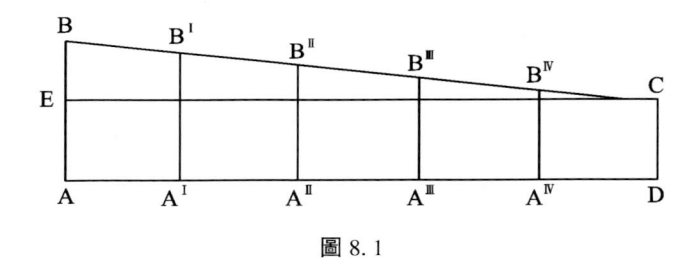

為了圖解邊際生產力理論，我們引用下列圖表（見圖8.1）②。

圖8.1

圖8.1中，AD線，表示就業人數（假定6個工人）；AB線、A^IB^I線、$A^{II}B^{II}$線等，分別表示每個工人的生產率；CD線表示邊際生產力。

如圖8.1所示，第六個工人是最後就業的工人，具有最小的生產力CD，它就是邊際工人，而由他生產的產品就是邊際產品（CD）。

邊際生產力理論的擁護者斷言，對於資本家來說，每個工人的價值均與邊際產品相等，因此，在解雇任何一個工人時，資本家隨時有可能以邊際工人來取代解雇的工人③。

由此可以得出結論，每個工人的工資有等於勞動的邊際產品的趨勢，即等於最小的生產力工人的勞動產品的趨勢。美國經濟學家雷諾茲和莫里斯寫道：「任何特殊形式的勞動的工資，與稱之為勞動階級的邊際收入生產力相適應，或者與追加給企業主相應勞動的邊際單位的收入額相適應。」④

---

① 鄧若普主編：《工資決定理論》，倫敦，1957年，第9頁。
② 貝爾：《經濟思想史》，紐約，1953年，第532頁。
③ 克拉克：《財富的分配》，商務印書館，1981年，第121-122頁。
④ 雷諾茲與莫里斯合著：《工資結構的演變》，紐黑文，1956年，第397頁。

用圖表說明這一結論時，克拉克寫道：「DC 線……決定工資標準。」①

從圖 8.1 可以看出：邊際工人得到等於他的勞動的全部產品 CD 的工資 CD，資產階級經濟學家斷言，其餘工人同樣獲得自己勞動的全部產品，因為，它們據說等於邊際產品（長方形 AECD）。既然資本家決定每個工人的「價值」，那麼「價值」同最後雇傭的（邊際的）工人的「價值」是相適應的。同生產要素理論相適應，超過工資以上的產品餘額，被宣布為資本的產物（三角形 EBC）。

可見，邊際生產力理論貫穿著這樣一種思想，即工人獲得了自己勞動的全部產品。而且，它還竭力證明工人在佔有自己勞動的全部產品時，只應該獲得低下的工資。邊際生產力理論這種邏輯的實質是完全由克拉克公開陳述出來的。他在《財富的分配》一書中宣稱：「社會組織的穩定性」取決於勞動階級能否獲得自己勞動的全部產品。他寫道：「如果他們創造的財富很少，但全部歸於他們所有，他們也許就不會提到革命……」②

但是，邊際生產力理論並不能掩蓋對無產階級的剝削。看看圖 8.1 就足可以令人信服了。為什麼第一個工人生產 AB 單位，第二個工人生產 $A^I B^I$ 單位，第三個工人生產 $A^{II} B^{II}$ 單位，也就是說，生產的越來越少呢？這一理論的擁護者回答說，因為第一個工人是首先被雇傭的，第二個工人是第二個被雇傭的，等等。這樣，第一個工人的勞動生產力就比第二個高，第二個又比第三個高，等等。

因此，即使根據這種理論，AB、$A^I B^I$、$A^{II} B^{II}$ 等，都是由第一個、第二個、第三個等工人的勞動生產出來的產品，而不是資本家生產出來的產品。而同時，工人的工資等於邊際工人的產品。可見，工人絕不能獲得自己勞動的產品。這一點從圖 8.1 可以明顯地看出來：由該種勞動生產的產品用圖形 ABCD 表示；由勞動獲得的產品用較小的圖形 AECD 表示，勞動產品的一部分即 EBC，被資本家無償地佔有。

有時，資產階級經濟學家不得不承認這種情況。例如，克拉克寫道：「……你的店會不會收留我呢？假使我能給你生產的價值，比你要給我的工資多一點，你就會收留我；假使我能生產的價值，比你要給我的工資少，你便不

---

① 克拉克：《財富的分配》，第 150 頁。
② 克拉克：《財富的分配》，第 3 頁。

會收留我。」①

不但如此，某些資產階級經濟學家把工人的工資等於邊際勞動產品視作保證最大限度利潤的條件。鄧若普寫道：「公司要使利潤達到最大限度，要求……每一生產要素的價格同自然邊際生產力成比例。」②

關於所謂邊際工人，即不給資本家提供任何利潤的工人的邊際生產力理論原理，是完全荒誕的。隨著利潤的消失，資本主義企業精神的推動作用和資本主義基礎本身也就消失了。實際上，在資產階級社會裡，工人只有在他使自己的剝削者致富的情況下才能獲得勞動的機會。從前一位自由資產階級理論批評家蘭蓋寫道：「**貧窮迫使他們跪在富人面前，央求富人准許他們使他發財**。」③

而且，一個工人自由地去取代另一個工人實際上是不可能的。須知，這是邊際生產力理論的中心前提之一。在現實生活中，雇傭工人，絕不是資產階級經濟學家所描繪的那樣：在開始似乎是一個工人同全部資本（假定能使一萬人就業）匯合在一起，使這項資本開動起來，達到很高的生產率，然後，第二個人提供稍微低一點的生產率，這樣，一直到邊際工人。實際上，新開設的企業招雇勞動力是一次就實現的。在營運的企業招雇工人，或是由於勞動力的退出（死亡、疾病、傷殘、解雇等），或是由於擴大營運的資本。正在開業的企業的一般趨勢是，同不變資本相比，可變資本的比重在減少。因此，實際上不存在邊際工人。

邊際生產力理論，是資產階級辯護士企圖論證向工人階級的生活水準進攻。依據這一理論，所有工人的工資必須建立在邊際的、也就是最低生產率工人的工資水準上。實質上歸結到使其挨餓的最小限度。

為了說明邊際勞動產品究竟等於什麼，克拉克建議把勞動與其他因素分隔開來，也就是在剝奪工人的生產資料和肥沃土地以後，迫使他們勞動。他寫道：「假定把全部比利時人口都放在沙地上……在比利時沙地的人所得的收入，和在美國不毛之地的人所得的收入……在某種程度上可以衡量一般的工資標準……」④

這裡所說的「過剩的勞動力」即失業工人，不是偶然的。如果說邊際工

---

① 克拉克：《財富的分配》，第80頁。
② 《工資決定理論》，第9頁。
③ 馬克思恩格斯全集：第26卷第1冊［M］．北京：人民出版社，1973：369.
④ 克拉克：《財富的分配》第69-70頁。

人是辯護者的臆造，那麼，最後雇傭的工人卻完全是現實的人物，這是經歷了失業的苦難並剛剛獲得工作的工人。因此，邊際生產力理論考慮到失業大軍的壓力，勸告資本家降低工資。這樣，邊際生產力理論對工資和利潤的起源作了完全錯誤的解釋。但是這一理論捉摸到了浮在表面現象上的工資對勞動生產率和工資對勞動供求關係的數量依賴性。

現在，邊際生產力理論是最流行的理論之一。鄧若普寫道：「從邊際生產力立場出發，對分配的分析，是分配理論的靈魂。」① 美國資產階級經濟學家凱普斷言：「許多國家的實際發展同邊際生產力理論是相符的。」②

但是，這種理論不可能不加任何變化，以克拉克陳述的形式來為資本主義辯護，因為它與廣泛流傳的人民資本主義神話和收入革命神話相矛盾。事實上，同邊際生產力理論相適應，由工人的「邊際」產品決定的工資必然是低的。而在現代條件下為資本主義辯護的利益，要求散布在資本主義條件下勞動者收入增長的幻想。

而且，邊際生產力理論，一般不足以適應國家壟斷資本主義的需要，特別是不足以適應國家干預勞動力的買賣。美國資產階級經濟學家皮爾遜在《工資理論評價》一文中關於邊際生產力理論寫道：「……理論什麼也沒有說明，即沒有說明在各種可能的方案中應當選擇什麼樣的工資政策。」③

這一切，引起了對邊際生產力理論進行某種改造的必要性。在資產階級經濟文獻中，發出了不滿意該理論的呼聲。美國資產階級經濟學家斯密特對它的正確性表示懷疑時寫道：「誰也不能決定誰是邊際工人，他對產品增加了什麼。」④ 美國資產階級工資理論問題專家鄧若普，對這一點說得更加尖銳。根據他的意見，邊際生產力理論統治結束的時期，應當是「大蕭條」即 1929—1933 年經濟危機的日子。鄧若普寫道：「由於它作為分析工具不令人滿意，它的聲望縮小了。」並且說：這種理論「既未說明個別工資，也未說明工資的一般水準」⑤。皮爾遜附和說：「理論沒有在細節上說明工資是怎樣決定的，」「沒有闡明也許是隨工資變化而產生的許多不同的結果。」皮爾遜得出結論說：「邊際

---

① 《工資決定理論》，第 10 頁。
② 《工資決定的新概念》，紐約，1957 年，第 264 頁；還可參閱道格拉斯：《有生產規律嗎?》——《美國經濟評論》，3 月號，1948 年。
③ 《工資決定的新概念》，第 17 頁。
④ 斯密特：《經濟學》，紐約，1946 年，第 392 頁。
⑤ 《工資決定理論》，第 4、10 頁。

生產力理論問題的分析，範圍限制過分，當前，在工資方面，這些問題有著巨大意義。」①

但是，資產階級經濟學家離完全否定和拋棄邊際生產力理論還十分遙遠。他們把這一理論看作是構成辯護的分配理論最廣泛的基礎，掩蓋資本對勞動的剝削，儘管這對解決工資方面的國家壟斷政策的具體問題沒多少用處。皮爾遜寫道：「除了廣泛的和一般意義而外，這種假說對說明工資關係沒有提供什麼根據。」②

可見，在現代資產階級政治經濟學中，十分明顯地暴露出改造邊際生產力理論，以適應戰後思想鬥爭條件、適應國家壟斷資本主義的實際需要的趨勢，但仍然保持這一理論作為對勞動和資本之間的關係作辯護性解釋的一般基礎。

五、歸算理論

邊際生產力理論的擁護者斷言，一切工人的工資均趨向於等於邊際工人的產品，儘管其餘工人生產了更多的產品。這種理論不可能掩蓋資本主義剝削的事實。因此，克拉克在《財富的分配》中為了解決這個問題，專門創造了所謂歸算理論（歸宿理論），這一理論的目的在於劃分出似乎每一個生產要素所創造的產品所占的比重來。

以邊際生產力理論為依據的歸算理論，在方法論上是建立在混淆商品的使用價值和價值的基礎上（邊際生產力論也是這樣）。克拉克在歸算理論中考察財富的源泉時，沒有明確說明指的是什麼樣的財富形式——是自然物質形式的財富，還是價值形式的財富。這樣對概念的混淆，使得他可以斷言，不僅勞動，而且資本，都創造「財富」。在這種情況下，這一生產要素或那一生產要素的每一個所有者（工人或資本家）僅僅占有產品的那樣一部分，這一部分可以歸算於（歸功於）它所屬的要素。資產階級對工人階級的剝削（這是資本主義生產方式的決定性特點），被克拉克否定了。歸算論的任務不同於生產力論（是歸算論的一般理論基礎），在於企圖精確地確定社會總產品的各個份額，把它們分別歸算到勞動和資本的特殊生產力上，歸算到勞動和資本上。在這裡，克拉克所依據的是上面考察過的非科學概念，即生產力遞減、邊際生產力、生產要素等概念。

---

① 《工資決定的新概念》，第17、18頁。
② 《工資決定的新概念》，第18頁。

為了論證歸算理論，克拉克利用了證明問題的圖表法。

在《財富的分配》一書中，克拉克引用了下圖（見圖8.2）：①

圖8.2

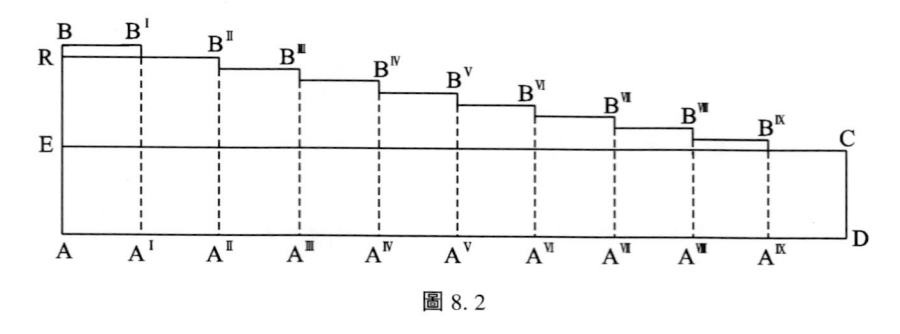

A、A^I、A^{II}、A^{III}，等等，表示「單位社會勞動」，它們依次歸並到社會資本的不變（按價值）量。面積 ABB^IA^I、$A^IRB^{II}A^{II}$，等等，表示與一個單位勞動相適應所生產的財富量。在比較第一、第二個單位勞動的產品時，克拉克企圖說明既歸算於勞動又歸算於資本所占的份額。第一個單位社會勞動 AA^I，由於它利用了全部社會資本，提供了最大的產品量 ABB^IA^I。歸並第二個單位勞動 A^IA^{II}，是伴隨著體現為資本的機床數量而增加的。但是，如克拉克所說的，在這種情況下，機床廉價到這樣的程度，以致在機床上體現的資本總額仍舊不變。因此，現在加倍的工人所使用的資本按實物形態已經增加，而按價值並沒有變化。結果，按照克拉克的意見，這兩組工人的勞動生產力同第一組工人比較下降了——從 ABB^IA^I 下降到 $A^IRB^{II}A^{II}$。

克拉克斷言，之所以發生這種情況，是因為現在每一組工人只使用了過去第一組工人全部使用了的資本的一半（按價值而言）。因此，它的勞動生產力下降到 RBB^IR^I 的數量，而這一數量似乎提供了「額外資本所生產的數量」。克拉克寫道：「這個減少的數量，可以測量舊工人所讓出的資本的產量。」② $ARB^{II}A^{II}$ 的數量是兩組工人勞動的產品，然後，再把繼起的單位勞動（$A^{II}A^{III}$、$A^{III}A^{IV}$，等等）加進來，克拉克得出結論：在圖8.2中 EBC 面積表示的產品是資本的產品，而勞動的產品由 AECD 來表示。不存在資本對勞動的剝削，這就是歸算理論對提出的基本問題「複雜的社會產品的每一份額應當

---

① 克拉克：《財富的分配》，第247頁（我們根據克拉克在第248頁的註釋，使這個圖表更加精確）。

② 克拉克：《財富的分配》，第245頁。

歸什麼要素」的回答①。

　　但是，歸算理論是建立在毫無根據的前提的基礎之上的，當然也就不可能證明不可證明的東西，他僅僅使克拉克創造一個證明對無產階級沒有剝削的假象。

　　事實上，假如「單位社會勞動」AA^I，使用了全部已有的社會生產資料，並由同樣的單位來補充，將發生什麼樣的情況呢？工人人數增長一倍，生產資料的規模也至少增加一倍，因為假定全部工人都將被雇傭。這些生產資料單位的價值要下降到這等程度，使它們增長數量的價值等於生產資料原來的價值。

　　因此，同第一個時期比較，第二個時期預計勞動生產力會有很大的提高。這意味著，第一，資本有機構成應當發生變化，在第二個時期，資本有機構成必然更高。因此，單位勞動佔有的生產資料量在第二個時期大大提高，而不是像克拉克假定的那樣沒有變化。因而單位勞動力價值佔有的資本價值量必然提高。第二，這意味著，在第二個時期，產品產量（使用價值量）大大增加，而不像克拉克所說的那樣會縮減，因為新加入的勞動將在更為先進的技術基礎上行使職能，它的勞動生產率將更高。如果假定，從前的單位勞動的生產技術基礎也會革命化（與歷史事實相一致），那麼，它的產量會大大增加。根據克拉克所說的這些原因，如果從其實際上採用的條件出發，圖上應當有反應社會勞動生產力增長（而不是克拉克所假定的下降）的形式（見圖8.3）：

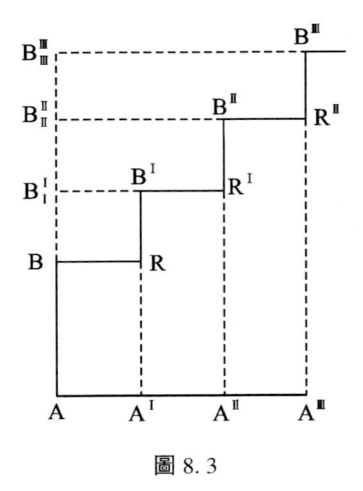

圖8.3

---

①　克拉克：《財富的分配》，第246頁。

圖8.3中AA^I、A^IA^{II}等，表示依次吸引到生產中的社會勞動單位；AB、A^IB^I等表示不斷增長的勞動生產力；$ABRA^I$、$A^IB^IR^IA^{II}$等表示在日益先進技術基礎上工作的勞動所生產的使用價值的不斷增長的規模；$AB^IB^IA^I$、$AB^{II}B^{II}A^{II}$分別表示考慮到技術基礎和以前雇傭的勞動不斷更新，生產規模增長的指標。

圖8.3表明，歸算理論的中心點——邊際勞動產品範疇的完全不現實性。在日益進步的技術基礎上，吸引到生產過程中的社會勞動單位的不斷增加，不會導致勞動生產力的下降，而會導致它的增長。因此，建立在生產力遞減和邊際勞動產品錯誤概念基礎上的克拉克圖式，徹底崩潰了。看來，只有這一結果，即所生產的使用價值量的增長，才可以歸功於勞動（正是具體勞動）。如果從創造價值的過程的角度出發，那麼，歸算理論的虛偽性就暴露得更加明顯。勞動（抽象勞動）是價值的唯一源泉。生產資料（按照克拉克的術語就是資本）則不創造任何價值。生產資料原有的價值借助於工人的具體勞動，才轉移到製成品上。勞動也是剩餘價值的唯一源泉——資本主義利潤（克拉克的術語是利息）的基礎。

明顯說明這一點的是下圖（見圖8.4）：

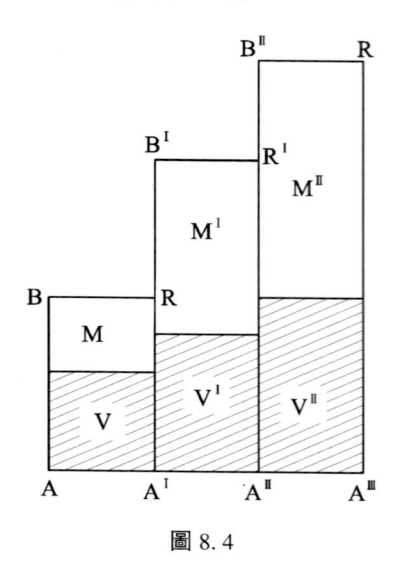

圖8.4

AA^I、A^IA^{II}，表示相等的時間間隔；$ABRA^I$、$A^IB^IR^IA^{II}$，表示由不斷增加的社會勞動量（在每一個時期單位勞動的增加量，等於$ABRA^I$）所生

產的價值量；V、V^I、V^{II}，表示勞動報酬額，其數量由於工人人數和工資的增加而增長，但創造的價值總量增加得較慢；M、M_I、M_{II}，表示由資本家無償佔有的雇傭工人的勞動——絕對和相對增長的剩餘價值；$M_I = M/V$ 表示剩餘價值率的增長，反應資本主義剝削的加強。

圖 8.4 表明，工人的工資和資本家的利潤，具有同樣的而不是兩個獨立的源泉，即工人勞動所新創造的價值。因此，劃分出勞動和資本的「特殊產品」並把它當作歸算理論的基本內容是沒有經濟意義的。這種劃分所追求的目的就是為資本主義制度辯護，論證工人階級的生活水準是合理的。劃出工人創造的價值份額，而後又具有工資和利潤形式，這證明資產階級對無產階級的剝削不斷加強。

心理學派給資產階級古典政治經濟學所剩下的科學成分以嚴重打擊，它的代表人物忽略了社會經濟發展的客觀歷史規律，忽視了資本主義的剝削實質及其階級結構，忽視了生產在社會生活中的決定作用及經濟關係的社會性質，同時從非經濟的根據出發，企圖對資本主義的經濟現象作辯護性的解釋。庸俗化的內涵形式在外延庸俗化的基礎上並與之相聯繫而一起發展著。

格羅塞寫道：「經濟理論變成了一堆不成形的貧乏概念，這些概念是遭受某些主觀經濟學派代表人物打擊之後保留下來的。任何人可以相信，主觀經濟理論的歷史——這是經濟思想蛻化的歷史，在這一過程中，每一個繼起的主觀學派理論家都竭力破壞（在認識論意義上）在他的前輩之後古典經濟學理論尚未觸動的東西。」[①]

第三節　資產階級政治經濟學的自然—外延庸俗化派

自然—外延庸俗化形式，是資產階級經濟理論庸俗化最簡陋的形式之一。它是建立在用自然過程和自然規律起決定作用的觀點來辯護性地說明資本主義的社會經濟與政治現象的基礎之上。自然規律和自然現象被強加給並非它們所固有的職能——直接調節人們的經濟與政治關係，決定社會經濟過程發展的性質和方向。

---

① 格羅塞：《經濟的虛構》，第 36 頁。

一、新馬爾薩斯主義

在 19 世紀和 20 世紀之交，馬爾薩斯主義的思想獲得了廣泛的傳播。而且，對經濟現象的生物學解釋不僅僅開始運用於這樣一些尖銳問題方面，如失業和貧困問題上，來為資本主義辯護，馬爾薩斯主義成了資產階級政治經濟學原理之一。錯誤的生物學的土地肥力遞減原則、農業生產力遞減原則，被說成是任何一般生產的普遍規律。

帝國主義時代的很多現象，包括眾所周知的構成帝國主義經濟實質的壟斷統治的壟斷，都得到了生物學的解釋。例如，馬歇爾（劍橋學派的首領）解釋英國經濟壟斷化過程落後於德國經濟的原因，就是建立在這一立場上。根據馬歇爾的意見，這種落後的原因根源於益格魯撒克遜種族的特點和它所固有的阻礙英國資本家聯合為巨大公司的個人主義。現代英國高度的壟斷化水準，不遜於其他帝國主義列強的經濟壟斷化水準，這表明，居民的民族差別不會影響按其實質來說是一般的帝國主義經濟規律。

還有人企圖從生產過程起決定作用的立場出發來說明經濟週期。美國資產階級經濟學家海京格東在《世界列強和進化》一書中（1919 年）斷言：「居民的健康與其說是原因，不如說是行情的結果。」他寫道：「看來經濟週期在很大的程度上取決於居民精神狀況的水準……精神狀況又取決於健康狀況，而健康在很大程度上又取決於氣候。」①

在這裡，經濟週期的最終原因被說成是氣候條件的變化、宇宙過程和宇宙規律。海京格東絕不是捍衛這一立場的唯一的庸俗資產階級經濟學家。威廉·杰文斯在一系列著作中宣傳關於經濟週期宇宙原因的論點②。他斷言：資本主義經濟活動的變化是由太陽活動的變化引起的。這一理論後來由他的兒子赫伯特·杰文斯堅持下來，並企圖把這一理論同他當時的天文科學材料協調起來。在 20 世紀 20 年代，美國教授穆爾（《經濟週期的起源》，紐約，1923 年）和英國經濟學家貝弗里奇（《西歐穀物價格和降水量》，1922 年）③ 都鼓吹這類理論。不難看出，從這類理論的觀點來看，資本主義制度對經濟活動的波動沒有任何關係。既然它不引起波動，它對此不承擔任何責任。

---

① 轉引自密契爾：《經濟週期》，俄文版，莫斯科-列寧格勒，1930 年，第 15 頁。
② 威廉·杰文斯：《通貨和金融研究》，倫敦，1884 年。
③ 密契爾：《經濟週期》，第 13-15 頁。還可參閱漢森：《經濟週期與國民收入》，俄文版，莫斯科，第 16 章。

對帝國主義時代的社會經濟過程，首先是對世界大戰作地理解釋，在方法論上同這類理論是相近的。

二、地理政治論（地緣政治學）

在 19 世紀末 20 世紀初，所謂地理政治論這一偽科學已形成並開始流行，地理政治論的代表人物為了替帝國主義的侵略政策辯護，依靠他們偽造的地理學（豪斯霍費爾、邁黑、馬基得爾等）。顯然，地理政治論雖然不直接考察社會經濟生活現象，但應該屬於資產階級庸俗政治經濟學流派之一。它的宣傳者企圖對帝國主義政策做非經濟的論證，其實，這種政策首先是由它的經濟和資本主義壟斷的統治所決定的。卡爾·豪斯霍費爾（1869—1946）把地理政治論定義為「政策的地理制約性」[1] 學說。在其他地方，地理政治論又解釋為「關於生存空間中生命對地球依賴的政治形成的科學……」[2]。1955 年在漢堡出版的《哲學辭典》中，地理政治論被定義為「關於政治事件依賴於地面、地形和國家的特點的學說」[3]。

如果把地理因素不僅直接地理解為對地形做地理說明，而且首先理解為領土上自然資源保證的程度，地理因素對生產過程和整個社會經濟生活產生巨大影響。只要指出地理因素是影響社會勞動生產力水準的重要因素就夠了。它對生產配置及其部門結構都有影響。

但是，地理因素且不說不是某個國家政治和社會經濟制度的決定因素，也不直接是它的政策因素，甚至在我們上面指出的那些方面也不起決定性作用。同時，生產對地理環境的直接依賴，隨著科學技術、運輸工具和整個生產力的發展而日益變小。例如，日本顯然是一個連主要基本原料也沒有的國家，甚至在資本主義經濟條件下仍能以高速度發展，在國際勞動分工的基礎上，在工業生產規模上，上升到資本主義世界領先地位的國家之一。

地理政治論是建立在對社會經濟依賴性過於「簡單化」（一般說來，這是庸俗經濟學的一般特點而言）的基礎上。地理環境被看作是直接決定國家政治制度及其對外政策的因素。

---

[1] 轉引自黑杰思：《德國地理政治論批判》，第 77 頁。
[2] 轉引自黑杰思：《德國地理政治論批判》，第 78 頁。
[3] 霍夫梅斯特：《哲學辭典》，漢堡，1955 年，第 259 頁。

地理政治理論的社會基礎源於帝國主義時代引起的經濟和政治變動之中，首先源於資本主義壟斷所產生的帝國主義列強對世界統治的企求；帝國主義侵略政策的全球性，在於把研究包括整個大陸，甚至全世界在內的大規模地理綜合考察提到首要地位之一。豪斯霍費爾在有副標題《關於地理與歷史相互關係的研究》的《太平洋政治地理論》一書中，給地理政治論下了如下定義：「地理政治論（科學論證現存國家生存形式，在為爭取地球上的生存空間而鬥爭中政治作用的藝術）的目的和任務，是對地面主要特點的認識，這些特點在這一鬥爭中是唯一不變的，首先是經驗性地、然後是在占統治規律的基礎上加以利用。在這方面，它的出發點首先是政治、文化和經濟地理學，而這些學科的基礎又是建立在自然地理學之上的無機物地理和生物地理。」①

地理政治論根據錯誤的理論前提創立了一系列旨在論證帝國主義侵略政策的概念，例如，「生存空間」「中部歐洲」「世界從地理上劃分兩部分」：陸上勢力和海上勢力，等等，就是如此。帝國主義列強為分割和再分割已被分割完的世界的鬥爭——這是列寧在《帝國主義是資本主義的最高階段》這一著作中科學地研究了帝國主義五大特徵之一——地理政治論把它上升到人類發展的永恆規律，並為自己提出的謊言服務。豪斯霍費爾寫道：「為了人類的未來發展（這決定於爭取達到、維持分割和再分割生存空間和生存力量而不斷進行的鬥爭）。為了在實際政策中實現這場鬥爭，必須散布地理政治理論。」②

具有代表性的是，對政治現象首先是對帝國主義對外政策作地理解釋，其所追求的辯護目的是使人離開對重新分割世界的真正實質和根源的理解，為資本主義壟斷組織發動世界大戰開脫罪責，這些同對它們作生物學解釋是密切地交錯在一起的。在地理政治論著名理論家撰寫的著作《世界大戰前後的列強》中斷言：「……列強是經由爭取生存鬥爭的自然淘汰中所產生和發展的。存在著正在衰老和死亡的列強；它們的命運部分地建立在生存規律的基礎上，因此，它們甚至有可能成為生物學研究的對象。」③

從地理政治論的例子可以特別明顯地看出，資產階級政治經濟學外延庸俗

---

① 豪斯霍費爾：《太平洋地理政治論》，柏林，1924年，第1頁。
② 豪斯霍費爾：《太平洋地理政治論》，柏林，1924年，第1頁。
③ 《世界大戰前後的列強》，柏林，1930年，第3頁。貝爾納就這些理論寫道：「……對達爾文主義的這類歪曲，就是既頌揚種族，也頌揚戰爭，因為正是在戰爭中種族經受著考驗，正是在戰爭中最強大的種族忍受得了。」（貝爾納《社會歷史中的科學》，第567頁）

化是由它的思想職能發生危機而產生的。須知，十分明顯，即使站在經濟立場上，對帝國主義國家掠奪性的殖民政策的庸俗化論證，甚至也會導致對這一政策的實際根源的理解。地理政治論的任務，一般說來，是要迴避對帝國主義的政策作經濟的解釋。

自然—外延庸俗化是經濟理論庸俗化的極端形式，因為它建立在完全忽視經濟過程的社會性質的基礎上，建立在把自然過程和自然規律直接推廣到資產階級社會的社會經濟生活現象的基礎上。因此，這類理論（新馬爾薩斯主義、種族理論和地理政治理論）對現實作粗暴的歪曲和辯護性的描繪，是為帝國主義服務的最反動的力量，這不是偶然的。

第四節　資產階級政治經濟學的神學化

資產階級政治經濟學外延庸俗化的特殊形式是它的神學化，也就是轉到從某種宗教學說的立場去解釋經濟現象和經濟過程。這一轉變由於庸俗的資產階級政治經濟學和作為反科學的思想流派的神學學說具有內在的兼容性和共同性而顯得容易了，這種反科學的思想流派追求著一個共同的階級目的——捍衛資本主義生產方式。帝國主義時代大多數資產階級政治經濟學流派是建立在唯心主義地對待現象之上的，這種現象正如列寧指出的那樣，乃是精細的宗教。但是，資產階級政治經濟學的神學化並不一定直接包括它的每個單一的支派，雖然後者對許多流派都有其適應的地方。同時，用神學方法解釋經濟過程，是庸俗經濟學所固有的。正如列寧指出的那樣，「排除科學的**規律**，實際上只能是**偷運宗教**的規律」①，庸俗經濟學的這一內在傾向，在社會天主教學說的形式中得到了最鮮明的表現。資產階級政治經濟學神學化還由這樣一種情況所促進，正如貝爾納在談到宗教思想時所指出的，「在資本主義時期，社會科學仍然沒有徹底地從這些思想和表述中分離出來達到科學的思想形式……」②。

19世紀末，為適應於為帝國主義階段的資本主義辯護，社會天主教學說開始形成。韋利柯維奇寫道：「教會的社會學說，是作為回答社會主義工人運動的成就而產生的。帝國主義時代的第一部社會教皇通諭於1891年發表，此

---

① 列寧全集：第20卷 [M]. 北京：人民出版社，1957：196.
② 貝爾納：《社會歷史中的科學》，第613頁.

時工人運動已取得重大成就。」① 社會天主教學說對資本主義的社會經濟過程作了神學解釋。利潤、工資、資本主義私有制的統治、失業、社會階級結構和社會發展的道路問題——所有這一切，都從神學的立場加以闡述和宣傳。因此，社會天主教理論是庸俗的資產階級政治經濟學的一個特殊流派。這個流派的特點在於，它為了替資本主義制度辯護，訴諸神祕的、中世紀的繁瑣哲學。難道這不是資產階級經濟學破產的證據麼！

誠然，認為整個資產階級政治經濟學都站到了神學立場，不再是「世俗的科學」，是不正確的。資產階級政治經濟學的神學化首先表現在它作為一個特殊流派出現。這一特殊流派把對社會經濟現象的解釋建立在宗教教條的基礎上，雖然神學化的過程在某種程度上，涉及的如果不是資產階級經濟理論流派的全部，至少也是它的大部分。

19世紀末20世紀初，在不屬於庸俗政治經濟學的神學派的資產階級經濟學家的著作中，包括有站在宗教教條立場上來「說明」資本主義社會經濟過程的企圖。施穆勒斷言：「宗教學說解釋一切，支配一切。它是合理解釋現存的東西的最初嘗試，是一切事件的實際指導者。」②

宗教教條對資產階級辯護士特別方便，正是因為它對資本主義經濟過程提供了完全荒謬的、無論如何不是真正科學的解釋。事實上，某些神學化的經濟理論原理的真理性標準，被宣布它同宗教教條是否一致，而這些宗教教條對實際作了極端歪曲的和虛偽的反應，而且永遠適合對剝削制度的辯護，因此。這種原則上是教條的方法，排除了建立經濟現象之間真正因果的、規律性的聯繫的可能性。

但是，19世紀末20世紀初，在資產階級政治經濟學中，神學流派還僅僅在形成。

外延庸俗化轉變為帝國主義時代資產階級政治經濟學危機的統治形式，意味著它的庸俗化的新質階段。

它不僅把經濟現象的形式，而且把非經濟現象的形式，都描述為經濟過程的本質。對經濟過程的這種解釋，更加遠遠離開了對其實質的理解。因此，資產階級政治經濟學庸俗化的外延形式，乃是它的內涵形式的繼續和發展。

---

① 韋利柯維奇：《教會與「人民資本主義」》，莫斯科，1962年。
② 施穆勒：《國民經濟，國民經濟學及其方法》，莫斯科，1902年，第23頁。

外延庸俗化形式的發展證明，由於資產階級政治經濟學反動性的加強。大大縮小了它在認識上的可能性，從而基本上完成了資產階級政治經濟學在一般理論問題上的庸俗化，資產階級政治經濟學古典學派的科學痕跡已經不見蹤影了。正因為如此，當代資產階級政治經濟學便建立在19世紀末20世紀初庸俗政治經濟學的一般理論上。

因此，早在資本主義總危機到來之前，庸俗化的內涵和外延形式的發展，創立了整個當代資產階級政治經濟學某種實際活動的基地①。

我們排列建立在外延庸俗化方法基礎之上的資產階級政治經濟學流派，是考慮到它的基礎離經濟領域本身的程度的。因此，我們在開始的時候，考察那些在自己的理論結構中依靠最接近於經濟的社會關係的資產階級政治經濟學流派。當然，庸俗資產階級政治經濟學的演進過程，沒有提供外延庸俗化程度從不太深到比較深的過渡那樣明顯的連貫性。

但是，我們仍然有某些根據考察建立在外延庸俗化基礎上的流派。整個說來，向越來越脫離經濟的（即使是庸俗的）分析發展。這種狀況表明資產階級政治經濟學中認識過程與其階級傾向之間的矛盾繼續不斷地發展，認識過程越來越從屬於階級傾向。

實際上，正是在資本主義總危機時期，以自然外延庸俗化為基礎的流派獲得了空前未有的廣泛流行。其中許多上升為官方理論，並用國家影響思想的強大手段來進行宣傳。例如，法西斯主義的種族理論和地理政治理論就是如此。如此反動露骨的和極端庸俗化的理論，在資產階級思想武庫中過去從未占據過如此重要的地位。資產階級社會經濟思想的神學化，過去也從未像世界資本主義危機時代那樣獲得如此廣泛的傳播。貝爾納在論及資產階級思想危機發展的現代形式時寫道：「宗教和哲學中的蒙昧主義和神祕化，在『自由』世界的流行顯然已經超過了50年前的情況，這對精神水準的一般衰落來說是具有代表性的。」②

政治反動和政治制度法西斯化的趨勢，是以資本主義壟斷統治為特徵的帝國主義所固有的屬性。但是，這種趨勢之所以還沒有以某種直線型的趨勢表現

---

① 「現有經濟理論的較大部分是以大約1900年前後30年（即1870—1930年）的理論為基礎建立起來的，而這幾十年的理論又是以過去的學說為基礎的」（羅爾：《凱恩斯以後的世界》，第4頁）。
② 貝爾納：《社會歷史中的科學》，第613頁。

出來，是因為它在自己的道路上遇到了強大的對抗因素。況且，也不存在這種最反動的自然外延辯護概念影響增長的直線型趨勢。但正是這種資產階級經濟思想流派發展的趨勢是壟斷資本所固有的，儘管是通過各種乖離和變異而暴露出來。帝國主義——這不僅是在經濟領域，而且是在政治和思想領域中「統治的關係和由此而產生的強力」①。

---

① 列寧全集：第 22 卷 [M]．北京：人民出版社，1957：199．

第九章　與資產階級政治經濟學庸俗化加強的趨勢相對立的因素

　　資產階級政治經濟學的認識過程從根本上說依賴於它的階級傾向性，這種傾向性隨著資本主義生產矛盾的尖銳化決定了它的非科學性的加強，這些都是在複雜的社會規律體系中發生的。因此，這種依賴性僅僅表現為通過各種反趨勢來為自己開闢道路的趨勢。

　　分析帝國主義時代這些趨勢與反趨勢的相互關係，具有特殊的意義。隨著 19 世紀末資本主義生產壟斷化的加強，非壟斷資產階級的利益與建立了自己統治的壟斷資產階級的利益之間的對立性暴露得愈來愈明顯了。在此基礎上，形成了資產階級政治經濟學的特殊流派，這一流派所反應的「不僅是小資產階級階層，而且也是中小資本主義企業主，幾乎是所有非壟斷資產階級的觀點和利益」①。

　　資產階級這個階層的根本利益在於揭露壟斷統治的機制，這種統治注定使非壟斷資產階級從屬於壟斷資本，並保證從非壟斷資產階級那裡攝取一部分剩餘價值，而成為它的壟斷超額利潤的組成部分。這就使得非壟斷資產階級的理論家有可能或多或少客觀地分析壟斷與競爭相互聯繫的機制。因此，非壟斷資產階級的反對立場稍微擴大了資產階級經濟學認識的可能性，但這僅僅限於壟斷統治的機制方面。但在勞動與資本的關係、資本主義的歷史命運等問題上，一般說來，非壟斷資產階級思想家是站在資產階級庸俗政治經濟學的傳統立場上的。

　　資產階級經濟理論庸俗性加強的其他重要的起相反作用的因素，是資產階級首先是壟斷資產階級的實際經濟需要。19 世紀末，由於生產和資本的集中，

---

①　柯芝洛娃：《壟斷組織及其資產階級批評家》，莫斯科，1966 年，第 8 頁。

資本主義壟斷的產生和發展，制定公司的經濟政策理論具有了相當的緊迫性。資產階級政治經濟學中微觀經濟學的形成，正是與這種情況相聯繫的。

在某種意義上說，資產階級政治經濟學階級性本身，也是這種起相反作用的因素之一。正如我們所看到的，資產階級政治經濟學一般理論庸俗性加強的原因，在於認識過程對反應越來越成為反動階級的資產階級利益的階級傾向性有一定的依賴性。同時，具有代表性的是，抛棄古典學派科學遺產的過程，一般說來是逐步的，是隨著資本主義生產方式矛盾的增長而完成的。經濟理論的科學因素從資產階級政治經濟學中剔除出去，是由於這些因素與它的階級目的不相容，但這僅僅指在這些因素事實上已與資產階級的現實利益相矛盾的限度內。這就是說，資產階級政治經濟學認識過程的階級目的不僅決定它整個的非科學性和其庸俗化的加強，而且同時也限制著這一過程。正是由於這個原因，資產階級政治經濟學庸俗化獲得了反應資本主義生產方式內在矛盾不斷增長這種過程的性質。

第一節　非壟斷資產階級政治經濟學的形成

19世紀末20世紀初，非壟斷資產階級的著名理論家，美國經濟學家、制度學派的創始人凡勃倫①。考察這一整個流派表明，在資產階級政治經濟學危機發展（特別明顯地表現在制度學派方法論原理方面）的背景上，現實地描述和分析壟斷統治這一反趨勢是如何為自己開闢道路的。

制度學派的特點問題意義越來越大，是由於在第二次世界大戰以後，這一流派成了當代資產階級政治經濟學主要流派之一。其代表人物是這樣一些資產階級理論家，如加爾布雷思、格魯奇、戈爾登、繆爾達爾、海爾布羅納等。

一、資產階級政治經濟學的社會（制度）學派

早期制度學派的代表人物（凡勃倫、哈米爾頓、康芒斯、密契爾），用描述和系統化他們名之為「制度」的各種現象和過程來偷換對資本主義經濟規

---

① 作為資產階級政治經濟學特殊流派的制度學派，在當時有不少擁護者。例如從制度學派立場所寫的著作有：加爾布雷思：《新工業國》，莫斯科，進步出版社，1969年；《經濟學和公共目標》，莫斯科，進步出版社，1976年；格魯奇：《當代經濟思想——新制度經濟學的貢獻》，克利夫頓，新澤西，1972年；戈爾登：《制度經濟學》，倫敦，1980年。

律的分析。制度這一概念是很不確定的，可以把它理解為經濟基礎和上層建築性質的各種社會現象（稅收和家庭、國家和工會；競爭和壟斷、私有制和金融體系等）；或者如制度主義者所認為的，理解為建立在這些現象之上的各種心理的、法律的、倫理的以及其他的現象（風俗、本能、習慣等）。「制度主義」這一術語的作者哈米爾頓寫道：「制度——這是為了更好地描述社會風俗群體的語言符號。它意味著占優勢地位的和經常出現的思維和行動方式，而這一方式已經成為群體的習慣或人民的風俗。」① 早期制度學派最著名的代表人物凡勃倫寫道：「人們是生活在制度——也就是說，思想習慣——的指導下的。」②

制度有時被看作是特殊的分析方法或描述資本主義經濟現象的手段③。法國政治經濟學史家詹姆斯對制度作了如下說明：這是已經形成了的並由法律權威所闡明了的習俗。一切制度的根基在於某種集體心理特徵。④

可見，制度——這是法律固定了的習俗，其基礎是各個不同的職業群體和社會群體的心理。制度主義者斷言，社會習俗還調節著人們的經濟活動⑤。實際上，風尚和習俗雖然也對經濟關係的形式產生某種影響，但絲毫不決定經濟關係的實質，而它們自己卻最終決定於占統治地位的社會生產關係的性質。

制度主義的根本特徵在於，它顛倒了社會生活的現實關係，把非經濟現象和非經濟因素描述為決定性的因素。制度主義把各種上層建築現象（倫理道德、法律、組織等現象）以及它們對經濟關係的影響宣布為自己所要考察的對象，因而把非基本的、第二位的、第三位的依存性描述為決定性的和基本的依存性。建立在這種唯心主義方法基礎上的制度主義理論，實際上否定了人們的經濟關係在社會關係體系中的決定性作用。

同時，制度主義反壟斷的社會立場，有時驅使它的理論家對社會經濟過程發展動力的說明，採取現實的態度。例如，凡勃倫在把社會經濟制度解釋為某種習俗時，卻提高到把它們理解為由經濟過程所制約。他在談到社會經濟制度時寫道：「這類制度，就是在社會的生活過程中接觸到它所處的物質環境時如

---

① 哈米爾頓：《制度》，載於《社會科學百科全書》，第8卷，第84頁。
② 凡勃倫. 有閒階級論［M］. 蔡受百，譯. 北京：商務印書館，1964：139-140.
③ 科普蘭在從制度主義立場寫的著作《我們的自由企業經濟》中斷言：「當前關於自由競爭經濟沒有共同領導者如何發揮作用的問題，在……習俗術語中作了回答。」
④ 翁姆斯：《20紀經濟思想史》，譯自法文版，莫斯科，1959年，第92頁。
⑤ 《現代經濟學辭典》對制度經濟理論作了如下說明：「這個經濟思想流派認為，大部分經濟活動決定於大多是心理的並由習俗和現存經濟協議所構成的制度。」（《現代經濟學辭典》，第266頁）

何繼續前進的習慣方式。」他還寫道:「還有一層,有助於制度調整的一些力量,尤其是在現代工業社會的情況下,說到底,差不多完全是屬於經濟性質的。」①

制度主義的特點在於,它沒有統一的基礎,在制度主義代表人物中,其基礎是各不相同的。凡勃倫認為,經濟過程的基礎是心理學、生物學和人類學②。康芒斯認為是心理和法律,密契爾認為是種類極其繁多的非經濟現象,艾利認為是倫理,等等。這種情況說明,為什麼制度主義沒有多少共同的經濟理論。方法論把它的代表人物聯合成了資產階級政治經濟學的一個特殊流派。他們都把人們的社會生產關係融於制度之中,因而用庸俗的資產階級社會學取代政治經濟學本身,並依靠「社會心理」方法和否定社會發展存在革命形式的庸俗進化論。對社會經濟現象動力的這種解釋方法,導致以社會學代替政治經濟學。詹姆斯寫道:「……凡勃倫對社會學比對真正的經濟學更感興趣,用道德學裝飾起來的社會學和倫理學使得他津津有味,他把各色各樣的宗教或傳統因素都歸並到社會學和倫理學之中。凡勃倫從來沒有打算去加以說明,他痛苦地談來談去。」③

非壟斷資產階級思想的和實際的需要,引起制度主義的產生。揭示資本主義發展的內在規律,以及從思想上論證其利益和經濟學的實際建議的需要,是隨著生產的資本主義社會化、壟斷化和國有化的發展而平行發展的。

這種情況也說明了制度主義對待資產階級政治經濟學中它以前的以及其後的流派的態度。一方面,制度學派是資產階級政治經濟學歷史學派的特殊繼承者,從它那裡承襲了描述法、庸俗進化論,對抽象法和各國經濟發展共同規律的否定;另一方面,制度主義是邊際效用和邊際生產力概念所特有的抽象的「純粹」理論的反對者。制度學派責備這些概念脫離實際,過於理論化,宣稱科學只應當描述和反應現象,不要企求從理論上進行研究。但同時,他們從邊際主義那裡承襲了庸俗的心理方法,使其適應思想鬥爭的新條件。如果說,邊際主義強調經濟個體心理的決定性作用,那麼,制度主義強調的則是集體心理。從「社會心理」起決定作用的觀點來看待經濟過程,使得可以描述帝國主義時代經濟生活的某些新的社會方面,而從邊際主義方法的立場出發,這些

---

① 凡勃倫. 有閒階級論 [M]. 蔡受百,譯. 北京:商務印書館,1964:141.
② 詹姆斯稱這一點叫凡勃倫的「經濟馬爾薩斯主義」(詹姆斯:《20世紀的經濟思想史》,第90頁)。
③ 詹姆斯:《20世紀的經濟思想史》,第90頁。

也就被排除了。

例如，詹姆斯認為制度主義的意義在於，它的代表人物描述了同過渡到壟斷資本主義相聯繫的資本主義經濟發展的新條件。他在談到制度學派否認經濟過程的規律性時寫道：「在缺乏永恆的理論規律的情況下，制度主義的貢獻在於，極其深刻地描述了當代的經濟條件和利益的衝突……制度主義表明，我們的經濟雖不是絕對壟斷的，但多麼不適應古典的自由競爭的圖景。」① 制度主義的產生，在資產階級政治經濟學中引起了重大的變化——從主要對過去的歷史的資本主義進行描述和辯護（歷史學派的特點），從脫離實際生活的邊際主義的經院式的抽象法，轉到對實際存在的資本主義經濟現象的描述和分類。

制度學派的首領是克拉克的門徒凡勃倫。後來凡勃倫對克拉克的理論進行了詳盡的批評。凡勃倫確定為占統治地位的「思維習俗」、並具有生物學基礎的制度這一概念，是他的理論結構（受資產階級哲學家和社會學家季約和列波理論的影響）的中心。凡勃倫寫道：「制度實質上就是個人或社會對有關的某些關係或某些作用的一般思想習慣……從心理學方面來說，可以概括地把它說成是一種流行的精神態度或一種流行的生活理論。」②

凡勃倫制度主義的特點是，他提出了社會達爾文主義的特殊方案。凡勃倫從人在自己的活動（其中包括經濟活動）中以反應其生物學性質的下意識本能為指導出發，企圖用生物學原因來「說明」他當時的資本主義社會經濟現象③。在凡勃倫看來，人們經濟活動的基礎是三方面的動力：歪曲和曲解私有制關係的父母感情、母性本能和求知欲。19世紀末，資產階級心理學的新成就是把本能解釋為人類行為最重要的因素。美國心理學家、《心理學原理》（1891年）的作者杰伊姆斯堅持這種立場，對凡勃倫有很大的影響。按照康芒斯的說法，凡勃倫的理論是「極妙地把達爾文學說應用於經濟領域」④。凡勃倫宣稱，相互鬥爭的社會集團的不合理的心理是社會經濟過程的動力。

凡勃倫寫道：「社會結構的演進……是制度上的一個自然淘汰過程。」他在發揮這一原理時還指出：「促進人類生活與社會結構發展的那些力量，無疑是可以最後歸納為人類本身和物質環境兩個方面的……」⑤ 為了不至於誤解凡

---

① 詹姆斯：《二十世紀的經濟思想史》，第94頁。
② 凡勃倫. 有閒階級論 [M]. 蔡受百，譯. 北京：商務印書館，1964：139.
③ 凡勃倫對社會發展作了生物學的說明（謝列格曼：《現代經濟思想主要流派》，第68頁）。
④ 康芒斯：《資本主義的法制基礎》，紐約，1924年，第376頁。
⑤ 凡勃倫. 有閒階級論 [M]. 蔡受百，譯. 北京：商務印書館，1964：138.

勃倫，必須指出，他所理解的環境不僅是自然環境，而且是社會環境，以及人本身及其某種精神的和物質的氣質。然而，凡勃倫對社會達爾文主義的偏好是的確存在的。

馬克思列寧主義經典作家揭露了混同生物規律與社會規律的毫無根據和毫無內容。馬克思在致庫格曼的信（1870年6月27日）中批判資產階級社會學家企圖把全部人類歷史納入為爭取生存而鬥爭的「唯一偉大的自然規律」時寫道：「……這對於那些華而不實、假冒科學、高傲無知和思想懶惰的人說來倒是一種很有說服力的方法。」① 列寧也強調了從生物學規律在社會發展中起決定性作用的立場看待社會的過程的方法的反科學性。他寫道：「生物學的**一般概念**，如果被搬用於社會科學的領域，就變成**空話**。」②

凡勃倫雖然尖銳地批判了帝國主義時代經濟矛盾最可厭惡的表現，但對社會制度作生物學的說明不能揭示它們的真實原因。對待經濟現象的制度主義方法，不管其缺陷如何，同奧地利學派的魯濱孫個人心理方法相比，向前跨進了一大步。這一方法促進了對這些現象的社會性質的理解，它在非壟斷資產階級思想家手中成了分析壟斷統治的工具。凡勃倫認為，經濟學的任務是研究「諸利益的習俗和競技」，考察「人類集體」之間，首先是「工業」與「企業」之間產生的利益衝突。資產階級社會的這兩個社會領域和相應的兩個社會集團，在凡勃倫的理論中，反應向帝國主義過渡時資產階級分解為非壟斷資產階級和壟斷資產階級。

凡勃倫按這些集團在其中發揮作用的「生活習慣條件」來區分它們。其中一個集團是在生產領域（「工業」）發揮作用，把工人、工程師、管理者、中小企業主聯合起來。它所要達到的目的，是提高生產效率，保證社會有充裕的物質財富。凡勃倫以這種對非壟斷部門的理想化描述來同「企業」界相對立，他實際上把企業看作金融壟斷資本。凡勃倫解釋說，企業不直接參加物質生產，它的目的是賺錢，獲得最大利潤，這是社會軀體上寄生的腫瘤。關於資本巨頭，凡勃倫寫道：「有閒（即有產業而不從事生產的）階級與經濟過程的關係是金錢的關係，是營利的而不是生產的關係，是剝削的而不是服務的關係。」他解釋說：「它們的職務是寄生性的，它們所關切的是肆無忌憚地、掠

---

① 馬克思恩格斯全集：第32卷 [M]．北京：人民出版社，1973：672.
② 列寧全集：第14卷 [M]．北京：人民出版社，1957：347.

夺性地发财致富。」①

凡勃伦认为，工业与企业之间形成了对抗性矛盾，并赋予它以资本主义社会主要社会矛盾的作用。企业统治著工业，其目的在於保证高额利润，阻碍著生产的发展，使之畸形化，不执行任何对社会有益的职能。凡勃伦在论及垄断资产阶级时写道：「……作为一个有閒阶级，对於环境的调整，也就是所谓社会进步或社会发展，是必然要一贯起阻碍作用的。」② 正如凡勃伦所指出的，由於这个原因，企业的统治应当废除，它的位子应让技术专家体系所佔有，这里的决定性阵地将属於技术人员和管理人员。

这种方法使得凡勃伦在废除企业（及其因循守旧精神和保守主义）对工业统治的旗号下，建立起改良资产阶级社会的纲领。凡勃伦的技术专家体系乌托邦和他的一般理论完全相适应，把未来改造社会的决定性作用归之於知识分子，而不是工人阶级。

由此可见，凡勃伦描述了帝国主义时代的一系列最重要的特点，虽然没有对它们作科学的解释。他确定了垄断资本对整个社会统治的事实，它的寄生性和反人民性，资本主义垄断由於使生产从属於赚钱和建立垄断价格体系的目的而引起的阻碍生产力发展的趋势。他强调了消除垄断资本统治的不可避免性。

而且，凡勃伦的资产阶级局限性妨碍他揭示向垄断资本主义过渡所产生的变化的真实情景。对垄断资产阶级和非垄断资产阶级之间矛盾的描述，使凡勃伦掩盖了工人阶级和资产阶级之间这一资产阶级社会的主要阶级矛盾、资本主义的剥削实质。凡勃伦看不到这样一个具有决定性意义的事实，即「企业」、金融资本的统治，是前垄断资本主义发展的有规律性的结果。因此，在资本主义的范围内消除「企业」是不可能的。不懂得资产阶级社会的真正的阶级对抗，使凡勃伦提出了乌托邦式的技术专家理论。同时，甚至这种方法也使得他描述了资本主义经济的一系列矛盾，这构成了凡勃伦改良主义意向的基础。凡勃伦的社会立场使他揭露了帝国主义的一系列最可恶的特徵，使他强调了「企业」的寄生性和社会危险性，强调它没有历史前途。他写道：「企业界的传统就是在这个掠夺或寄生原则的淘汰监视之下成长起来的……但这类金钱的制度并不完全适合今天的形势……」③

---

① 凡勃伦. 有閒阶级论 [M]. 蔡受百，译. 北京：商务印书馆，1964：152.
② 凡勃伦. 有閒阶级论 [M]. 蔡受百，译. 北京：商务印书馆，1964：151.
③ 凡勃伦. 有閒阶级论 [M]. 蔡受百，译. 北京：商务印书馆，1964：152.

凡勃倫是非壟斷的中等資產階級利益的表達者。正是這種情況，使他對壟斷和大資本採取反對的態度，使他強調了在向帝國主義過渡的時代所存在的尖銳的，雖然是表面的資本主義矛盾。

二、霍布森的帝國主義理論

19世紀和20世紀之交，非壟斷資產階級政治經濟學關於帝國主義問題，在霍布森（1858—1940）的著作中，取得了最大的成就。列寧把霍布森的《帝國主義》一書看作是「一本論帝國主義的重要英文著作」①。列寧指出：霍布森「對帝國主義的基本政治經濟特點，作了一個很好很詳盡的說明」②。

霍布森考察帝國主義的出發點是消費不足理論，他在強調資本主義存在的生產與消費之間的矛盾時，用存在「分配不公」的體系來加以說明，由於存在這個體系，一方面，巨額的資金集中在不能消費它們的富人手裡（富人的過度儲蓄），而另一方面，基本的居民大眾沒有資金來滿足迫切的需求（窮人的消費不足）。在霍布森看來，由此產生的市場的狹窄性，它與生產規模不相適應，是資本主義的許多缺陷，其中包括失業和經濟危機存在的原因。市場狹窄必然產生對外經濟擴張及與之相聯繫的帝國主義。霍布森寫道：「……帝國主義是工業巨頭企圖擴大自己剩餘財富的流通渠道……」③ 而採取商品和資本輸出的辦法，因為這些剩餘財富不能實現或者不能在宗主國獲利地加以利用。

霍布森把帝國主義解釋為最大資本的某種特殊的政策，旨在掠奪其餘國家，使它們從屬於自己，把它們殖民地化。霍布森使用了「侵略的帝國主義」這個術語，他寫道：帝國主義為了自己的私利「浪費人民的血汗和金錢」，發動侵略戰爭。同時，霍布森還看到了帝國主義的某些經濟特點，提出了帝國主義的經濟根源的問題，雖然他沒有把經濟根源看作是資本主義壟斷的統治，而是「不公正的分配體系」。霍布森還察覺到了帝國主義所特有的「經濟寄生性」，把它理解為帝國主義國家利用殖民地和附屬國來使大資產階級發財和「收羅自己的下層階級」，理解為與此相聯繫的發達資本主義國家轉變為食利國，從附屬國獲得它們所必需的產品。

對帝國主義性質的這種解釋，使霍布森得出了在資本主義範圍內可能克服

---

① 列寧全集：第22卷［M］．北京：人民出版社，1957：179.
② 列寧全集：第22卷［M］．北京：人民出版社，1957：第187.
③ 霍布森：《帝國主義》，莫斯科，1927年，第83頁。

帝國主義的結論：在霍布森看來，為此就應當把剩餘資本用到發展農業的需要上和提高居民的購買力。

可見，霍布森的帝國主義理論僅僅**描述了**帝國主義時代最重要的新現象，而沒有分析其內在規律性。列寧指出，霍布森沒有看到帝國主義和托拉斯之間的聯繫。其實，資本主義壟斷統治是帝國主義的經濟實質。因此，霍布森不理解資本主義一定發展階段帝國主義客觀上的不可避免性，片面地解釋帝國主義，看作是資本輸出者的特殊政策，看不到消除帝國主義及其產生的侵略戰爭的危險性的真正途徑。

正如我們所看到的，資產階級政治經濟學階級傾向性的變化以及與之相聯繫的捍衛非壟斷資產階級利益的特殊流派的形成，多少擴大了資產階級政治經濟學的認識過程，但只是在符合這一階級傾向性的限度內。同時，資產階級政治經濟學認識可能性的擴大，是在外延庸俗化一般過程的背景上實現的，這裡既包括了凡勃倫和霍布森，也包括了非壟斷資產階級政治經濟學其他代表人物的一般理論立場。

第二節　微觀經濟分析獨立出來

19世紀末，由於資本主義生產集中與壟斷化的加強以及由此產生的資本主義競爭的尖銳化，資本主義企業發揮職能的條件發生了重要變化。資本主義生產和流通過程的複雜化，要求資產階級經濟學集中注意力去研究資本主義公司經濟政策的理論原理。正是資產階級的實際經濟需要成了資產階級經濟學中微觀經濟學派形成的原因。在它的任務中不包括對資本主義生產內在規律性的研究，這個問題是由一般理論性的資產階級政治經濟學，而且是從庸俗辯護的立場去解決的。微觀經濟分析的對象，是從個別資本主義企業角度考察的市場機制函數依存性。

儘管微觀經濟分析的一般理論基礎是資產階級庸俗政治經濟學，但它的研究對象本身的特點，使得資產階級經濟學家在這一領域內能夠比在一般理論問題方面站在較為現實的立場上，但只是在微觀經濟方法不涉及資本主義生產奧秘的限度內。

資產階級微觀經濟研究的中心問題之一，是選擇的問題。在資本主義過渡到它的帝國主義階段、競爭尖銳化和經濟關係複雜化的條件下，對資本主義公

司來說，現有手段最有利的結合的選擇問題，具有特別的尖銳性。這個問題包括資本主義公司生產關係的許多方面：生產過程性質的選擇（勞動密集型的還是資本密集型的）、生產品的類型和結構、投資範圍、產品銷售市場，等等。在資產階級經濟文獻中，研究選擇問題的一般理論基礎是邊際效用理論，這個理論，一方面可以迴避資本主義經濟內在依存性的分析，另一方面可以集中注意力研究市場機制的外部數量關係。尼基京寫道：「利用可以判斷變化和最優化過程的邊際量，既為更深刻地認識其特徵為不斷變化的市場機制，又為數學模型的選擇過程奠定基礎。」① 資產階級經濟思想的局限性，在市場關係數量分析上打上了自己的烙印，這表現在資產階級經濟學家對資本主義市場機制的理想化，表現在抽象掉它的社會經濟方面和資本主義經濟的尖銳階級矛盾。

微觀經濟分析在英國經濟學家劍橋學派的創始者馬歇爾的著作中，分離為資產階級政治經濟學的特殊部分，馬歇爾集中自己的主要注意力於價格形成問題方面。尼基京指出：「馬歇爾提出的價格理論在其進一步發展中，構成為名曰微觀經濟分析的資產階級政治經濟學的一部分。」②

而且，如果說在一般理論的政治經濟學領域馬歇爾堅持庸俗的立場，那麼在研究具體經濟的市場問題，價格、供給和需求的數量依存性時，他往往維護了現實主義的觀點。

馬歇爾立場的這種二重性決定於，在經濟理論的各個方面，認識過程依賴於它階級傾向的性質的情況是遠不相同的。在政治經濟學本身這一方面，對資產階級經濟學家來說，在很大程度上受資產階級的利益所限制，因為在這個方面這樣或那樣都要涉及資本主義生產方式的內在關係。例如，馬歇爾在價值理論上堅持主觀心理概念，把商品價值歸結為商品的生產費用，而後者又解釋為工人的犧牲（他們勞動的痛苦）和資本家的犧牲（他們對資本消費的「節欲」）的某種總和。馬歇爾寫道：「直接或間接用於生產商品的各種不同的勞作和節欲或儲蓄商品生產中所用資本所需要的等待；所有這些勞作和犧牲加在一起，就叫作商品**生產的實際成本**。」③

這種毫無根據的追求概念的任務，是掩蓋價值以及剩餘價值的真正來源。

---

① 尼基京：《價值理論及其演變》，第 95–96 頁。
② 馬歇爾：《經濟學原理》，第 1 卷，莫斯科，進步出版社，1983 年。第 7 頁。
③ 馬歇爾. 經濟學原理：下卷 [M]. 朱志泰，譯. 北京：商務印書館，1983：31.（以下引文均為中文譯本）

在這一部分，馬歇爾的概念是服從於庸俗化程度加強的一般規律，這是李嘉圖以後的時期資產階級政治經濟學的特點。

至於交換關係數量依存性的理論分析，馬歇爾著作的注意力中心則是「研究各單個市場上價格形成的規律性」①。而且，馬歇爾實際上脫離了自己追求單純的思想目的而對價值（確切地說，「生產的實際成本」）所做的解釋，來考察價格形成的過程。他分析了那樣一些直接因素，這些因素影響著商品的供求關係，按照馬歇爾的意見，供求關係又決定著市場價格的水準。可見，馬歇爾研究的對象是價值規律發生作用的表現形式和具體機制的供求規律，他忽視了對價值規律內在的、客觀的和本質的聯繫的分析。在他那裡，研究對象是經濟形式的規律，而非經濟本質的規律②，是數量函數依存性，而非資本主義經濟的因果關係。

馬歇爾在確定表面現象的經濟依存性時，對供求規律的主要因素的函數相互關係作了如下說明：商品的需求與價格處於反比關係，而商品的供給與價格處於正比關係。他提出了「均衡價格」這個概念，把它理解為當供求均衡時所形成的價格③。如果商品的實際價格高於均衡價格，那麼，供求均衡遭到破壞，供給開始超過需求，價格呈下降趨勢。如果商品的實際價格低於均衡價格，那麼，需求將超過供給，因而商品價格開始上漲。

馬歇爾用「需求彈性」概念來表示需求量的變化對商品價格水準的變化的數量依存性。他寫道：「……市場中**需求彈性**（或**感應性**）的大小，是隨著需要量在價格的一定程度的下跌時增加的多寡，和在價格的一定程度上的上漲的減少的多寡而定的。」④

如果商品需求的變化比這一商品價格的變化的比例更大，那麼這種需求是有彈性的。相反，如果商品需求的變化比它的價格的變化的比例要小，那麼需求是沒有彈性的。

需求量對價格水準變化的緊密依賴性，反應單個居民可能擁有的購買力的有限性。正是由於這個原因，隨著價格的提高，對商品的需求量就會下降，而隨著價格的降低需求量就會擴大。這意味著，一般說來，需求彈性（也即需

---

① 尼基京：《價值理論及其演變》，第 106 頁。
② 阿法拉西耶夫：《20 世紀 30～70 年代資產階級經濟思想（理論概述）》，莫斯科，思想出版社，1976 年，第 49-60 頁。
③ 馬歇爾. 經濟學原理：下卷 [M]. 朱志泰，譯. 北京：商務印書館，1983：37.
④ 馬歇爾. 經濟學原理：上卷 [M]. 朱志泰，譯. 北京：商務印書館，1983：122.

求變化隨價格變化的性質）是隨價格的變化而變化的。馬歇爾指出，需求彈性對高價的東西是大的，對低價的東西是小的。例如，如果價格下降到這樣的程度，對該商品的需要已充分滿足，那麼價格進一步降低，自然不會引起需求的擴大。

某一商品的需求彈性，可以用下列公式來表示其大小，即需求彈性可以用需求量的變化$\left(\dfrac{\Delta d}{d}\right)$對引起需求變化的價格水準的變化$\left(\dfrac{\Delta p}{p}\right)$的比例來衡量：

$$\frac{\Delta d}{d} : \frac{\Delta p}{p}$$

在上式中，$\dfrac{\Delta d}{d}$表示價格水準$\dfrac{\Delta p}{p}$變化引起的需求量的變化。例如，如果價格降低1%，會使得需求同樣增長1%，那麼這一商品的需求彈性等於1；如果價格降低1%，會使得需求增長2.5%，那麼，這一商品的需求彈性等於2.5[①]。按照馬歇爾的意見，影響需求彈性的有下列因素：①價格水準；②居民的購買力；③居民的需要。

在建立了壟斷高價的體系的條件下，需求彈性理論對大資本來說有了實際意義，因為它在價格政策方面提供了一定的方向。本來，只有在對商品供給進行壟斷控制的條件下，需求量依賴於價格水準的問題，對資本主義公司才具有實際意義。需求彈性理論可以使得適應其特有的需求彈性來劃分商品類別，確定不同類別商品價格上漲可能的限度，不導致需求減少到威脅資本主義的利潤。具有代表性的是，生活必需品（如麵包、藥品等）的特點是需求缺乏彈性，價格的上漲，對它們的需求不會有很明顯的下降或縮小。在這一領域，壟斷組織有很大可能使價格上漲和利潤增加。

馬歇爾是作為鼓吹自由企業精神、要求限制資產階級國家經濟活動的著名理論家之一，而載入資產階級政治經濟學史冊的。與這一理論相適應，自發的市場調節保證自動地達到經濟均衡，消除嚴重的經濟危機，導致最有效地利用社會生產資源、居民充分就業、充分利用生產能力，等等。

大家熟知，自由企業精神的理論，在1929—1933年世界經濟危機期間，遭到了徹底的破產[②]。但我們來看看馬歇爾自己對自由企業精神的評價，誠

---

① 馬歇爾.經濟學原理：上卷［M］.朱志泰，譯.北京：商務印書館，1983：122.
② 關於生產過剩經濟危機，社會生產力巨大浪費的詳細材料，可參閱：哈普留克：《生產過剩危機的經濟和社會負擔》，莫斯科，思想出版社，1984年。

然，這還是說的自由企業精神的早期階段。馬歇爾寫道：「……自由競爭……如巨大不馴的怪物，橫行無忌了。那些能幹而沒有受過教育的商人，濫用他們的新力量，引起了各方面的罪惡；它使母親們擔任對她們不適合的職務。它加重了孩子們的過度工作和疾病，而且在許多地方使民族墮落了。」①

在國家壟斷資本主義高度發展水準的條件下，自由企業精神的概念在新保守主義的理論中復活，是當代資產階級政治經濟學深刻危機的證明。

可見，與資產階級政治經濟學庸俗性加強的有規律性的趨勢相對立的因素，也帶有規律性：①這是資產階級政治經濟學對其認識過程的矛盾作用。資產階級政治經濟學的階級性，整個說來決定它的非科學性，同時，隨著資本主義矛盾的尖銳化，又限制著它的庸俗化程度。②這是資產階級政治經濟學階級傾向性的變化，這一變化是同非壟斷資產階級的形成聯繫著的。在資產階級政治經濟學危機發展的總背景下，非壟斷資產階級的利益與資本主義經濟壟斷化加強之間的矛盾，為它的思想家創立了或多或少客觀研究資本主義經濟的這一趨勢的一定條件，但主要只是這種趨勢。③這是經濟分析對象的變化，這一變化是同資產階級經濟學家必須研究資本主義公司的市場機能相聯繫的。在微觀經濟學範圍內，認識過程比在一般理論的資產階級政治經濟學中，程度較輕地受資產階級利益的限制，因為它並不研究資本主義經濟的內在規律及其歷史命運。

可見，與資產階級政治經濟學庸俗化加強起相反作用的因素，從屬於其認識過程對其階級傾向性的一般依存性。這些因素的作用，賦予資產階級政治經濟學的發展在其危機狀態加深的情況下以複雜的矛盾的性質。

---

① 馬歇爾. 經濟學原理：上卷 [M]. 朱志泰，譯. 北京：商務印書館，1983：32.

結束語

在資本主義總危機以前的資產階級政治經濟學發展史上,可以明顯地劃分為兩個基本派別及相應的兩個基本階段。

第一階段,古典學派階段。在這個階段,資產階級政治經濟學呈上升路線發展,從較不深刻和較不全面地分析資本主義到較為深刻和較為全面地研究資本主義生產的內在依存性。古典學派並未走完這條道路;由於資產階級局限性,它未能創立真正科學的資本主義生產方式的理論,其發展是在深刻的內部矛盾中進行的。古典學派累積的科學資料愈多,資本主義生產關係愈發達。也就是說,古典學派在研究對象方面和資產階級科學本身方面的發展條件愈有利,古典學派發展道路上的社會障礙就愈來愈嚴重。它的研究的科學成果同資產階級的利益發生了矛盾,因為資產階級隨著它在政治和經濟上占據統治地位愈益成為反動的階級。古典學派的科學內容與資產階級形式之間的這些矛盾,是這個時期古典學派破產的決定性原因,因為當時無產階級的鬥爭已經具有公開的形式,昭然若揭地暴露出了資產階級的反動性。

第二階段,資產階級庸俗政治經濟學階段。當資產階級反封建的傾向被反無產階級傾向取代,也就是當資產階級反對過時的封建關係的進步鬥爭讓位於資產階級反對不斷增長的工人運動的反動鬥爭,資產階級庸俗政治經濟學代替了科學的資產階級古典政治經濟學。在這樣的條件下,從捍衛資產階級利益的立場出發,不可能科學地研究資本主義生產關係的內部依存性。由此可以得出結論,正是資產階級政治經濟學所固有的反共主義剝奪了它的科學內容,走進了為資本主義辯護和使科學庸俗化的死胡同。

由此可見,政治經濟學是否具有科學性,是同政治經濟學的這個學派所反應和捍衛的那個階級的利益的社會立場密切聯繫著的。只有當進步的階級還沒

有喪失自己的社會進步作用，它的利益還符合社會發展的基本趨向，才能對社會發展的經濟規律作出科學的分析。

政治經濟學史已經證明，階級利益和社會發展的需要相一致，是科學地研究客觀經濟規律最重要的條件和刺激力。而且，社會發展的科學研究，是由那些實際上主張發展社會生產關係並關心其向進步方面變革的階級的思想家所進行的。例如，作出不少有價值的科學發現的資產階級古典政治經濟學，就反應和捍衛了 17 世紀中期至 19 世紀初反對封建主義的革命資產階級的利益。馬克思主義（新的革命階級——無產階級的科學的思想意識）接受了科學分析經濟過程的接力棒。馬克思主義為自己提出的任務，是消滅一切人剝削人的形式，消除產生任何剝削的客觀基礎，而不是用另一種剝削形式來代替一種剝削形式。

在政治經濟學中，發生作用的有某種「相適應的規律」，這類似於著名的社會生產關係和生產力性質相適應的規律。如果說，只有在現存的生產關係體系與生產力性質相適應的條件下，生產力才有自己發展的充分餘地，那麼，作為一門科學的政治經濟學只有其根本利益適應於社會進步的性質和趨向的那個階級的思想家才能加以發展。但是，如同其他社會規律一樣，相適應的規律，或者說政治經濟學發展的一般規律，是作為某種占統治地位的趨勢通過某種波動和破壞來表現自己的。而且，和其他社會發展規律一樣，它也具有客觀規律的一切特徵。

從政治經濟學發展的一般規律可以看出，某個階級的政治經濟學的科學程度，是這個階級社會進步性的特殊尺度。只有由社會客觀發展進程中被推上歷史舞臺作為社會動力的革命階級，才使得自己能夠科學地分析社會經濟的發展。反動階級的經濟學，注定是庸俗的經濟學。

同時，把一定發展階段上的資產階級政治經濟學描述為庸俗辯護的學科，完全不是說，資產階級政治經濟學的理論體系結構的全部因素，毫無例外都是非科學的。這種說法的意思不過是，由於一定的客觀原因，資產階級政治經濟學不能制定科學的觀點體系，以揭示資本主義生產方式的實質及其發展規律，也就是把它革命性地轉變為社會主義制度的規律。但是，不言而喻，它能夠描述個別的歷史事實（例如，歷史學派），認真研究政治經濟學的個別問題（例如，奧地利學派著作中的使用價值問題的各個方面），對這些問題的研究具有一定的認識意義。

在演變的各個不同階段，庸俗的資產階級政治經濟學在認識論方面是各不相同的，正如我們所看到的，它發展的基本趨勢是，在一般理論問題上，在說明勞動與資本的關係的實質、資本主義發展的規律和趨勢上，非科學性加強了。我們在研究這個問題時，劃分出了庸俗化的兩個基本形式——內涵的（經濟的）形式和外延的（非經濟的）形式，以及庸俗經濟學演變中相應的兩個基本階段。

從其方法論原則變化的立場，也就是說，從內涵的，然後是外延的庸俗化形式的立場，研究資產階級政治經濟學庸俗化的過程，可以提供資產階級經濟科學中這個過程發展程度的客觀標準。同時，這一方法可使人們看到庸俗化過程中資產階級經濟思想意識運動變化的特殊形式（是無產階級和資產階級的階級鬥爭採取公開形式的時代所特有的），可以看到反應資產階級社會不同階段階級矛盾尖銳化不同程度的有規律的過程。

資產階級經濟思想史表明，資產階級政治經濟學所實現的認識過程對其階級目的的依存性，而後者又對資產階級的社會狀況的依存性；對資產階級利益與社會發展客觀趨勢相適應的程度的依存性，都是以客觀規律的強力發生作用的，並在資產階級政治經濟學演變的大量表現中顯示出來。庸俗經濟學緊密地依存於資本主義矛盾尖銳化隨著資本主義的發展而尖銳化）的程度，理解了這一點，可以把政治經濟學發展的一般規律具體化。

資產階級經濟學家把理論研究限制在資本主義生產方式發展規律的程度上，歸根到底，這決定於資本主義生產關係適合於生產力性質的程度——資產階級政治經濟學發展的基本規律就是這樣。資產階級古典政治經濟學的發展，處在資本主義生產關係最適應生產力發展水準的時期，而資產階級庸俗政治經濟學的統治，則是資本主義生產方式這兩個主要方面不相適應非常明顯和愈來愈發展的時期的特點。

隨著資產階級生產社會化的增長和工人運動的發展，資本主義基本矛盾的尖銳化，成了資產階級政治經濟學一般理論庸俗性質的加強和庸俗化形式相應變化的客觀基礎。當然，這種依存性是在其他社會依存性的複雜體系中產生作用的，因此，它不能不只作為資產階級經濟思想意識發展的某種趨勢（但卻是客觀的和確定的趨勢）而表現自己。

下部
亞當・斯密與現代政治經濟學

導論　亞當·斯密《國富論》是第一個政治經濟學體系

H. A. 查果洛夫教授

時間是對精神創造的作品最可靠的檢驗。亞當·斯密《國民財富的性質和原因的研究》（以下簡稱《國富論》）問世已 200 年了。圍繞這一著作基本思想的所有文獻都顯示了時間對它的檢驗。

《國富論》的歷史作用不能片面地估價。它的歷史作用首先取決於，這部著作同政治經濟學以往的發展階段相比較，提供了什麼新東西，對某些老問題有什麼新解釋，又提出了哪些新問題。它的歷史作用還取決於後來有哪些經濟思想流派把它作為出發的基地，以及《國富論》所研究的全部問題在今天有多大意義。這部著作是對當時那個時代的概括。亞當·斯密在這個著作中進行了創造政治經濟學體系的首次嘗試，並規定了這門科學的「範圍」。馬克思指出：「在亞當·斯密那裡，政治經濟學已發展為某種整體，它所包括的範圍在一定程度上已經形成……」。

亞當·斯密繼承了前輩的優秀傳統，把政治經濟學規律解釋成「自然的」規律，即客觀的、不依人和政府的意志與願望為轉移的規律。然而，斯密所說的只是資本主義生產方式的規律。在斯密看來，這些規律是自然的、符合人類本性的。

列寧在反對司徒盧威的鬥爭中曾強調指出「自然」規律思想的巨大的積極意義。司徒盧威詆毀這一思想，並斷言它已經「徹底破產了」。列寧在《又一次消滅社會主義》一文中指出：「說政治經濟學中的自然規律的觀念已經遭到破產……這與事實完全不符。」列寧又說：「古典作家摸索了，而且也摸索到了資本主義的許多『自然規律』，不過，他們不瞭解資本主義的暫時性，也看不到其中的階級鬥爭……但是，關於自然規律的觀念，在社會的職能和發展中，卻不是趨向沒落，而是日益鞏固。」

「自然」規律思想對政治經濟學中的唯心主義是個嚴重打擊。在各個不同時期都曾有人企圖以唯心主義精種解釋斯密學說的某些方面，把他說成唯心主義流派的鼻祖，但這種說法畢竟沒有任何科學的根據。因此，相當一部分資產階級經濟思想史家，在思想上同政治經濟學中的主觀心理學派息息相通，他們對亞當・斯密及其《國富論》是不太尊重的。

亞當・斯密表面上沒有把政治經濟學同經濟政策理論區別開來。他在《國富論》中把重商主義（「商業或重商的體系」）和重農主義（「經濟學家」學派，斯密把它看作「農業體系」在當時的變種）觀點的全部總和稱為政治經濟學體系。此外，在第四篇《論政治經濟學體系》的緒論中，斯密說，政治經濟學的任務也就是政治家和立法家的任務。斯密對各種「政治經濟學體系」的劃分，是根據它們各自的經濟政策同經濟的自然規律相符合的程度。由於十分注意經濟政策，亞當・斯密的《國富論》以政治經濟學規律為開端，並且從是否符合「自然」規律的角度評價了各種經濟政策。

可見，在分析的進程中，亞當・斯密實際上把來自人類自然本性的客觀政治經濟學規律同經濟政策的規範任務區分開了。儘管後者總是研究和揭示客觀經濟規律的動力，然而把兩者混淆起來無論何時都不利於政治經濟學的發展。這個原理，在《國富論》出版 200 年後的今天，在列寧的《又一次消滅社會主義》一文發表 65 年後的今天，仍有現實主義。

實際上，斯密承認的只是那些為顯現經濟自然規律的作用創造條件的規範任務。因此，他對重商主義體系整個說來採取了一種批判態度，認為它「就其性質與實質說，就是一種限制與管理的學說」，它「不讓各個人在平等自由與正義的公平計劃下，按照各自的路線，追求各自的利益，卻給某些產業部門以異常的特權，而給其他產業部門以異常的限制」。

亞當・斯密批判地克服了「經濟學家」們（重農主義者）認為只有農業勞動才是生產性勞動的局限性，同時，斯密也高度評價並實際上完全讚同重農主義者訴諸自然的經濟規律的思想。斯密是從下述思想出發的，即只有遵循這些自然規律才能保證真正增加財富。斯密在解釋重農主義學說時指出：「這一學說把投在土地上的勞動，看作唯一的生產性勞動，這方面的見解，未免狹隘；但這一學說認為，國民財富非由不可消費的貨幣財富構成，而由社會勞動每年所再生產的可消費的貨物構成，並認為，完全自由是使這種每年再生產能以最大程度增進的唯一有效方法，這種說法無論從哪一點來說，都是公正而又

毫無偏見的。」

亞當・斯密對商品理論作出了重大貢獻。這一理論對研究資本主義（商品生產的一種形式）具有重大意義。他明確區分了使用價值和交換價值。他把使用價值理解為「特定物品的效用」，並指出，交換價值量同使用價值無關：「使用價值很大的東西，往往具有極小的交換價值，甚或沒有，反之，交換價值很大的東西，往往具有極小的使用價值，甚或沒有。」勞動價值論的這些具有重大意義的基本原理，對於今天克服某些人還想從效用引出交換價值的錯誤觀念，仍是很現實的。

亞當・斯密把生產關係作為一切經濟關係的基礎，這在現在同樣有現實意義，因為也還可以遇到那種認為生產關係只是對商品生產來說才存在的說法。

亞當・斯密沒有分析生產商品的勞動的二重性，沒有從性質上對創造價值的勞動作出說明。不過，他實際上是從抽象掉了具體形式和數量（原文如此，疑為「質量」之誤——譯者註）比較的勞動出發的。儘管對決定價值的勞動的解釋有許多矛盾，然而，正是《國富論》，在政治經濟學史上第一次充分地研究了作為價值源泉的勞動。列寧據此寫道：「亞當・斯密和大衛・李嘉圖研究經濟制度的時候，奠定了勞動價值論的基礎。馬克思繼續了他們的事業。」

依據勞動價值論，亞當・斯密提出了利潤來自工人勞動的原理。在分析雇傭工人生產的產品價值的各部分時，他指出：「勞動者對原材料增加的價值，在這種情況下，就分為兩個部分，其中一部分支付勞動者的工資，另一部分支付雇主的利潤。」儘管在把利潤解釋為價值的組成部分的同時，在斯密那裡又遇到了另一種解釋，即同預期的各種收入一起又成了價值的源泉，但是，他提出的利潤源泉的原理至今在同辯護性利潤論的鬥爭中仍有現實意義。好像預料到資本主義的辯護士們會把利潤看作工資似的，斯密指出：「也許有人說，資本的利潤只是特種勞動工資的別名，換言之，不外是監督指揮這種勞動的工資。但利潤與工資截然不同，它們受著兩個完全不同的原則的支配，而且資本的利潤同所謂監督指揮這種勞動的數量、強度與技巧不成比例。」可見，斯密已十分接近於創立剩餘價值理論了。

斯密沒能發展這一理論，然而他為理解資產階級社會收入的源泉已經提供了許多東西。他的《國富論》乃是系統地說明資產階級社會階級劃分的經濟基礎、研究各階級收入及其流向的嘗試。馬克思和列寧都曾指出過這一點。單單這些成就足以使《國富論》成為政治經濟學史上的一個巨大的科學里程碑。

還應當指出對理解這一著作的歷史作用有巨大意義的若干情況。

亞當・斯密是中世紀經院學派、封建主義經濟關係體系以及重商主義經濟政策的批判者。為自由放任原則即完全自由競爭而鬥爭，在他那個時期具有進步的性質。列寧說，斯密是「先進資產階級的偉大思想家」。他的經濟政策和反封建的要求，在《國富論》中得到了充分的政治與經濟論證。

列寧說斯密是「先進資產階級的偉大思想家」，這是指下述事實，即18世紀資產階級的歷史作用尚未妨礙他們公正無私地研究客觀經濟規律。而《國富論》正是這種研究的成果。它反應了資產階級政治經濟學所能做到的對經濟制度科學認識的成果。代表社會進步利益的資產階級，能夠大膽地研究資本主義生產方式的經濟關係，把它看成自然的即符合人類本性的關係。這個時期的資產階級政治經濟學還沒有把掩蓋資本主義制度的矛盾作為自己的任務。它尚未看到這一矛盾的發展的形式及其前景。

下一代資產階級經濟學家必然要研究這些矛盾。李嘉圖的著作就是最明顯的例證。他進行了分析階級矛盾的經濟基礎的嘗試。儘管李嘉圖未能指出資產階級社會的主要矛盾——資產階級和無產階級之間的矛盾，但是，把從經濟上闡明各階級利益的對立包括在政治經濟學之中這一事實本身，無疑是重要的：政治經濟學範疇開始被視為各階級利益的對立性的表現。

《國富論》是創立政治經濟學體系的第一個成果，它提供了研究政治經濟學範疇所組成的總體的範例。同時，這部著作又是把這一整體的各部分系統地組合起來的嘗試。亞當・斯密在價值理論上首先提出了（雖然未能解決）這一任務。

由於把資產階級社會制度視為自然的制度，斯密看不出使這一制度產生和滅亡的經濟發展所必然經過的形式。而歷史表明，資本主義以前存在過另一種商品生產形式。斯密稱之為「原始社會」。他記錄了這一事實，卻不能從歷史上和邏輯上說明一種生產方式向另一種生產方式的過渡。

這一任務在理論上多麼複雜，從下述事實即可看出：亞當・斯密的直接繼承者——偉大的李嘉圖，因為不能解決這個問題，所以在實際上企圖取消它，甚至用資本主義生產的範疇去分析最初的商品生產形式。馬克思、恩格斯和列寧科學地解答了簡單商品生產和資本主義生產的關係問題，指出無論在歷史上或邏輯上（即理論上），簡單商品生產都比資本主義生產占先。然而，在現代，這一科學答案實際上未受重視，在某些時候，甚至還被《資本論》的個

別註釋者所否認。因此，斯密提出的簡單商品生產與資本主義生產的關係問題，不僅有巨大的理論意義，而且有方法論的意義。這是他的偉大功績之一。

既然斯密未能確切指出各範疇之間歷史的和邏輯的聯繫，所以，他就把反應現象之本質的不同程度的範疇放在一個平面上進行研究，對處於從抽象上升到具體不同程度的範疇不加區分。馬克思把《國富論》的這一特點看作是把兩條研究路線結合到同一原理上：內在的路線，即在現象的內在聯繫上研究經濟關係；而外在的路線，則是在表面上所呈現的形式上研究它們。這便導致了斯密對同一範疇的互相矛盾的解釋。

斯密主要著作中的外在路線，就它本身而論，是科學認識的必經階段。正如馬克思所說，只是把它看得同內在方法一樣重要，甚或以它代替後者，才是不科學的。還有必要強調指出，馬克思把研究方法劃分為內在的與外在的，對在下述問題上提高批判資產階級政治經濟學的水準具有重要的方法論意義，這些問題是由於資本主義向壟斷階段過渡以及國家壟斷資本主義的發展而出現的。用外在方法代替內在方法，特別明顯地表現在「資本主義變質論」「有計劃的資本主義」這些在國家壟斷資本主義條件下發展起來的概念中。對那些把攫取壟斷超額利潤的「有計劃按比例」的形式同有計劃按比例地組織社會生產混淆起來的辯護論來說，上述的代替成了方法論的前提。

同時，還不能不看到斯密的外在方法同現代資產階級政治經濟學代表者的外在方法的深刻區別。在斯密那裡，外在方法並不排斥內在方法，兩者實際上是並存的。而在現代資產階級經濟學家那裡，外在方法代替了內在方法。他們在亞當・斯密的理論遺產中只找出那些外在的因素，並從中建立起庸俗的體系。他們津津樂道斯密那些個別的庸俗的實質上不是他的整個體系特點的見解；他們拒絕客觀經濟規律的思路，把揭示客觀經濟規律的任務混同於經濟科學的規範任務；最後，使政治經濟學的體系不復存在。現代資產階級政治經濟學的臺柱之一薩謬爾森就是這樣干的。

內在與外在兩種路線的並存，既表現出斯密對科學的公正無私，又說明了他在創立政治經濟學體系上並未完成，而在資產階級世界觀的範圍內也是不可能完成的。李嘉圖的體系說明了這一點。他把各種範疇都歸結到一個統一的基礎，卻否認商品生產形式的發展，否認他所說的範疇必然的形態變化。

馬克思對斯密體系中兩條平行路線的評論，不僅在同現代資產階級經濟學說的鬥爭中有現實意義，而且在批判地對待不久前出現的建立社會主義政治經

濟學體系的不成功的嘗試上，也有現實意義。由於論證社會主義政治經濟學體系應該包括所有實際存在的社會生產關係，想指出這一體系的運動是相互作用的各範疇體系的運動，有時就以單一的方法不正確地解決這一問題，結果把內在範疇與外在範疇混淆起來，事實上取消了體系的階梯。

當科學在自己的發展過程中被新的範疇豐富起來時，總是需要學會把內在序列的範疇同外在序列的範疇區別開來，並找出它們之間的必然聯繫。在這個意義上，《國富論》體系的缺點，不僅應被視為首次嘗試創立政治經濟學體系的「幼稚」，而且應被視為科學在向上發展中的每一階段的艱難。認為社會主義的全部範疇的價值與意義都是相同的人，借口理論接近實際卻忽視了社會主義政治經濟學體系的階梯性原理。這無助於它的發展。

不深刻地研究經濟發展的經驗，就不能發展社會主義政治經濟學。因此，必須反對以空泛的議論代替對實際過程的概括。然而也不應忘記繁瑣哲學和經驗主義的危險。亞當・斯密「沒有清楚地用一個不同於剩餘價值特殊形式的特定範疇來闡明剩餘價值」，而把它混同於利潤。馬克思在評論這一點時指出，「粗俗的經驗主義變成了虛偽的形而上學，變成了繁瑣哲學，它絞盡腦汁，想用簡單的形式抽象，直接從一般規律中得出不可否認的經驗現象，或者巧妙地使經驗現象去遷就一般規律」。應當始終牢記：沒有比好的理論更實際的東西。

《國富論》是資本主義工場手工業階段先進的資產階級所創作的科學文獻。因此，它對於「國民財富的性質與原因」這一研究任務的回答，不能不帶有自己時代的印記以及《國富論》作者客觀上所代表的那個階級利益的印記。斯密對國民財富問題的研究，是從生產的單個當事人的利己主義同全社會利益可以協調這一點出發的。

不過，在現代條件下，當社會生產效果問題提上日程時，斯密解釋國民財富問題的某些方法還是值得注意的。

在斯密看來，財富的源泉是勞動。與他的前輩——認為只有農業勞動是財富增加的源泉的重農主義不同，斯密克服了使財富得以增加的勞動這一概念中的具體部門的局限。同時，他沒有忽視生產性勞動與非生產性勞動的區別。在方法論上重要的是，斯密提出了總的社會勞動劃分為生產的與非生產的比例問題，以及把它作為「國民財富」的要素即社會生產效果的要素問題。

這裡不去分析和評價斯密對這一問題的不同解釋，重要的是強調指出，關

於生產勞動與非生產勞動問題的提法，不僅在現代仍有意義，而且變得更加重要了。現在，同非生產領域的擴大有關的種種想法在不斷出現，即企圖抹殺社會勞動中的生產領域與非生產領域的區別。斯密解釋生產勞動問題的某些方面，是反對上述觀點的理論上的一道屏障。最後，斯密提出只有同資本而不是同收入相交換的勞動才是生產性勞動的問題，就是把生產勞動問題的社會經濟方面提到了前列。這一點，在政治經濟學體系中，在從抽象邏輯地上升到具體的過程中考察它時是很重要的。

斯密關於勞動生產率要素的提法在今天仍是有意義的。他從兩方面提出這一問題。第一，他研究提高勞動生產率的技術經濟因素。他的學說表達了時代的特點。他說，「有用勞動的生產力的改進，取決於：①勞動者能力的改進；②他工作所用的機械的改進。」分工——這是提高生產率的主要源泉。第二，勞動生產率的物質要素，首先是勞動工具及其改進是生產力增長源泉的問題，斯密並未忘記，不過被放在第二位。

斯密沒有局限於技術—經濟要素，他還仔細研究了財富增長的社會經濟要素。在現代條件下，當提高社會生產效果的任務越來越迫切，當深入研究經營效果的社會經濟標準問題成為動員提高生產效率的所有要素，而不僅僅是技術—經濟要素的必要條件時，有必要強調這個方面。

亞當‧斯密認為，提高生產效率的主要社會經濟要素，就是創造自由競爭的條件。他明確意識到資本主義生產各代理人之間利益的對立，看到了企業主（工業家和商人）竭力為自己創造有損於社會的壟斷條件。他說：「不論在哪一種商業或製造業上，商人的利益往往和公眾的利益不同，有時甚至相反。」他指出，企業主（商人和工業家）的特點是限制競爭。他反對限制競爭，反對壟斷。

儘管現代壟斷和斯密所批判的壟斷有很大不同，然而同反對壟斷的論據在今天還是有用的。但同提出的用以代替壟斷的自由競爭，在現代看來好比是無政府主義。現代壟斷在資本主義社會化過程中有其固有的基礎，用以代替它的，不是自由競爭，而是以社會化的社會主義形式代替它的資本主義形式。

亞當‧斯密相信，創造自由競爭的條件，就是創造這樣的條件：在這種條件下，對生產的單個代理人有利的事情，歸根到底也對整個社會有好處。資產階級對自由競爭所特有的這一信念在反對中世紀式的壟斷的鬥爭中是完全真實的。

應當強調指出，斯密關於不同程度的利益及好處的提法在方法論上的意義，儘管他對這個問題的解答受到資產階級的局限。如果說的是資本主義生產，那麼，無論對個別資本家，還是對整個資本家階級來說，衡量效果的標準只有一個——利潤率。但它不能成為全社會的標準，要知道，在這裡存在的是利益對立的和收入性質不同的各個階級。

從發展生產力來看，社會生產效果有全然不同的另一種標準，它對不同生產方式是共同的。從社會經濟觀點來看，每個生產方式都有其特有的效果的標準。亞當‧斯密所有的那種效果的標準，由於以「經濟人」的模式為依據，所以它對那些不以所謂「經濟人」的動機為動力的生產方式（特別是社會主義），就不可能是現實的了。社會主義生產的社會經濟效果的標準，是以計劃化和社會主義基本經濟規律為依據的。整個社會主義經濟的效果，不能看作是個別企業效果的簡單成果。同企業經濟活動的核算形式有關的局部的標準，與整個社會主義社會生產的社會經濟標準，這是兩個序列的現象。其中居首位的，不是局部的標準，而是作為一個有計劃整體的社會生產的標準。

經濟科學的基本收穫之一，就是把經濟政策同政治經濟學劃分開來。因此，關於國家在經濟中的作用問題，在今天比亞當‧斯密生活與活動的時代更為迫切。

這裡顯然要注意兩方面的問題。首先是關於私人企業與國家的關係。斯密堅信個人的主動精神是無限的，但也不排除國家參與創造物質財富的某些部分的可能性甚至必要性。這裡所指的那一部分，在最新文獻中被稱為基礎結構。斯密指出，諸如橋樑、運河、港灣等設施，「對於整個社會當然是有很大利益的，但就其性質說，如由個人或少數人辦理，那所得利潤絕不能償其所費。所以這種事業，不能期望個人或少數人出來創辦或維持」。

有時人們把斯密的提法同凱恩斯的提法加以對照。然而，凱恩斯是完全從另一種觀點提出問題的。他認為，私人企業制度不僅在生產的某些個別領域不能自行再生產，而且在各個生產領域中，由於內在經濟規律的作用，它都不能自動地再生產。因此，在凱恩斯看來，必須有外部的即來自國家的干預，才能保證持續再生產。可見，在自由企業的基礎上實現財富增長的思想受到了懷疑。而在斯密那裡，私人企業制度並未受到批評，他所說的僅僅是，哪些設施是他們力所不及的，並明確指出了這一類設施。因此，斯密和凱恩斯關於國家與自由的私人企業作用的提法有原則性的不同。

斯密認為，私人企業不要國家的任何干預即可完善而可靠地使財富增長，因而要維護它。而凱恩斯及其追隨者則認為，私人企業結構的狹小這一缺陷，使其不能自由地再生產。但凱恩斯主義者是以維護私人企業的面目出現的，他們宣傳要創造一種手段，持久地幫助私人企業的維持和生存。整個現代資產階級政治經濟學，其中的絕大部分，在要求比兩百年前無比廣泛地干預經濟過程的同時（甚至那些提出資本主義計劃化思想的資產階級經濟學家也包括在內），意識到自己的主要目標在於維護私人企業制度。可見，現代資產階級經濟學有著深刻的矛盾：承認私人企業本質上不能擴大再生產，同時卻又要辯護性地維護它。這個矛盾反應了國家壟斷資本主義的發展同私人企業制度之間的矛盾。

關於國家與經濟的關係，在當代還有另外一些方面。如果說，在自由競爭時代，國家及其活動是作為社會上層建築的成分起作用的，那麼，國家壟斷資本主義的出現則使國家職能的性質發生了變化。

斯密對他那個時代的國家的作用作了正確地說明，即首先是保衛資產階級私有制。但是，當國家作為經濟政策的主體出現時，它仍繼續作為上層建築的成分起作用。在第一種情況下，國家的任務在於維護現存的社會秩序；在第二種情況下，在維護現存社會秩序的條件下，國家的任務在於從外部干預經濟關係，但不是為了成為生產關係的主體。

作為經濟政策的主體，國家像往常一樣，是社會上層建築的一個因素，是基礎以外的東西。然而社會化過程（特別是在壟斷形式上）的發展，資本主義生產關係本身的發展，使得資本主義生產的矛盾，如果沒有國家對壟斷資本再生產經濟過程的直接干預，便不能解決。資產階級國家為了解決經濟政策任務，便把資本投到某個部門，從而成為經濟的以及再生產過程的直接代理人。也就是說，國家具有了新的基礎的職能，在作為經濟政策的主體發揮上層建築職能的同時，開始履行作為生產關係主體的基礎的職能。這是來自生產關係的變化而不是國家本身的進化。

在社會主義條件下，國家職能問題顯得更加複雜。社會主義改造的出發點即是消滅資本家所有制，建立國家所有制（它是全民所有制的不可避免的形式），所以國家就成為生產的直接管理者和生產關係的主體，並在全國範圍內組織社會生產過程。管理整個社會生產過程應屬於基礎方面的職能。

社會主義經濟管理不是單一的過程。在社會主義條件下，國家起著上層建

築的作用，保護社會主義所有制，制定根本的經濟政策。但是，由於社會主義生產關係的性質，國家本身也起著社會主義生產的直接管理者的作用。社會主義生產所必需的管理形式，是在全國範圍內生產組織的計劃化。國家是作為計劃化的指導者和生產的領導者出現的。國家投入運轉的是歸它所有的物質生產要素，以及社會全體成員中有關的勞動力，所以國家的職能屬於基礎方面的職能。可見，社會主義的經濟管理，一方面是作為經濟政策出現的，因而是上層建築的現象；另一方面，作為社會生產過程的直接組織者，它又是基礎的現象。

社會主義國家一定的經濟政策調節著生產過程的計劃組織，但這並不意味著經濟政策和在全國範圍內生產的計劃組織實質上是同一意義的現象。制定根本的經濟政策措施，是以黨的經濟戰略為依據的。同時，規定社會主義社會生產過程的計劃組織的方針也要依據黨的經濟戰略所認可的原則。經濟戰略總是上層建築的現象，但在第一種場合是上層建築之間的作用，第二種場合是上層建築對基礎的作用。

在紀念《國富論》200週年時，我們不僅要對英國古典政治經濟學最偉大代表者之一的著作表示敬意——英國古典經濟學同德國古典哲學和法國空想社會主義一起構成了馬克思主義的三個來源。反覆鑽研《國富論》會使我們更清楚地領悟到，正是馬克思主義回答了那個時代先進的社會思想所提出的問題，認識這一回答的創造性特點。

揭示《國富論》同其前輩經濟思想的聯繫，以及同政治經濟學後來的發展的聯繫，是深化我們的理論知識的途徑之一。運用馬列主義創始人在分析這一著作時所發揮的理論與方法，乃是進一步提高馬列主義政治經濟學理論和方法論研究水準的因素。這種研究會促進馬列主義政治經濟學的發展，順利解決經濟科學所面臨的巨大任務。

我們的經濟學越發達，對經濟發展的科學論證（首先是揭示經濟規律）的作用就越大。在此基礎上，首先就能夠富有成果地從理論上擬定經濟政策、管理、計劃化與經濟刺激的措施。

圍繞著《國富論》思想的鬥爭，同現代整個意識形態鬥爭是不可分割的。我們的任務在於，強調指出亞當·斯密的進步的原理，揭露其資產階級局限性與歷史條件的局限性所帶來的缺點，並且指出，亞當·斯密學說的真正科學的原理，在當代唯一科學的政治經濟學——馬列主義政治經濟學中得以完成。

第一章 《國富論》:歷史作用

第一節　亞當·斯密及其時代

A. B. 阿尼金教授

1876年，亞當·斯密的著作《國富論》問世100週年時，曾在倫敦政治經濟學俱樂部舉行了隆重的慶祝活動。在主席席位就座的是不列顛王國首相，貴賓是法蘭西共和國財政大臣。這樣大肆慶祝是可以理解的：斯密著作百年紀念，正趕上英國資本主義發展的頂峰，而斯密本人正是一位論證了資本主義必然性的理論家。斯密學說的這個方面，對那個時期的資產階級特別富有吸引力。

從那以後又過了100年，世界大不一樣了。斯密像以往其他的偉大思想家一樣，已經不再是資產階級所獨占的財富了。

值得注意的是，西方慶祝《國富論》200週年，是在經濟困難，過去的經濟和社會理論使人失望，資產階級政治經濟學和經濟政策發生危機的背景下進行的。在這種條件下，對斯密的思想眾說紛紜，莫衷一是。一些人認為只有回到亞當·斯密去，回到自由競爭和價格競賽中去，才能使資本主義繼續生存下去。另一些人卻認為，應當實行資本主義計劃化，減少市場和價格的自由競爭，擴大國家調節。這些人還認為，把斯密說成自由競爭的擁護者是不對的。這些爭論反應了現代資產階級政治經濟學中的意見分歧，但近年來對斯密的興趣越來越大卻也是事實。

亞當·斯密生活與活動在18世紀。不瞭解當時的歷史狀況和斯密的個性，便不能深刻理解他的經濟學說及其主要著作的思想。學者的內心世界同他作為

一個人是分不開的。闡明斯密（既是學者又是人）的個性，早就引起了研究家和經濟思想史家的興趣，因為他在科學史上的地位太重要了。

1876年，即《國富論》問世100年後，一位英國經濟學家和政論家伍德·貝浩特寫道：「人們對亞當·斯密的政治經濟學，已經說了不知多少，而對斯密本人卻談得很少。問題不僅在於他是有特點的人之一，而且在於不瞭解他是怎樣一個人，也就未必能夠理解他的著作。」從貝浩特說了這番話以後，對斯密的研究有了相當的進展。發現了一些早期的為人所不知的材料，進一步研究了斯密的創作與活動。但是，戈萊教授（關於斯密思想的一本近期著作的作者，蘇格蘭人）在1948年時仍很有根據地指出：「亞當·斯密是18世紀如此著名的傑出學者之一，到了19世紀，對他的祖國和全世界仍然有著巨大影響。相比之下，我們對他的生平詳情的瞭解少得讓人吃驚。」

即使在今天，材料仍然不足，斯密作為一位學者和人所具有的某些特殊的個性，還是模糊不清的。因此，研究他的創作與性格，仍有許多疑難。

亞當·斯密非常謙虛，在一定意義上，也可以說很內向。他的書信極少，即使在當時（18世紀）看來也是令人驚異的。他的同時代人伏爾泰或富蘭克林的書信數以萬計，而斯密的通信和著作加在一起也不是很多。他對寫信有一種病態的反感。他的通信格外簡短，同時代人回憶他的文章也極少。他有才干，但不引人注目。因此，現代的回憶錄作者們，對早已被忘記的18世紀的事情詳詳細細地寫了許多，但對斯密通常卻保持沉默，或者把某些似乎無關緊要的意見拋開了。此外，斯密去世前幾天，曾讓友人來家燒掉了他的全部文稿，人們至今不知道這些文稿的內容。

亞當·斯密是他那個時代的優秀人物之一，他提出的思想在當時是最先進的。他生活在資產階級還是反封建的上升階級的時代。他不是資本主義的淺薄的辯護士，他看出了這一制度的某些缺陷和矛盾。因此，直到200年後的今天，他的思想像當初提出時一樣，仍是有意義的。

有必要詳細研究一下，使斯密的思想得以形成，並在他著書立說中起了決定性作用的歷史狀況的特點。

18世紀60~70年代，英國經濟處在產業革命的起點線上。農業經濟發生了重要變化：在土地耕作上，出現並實際採用了第一批金屬工具，改良了農業技術，農副產品增加了。農業提供了剩餘產品，從而為工業和國民經濟其他領域的發展打下了基礎，成為從事工業和實現資本累積的基礎。也是在這一時

期，紡織工業和冶金工業中出現了重要發明（例如用焦炭混合生石灰熔煉鐵礦石）。資本累積規模擴大、累積率和投資效率提高、投資中相當大的份額投在物質生產領域。

然而，工業中占優勢的生產方式是手工工場。在這裡，勞動生產率的提高與其說是運用機器，不如說是依靠改進分工。後者基本上是以舊的沒有根本變化的生產技術和工藝為基礎的。正因為這樣，斯密才把社會分工過程看作提高勞動生產率的最重要因素。在他看來，技術的發展同分工密切相關，而且是分工的一個方面。因此，機器與其說是提高勞動生產率的獨立因素，不如說是發展與擴大分工可能性的輔助因素。斯密完成了反應資本主義工場手工業時期特點的經濟理論。按馬克思的說法，這是「深入研究資產階級制度的內在聯繫」的理論。

從《國富論》可以看出，斯密對生產過程的技術方面很感興趣。他一開始就準確地描述了有名的制針工場的工藝，並以此為例，用對生產過程的詳盡知識，證明了分工的優越性。他強調只有通過各部分工人之間的分工才能提高生產率。在《國富論》的其他部分，我們還可看到他對18世紀技術過程和生產工藝特點的許多敘述。斯密和萬能蒸汽機的發明者瓦特的交往與友誼是很有代表性的。瓦特在格拉斯哥大學工作時，斯密是那裡的「道德哲學」教授。瓦特對斯密很尊重，把他看作老師和自己事業的鼓舞者。斯密以非凡的洞察力預見到蒸汽機的前景。1763年，瓦特剛開始自己的試驗時，斯密就在《國富論》最初的草稿中談到蒸汽機將會有廣闊的前途。

亞當·斯密最親密的朋友，是物理學家和化學家約瑟夫·布萊克。他是一位偉大的蘇格蘭學者，恩格斯稱他是現代化學的鼻祖之一。

通常被稱為啟蒙時代的思想和社會理論對斯密世界觀的形成產生了巨大影響。他是啟蒙思想的偉大表述者。啟蒙的基本內容，是新生的進步資產階級反對阻礙生產力發展的封建主義的思想鬥爭。斯密世界觀的根本特點是熱愛自由與人道主義，這在《國富論》中反應出來。最根本的一點，是經濟自由和政治自由思想的統一。它使斯密著作吸引了18世紀末19世紀初資產階級民主主義和自由主義運動的活動家，特別是俄國的十二月黨人。農民革命者十二月黨人的綱領實際上是資產階級民主主義的，為了實現這一綱領，他們利用了西方思想家的最進步的思想。在斯密那裡，吸引他們的是自由主義社會思想體系，具體來說，就是斷然譴責奴隸制（農奴法），反對一切形式的封建壓迫以及實

行普遍稅收制以便發展工業，等等。

十二月黨人最大的經濟學家圖格涅夫，在其反農奴制著作《稅收論》中指出：「無論是一般政治的，還是國民經濟的和財政的規則，都由不朽的斯密及其追隨者們提出並且做了論證。」斯密對十二月黨人思想的影響，在別的地方也有所表現。在十二月黨人對一次調查詢問的回答中表現得特別明顯。詢問的問題是，誰是「自由放任思想」的倡議者？他們除了提到孟德斯鳩和伏爾泰以外，多次填寫了亞當‧斯密。他們還多次提到一般政治經濟學著作，這在當時實際上就是指亞當‧斯密體系。

提一下《國富論》在18世紀末19世紀初推行中所遇到的困難是有意義的。甚至在斯密的祖國——英國，在法國革命時期，也有許多右翼人物對他的著作採取否定態度。上議院就有一種議論，說法國革命思想曾受到不列顛人亞當‧斯密的鼓勵，說他應因此受到譴責。這是謬見，但也表明他們理解下述事實，即斯密的思想傾向是進步的資產階級的。

在《資本論》的一個重要註釋中，馬克思指出，斯密如何受到英國教會、神父和地主的攻擊。斯密在世時即被稱為無神論者，被看作宗教的敵人。《國富論》在歐洲其他國家也遇到不少阻力。在西班牙，這本書遭到宗教裁判所的禁止。在德國，反動教授們直到19世紀都不願採納斯密的學說，儘管他的學說整個來說獲得了巨大的成功。

可見，推行《國富論》以及它影響學者們的歷史過程，反應出斯密的學說具有進步的民主的色彩。

亞當‧斯密1737—1746年在格拉斯哥和牛津大學期間已經受到啓蒙思想的影響。在英國的學者中，他特別受到霍布斯、培根、洛克、牛頓和休謨的影響。18世紀法國啓蒙哲學家孟德斯鳩、伏爾泰、狄德羅、愛爾維修、霍爾巴赫，對斯密觀點的形成起了明顯的作用。

在政治經濟學中，亞當‧斯密把威廉‧配第以來英國古典派代表者的思想加以概括，並且搞成了一個體系。他以很尊重的口吻說到配第，儘管對《政治算術》一書（運用統計方法的經濟著作）採取了某種批判的態度。他對低估客觀經濟規律作用的重商主義進行了深刻的批判。以魁奈和杜爾閣為首的法國重農主義經濟學家則是他的盟友，他們通過自己的著作和個人交往給斯密以重要的影響。

蘇格蘭的影響也有重要意義。18世紀的蘇格蘭儘管在法律上和政治上是

大不列顛的一部分，但它在一定程度上仍是一個獨立國家。它有自己的管理制度，特別有自己的文化和傳統。蘇格蘭的環境對斯密的影響是十分強烈的，有必要特別說明一下。

18世紀後半期，當英格蘭的經濟與文化迅速發展時，蘇格蘭也大大進步了。蘇格蘭經濟文化發展的速度，在這個時期比整個不列顛更快一些。它的文化出現了巨大高漲。蘇格蘭的大學以思想自由、注重世俗科學和實踐傾向而著稱。蘇格蘭在幾十年間造就了一大批出色的很有影響的人才。瓦爾特·斯柯特是其中最後的一位，他認識斯密，對斯密還做過有趣的評論。

在斯密思想形成中，還有一條重要的路線，這就是美國的影響。在斯密看來，英國的美洲殖民地的命運如果不是當時最重要的政治問題，也是最重要的問題之一。斯密對國際經濟關係許多問題的考察都是以此為例的。他同18世紀美國資產階級革命的一些主要領導人有親密的交往，富蘭克林即是其中之一，並且受到後者的影響。這兩位思想家的關係具有重要意義。馬克思認為，在資產階級古典政治經濟學的發展上，特別在勞動價值論的發展上，富蘭克林的著作是一個重要的環節。

亞當·斯密的學識似乎包羅萬象，這在18世紀是不奇怪的。當時的一些著名人物往往既是哲學家、社會學家、歷史學家、經濟學家和法學家，又是文藝評論家和文藝作品的作者。斯密的活動實際上包括了全部社會科學，甚至還超出了這一範圍。他還有關於自然科學史的重要著述。斯密如此淵博的知識以及他對自然科學的興趣，對於評價他在政治經濟學方面的貢獻具有重要意義。特別應當指出，斯密的經濟學說同牛頓的機械唯物論之間的聯繫。斯密對牛頓的天才是極為欽佩的，認為牛頓是世界上最偉大的學者。牛頓關於世界是一個具有因果關係的機械體系的觀點，同斯密關於人類社會的觀點以及他把人類社會視為一個通過自由競爭即可趨於平衡的巨大體系的學說，顯然有著內在的聯繫。

現在，英國有亞當·斯密著作和通信的第一個完整版本。這個版本反應了資產階級學者對斯密的看法，應當予以馬克思主義的批判。同時，它又是斯密著作的最完善的科學版本，其中首次發表了一些早期的人所不知的著述，特別是近年來所發現的講義底稿。這些材料有助於進一步增加對斯密當講師和教員時的瞭解。這對於科學研究是重要的。

在我們稱為教授法和科學表述法方面，斯密也做了許多事情。他所提出的

某些原理,至今仍是有意義的。他在一本書中曾很有根據地強調說:「文體的完善,表現在以最簡潔、流暢和準確的形式表述作者的思想。」他在自己的寫作和講授中始終遵循著這個精神。

亞當·斯密在格拉斯哥時的兩位學生杰尼茨基和特里亞柯夫,後來成了莫斯科大學的第一批俄國的法學教授。可見,早在《國富論》問世以前,斯密就同俄國有了關係。杰尼茨基是一位大學者和社會活動家。遠在 1772 年,即《國富論》出版前四年,他就稱斯密是一位偉大的哲學家,這對當時歐洲思想界來說是很不簡單的。

亞當·斯密的著作證明:時勢造英雄。由資本主義的生存與發展所引起的政治經濟學,到了有必要把已有的知識整理成一個體系的階段。在斯密著作中,政治經濟學首次具備了作為一門關於社會經濟基礎及其發展規律的知識體系的科學的特點。

亞當·斯密是一個人,又是一位勝任愉快的學者。他把抽象思維和對具體事物的生動描述的傑出才能完善地結合在一起。他是一位學識淵博的學者,又有極為認真和科學的誠實態度。他善於利用別人的思想,也長於批判和獨立思考。他有科學家和普通人的勇氣,又有哲學家的條理。

亞當·斯密的學說反應了正在成長的工業資產階級的利益,但他根本沒有追求為資產階級統治進行辯解的目的。只是在資產階級推動了物質生產的發展、促進了「國民財富」增長的意義上,他才為資產階級說話。這在當時是正確的,因為 18 世紀後半期,還沒有別的社會力量能夠實現這一歷史使命。

亞當·斯密同情工人階級的狀況。這倒不是對窮人的傷感,而是出於冷靜的分析。在這個意義上他是李嘉圖的先驅。斯密反對有害的童工勞動,他談到資本家的貪心迫使工人進行使人愚笨的畸形方式的勞動。

亞當·斯密看到了資本主義對勞苦大眾來說許多不人道的極其有害的方面。他在一定程度上還預見到資本主義發展的歷史界限。他把這種界限同下列各種因素聯繫起來:勞動群眾物質狀況的惡化(這是緊跟在資本主義進步發展時期以後必然出現的),由於利潤率傾向下降,削弱了資本主義企業家的動力;經濟和社會不平等的加劇,人們越來越遠離勞動,還有道德的墮落。斯密沒有在資本主義範圍內去尋找擺脫這一絕境的出路,而只滿足於看到上述各種因素會對遙遠不定的未來產生深遠的影響。斯密自然看不到能夠改變資本主義(他稱為「商業社會」)發展中的消極社會經濟傾向的反資本主義力量。正像

美國學者海布格涅爾所說，斯密關於人們追求改善自身狀況是發展的主要動力的論題，「一點也沒有暗示，緊接在商業社會之後的社會是一種什麼樣的組織」。社會主義思想，儘管是在18世紀空想的形式上，對斯密也是異己的東西。他同情工人階級，卻沒有從他們的鬥爭中看到社會發展的動力。但在估計社會發展趨勢時，表現了他的洞察力和人道主義。

最重要的是，亞當·斯密的許多思想和見解會導致這一思想：佔有生產資料的資本家和地主剝削了雇傭工人的勞動。斯密以自己公正無私的科學分析為反資本主義的結論和政治經濟學中的革命變革培植了基礎。英國古典政治經濟學，在很大程度上是由亞當·斯密創立的，它是馬克思主義的來源之一。亞當·斯密著作的偉大歷史意義就在這裡。

第二節　亞當·斯密是封建主義和重商主義的批判家

Ф·я·波梁斯基教授

亞當·斯密的學說具有劃時代的意義，它在世界經濟思想史上是一條真正的分界線。斯密堅定地站在經濟實踐的真實關係的基地上，解決了他那個時代迫切的經濟問題。說明至關緊要的經濟政策問題占了他的名著《國富論》的大部分。同時，他在這部著作中也深刻地研究和出色地闡明了自己的學說，這一學說為整整一代英國資產階級提供了確切的經濟政策綱領。斯密更出色的才幹，還在於他對封建主義和重商主義的批判。批判封建主義是斯密的一大功勞，是18世紀資產階級經濟思想新思潮的傑出成就。

亞當·斯密把農奴制看作資本累積的對立物，他多次提到封建城堡居民的浪費行為。他指出，貴族富翁的特點是純粹的消費，並把它同商人資本加以對照，後者進行投資是為了增加利潤而不是為了消費。他強調指出，對服務的開支不會得到償還，因而是一種浪費。而資本投資則能得到償還並帶來相應利潤。

《國富論》第三篇中，專有一章分析抑制古代歐洲（實則指封建主義歐洲）農業發展的障礙。在這裡，他堅決譴責了維護貴族特權的封建貢賦，說它是一種阻礙農業發展的「野蠻的制度」。他還指出，修築和保衛城堡，消耗了改良農業所必需的資金。儘管農奴制比古代奴隸制更進步，斯密仍堅定地認

为，農奴制度抑制了農業發展，因為中世紀的農奴無權支配財產。斯密譴責遺產繼承權和地產稅，因為後者妨礙資本積蓄到農民手上，並且「幾乎等於禁止農民把積蓄投資於土地」。最後，他反對不利於農業發展中對穀物貿易的限制（禁止出口小麥等）。按斯密的說法，市民自然十分痛恨封建主，但積蓄在「鄉村勤勞居民手上」的資本卻在城市中追求自己唯一理想的避難所。他認為，只有都市商業能促進農業發展。因為「商人往往是勇敢的事業家，而鄉紳則是膽怯的事業家」。商人支出貨幣是為獲得利潤，而鄉紳很少敢於這樣使用貨幣。只有商業和產業才能在農業上建立起秩序、合理的管理、自由和安全。

亞當·斯密在分析生產勞動時，堅決譴責了封建主義及其隨從的寄生性。他指出，「家僕的維持費是不能收回的」，因此，維持為數眾多的家僕勢必貧窮下去。其次，「社會上最受尊敬的階層」的代表（君主、官吏、軍官、神父等），像家僕一樣不生產任何價值。

亞當·斯密反對中世紀典型的人頭稅，因為當這種稅開始按照納稅人的收入和財產徵收時，它「完全具有任意的性質」。他建議對奢侈品徵稅，因為它不會引起其他產品價格上漲，只是使愛奢侈者成為納稅人。在批判法國的稅制時，斯密把它同英國的資產階級稅制加以對比，並主張取消人頭稅，實行其他的一些改革。

因此，斯密的經濟綱領具有反封建性質，批判的鋒芒指向英國的封建殘餘。在英國，繼封建時代之後建立起來的大農業，很有利於貴族以地租名義攫取巨額剩餘價值。

亞當·斯密對封建主義的批判，對當時還處於封建統治下的歐洲大陸，具有更加重要的意義。法國正走向革命，斯密關於封建貴族寄生性的見解，聽起來就像是一個革命的號召。在德國、波蘭、俄國和其他許多國家還繼續保持著陳腐的勞役經濟的統治。斯密明確指出，勞役制在經濟上是不合理的，而自由雇傭勞動則是優越的。正是這一反封建的傾向，使斯密的經濟綱領得到了廣泛傳播。但是，斯密在批判封建主義時，並沒有提出任何革命的要求。讀了他的書就會得出這個結論。他沒有要求消滅英國的大地主和歐洲的封建餘孽。從法國反封建革命的問題和思想來看，他對封建主義的批判是很溫和的。這種批判具有明顯的反歷史主義特點。他把農奴制看作古代奴隸制的變形，不把封建主義視為歷史發展的合乎規律的階段。這表現了他的資產階級世界觀的局限性。

作為工業資產階級思想家，亞當·斯密同重商主義發生了嚴重的衝突，後者是維護資本原始累積時期商人利益的。批判重商主義在斯密著作中佔有重要地位。這種批判從反面論證了他的經濟綱領，而且是非常富於雄辯的。按斯密的解釋，同封建主義和重商主義的鬥爭密不可分。他認為，重商主義完全是中世紀的胡說和封建制度的產物。這種看法更增強了他批判的感召力。

對重商主義觀點的批判早就開始了。諾芝和布阿基爾倍爾已經作了不少批判。重農學派繼續了這一事業，並對經濟自由主義思想作了明確的論證。斯密發展了這些思想。不過，他和重農主義又有很大不同。如果說，重農主義者是以穀物出口者和奢侈品消費者的觀點批判重商主義（他們要求取消使地租增長的對穀物貿易的限制），那麼，斯密首先感興趣的是工業的命運，並且站在產業資本立場上批判重商主義，這就使他克服了重農主義在批判重商主義方面的局限性。

亞當·斯密指出，重商主義關於貨幣作用的偏見，來自貨幣的兩種職能；貨幣既是交換工具，又是價值尺度。於是就有了這樣的說法：「發財就是得到貨幣」。地理大發現時期，西班牙人一到美洲，首先追求的就是金銀。斯密認為，重商主義者的下述觀念是荒謬的：為了增加一國的金銀儲備，需要政府特別關心，而高價匯兌將會惡化一國的貿易差額。他同意對外貿易使國家致富的說法，但他要求解釋這一現象的原因。斯密斷言，致富不在於貨幣，而在於用貨幣進行購買。貨幣只是一種交換工具。即使不能在商品交換中得到金銀，「也不至於使國家破產」，只需要採取某些替補貨幣的措施，而一國現有的勞動與土地年產品仍然照舊。

亞當·斯密指出，企圖通過輸入過多金銀的辦法增加財富是荒謬的，就像企圖「要富人購置多於他們所需要的烹調用具以增加其快樂」一樣。烹調用具的數量受著家庭實際需要的限制。同樣，流通渠道只能容納一定數量的貨幣，「無論何時不允許外界干預」，流通工具過多只能導致國民財富的減少。再說，把商品送往國外市場，總能帶回一定利潤，而輸入金銀卻不能這樣。斯密斷言，美洲的發現之所以使歐洲富裕，不是由於輸入金銀（它的價值甚至還降低了，因而使這些金屬「不像以前那樣宜於充作貨幣」），而是由於它提供了進一步發展分工和改進技術的機會。和東印度的貿易同樣導致了歐洲商品年生產的改善。

在批判重商主義局限性時，斯密寫道，社會的全部產業絕不可能超出資本

額所決定的限度，任何商業條令都不能使產業量的增加超出這個界限。過高估計外貿的作用是不正確的，有經驗的商人將經營國內商業，如果利潤均等的話。

亞當·斯密認為，每個人都能比立法者更好地選擇運用自己資本的產業部門，不必讓政府操心。如果本國產業的產品在國內市場上不比別國進口產品貴，政府的管制就是無用的。如果比外國進口產品貴，這種管制就是有害的。他認為，對每個私人家庭來說是明智之舉，在大國的行動中未必就是不合理的。

亞當·斯密承認，由於管制，個別產業部門會獲得更迅速的發展。但是，他說，這並不意味著「產業勞動的總額」的增加。通過蓋溫室等辦法，蘇格蘭也可栽種出上等葡萄，但這並不是說，應當禁止輸入法國葡萄酒。他認為，從國內市場壟斷中最獲利的是商人和製造業者。限制外國工業品，只在下述兩種場合才對本國有利。第一，對國防所需的特定產業部門的產品，實行高關稅和禁止進口，因為「國防比國富重要得多」。第二，當對國內某商品課稅時，也應對進口的同類商品課稅，稅額應使進口商品不至於比國內商品便宜。

亞當·斯密承認關稅戰（對外國產品徵稅，以對抗別國的高額關稅和禁令）的合理性。

英法之間的貿易，即使貿易差額對法國有利，但兩國間的正常貿易仍然是「互利」時，這種貿易對英國也有好處。他把有好處解釋為土地、勞動年產品交換價值的增加，而不是金銀儲備的增加。他指出，認為人民的任務似乎在於使鄰國衰落這一觀點是錯誤的。斯密批駁了退稅制，認為它只能使資本離開最有利的部門。他譴責獎勵金制度，認為獎勵金（獎勵穀物出口）實際上是課了兩種稅。

亞當·斯密的批判是十分出色的。他指出，殖民地使歐洲富裕的原因不是金銀，相反地，金銀價值還下跌了。殖民地對歐洲有利，不在於那裡有金銀，而是由於它提供了肥沃的土地，促進了世界貿易的發展。斯密懷疑殖民政策在經濟上是否適宜，這看來有點奇怪，因為英國資產階級總是把這一政策同自己的根本利益聯繫在一起。在 18 世紀[①]（特別是後半期），當英國的殖民政策已經有了空前的規模時，響起了斯密的持有異議的聲音，他是以國民經濟的觀點看待經濟現象的。這是很有意義的，因為在 16～18 世紀的殖民地貿易中，壟

---

① 原文誤作 16 世紀——譯者註。

斷公司的統治已經走得很遠了。

在批判重商主義殖民政策時，斯密指出，良好土地的數量較多以及經營自由是北美新殖民地繁榮的兩大原因（賓夕法尼亞沒有長子繼承法就是一例）。他發現，英國的殖民政策限制最少，對經濟最有利，為自由貿易提供了相當廣闊的可能。他認為，殖民地貿易壟斷會導致該部門資本過多而損害其他部門，破壞各部門之間的「自然均衡」。他認為，西班牙和葡萄牙的產業被殖民地弄蕭條了，只有英國由於實行自由貿易才出現了另一種局勢。他得出的一般原理是：壟斷提高了商品利潤率，但延緩了農業的改良。

亞當‧斯密的結論是：在現代制度下，英國從對殖民地的統治上毫無所得，只有損失。

不過，他允許有一些貿易公司，因為單個商人沒有足夠的資本經營殖民企業（例如東印度公司）。斯密不理解資本原始累積問題，他把這個問題同出現勤勞資本家聯繫在一起，說他們以艱苦的勞動累積了最初的資本，進行了大規模生產。實際上，正像馬克思在《資本論》第一卷第二十四章所指出的，這種累積是一部血淚史。斯密不理解重商主義的本質及其根本的經濟作用。

亞當‧斯密指出了重商主義的不徹底性。他們阻止工業原料出口，甚至獎勵它的進口。他們一直完全禁止毛織品的出口，僅僅降低了一點它的價格。斯密認為，「消費是全部生產的唯一目的」，而在重商主義體系中，消費者的利益總是生產者利益的犧牲品。

在說明自由貿易信念時，斯密強調指出，用不著法律的任何干預，個人的利益與情慾自然會引導人們把任何社會資本，盡可能按照最適合於整個社會利益的比例，分配於各種不同的行業。重商主義的限制只能破壞這種「自然的、最有利的資本分配」。

這就是作為重商主義的批判家和自由貿易倡導者的亞當‧斯密，他對重商主義學說進行了最充分的批判。這一批判是很及時的，並且成為經濟思想史上重要的分野。這一批判反應了產業資本對商業資本的勝利，表明英國工業有了異乎尋常的擴張，以及工廠主依據大肆剝削工人而發財致富了。資本原始累積時代已經過去，資本主義生產方式的發展已獲得決定性地位。資本主義手工工場為工廠制度在英國的勝利做了準備。英國的工商業要求的不是監督與警察的管制。資本需要的是自由活動的舞臺。重商主義政策是 16～18 世紀專制制度所執行的政策，勢必夾雜著封建性質。因此，斯密便把對重商主義的批判同對

專制制度的譴責結合起來。要求在各生產部門之間自由就業和人口自由流動，反應了斯密經濟綱領的反封建傾向。斯密把物質生產利益（「國民財富」的增加即有賴於物質生產的擴大）作為經濟政策的標準，這是難能可貴的。斯密在批判重商主義時，號召最大限度地發展生產力，這無疑具有進步意義。

作為工場手工業時期的經濟學家，斯密創立了完全成熟的政治經濟學。他的學說在發達的資本主義條件下，在工廠制度下仍是有意義的，這說明這位著名經濟學家不僅看到了過去，而且看到了未來。他能夠從當時剛剛開始產業革命的工場手工業制度中，看出即將到來的進一步發展的資本主義的一些特徵，這顯示了斯密的天才和偉大的創造力。

亞當‧斯密在批判重商主義時表現出高度的洞察力，並提出了許多獨到的見解。例如，把重商主義謬見的產生同貨幣職能的矛盾聯繫起來；肯定國際分工的好處；論證了產業的根本利益；把批判重商主義同批判封建主義聯繫起來。在經濟學文獻中，時常把重商主義片面解釋為純資產階級的經濟思想流派。但是，當科爾伯特式的重商主義者逐漸轉向為專制制度效勞時，他們執行的是貴族的政策，曲解重商主義原則，使之有利於貴族。如果說，17世紀英國革命是在重商主義旗幟下發生的，克倫威爾1651年有名的條例（指航海條例──譯者註）是它的信念，那麼，法國反封建革命則是反重商主義的。斯密看到了重商主義的封建特點或職能，無疑是他的功績。誠然，他有時也把重商主義解釋為中世紀的某種迷信，這就太極端了。這表明他並不理解重商主義的本質、經濟作用及歷史地位。

但是，對斯密批判重商主義的獨創性也不應做過高估計。事實上，這位赫赫有名的自由貿易預言家，常常重複自己先驅者的論據。例如，關於商品輸出從獲得利潤的觀點來看具有優越性的思想，托馬斯‧孟早已提出來了。關於流通所需要的貨幣數量的論題，威廉‧配第已做過出色的發揮。布阿基爾貝爾已經扼要論證了「國富的根源」完全不在於貨幣。諾芝提出了貿易對所有參加國普遍有利的原理以及各國之間和平關係的利益的原理。斯密重視客觀經濟規律的思想，認為這些規律可以導致社會和諧，但重農主義早已對此做過認真的宣傳。在批判重商主義的某些方面，重農主義甚至更深刻，因為他們利用了等價交換的命題。而斯密卻沒有利用它，儘管這一命題從他的價值論中可以直接引申出來。他也沒有利用自己的生產勞動學說。這使他對重商主義批判的理論內容顯得很貧乏。

亞當·斯密把自由貿易制度的推行當作是社會和諧的實現，認為這一制度是解決經濟問題的最好辦法，這表現了他的資產階級局限性和市民階級的幼稚。他把自由貿易政策說成對任何國家任何時候唯一可能的最合理的政策。斯密甚至還想到了窮人，強調了消費者利益的重要性，但事實上他只論證了英國資產階級經濟擴張的合理性，從而在思想上解除了資產階級的對立面的武裝。英國通過不等價交換剝削農業國，但斯密卻說國際貿易在任何條件下必定對雙方都有利。不過，斯密並不是資本主義的辯護士和經濟史的偽造者。在資本主義上升時期，他能夠做一個忠實的捍衛者，他真心實意地相信，甚至在雇傭奴隸制和資本主義的如狼似虎的法律制度下，自由貿易也會導致社會和諧。

第二章　馬列主義創始人論亞當‧斯密對發展科學政治經濟學的貢獻

第一節　馬克思和恩格斯對亞當‧斯密《國富論》意義的評價

B. C. 維高斯基教授

　　馬克思和恩格斯把亞當‧斯密看作資產階級政治經濟學古典派的代表，這種看法經歷了長期的演變。1843年年底，恩格斯在《政治經濟學批判大綱》中，稱亞當‧斯密是「政治經濟學中的路德」。馬克思的《1844年經濟學哲學手稿》，在解釋資產階級社會階級結構的經濟基礎時，始終是從亞當‧斯密的理論出發的。馬克思《哲學的貧困》一書表明，直到1847年，他才克服了自己對古典政治經濟學的否定態度，不過還未批判地改造這一理論，也還沒有創立自己的理論。這一時期，馬克思對資產階級政治經濟學的批判，涉及的是一般方法論問題，首先是資產階級理論所固有的反歷史主義，以及他們企圖把資本主義經濟規律看作永恆的自然規律的問題。

　　1857—1858年，馬克思才批判地改造了斯密和李嘉圖的價值論。這時他已創立了自己的價值論，揭示了勞動的二重性，並把商品看作資產階級社會的「經濟細胞」。

　　在歷史—批判分析中，馬克思總要追尋經濟觀點的階級根源和方法論根源。同時，他也從這樣一點出發，即資產階級政治經濟學的歷史基本上反應了社會的經濟發展。某個經濟學家在經濟思想史上的地位，決定於他的觀點在多大程度上反應了他當時的實際。恩格斯在《資本論》第一卷第三版序言中指出，「所提到的經濟見解在科學史上是有意義的」，如果它「能夠多少恰當地

從理論上表現當時的經濟狀況」。在這個意義上，亞當・斯密的理論同資本主義發展的工場手工業階段後期大體上相吻合，這一生產方式所固有的對抗性矛盾當時還沒有充分表現出來。在指出斯密理論中的重農主義因素時，馬克思解釋說，同重農主義一樣，它們「反應大工業的史前時期……」。他指出，在這種或那種理論的內在矛盾背後，總是存在著資本主義實踐的內在矛盾。

馬克思主義政治經濟學史家和斯密研究者的迫切任務是考察他的整個學說，以便透過它所特有的兩重性，看到斯密所研究的現實的真實矛盾。例如，斯密對商品價值的兩重規定，是以他把勞動的價值與這一勞動的產品的價值相等同為基礎的。由於不瞭解勞動力價值範疇，而根據不合理的「勞動價值」概念，斯密於是就把體現在商品中的物化勞動同工人出賣給資本家的勞動力等同起來。同時，他所有的理論出發點是簡單商品經濟關係，生產者是自己勞動產品的所有者，商品交換是等價的（等量活勞動與等量物化勞動的交換），是同價值規律相符合的。

可是，在資本主義條件下，勞動資料同工人相分離，工人只是自己勞動力的所有者。勞動產品的價值大於「勞動的價值」（如果搬開不變資本，這便意味著 v+m>v，即一定量工人的活勞動沒有交換到等量的物化勞動）。資本主義剝削的實質就在於此。這顯然破壞了價值規律。亞當・斯密由此得出結論：在資本主義條件下，社會財富已不再決定於個人勞動的成果，在資本與勞動的交換中，價值規律不再發生作用，商品價值不決定於生產中所耗費的勞動量，而決定於勞動本身的價值。

眾所周知，馬克思作出了相反的結論。不過，亞當・斯密的重要功績在於，他感覺到並記錄了（儘管是在矛盾的形式上）資本主義生產方式所帶來的生產關係的根本變化。他的矛盾的觀點在這裡顯得比李嘉圖的理論更富有成果。李嘉圖沒有感到資本主義社會的這一真實矛盾，他只看到斯密理論的不徹底性。

資產階級古典政治經濟學最重要的功績，是「渴求理解現象的內部聯繫」「瞭解與表現形式的多樣性不同的內在聯繫」。這首先表現在勞動價值論上。單是確認價值的源泉是人類勞動，就構成了政治經濟學史中的一個時代。古典資產階級政治經濟學已接近於理解資本主義社會中勞動及其產品的二重性。馬克思指出：「把商品歸結於二重形式的勞動……是古典政治經濟學一個半世紀以上的研究得出的批判性的最後成果……」馬克思不止一次地指出，斯密和

李嘉圖事實上已經注意到了勞動及其產品的二重性，指出「李嘉圖，像所有值得提到的經濟學家一樣，像亞當·斯密一樣……強調指出勞動是人的，而且是社會規定的人的活動，是價值的唯一源泉」。馬克思直接繼承了這條研究路線。

亞當·斯密和李嘉圖不僅提出了資本主義剝削實質的問題，而且在解決這一問題上邁出了重要的一步。他們曾把剩餘價值（在利潤形式上）歸結為剩餘勞動，因為他們以資本家階級佔有工人的無償勞動來解釋剝削工人階級的起源。他們試圖在價值規律基礎上說明剩餘價值起源，因而考察了勞動與資本之間的交換。這種交換正是資產階級社會基本的生產關係。不過，它只是最一般的表現，應當予以發揮和闡明，以便說明資本主義剝削過程。斯密和李嘉圖未能作出這種解釋，但是，他們為解決剩餘價值起源問題所做的一切，成為馬克思在制定剩餘價值理論時的出發點。

在這方面，馬克思的經濟學手稿具有重要意義。研究《資本論》的這些草稿，可以使我們具體地探求馬克思如何批判地克服了他的前輩（特別是亞當·斯密）的理論，有助於理解馬克思的方法大體上是如何構成的。正如馬克思指出的，資本主義剝削問題的解決，在一定程度上，取決於確認工人與資本家交換的特殊商品，不是斯密和李嘉圖所說的勞動，而是勞動力。

發現勞動力是商品的過程，從勞動的價值過渡到勞動力的價值，在《資本論》最初的草稿（1857—1858 年手稿）中鮮明生動地體現出來。正是在批判地分析亞當·斯密理論的過程中，馬克思第一次提出了勞動力是商品的見解。他說：「在斯密那裡，資本最初並不包含作為自己對立面的雇傭勞動要素，相反，資本表現為來自流通的東西，表現為貨幣，因而資本是通過節約從流通中產生的。可見，（斯密認為）資本最初不會自行增殖，因為在資本的概念本身中恰恰不包含對他人勞動的佔有。資本只是在事後，在它已經作為資本被當作前提以後才表現為——這是惡性循環——對他人勞動的支配權。」

馬克思在這裡揭示了以往所有資產階級政治經濟學的一個基本缺陷，就是不能把經濟過程（包括資本主義剝削過程）之物質內容同其社會形式區別開來。馬克思在斯密那裡看到了這一點。他接著說：「這是因為，雖然斯密認為勞動創造價值，但是他把勞動本身理解為使用價值，理解為自然存在的生產性，理解為一般的人類自然力——這正是斯密不同於重農學派的地方——而不是把勞動理解為雇傭勞動，理解為同資本相對立的獨特形式規定上的勞動。」

也不應陷入斯密的另一個錯誤：似乎資本家握有別人勞動的支配權。馬克思指出，「資本不僅像斯密所說的那樣是對他人勞動的支配權，這就是一切交換價值都是這種支配權而言的，因為交換價值向它的佔有者提供購買權力——而且是不經交換、不支付等價物，但在交換的假象下佔有他人勞動的權力」。馬克思在這裡又一次指出斯密混淆了剝削過程的物質內容和它的社會形式。斯密沒有分析這種社會形式。

馬克思對斯密理論批判地改造，在其他一系列理論上也可看到。例如，馬克思依據亞當·斯密的生產勞動學說制定了自己的理論。他在《1857—1858年手稿》中指出：「亞當·斯密關於生產勞動和非生產勞動的見解在本質上是正確的，從資產階級經濟學的觀點來看是正確的。」馬克思詳盡地分析了這個問題，提出了自己的生產勞動理論。它是對斯密原理的直接發展，同時又是本質上不同的另一種理論。關於分工、原始累積等學說的情形也是如此。可以說，馬克思的再生產理論是批判所謂「斯密教條」（把商品價值歸結為收入）的成果。

在研究方法上，馬克思的理論同樣是斯密和李嘉圖理論的進一步發展。斯密和李嘉圖採取的是分析方法。馬克思說，儘管他們這樣做時曾陷入各種矛盾之中，企圖不揭示中間環節就證明各經濟範疇的內在的統一性，但是，「批判和理解必須從這一方法開始」，因為「分析是說明起源、理解實際形成過程的不同階段的必要前提」。

馬克思的理論與方法是斯密和李嘉圖理論與方法之直接的和進一步的發展，同時又和他們有著根本的區別，它標誌著經濟科學發展中深刻的質的飛躍。這同馬克思對辯證法的解釋是完全符合的。他說：「辯證法在對現存事物的肯定的理解中同時包含著對現存事物的否定的理解。」只有把對斯密李嘉圖理論的「肯定的理解」即作為自己直接的先驅，同時他們必須加以「否定」即必須在新的質的基礎上發展經濟理論統一起來，才能創立馬克思主義政治經濟學，它是真正科學地標誌著經濟科學之革命變革的無產階級政治經濟學。依靠古典派成果的同時，完全有必要克服他們理論與方法的缺點以及資產階級的局限性。

第二節　列寧論亞當・斯密在經濟思想史中的作用

Е. Г. 華西列夫斯基副教授

在列寧的著作中，亞當・斯密的理論遺產佔有重要地位。列寧對斯密的思想遺產及其在社會思想上的作用所做的原則性評價，不僅對闡述斯密的經濟理論及其在經濟思想史上的作用，而且對解決俄國工人階級當時面臨的重要政治任務，都有巨大的意義。列寧對斯密的評價，從我們當前所要解決的思想鬥爭任務來看，也是有意義的。總的來說，列寧對斯密的態度同馬克思對斯密的評價是一致的。不過，列寧是在更近的歷史時期評價斯密的，因此其中包含著新的因素，具有特殊的意義。

馬克思指出了斯密經濟學體系的內在矛盾，指出它是科學因素與非科學因素的結合。這就導致了經濟思想發展中出現了兩種潮流。李嘉圖接受了斯密體系中的科學因素，把古典政治經濟學推上新的最高階段，而非科學因素則成為庸俗政治經濟學發展的來源之一。

後來，古典政治經濟學的科學思想被馬克思主義所接受。列寧繼承了馬克思主義創始人的事業，維護了古典政治經濟學的科學因素。而這一時期的資產階級經濟科學，照舊利用斯密經濟學遺產中的庸俗因素進行投機。列寧在19世紀90年代，即最初從事理論活動的時候，就碰到了這種傾向。它在俄國有兩個主要派別：自由主義民粹派和「合法馬克思主義」。列寧令人信服地證實，這些派別接受斯密體系中的庸俗因素，絕不是偶然的。

眾所周知，19世紀90年代，在經濟理論領域中，關於資本主義在俄國的命運問題占著中心地位。同民粹派和所謂「合法馬克思主義」的鬥爭正是在這個方面。圍繞這一問題的思想鬥爭，涉及同資本主義再生產和危機理論有關的幾乎所有問題。民粹派為了發揮他們的資本主義不可能在俄國發展的觀念，企圖加強他們關於資本主義條件下剩餘價值不可能實現的「理論」。這種觀念的理論根源可以追溯到斯密《國富論》實現論的錯誤原理，追溯到他把社會年產品價值分解為收入的教條（在他的公式中沒有不變資本）。因此，斯密的理論遺產，在90年代不僅具有科學意義，而且具有實踐的政治的意義。

為了指出民粹派關於剩餘價值不可能實現這一觀點的錯誤，必須揭露其思想及理論根源。列寧指出，民粹派的這一觀點沒有任何新奇之處，那是從西斯

蒙第那兒借用來的，而西斯蒙第則重複了斯密在實現問題上的錯誤。這樣便挖掉了自由主義民粹派理論大廈的根基。從這個例子可以看出，列寧對在當時思想和理論鬥爭中起著重大作用的經濟思想史是多麼注意。必須摧毀自由主義民粹派的理論概念，這促使列寧詳細研究了斯密的觀點。

列寧在19世紀90年代的著作中，集中注意斯密經濟學說中反應其弱點的那些方面是必要的。不過，列寧同時也強調了斯密是一位偉大的經濟學家。他指出，在實現問題的研究上，斯密佔有特殊地位，儘管他有錯誤，並對後來整個經濟科學的發展產生了很大影響。司徒盧威堅持認為，在實現論問題的歷史中，不應詳細敘述斯密學說，而應詳細敘述重農主義著作，列寧在反駁這一點時指出：「不，這是不對的。亞當·斯密並不是只限於承認用產品交換產品的真理（這一點重農學派也知道），他還提出了社會資本和社會產品的不同組成部分如何按價值被補償（被實現）的問題。」因此，列寧說，馬克思在《資本論》中分析實現問題時，用30頁談斯密，只用兩頁談魁奈，絕不是偶然的。儘管馬克思明白，魁奈的學說包含著對他的時代來說是獨創的原理，而斯密在分析再生產的某些方面甚至比重農學派還倒退了。

列寧注意到（像馬克思當年所做的一樣），亞當·斯密的功績不僅僅取決於他實際做出的科學成就。大家知道，斯密提出了社會資本和產品各個部分的實現問題，但沒有解決它，並陷入矛盾之中。不過，他提出的問題確實是重要的和有科學意義的。更何況他實際已接近於把社會產品按價值分為三部分，按實物分為兩部類：生產資料生產和消費資料生產。列寧指出，消除斯密在這些問題上的混亂，使馬克思得以創立成熟的再生產理論。

從列寧對亞當·斯密和一般資產階級古典派遺產的分析來看，下一個階段是重要的，這一階段同列寧反對「合法馬克思主義」有關。「合法馬克思主義」這個派別在19世紀90年代還企圖自稱為馬克思主義，儘管列寧當時已經證明，它實際上包含著自由資產階級傾向。意味深長的是，列寧認為研究實現問題必須從揭露斯密的錯誤開始，而「合法馬克思主義」的幾乎所有首領都不理解這一任務。例如，杜干—巴拉諾夫斯基在《英國工業危機》一書中敘述實現問題研究史時，並沒有指出如下一點，即後來的經濟學家重複了斯密教條，因而不可能解決實現問題。司徒盧威甚至斷言，亞當·斯密總的來說同實現問題無關。這絕不是偶然的。列寧說，「合法馬克思主義」重複了斯密教條，因此同樣不能解決再生產問題。

指出列寧在 20 世紀初同過去的「合法馬克思主義」的爭論是特別重要的。這時,「合法馬克思主義」已經公開轉到反革命資產階級陣營中。列寧在 1914 年發表了《又一次消滅社會主義》一書,旨在反對司徒盧威的《經濟與價格》。司徒盧威在這本書中公開反對社會主義和馬克思主義。他還猛烈攻擊英國古典政治經濟學,以便從根本上動搖馬克思主義。這並不奇怪,因為馬克思主義接受了古典政治經濟學的科學成分。

資產階級古典政治經濟學有許多科學成就,不過,列寧認為,最重要的也許是他們提出了關於自然規律的思想,發現了價值規律,以及對資產階級社會的階級結構所進行的經濟分析。司徒盧威企圖拋棄所有這些成就。他首先否認價值規律,隨心所欲地把這一規律等同於「神學家的『倫理』規律」。其次,他否認一般客觀規律的思想,斷言這種思想似乎只能使自己喪失信譽,因為資產階級古典派把資本主義看作自然的和永恆的。司徒盧威顯然是想利用古典派的反辯證法和資產階級局限性來進行投機。資本主義及其規律當然不是永恆的。馬克思已證明了它的經濟規律具有歷史的過渡性質。但是,資產階級古典派所有理論的出發點的客觀規律性的思想本身,無疑是科學的。

列寧以尖銳論戰的形式揭露了司徒盧威的意圖的真正階級本質,指出他是完全站不住腳的,同時又維護了古典派的科學思想。列寧強調指出,司徒盧威反對規律性的思想不是偶然的,它反應了在新的時代,即革命地推翻資本主義生產方式已是當前的任務時,資產階級所處的地位。在帝國主義條件下,資產階級反對規律性思想,反對科學地分析經濟規律,因為這種分析會表明資本主義必然要崩潰。列寧的這些思想在當代具有重大意義,因為攻擊規律性思想,在資產階級思想陣營中是時代的表徵。今天,共產黨在反對這種反動路線的鬥爭中堅決維護著列寧的立場。

列寧致力於闡明斯密經濟學說和一般古典政治經濟學在經濟思想上的地位,是非常迫切的。在這裡,列寧的《馬克思主義的三個來源和三個組成部分》具有決定性意義。它是為紀念馬克思逝世 30 週年而發表的。資產階級也紀念馬克思,但完全是以自己的方式。他們想以紀念他來詆毀馬克思主義。資產階級攻擊的主要意圖之一,是要證明這樣一種揣測:仿佛馬克思主義同世界的社會的思想沒有關係,它只是一種有害的宗派和狹隘的學說,在人類社會思想中沒有什麼根基。

列寧回擊了這種惡意的誹謗。他證明,世界的社會思想的全部經驗令人信

服地推翻了資產階級思想家的讕言：似乎馬克思主義處在社會思想發展的一般常軌之外。列寧闡明了具有原則重要性的原理，即馬克思主義實際上回答了人類先進思想已經提出的種種問題，在社會科學的決定性領域中實現了真正的革命變革。列寧寫道，馬克思學說的產生，「正是哲學、政治經濟學和社會主義的最偉大代表的學說的直接繼續」，「馬克思的學說是人類在 19 世紀所創造的優秀成果——德國的哲學、英國的政治經濟學和法國的社會主義的當然繼承者」。

列寧恰如其分地確定了古典政治經濟學的地位以及亞當·斯密作為世界經濟思想史上古典派最偉大代表之一的地位。英國古典政治經濟學被列寧稱作馬克思主義的來源之一。資產階級思想家一直想把斯密看作自己的資產，利用斯密學說的不足之處，為了自己的利益而提到它。列寧指出，儘管資產階級古典派著作有錯誤和缺點，但具有決定意義的不是這些因其歷史的和階級的局限性所造成的缺點，而是他們的科學成就。因此，我們有權利把古典政治經濟學列入世界經濟思想的進步的發展範圍之內，這一發展的最高成就就是馬列主義政治經濟學。

列寧在《我們究竟拒絕什麼遺產》一書中，把斯密稱為先進資產階級的偉大思想家。這個提法有原則性意義，因為它準確地再現了斯密思想體系的歷史和階級根源，為評價他的思想遺產提供了可靠的指南。列寧對斯密的這種解釋同馬克思對斯密的評價是銜接的，馬克思認為斯密是工場手工業時期的經濟學家。依照列寧的說法，當時資產階級思想家還沒有表現得那麼自私。可見，斯密不僅同已離開歷史舞臺的封建階級思想家相對立，而且同 19 世紀 20 年代代替了古典派的庸俗政治經濟學的代表者相對立。當資本主義制度整個說來還處在上升階段時，抱有成見的辯護，自私地維護資本主義就成為庸俗政治經濟學的主要標誌。列寧是在 1898 年談到斯密的，當時資本主義已經進入新的最後階段——帝國主義。因此，不僅對以往的封建主義來說，而且對帝國主義時代已變成反動階級的資產階級來說，都應把斯密看作先進資產階級的思想家。

繼馬克思之後，列寧在對資產階級古典政治經濟學的理論遺產的分析中堅持了具體的歷史的態度。現代資產階級對斯密的作用及其思想在當代的意義所做的評價是形形色色的，但他們都違背上述原則。為了替現代資本主義辯護，他們無論如何也要同這一科學原則一刀兩斷。

1975 年，美國出版了布魯克菲爾德的《相互依賴的發展》一書，作者對

凱恩斯關於國家積極干預經濟的思想評價很高，並把凱恩斯的「現實主義」同斯密力主把自由的私人企業制度作為資產階級社會「自然秩序」的「經濟的幼稚」加以對照。布魯克菲爾德論斷的極端反歷史主義在於，他企圖用現代國家壟斷資本主義條件的尺度去評價斯密的思想，而斯密的思想是在完全不同的歷史時代（自由競爭資本主義）產生的，他的著作真實地反應了這個時代。

同年在美國再版的另一本書《對資本主義的觀察》（作者羅曼諾和萊曼）也很值得注意。

本書有三章說明當前正在競賽的三種主要的思想立場：保守的、自由的和激進的。編者的片面性在於，「激進的」部分沒有提到列寧，而馬克思和恩格斯卻被不顯眼地同保羅·斯威齊和格·馬爾庫塞等人列到一起。而這些人在「修補」馬克思主義方面是很賣力氣的。亞當·斯密（同現代「貨幣學派」的主要代表弗里德曼一起）則被列入「保守主義觀點」之內。在這個部分，說明的是這樣一些思想家的觀點，他們維護市場競爭資本主義的基礎，仿佛它能保障最有效地分配原料和勞動資源，保障「利益協調」和「個人自由」。顯然，編者為了以斯密的聲望來加固搖搖欲墜的資本主義大廈，禁不住要粗暴地從邏輯上和歷史上，把斯密的思想從維護資本主義的基礎、實際上是為了社會進步利益的時代，隨意搬到維護這種基礎已是反動的事業的時代。列寧的思想有助於我們反對類似的資本主義辯護士。

第三章　亞當·斯密經濟學說的方法論問題

第一節　亞當·斯密經濟學說的科學起點

B. C. 阿法拉西耶夫教授

　　研究亞當·斯密經濟理論的方法，是政治經濟學史中最複雜最有意義的任務之一。揭示這一方法的特點，可以使我們瞭解到，政治經濟學科學方法的形成走過了多麼複雜的發展道路，認識到亞當·斯密對馬克思主義創始人解決真正科學的方法問題的貢獻是多麼偉大。理解同亞當·斯密經濟理論體系有所不同的方法論的特點，涉及的問題很多，其中，關於他的理論的科學起點問題佔有特殊地位。

　　亞當·斯密考察了他所知道的所有經濟現象和經濟過程。這一考察是通過獨特的歷史稜鏡——工場手工業分工（當時提高勞動生產率的主要手段）來進行的。馬克思說，亞當·斯密是「工場手工業時期集大成的政治經濟學家」。他覺察到資本主義生產力和生產關係的一般特點，而不僅僅是它的部門的特點。

　　亞當·斯密雖然是資產階級經濟學家（他把資本主義看作永恆的自然的制度），但是，他接近於揭示出資產階級發財致富的秘密。他把勞動理解為價值的創造者和資本主義利潤的真正源泉，儘管他只是在剩餘價值生產的神祕機制上面拉開了一點帷幕。亞當·斯密第一次明確地按照經濟標誌劃分了資產階級社會的階級：工人階級、資本家階級和土地所有者。他的旨在反對封建主的寄生性和奢侈的生產勞動學說在當時無疑具有進步意義。

亞當·斯密對資本主義的科學分析的巨大成就，看上去同他的理論的階級傾向是矛盾的。然而，在他那個時代，勞動與資本之間的矛盾尚未發展起來，資產階級經濟學家因而有可能把科學地分析經濟過程同對資本主義的意識形態辯護結合起來。這種可能性取決於資產階級古典政治經濟學特有的意識形態作用，而這種作用又是由資本主義在同封建秩序鬥爭的時代所具有的歷史進步性決定的。同19~20世紀的資產階級庸俗經濟學家不同，古典政治經濟學的代表，包括亞當·斯密，實際上是把闡明社會生產力發展的利益作為自己維護的直接對象，而他們所維護的資本主義生產關係，在當時還是發展生產力的唯一進步的社會形式，即是社會生產的推動者，並以此為限。這就是說，亞當·斯密不是作為辯護士來維護資本主義的。這就決定了他的經濟理論的科學性。

亞當·斯密的經濟學體系，是作為馬克思主義來源之一的資產階級古典政治經濟學的組成部分。現代資產階級政治經濟學也把亞當·斯密的理論看作自己學說的理論來源之一，儘管它同馬克思主義進行著激烈的鬥爭。現代資產階級經濟學家對亞當·斯密經濟理論的態度是很不一致的。一方面，他們力圖抨擊和推翻亞當·斯密的科學發現，閹割它的進步內容；另一方面，他們對「斯密革命」幾乎都給予高度評價，並號召把古典派理論（包括亞當·斯密）同現代資產階級政治經濟學加以綜合。

亞當·斯密經濟理論令人驚異的特點，是他的錯誤理論見解具有異乎尋常的生命力。資產階級政治經濟學史上，出現過不少錯誤的理論結論。其中大部分被遺忘或是消失了。但斯密的錯誤見解卻不是這樣。它以一種不尋常的力量一再出現於《國富論》問世以來200多年資產階級的經濟學文獻中。例如，大家知道，所謂「斯密教條」（即把社會產品價值等同於收入，從而等同於國民收入）就受到李嘉圖、西斯蒙第、俄國民粹派、凱恩斯等人完全地或部分地讚同，也受到現代資產階級經濟學家首先是新古典派代表者的讚同。

不過，斯密經濟學說最使人吃驚的還是它的極端矛盾。可以說，在政治經濟學史上再沒有哪一位經濟學家的理論像斯密那樣矛盾。他無論在什麼問題上都沒有統一的答案。他對資本主義經濟體系的起點有兩種解釋。他對政治經濟學研究對象實際上有兩種看法。他提出了兩種價值論（加上它們的變形就是四種）、兩種利潤論、三種地租論。他對生產勞動有兩種解釋，對分工原因有兩種觀點，等等。亞當·斯密主要是以其經濟分析的科學成就出現在政治經濟學史上的。不過，也不能不看到這位偉大的蘇格蘭人的錯誤。對這些錯誤應當

作出解釋，這不僅因為它們是斯密經濟理論的有機組成部分，而且因為它們在經濟體系中的性質和作用本身就構成了理論問題。

亞當・斯密解釋某些經濟現象時的矛盾的立場，通常並不是單純的理論錯誤。這些立場所反應的，一方面是被考察的現象的外表，另一方面是斯密覺察到的現象的內在內容。因此，亞當・斯密對某些經濟現象的矛盾的解釋，實際上反應了這些現象在經濟生活的表面所浮現的外部形式同其內在的內容是不一致的。

作為「資本主義工場手工業時期集大成的政治經濟學家」，亞當・斯密是最先考察各種經濟問題，並為被考察的現象尋求理論形式的人之一。另外，作為當時進步的資產階級思想家，他努力探索經濟現象的內在聯繫。但他並不理解外部經濟形式同經濟過程的內容之間的關係。他把以描述方法所得的結果同以分析方法所得的結果等同起來。於是，同一種現象便有了兩種甚至更多的「本質」。

亞當・斯密經濟理論的矛盾，記錄了經濟過程的外部形式和內容的不一致，因而也就提出了對科學來說重要的必須解答的問題。斯密理論的這個特點，多半預先決定了它在馬克思經濟學說形成過程中所起的作用。馬克思指出：「亞當・斯密的矛盾的重要意義在於：這些矛盾包含的問題，他固然沒有解決，但是，他通過自相矛盾而提出了這些問題。」

試舉斯密對資本範疇的定義為例。一方面，資本被定義為由生產所需的原料和勞動工具所組成的「資源」。這裡看到的是資本的外部形式。但是，這種孤立的解釋從根本上歪曲了資本的社會經濟本質。另一方面，資本又被理解為期待從中獲得收入的「資源」。這種理解則表現了資本所有者對利潤的要求。

亞當・斯密明確認識到，雇傭工人的勞動是利潤的唯一源泉。他說：「勞動者對原材料增加的價值，在這種情況下，就分為兩個部分，其中一部分支付勞動者的工資，另一部分支付雇主的利潤，來報酬他墊付原材料和工資的那全部資本。」斯密在這裡把資本理解為企業家對雇傭工人無償勞動的要求。對資本的這兩種解釋，提出了資本本質的問題，以及它的外部表現形式同其社會經濟本質的相互關係問題。

又如生產勞動問題。亞當・斯密在這個問題上同樣持有兩種觀點。一方面，他認為只有生產物質商品的勞動是生產的。這在他那個時代是正確的和進步的觀點。當時，資本所支配的只是物質生產領域，因此，這種解釋總的來說

正確地反應了生產勞動的內容。大家知道，資本主義條件下的生產勞動，是為資本家創造剩餘價值的勞動，即受到資本主義剝削的勞動。馬克思指出：「生產勞動不過是對勞動能力出現在資本主義生產過程中所具有的整個關係和方式的簡稱。」在亞當·斯密時代，資本剝削雇傭工人的領域同物質生產領域是一致的，所以只有物質生產領域的勞動是生產的。不過，斯密還有另一個生產勞動定義：同資本相交換的勞動。在這裡，他認為帶來利潤的勞動是生產的。

亞當·斯密的這兩個定義遠非一致。創造物質商品的小商品生產者的勞動，符合他的第一個定義。但它並不給資本家帶來利潤，因此與第二個定義不符。亞當·斯密在這裡劃分生產勞動的方法論標準不同。他的第一個定義，事實上是從勞動所生產的特殊使用價值出發的。而他的第二個定義，注意的則是雇傭勞動的另一個特點：它能生產比本身更多的價值。這兩種解釋顯然包含著不同的經濟內容。

馬克思解決了斯密生產勞動理論的矛盾。他指出，商品生產者的勞動具有二重性，因此，生產勞動的尺度也是二重的。從簡單勞動過程來看，生產勞動的標準，是這種勞動創造某種滿足個人或生產需要的使用價值的能力。這種生產勞動就是再生產社會生產力某種（個人的或物質的）要素的勞動。

但是，正如馬克思所說：「這個從簡單勞動過程的觀點得出的生產勞動的定義，對於資本主義生產過程是絕對不夠的。」因為這個定義沒有揭示資本主義生產方式另一個方面的再生產，即資本主義生產關係的再生產。因此，從價值增殖過程來看，生產勞動的標準，應是這一勞動為資本家生產剩餘價值的能力。馬克思指出，這個定義，「不是從勞動的物質規定性（不是從勞動產品的性質，不是從勞動作為具體勞動所固有的特性）得出來的，而是從一定的社會形式，從這個勞動借以實現的社會生產關係得出來的」。從這個觀點來看，生產剩餘價值的勞動對於資本主義才是生產的。

然而，把生產勞動規定為生產剩餘價值的勞動，又是以從簡單勞動過程的觀點解釋生產勞動為前提的。實際上，不生產商品價值，就不能生產剩餘價值，而不生產某種使用價值，便也不能生產價值。馬克思在說明資本主義生產勞動的兩個方面，以及生產勞動定義的兩重性時指出：「因此，生產工人的概念絕不只包含活動和效果之間的關係、工人和勞動產品之間的關係，而且還包含一種特殊社會的、歷史地產生的生產關係。這種生產關係把工人變成資本增殖的直接手段。」

由此可見，亞當・斯密對生產勞動的解釋，包括他提出複雜的理論問題上的矛盾，顯得多麼富有教益。上述例證也表明，亞當・斯密不能解決他所碰到的這些矛盾。

　　亞當・斯密經濟理論的矛盾，記錄了但沒有解釋他所知道的資本主義經濟的外部現象的全部總和，同其內在的合乎規律的基礎之間的不一致。這就是說，亞當・斯密理論的矛盾不僅包括觸及資本主義經濟個別現象的個別理論問題。這些矛盾作為一個整體，在政治經濟學面前提出了十分重要的任務——從資本主義生產方式內在規律出發，說明資本主義經濟關係外部表面的總體的運動。資產階級古典政治經濟學已經證明無法解決這一任務。甚至李嘉圖（他的理論是資產階級古典政治經濟學的最高成就，他以勞動價值論為基礎對資本主義進行了研究），由於其歷史的和階級的局限，也不能闡明「這個制度的表面運動和它的實際運動之間的矛盾」，儘管他在這方面已經做了不少事情。只有科學社會主義奠基人制定的工人階級革命的政治經濟學才能肩負起解決這一任務的重擔。

　　馬克思研究資產階級政治經濟學合乎規律的發展過程的最大功績之一，是他為揭示亞當・斯密經濟理論的矛盾現象提供了一把鑰匙。

　　描述的方法和分析的方法之交錯，是亞當・斯密理論的特點。運用這種方法自然會得出彼此矛盾的理論成果。不同研究方法的這種交錯，一定程度上存在於資產階級古典政治經濟學所有代表者的理論中。但在亞當・斯密那裡，這種情形表現得最為明顯。因此，亞當・斯密的經濟理論便具有這樣的特點，即他的研究方法的兩重性是多少一貫的，從而使他不僅在個別的政治經濟學問題上，而且在其整體上，都得出了彼此矛盾的理論結論。

　　基於兩重性的研究方法，亞當・斯密在分析資本主義經濟現象時，試圖直觀地依據商品生產者勞動的二重性。不過這是不自覺的，因為分析的結果非常矛盾。但是，即使是直觀地運用勞動二重性來研究資本主義，也是政治經濟學科學方法形成中的一個重要階段。

　　同資產階級古典政治經濟學的其他代表者一樣，亞當・斯密不曾自覺地揭示商品生產者勞動的二重性，沒有明確區分創造使用價值的具體勞動和作為價值源泉的抽象勞動。不過，在考察資本主義的不同經濟現象時，他實際上時而從具體勞動及其產品出發，時而從抽象勞動及其成果出發，這樣，自然在同一問題上得出彼此矛盾的理論觀點。一方面，亞當・斯密所描述的經濟過程的外

部形式,實際上就是不同形式的具體勞動的反應,他有意識地接受了勞動的這個方面及其成果。另一方面,斯密又試圖揭示經濟過程的內在聯繫,這使他直觀地從抽象勞動的角度研究這些過程。

因為斯密沒有區分具體勞動和抽象勞動,不理解它們的關係,所以他不能揭示經濟過程的外部形式與其內容的關係。在個別現象及其整體上是這樣,在研究的起點上也是這樣。亞當・斯密研究方法的科學上的缺點就在這裡。

馬克思在考察亞當・斯密學說「科學的起點」時,找到了理解這位偉大的蘇格蘭人經濟理論矛盾的關鍵。

大家知道,亞當・斯密在社會產品價值構成問題上的立場是矛盾的。在一種場合,他把它歸結為資產階級社會各階級的收入(工資、利潤和地租)的總額,即國民收入。在另一場合,他又把被消耗的不變資本價值從社會產品價值構成中劃分出來。馬克思指出:「亞當・斯密自己後來也拋棄了他自己的理論,但並沒有意識到自己的矛盾。而這些矛盾的來源,恰好要到他的科學的起點上去尋找。」馬克思的這一原理因為看上去有些反常而引人注目,亞當・斯密經濟理論的矛盾來自他的「科學的起點」。也就是說,斯密的科學成果和不科學的成果即庸俗因素,都來源於他的理論之「科學的起點」。

亞當・斯密經濟理論的「科學的起點」是什麼?馬克思對他的研究方法的分析回答了這個問題。這個起點,在斯密對社會年產品和國民收入的分析上表現得最為明顯。

在分析一國年勞動產品時,亞當・斯密是從不同的觀點進行考察的。第一,他把一國年勞動產品解釋為當年生產的使用價值之總和。他說:「一國國民每年的勞動,本來就是供給他們每年消費的一切生活必需品和便利品的源泉。」由此可以明顯看出他看待這一問題的出發點。他是完全從簡單生產過程,從使用價值生產過程,即從具體勞動的觀點來考察一國年勞動產品問題的。

亞當・斯密對這種方法並沒有做什麼精心的論證,而是直觀地加以運用的。重要的是,他的這一方法是片面的,因為他只從一個方面(具體勞動)去考察具有兩重性的現象。馬克思指出,斯密「片面地注意到單純的有用勞動,誠然,這種勞動使這一切生活資料取得可以消費的形式」。正因為如此,斯密才僅僅把一國年勞動的產品看作當年生產的使用價值的總和,即當作社會總產品。

第二，亞當·斯密從價值增長過程，即歸根到底從抽象勞動觀點考察一國年勞動產品。他還得出結論說，工人在生產過程中加到原料價值上的新價值，一部分形成工資，另一部分形成資本家的利潤。工人沒有也不可能再創造更多的價值。因此，斯密從價值增長觀點所考察的一國年勞動產品，乃是當年新創造的價值總額，即國民收入總額。

由此可見，亞當·斯密獨特的方法論，表現在他片面地看待資本主義經濟現象，時而從具體勞動角度，時而從抽象勞動角度。結果，在考察同一現象時便得出了兩種結果。在上述例子中，就導致了社會年產品與國民收入的等同。然而，組成社會年產品價值的是三部分：已消耗的轉移到新產品中去的不變資本要素的價值、可變資本價值和剩餘價值。亞當·斯密片面的態度，排除了闡明已消耗的不變資本價值在社會年產品價值結構中出現的機制的可能性，這就導致了一系列錯誤的理論結論。

總之，亞當·斯密經濟理論「科學的起點」，就是從勞動二重性的某一方面直觀地看待資本主義經濟現象。這正是他整個理論的兩重性的認識論原因，而同這一理論及其變化無常的歷史命運有關的種種不尋常的令人費解的現象，也由此得到瞭解釋。因為斯密實際上依據的是經濟分析的科學起點——勞動二重性，運用的是直觀的方法，所以，他的體系的矛盾帶有真實性，記錄了資本主義經濟過程的外部形式同其內在本質的差異，因而使這些矛盾對科學政治經濟學的發展顯得富有教益。這裡，我們說的只是這種矛盾構成理論發展的極重要因素的場合。

亞當·斯密經濟理論「科學的起點」的性質，可以說明他的理論的某些特點。例如，他的理論錯誤具有令人驚異的生命力，就是因為他從具體勞動所獲得的理論成果不是簡單的理論錯誤，而是他所考察的資本主義經濟現象外部形式的理論再現。而且，按照斯密的方法，它們還是作為這些現象的「本質」出現的。大家知道，反應資本主義經濟過程外部形式的理論概念具有一種自然生成的特點。因此，斯密的追隨者不可能把他的錯誤見解劃分開來，只能重複斯密最先提出的關於某一經濟過程通常的非科學概念。

亞當·斯密理論的矛盾，無論是其中的科學因素還是非科學因素，都是政治經濟學科學方法合乎規律地形成過程的產物。以商品生產者勞動的二重性為基礎的方法，是馬克思詳細制定並科學地運用到分析資本主義經濟規律的。亞當·斯密學說所反應的是這種方法形成過程中的這樣一個階段，在這個階段

中，還未揭示出勞動二重性，還沒有在資本主義經濟現象所特有的兩方面的統一中去理解它的二重性。

當然，斯密的錯誤見解在資產階級政治經濟學中的生命力，首先同它的階級本質有關。資產階級經濟學家們企圖利用斯密的錯誤，因為其中所記錄的資本主義經濟過程的外部形式，可以使人們對它們的本質得出極端錯誤的概念。資產階級經濟學廣泛地利用這些錯誤，抹殺資本主義的歷史過渡性質及其剝削本質。同時，他們又力圖利用斯密的巨大聲望，以實現自己的意識形態目的，把他的錯誤冒充為「科學成就」。

但是，不一定非要站在資產階級政治經濟學的立場上，才會犯斯密那樣的錯誤。它們可以出自純粹的認識論上的原因。每個進行正確的科學思維的經濟學家，在自己研究進程中，都要回顧經濟科學所經歷的全部歷史過程。汲取其中的基本教訓，是政治經濟學史的最重要任務之一。

亞當·斯密經濟學體系是科學的政治經濟學及其方法的發展中不可避免的階段。因此，他的體系的矛盾也就喚起了分析資本主義的實際科學起點的問題。馬克思以其勞動二重性學說在政治經濟學史上第一次揭示了這個問題。也是馬克思能夠最先成功和充分地利用這樣一種真正無限的可能性，即把勞動二重性作為科學地分析資本主義的起點和出發點。馬克思發現的勞動二重性學說的方法論作用，屬於人類天才的最偉大成就，具有永不磨滅的科學意義。

揭示亞當·斯密經濟理論「科學的起點」，可以使我們明晰這一理論的內部結構。這對理解他的學說的歷史地位大有幫助。依據片面地運用勞動二重性的方法，亞當·斯密得以把過去政治經濟學的全部成就吸收到自己學說之中，並且制定出完整的政治經濟學體系。然而我們已經看到，這一體系實際上是科學的和非科學的兩個體系的複雜的交錯。這種交錯首先是他所特有的科學起點的結果。這種情況成為19世紀上半葉經濟思想主要流派分化的出發點。

亞當·斯密以後，發生了古典的和庸俗的資產階級政治經濟學的分化。庸俗政治經濟學是這樣產生的：它們把斯密理論中的庸俗因素加以系統化，並且為了替資本主義辯護而利用了這些庸俗因素。亞當·斯密以後，古典政治經濟學所具有的庸俗因素被分離出來，轉化成資產階級經濟思想的特殊流派。與此同時，古典派在李嘉圖（他精心研究了亞當·斯密討論的科學原理）的經濟理論中，獲得了最高發展。亞當·斯密經濟理論所特有的科學與非科學觀點體系的交錯，在19世紀上半葉獲得了特殊的表現形式，即資產階級政治經濟學

兩個獨立的流派（古典派和庸俗派）之間一定的聯合與鬥爭。

18世紀末19世紀初的產業革命，向工業無產者的生活發起了挑戰，也加劇了小資產階級的分化。這推動了反應工人運動最初的不成熟階段的空想社會主義並且形成了小資產階級政治經濟學。後者的最著名代表就是西斯蒙第。值得注意的是，亞當・斯密學說成了這個經濟思想流派最初的理論資料。

亞當・斯密經濟理論的科學起點的特點，說明了古典派和馬克思主義之間繼承性的特點。馬克思在制定自己學說的過程中，依據的不僅是斯密已經達到的科學原理，而且還有他學說中包含著提出了重要理論問題的矛盾。資產階級古典政治經濟學由於階級的歷史的局限性，不能解決這些問題。只有革命工人階級的偉大理論家馬克思才能擔當起這一重任，解決了古典派所遇到的最複雜的問題，創立了真正科學的社會發展理論，並用來為勞動人民擺脫資本主義剝削，為人類進步的利益服務。

第二節 《國富論》與政治經濟學的分析職能與規範職能

H. п. 費多連柯院士

在亞當・斯密著作中，論述當時已經定型的資本主義發展規律性，確切些說，解釋在生產力發展轉折期所看到的結果，佔有很重要的地位。這種論述是對經濟科學的重要貢獻，為進一步分析研究新生的資本主義成長過程提供了依據。進行深入的分析之前，必須先揭示資本主義發展所特有的基本的起始範疇，確定它們之間相互聯繫的新形式，並把已有的知識組織到一個嚴密的合乎邏輯的體系之中。由於斯密把當時所有的經濟知識都融合到一個統一的體系中，所以，他的著作便逐漸成為實踐的基礎，即履行規範的職能。

《國富論》研究方法的兩重性，實際上來自斯密對經濟理論的作用與任務的看法。在《國富論》的前兩篇，斯密把政治經濟學（包括當時全部經濟理論）規定為這樣一門科學，它研究現有社會之客觀的、不以人們的意志而存在的物質資料的生產、交換、分配和消費的規律性。在這裡，他考察了提高社會勞動生產力的原因、產品在社會各階級和集團之間的分配、資本的本質及其逐步積累的方式。

在《國富論》第四篇，斯密擴大了政治經濟學原先的對象，把原則上嶄

新的一些東西也包括進來了。斯密強調指出，政治經濟學應當在客觀地分析經濟實踐的基礎上，解決實際的任務，即論證和推薦那些能夠保障人民增加收入和改善生計的經濟政策。這表現出斯密試圖運用經濟科學的規範方面，發揮它作為採納解決方案之根據的積極作用。

亞當·斯密論證了「經濟人」這一概念，它是斯密理論體系的根本要素。「經濟人」活動的主要動力是個人利益，而要滿足個人利益只能通過同別人交換服務。斯密從這種使人們彼此發生關係的個人利益之中引申出了分工；而分工則被視為增加國富的首要條件。斯密在這裡提出了人類活動的刺激因素和動力問題。

經濟活動的刺激問題，是社會主義經濟理論的迫切問題。建設社會主義，「不是直接依靠熱情，而是借助於偉大革命所產生的熱情，依靠個人興趣、依靠個人利益、依靠經濟核算……」

亞當·斯密認為，人是個人利益的凝結物，而社會則是這樣一種經濟制度，在這種制度下，各個人混亂而貪財的活動保障了秩序與和諧，導致了普遍的豐裕與經濟增長。從問題的這一提法，可以看到早期把總體的和局部的最優化結合起來的方式。這種結合，無論是在經濟理論上還是經濟實現上，都是當今最迫切的任務之一。因此，在理論上提出這一問題，是斯密的無可爭辯的功績。

此外，斯密的著作包含著創立經濟結構的具體建議，這種結構應能最大限度地把局部利益之總和同全社會的經濟「福利」恰當地結合起來（即設法使個人利益和生產力的發展相一致）。在資本主義生產方式發展的初期，「自然秩序」、經濟自由、促進了最有效地實現自發經濟規律的作用。

《國富論》的基本思想，對俄國十二月黨人和開明貴族的經濟觀點的形成產生過影響。早期英國社會主義者和有遠見的托利黨人，19世紀初普魯士的反對法蘭西改革者和拿破侖的一些戰友，都曾從《國富論》中得到過啟發。英、法和西歐其他國家近百年間的經濟政策，都是依據斯密所闡述的原則規定的。原因可能在於，斯密在他的理論中作為基本的東西挑選出來的問題，實際上具有長期的意義。對於這些問題，每個歷史時代都提出過自己特有的解決辦法，然而，只有在現代，才可能根據經濟理論的成就，以馬列主義為基礎切實地予以解決。

亞當·斯密的「經濟人」無論如何不是孤立的生產者的模式（「羅賓遜」），像當時的許多經濟學家通常解釋的那樣，而是商品生產社會經濟體系

的一分子。按照斯密的看法，在這個體系中，相互服務的結構是由「看不見的手」來實現的。他強調說，獨立的經濟個體，雖然追求個人的利益，但由於市場經濟「自然秩序」的作用，必然會導致普遍的福利。

這就是資產階級經濟自由主義理論的要點。按照這一理論，國家對經濟生活的直接干預只能損害「看不見的手」的作用，從而損害社會的利益。斯密認為，國家的作用應限於保障對外防禦和國內安全；只在例外場合才能經營個別企業家無力經營的經濟體。

「斯密原則」在一個相當長的歷史時期（資本主義上升發展時期）內，在很大程度上決定著資產階級國家的經濟政策，這是不足為奇的。經濟自由主義的歷史理由在於，在民族的（後來是世界的）資本主義市場的形成過程中顯露出來的規律性：在全國範圍內（社會化生產），在不存在來自某個權力中心的監督與管理的條件下，通過價值規律的調節作用，就可以使生產和千差萬別的消費保持一定的協調。這種自發調節的矛盾與缺陷，例如週期性危機、大量失業、兩極分化、自由競爭轉變為壟斷統治，等等，是很久以後才會暴露出來的。而在斯密時代，下述事實曾使很多經濟學家充滿信心，甚至使那些遠非為資本主義直接辯護的人也感到欽佩，即誰也沒有對國民經濟進行有意識的指導，但國民經濟不僅沒有垮臺，而且能夠勝任社會各方面的需求。對經濟自由主義的攻擊（例如，在「穀物條例」時期，保護主義者反對自由貿易主義的鬥爭），在資本主義上升時期主要來自沒落階級（土地貴族）。

19世紀下半期，特別是從資本主義過渡到帝國主義階段以後，情況迅速發生了變化。日益明顯的是，自由放任的資產階級企業制度，已經不能長久地堅持社會經濟的有效職能了。但是，斯密經濟政策理論的邏輯如此嚴密，觀念如此完整（它曾博得庸俗經濟學家的廣泛讚揚，19世紀最後30年出現的數理經濟學派的模式更加強了它的力量），以致資產階級政治經濟學長期以來不願指出資本主義經濟不穩定（危機、失業）的一貫性和普遍性，只承認存在著正常過程的局部和偶然的破壞。

只是到20世紀30年代，以凱恩斯和張伯倫等人為代表的資產階級經濟思想，才正式承認自由放任資本主義制度的不穩固是合乎規律的，從而拋棄了經濟自由主義，要求國家對經濟生活進行有系統地調節，要求從意識形態上論證國家壟斷資本主義。當然，要徹底消除現代資本主義的缺陷，只能通過對經濟實行革命的社會主義改造。

亞當·斯密的經濟政策觀念（「經濟人」「看不見的手」），作為資產階級經濟體系高漲時代的理論反應，同時也提出了經濟管理和調節的重要性的一般性的歷史問題。這是經濟個體、單個生產單位同對整個社會經濟發展進行監督和作出決定這兩者之間的關係問題，也是把國民經濟的（社會的）各種需要和任務（通過局部的經濟利益和動機），間接地下達到這些個體的問題。

這些問題的一般歷史內容並未消失，它在社會主義社會中，在根本不同的社會經濟基礎上又表現出來了。上述問題的總的輪廓，在列寧的民主集中制學說中已經被天才地指出來了。其中包括：對全國經濟的計劃管理、個人「地位」的作用以及研究經濟利益和物質刺激。隨著社會主義經濟的複雜化和協調化（不太需要在不多幾個極緊急的方面全力以赴了），硬性的集中監督和調度管理的辦法，已經越來越不切合實際，而從經濟上關心個人「地位」對作出經濟決定的影響卻越來越大了。

數理經濟學的發展，在一定程度上再現了前已指出的經濟思想的演變。它多半是從建立和分析國民經濟計劃的單一極值模式開始的。這種模式不是從社會方面制定的：它的各種成分是生產技術的「過程」或「部門」，而不是局部的經濟主體——具有特殊利益和社會地位的個體或集體，這些因素後來才加進模式結構之內。不過，以適當的方法，將局部的自動起作用的技術經濟原因和社會經濟原因加以區別，還是不久以前的事情。

數理經濟學派所特有的重要成就是論證了社會管理體系中的價格與估價同計劃之間的固有聯繫。現在，數理經濟學派已從考察單一的國民經濟計劃模式，轉變為分析那些描述實際經濟有機結構的模式體系。它所考慮的已不僅僅是國民經濟的最佳標準，而且還有各式各樣的局部標準。

將國民經濟的最佳標準同局部的最佳標準加以協調是學界注意的中心。在這裡，起根本作用的是，計劃通過校正經濟估計數字來影響地方的經濟決定。同時也應知道，國民經濟最佳標準本身並不是一種臆斷，也不是關於整個社會利益的一成不變的概念。它在調整地方經濟的分支系統和團體利益的過程中更加明確起來，它的內容也會隨著社會主義社會生產力和生產關係的運動發展而變化。

社會主義制度具有發展生產力和提高社會勞動生產效率的優越性和客觀可能性。而利用這一優越性的程度，則取決於經濟關係和經濟領導的形式與方法在多大程度上符合生產力的水準和性質。實行科學論證經濟政策、價格管理和

有計劃地組織社會活動，上述要求就可達到。經濟政策包括科學地規定社會主義經濟的目標與方針，查清社會生產增長的資源與要素，制定經濟管理的形式、方法及實施辦法。

在實際生活中，對經濟過程的理論研究和作出經濟決定是交叉進行的，科學地探索和理論分析，在很大程度上是制定經濟政策的必要因素。

今天，已經可以預見到，共產主義生產方式經濟規律相互聯繫體系的主要理論原理，儘管對其中的各個個別規律的作用與職能還沒有一致的意見。基本經濟規律（它是實現社會主義生產目的的規律）決定著國家經濟政策的基本原則。它也要求目的與手段切合實際，既提出目標，也提出實現目標的手段（現有的或可以創造的手段）。

經濟規律體系的下一個基本要素，是提高社會主義生產效率的規律。它意味著必須在社會範圍內協調人們的生產活動，按照統一計劃發展國民經濟，自覺地堅持社會生產發展比例，為社會利益合理地利用全部資源。這些經濟政策方面的要求，在國家計劃方針、國民經濟管理和制訂計劃過程中都要考慮到。價值規律（為物質刺激而加以利用）決定了對經濟機構的要求，這些要求是實現基本經濟規律所指明的目標所必需的。價值規律體現在經濟政策的各種範疇中（經濟核算、價格、資源計劃、信貸與財政機構等）。

在制定社會主義國家經濟政策的基本原則時，要考慮到已經成為統一體系的社會主義所有經濟規律的要求。經濟政策既不能創造經濟規律也不能代替經濟規律，但是，經濟規律只有通過經濟政策才能起作用。經濟政策適當地具體化為一定的使社會主義經濟及其機構完善的目標與辦法，以保證全社會的根本利益與全體成員的直接物質利益與精神利益相結合。正是在這個方面，利用社會主義經濟規律表現得最為具體，現代經濟科學的規範職能也表現得最為充分。

社會主義創造了自覺地有計劃地最佳發展社會經濟的可能性。現階段數理經濟科學發展的特點，是從研究國民經濟在假設（實際上顯得不真實的）場合的最優原則轉變為研究社會主義經濟最優職能的結構（借助模式體系）。

建立社會主義經濟最優職能體系，一方面，是建立同社會主義政治經濟學規律相符合的理論概念（通過系統地考察以及運用經濟數學模式來進行）。另一方面，是為一系列未解決的問題建立有關的「標準」或實際上行得通的經濟結構。首先必須把經濟發展的總目標加以具體化，分門別類地加以計算。這

既是理論問題又是實踐問題。為此,經濟科學提出了專題大綱方法。

綜合經濟綱領今天已成為黨的經濟政策不可分割的部分。必須進一步完善和發展計劃化中的專題大綱方法,還應廣泛利用綜合國民經濟大綱,以便解決全國各部門之間的問題和某些地區性問題(例如西伯利亞自然資源開發大綱、非黑土帶農業發展綱要等)。我們眼前就有科學地論證經濟政策的例證:在研究國家經濟發展特點的基礎上形成理論概念,切實地加以貫徹,然後分析現行經濟政策,改變過去作出的決定。

經濟最優職能理論所要解決的另一個問題,是保證社會最優化和地方最優化之間的協調。經濟最優職能體系對解決這一問題的可能性提出了原則性答案,並且建設性地論述了使總體最優成果同地方最優成果結合起來的政策。

第三節 亞當·斯密對經濟規律的解釋

Г. И. 契卡索夫副教授

我們認為,說明亞當·斯密在研究單個經濟規律及其體系方面的作用,必須從其科學理論的矛盾性及兩重性出發。

馬克思曾這樣解釋斯密研究方法的特點:「一方面,他探索各種經濟範疇的內在聯繫,或者說,資產階級經濟制度的隱蔽結構;另一方面,他同時又按照聯繫在競爭現象中表面上所表現的那個樣子……把聯繫提出來。」馬克思還指出了斯密研究方法中內在的方面和外在的方面。由此應當得出一個重要的原則性的結論:斯密對資本主義經濟規律的分析作出了重要貢獻,同時,在他那裡也有不少膚淺的見解以及對規律的純粹表面的非科學理解。列寧指出過這一點。因此,對斯密在科學地理解經濟規律方面的作用,不能作片面地解釋,必須既要看到他的長處也要看到他的弱點。

亞當·斯密的貢獻,首先在於他論證並正面提出了社會生產發展中的「自然秩序」思想,以及社會生產受物質因素制約的思想。因此,他實際上強調了經濟生活的物質性和客觀性,這是創立經濟規律科學體系之根本的首要的原則。

可以毫不誇張地說,所有的經濟過程和範疇,在斯密那裡都是「自然規律」的表現。他在《國富論》緒論中指出:「一國國民每年的勞動,本來就是

供給他們每年消費的一切生活必需品和便利品的源泉。」可以看出,作者總的來說是唯物地理解國民財富這一範疇的(他的體系中最重要的範疇)。國民財富的產生和增長,不是來自某種精神因素,而是來自物質因素——社會勞動。

他對分工性質的解釋也是如此。他說:「引出上述許多利益的分工,原不是人類智慧的結果,儘管人類智慧預見到分工會產生普遍富裕並想利用它來實現普遍富裕。」他對貨幣起源與本質的解釋,基本上是唯物主義的。他對工資性質也發表了類似的有意義的見解:「勞動生產物構成勞動的自然報酬或自然工資。」這裡所說的分明是研究對象的客觀性質。他還多次指出過自然工資率,即工資量受到客觀因素的制約。對其他許多經濟範疇,他也強調了類似的客觀性質。他特別談到「商品的自然價格」「產品的自然分配」「自然利潤率」「資源的自然分配」,等等。

亞當‧斯密對社會生產發展所持的基本上唯物主義的態度,因他對宗教所抱的極端否定態度而得到了加強。馬克思稱這位蘇格蘭經濟學家是「牧師們不可調和的敵人」。實際上,斯密不僅把神父列入不生產的居民階層,而且輕蔑地把他們的職業看作最卑賤的職業之一。

亞當‧斯密承認社會生產的自然的客觀的性質,實際上也就強調了它的規律性以及經濟規律的客觀性。恩格斯指出:「從斯密起的整個自由貿易派,甚至馬克思以前的全部經濟學,都認為經濟規律——就他們所理解的——是『自然規律』。」

亞當‧斯密在經濟規律研究上的另一個值得肯定的地方,是他深化了分析社會生產的科學抽象。正如馬克思所指出的,同重農學派相比,斯密確立了許多抽象範疇,使它們更為穩定,還提出了一系列新範疇。

亞當‧斯密實際上運用了一般社會勞動這個範疇,而他的前輩(重商主義者和重農主義者)則只把社會勞動的個別形式看作生產勞動。如果說,重商主義者看到的是商業中的勞動,重農主義者看到的是農業勞動,那麼,「相反,在亞當‧斯密的著作中,創造價值的,是一般社會勞動(不管它表現為哪一種使用價值)」。《國富論》的作者幾乎揭示了例如剩餘價值那樣深刻的資本主義經濟範疇。馬克思強調指出:「可見,亞當‧斯密把剩餘價值,即剩餘勞動⋯⋯理解為一般範疇,而本來意義上的利潤和地租只是這一般範疇的分支。」指出下述這一點也是重要的:他實際上把產業利潤看作剩餘價值最初的一般的形式。

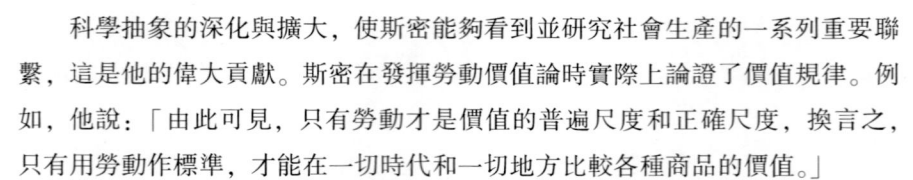

科學抽象的深化與擴大，使斯密能夠看到並研究社會生產的一系列重要聯繫，這是他的偉大貢獻。斯密在發揮勞動價值論時實際上論證了價值規律。例如，他說：「由此可見，只有勞動才是價值的普遍尺度和正確尺度，換言之，只有用勞動作標準，才能在一切時代和一切地方比較各種商品的價值。」

亞當·斯密的巨大功績，不僅在於他認識到商品按其價值進行交換的必然性，他還力圖揭示價值規律通過市場價格圍繞價值（「自然價格」）的波動而起作用的機制。他說：「商品通常出賣的實際價格，叫作它的市場價格。商品的市場價格，有時高於它的自然價格，有時低於它的自然價格，有時和它的自然價格完全相同。」他認為，這一波動的基本原因，在於商品的供給與需求之間的關係。

亞當·斯密試圖考察價值規律在資本與雇傭勞動之間關係中的作用，馬克思對此作了高度評價。他指出：「亞當·斯密的巨大功績在於：他正是在第一篇的幾章（第六、七、八章）中，即在從簡單商品交換及其固有的價值規律轉到物化勞動同活勞動之間的交換……的那幾章中，就感覺到已經出現了缺口，他感覺到……從結果來看，規律實際上是失效了。」作為一位資產階級古典經濟學家，斯密不能科學地解釋這一現象，然而，重要的是他已經看到並提出了這個問題。

亞當·斯密幾乎揭示了剩餘價值的起源。我們在《國富論》中可以讀到下面這段精彩論述：「所以，勞動者對原材料增加的價值，在這種情況下，就分為兩個部分，其中一部分支付勞動者的工資，另一部分支付雇主的利潤，來報酬他墊付原材料和工資的那全部資本。」他接著又指出，促使資本家著手經營和擴大生產的東西，不是別的，而是利潤。

還應指出，斯密試圖證明利潤和工資之間的原則區別。他根本不同意把資本利潤說成是對監督指揮勞動的工資。他堅信：「利潤與工資截然不同，它們受著兩個完全不同的原則的支配，而且資本的利潤同所謂監督指揮這種勞動的數量、強度與技巧不成比例。」他認為，利潤的變動同工資是對立的：「資本的增加，提高了工資，因而傾向於降低利潤。」

因此，可以說，亞當·斯密幾乎正確地理解了剩餘價值規律。按照馬克思的說法，「斯密認識到了剩餘價值的真正起源，」研究了剩餘價值起源的規律。

亞當·斯密在研究其他許多經濟規律上也作出了重要貢獻。《國富論》特別是其中前兩篇，包含著對資產階級經濟的一系列重要聯繫的十分深刻的分

析。例如，他在此不止一次地強調了資本主義條件下競爭的不可避免性。在說明資本主義商品生產者之間的關係時，斯密指出，「他們當中有些人，不願得不到這種商品，寧原支付較大的價格。於是競爭便在需求者中間發生。而市場價格便或多或少地上升到自然價格之上。價格上升程度的大小，要看商品的缺乏程度及競爭者富有程度和浪費程度所引起的競爭激烈程度的大小。但在同樣富有和同樣奢侈的競爭者間，缺乏程度所能引起的競爭程度的大小，卻要看這商品對求購者的重要性的大小」。顯然，這裡不僅談到了資本主義同競爭的不可分割的聯繫，而且在一定程度上揭示了競爭的機制、發展及前景。因此，馬克思說，斯密提出了以自由競爭為前提的規律，這不是偶然的。

亞當・斯密已經洞察到，市場價格總是取決於商品的需求與供給之間的相互作用。他說：「每一個商品的市場價格，都受支配於它的實際供售量，和……需要量，這二者的比例。」他接著專門考察了絕對需求和實際需求，並舉例說明它們之間存在著重要區別。所有這些，都意味著斯密已經摸索到了供求規律的作用。

亞當・斯密明確認識到地租同土地私有制的必然聯繫，這是他的大功績。他說：「一國土地，一旦完全成為私有財產，有土地的地主，像一切其他人一樣，都想不勞而獲，甚至對土地的自然生產物，也要求地租。」當他把地租稱為壟斷價格時，他顯然感到它同資本主義農業中一定的壟斷形式有關，這使他能夠接近於揭示出資本主義地租的許多規律。

馬克思曾特意指出斯密在解釋利潤率下降方面的作用：「利潤率具有下降的趨勢。為什麼呢？亞當・斯密說：這是由於資本累積的增長和隨之而來的資本競爭的加劇。」馬克思接著指出，這個解釋，儘管不無缺點，但總比李嘉圖以農產品遞減律為主要前提的顯然錯誤的解釋好些。可見，斯密在一定程度上認識到了利潤率下降規律的要點。

以上所述，足以證明斯密在經濟規律研究上作出了巨大貢獻。但也不應過分評價他在這方面的作用。在他那裡所看到的，只是一些萌芽和經濟規律科學體系的某些起點，而且多半是不自覺的直觀的理解。馬克思指出：「古典政治經濟學幾乎接觸到事物的真實狀況，但是沒有自覺地把它表述出來。」像在其他許多科學問題上一樣，斯密在這裡也有他的局限性和不徹底性。

這首先是由於他的方法論基礎不堅實。真正科學的經濟規律體系只能在辯證唯物主義基礎上才能創立起來。而斯密恰好沒有掌握這種方法。我們看到他

嚴重地背離唯物主義，而且顯然不理解辯證法。這一點，最明顯地表現在，他把人類利己之心看作是經濟發展的主要動力。他曾強調指出：「人類幾乎隨時隨地都需要同胞的協助，要想僅僅依賴他人的恩惠，那是一定不行的。他如果能夠刺激他們的利己心，使有利於他，並告訴他們，給他做事，是對他們自己有利的，他要達到目的就容易得多了。不論是誰，如果他要與旁人做買賣，他首先就要這樣提議。」可見，在斯密對經濟規律的解釋中，訴諸人類的抽象心理，是一個重要的因素。

一般來說，整個古典政治經濟學對社會生活的看法是形而上學的。按照馬克思的說法，它們「把這種（指資本主義）生產關係說成是社會勞動的絕對（而不是歷史地）必然的、自然的、合理的關係」。斯密也不例外。總的來說，他也是站在形而上學立場上的。因此，他的社會生產的「自然秩序」是永恆的，永遠是現存的資產階級經濟制度。在他看來，他所理解的這一制度的本質聯繫同樣是永恆不變的。他對經濟規律所持的態度是形而上學的、非歷史的。

由此就自然要專注於事情的數量方面。他的興趣首先不在於社會生產基本過程的質量方面，而是它的數量表現。甚至對於價值、利潤、工資和資本這樣一些基本範疇，他主要也是從數量方面考察的。這就使他不能明確理解社會過程與自然過程之間的本質區別，以及經濟規律與自然規律之間的本質區別。

亞當‧斯密把社會生產規律同人類的生物本性的規律等同起來。另外，他又常常把物品的性質列入經濟過程和經濟規律。因此，馬克思說：「斯密的見解產生的錯誤之一，是把固定資本和流動資本的性質看作是物品固有的性質。」斯密的方法論有這樣嚴重的缺陷，使他不可能為經濟規律體系奠定堅實的科學基礎。只有馬克思和恩格斯，在辯證唯物主義基礎上才能做到這一點。

第四章　亞當・斯密對科學政治經濟學某些範疇研究的貢獻

第一節　亞當・斯密的生產勞動學說和馬克思的評價

M. B. 索洛科夫教授

亞當・斯密把生產勞動理解為生產資本的勞動。用馬克思的話說，斯密給生產勞動下的定義是「直接同資本交換的勞動」，「不同資本交換，而直接同收入即工資或利潤交換」的勞動則是非生產的。馬克思說：「這些定義不是從勞動的物質規定性（不是從勞動產品的性質，不是從勞動作為具體勞動所固有的特徵）得出來的，而是從一定的社會形式，從這個勞動借以實現的社會生產關係得出來的。」

上述定義，在斯密那裡又常常同另一個定義交錯在一起，即認為生產商品的勞動是生產的。在他看來，生產勞動一定要固定並物化在可以出售或交換的商品中，而非生產勞動則不是這樣。

在評論斯密的第二種解釋時，馬克思說：「商品是資產階級財富的最基本的元素形式。因此，把『生產勞動』解釋為生產『商品』的勞動，比起把生產勞動解釋為生產資本的勞動來，符合更基本得多的觀點。」

亞當・斯密把生產勞動解釋為生產資本的勞動，被科學政治經濟學接受。這個定義是從資本主義生產關係的角度提出來的。所以，馬克思說：「亞當・斯密在這裡觸及了問題的本質，抓住了要領。」

李嘉圖和西斯蒙第擁護斯密把生產資本的勞動看作生產勞動的觀點。反對者主要是一些庸俗經濟學家。他們無視斯密的第一種解釋，卻抓住他的第二種解釋不放。馬克思說：「他們把注意力集中在勞動的物質內容，特別是集中在

勞動必須固定在一個比較耐久的產品中那個定義，用這個辦法為自己的論戰製造方便。」

值得注意的是，馬克思並未拋棄生產商品的勞動是生產勞動這個定義。那麼，馬克思究竟怎樣評價斯密的這個定義呢？

亞當·斯密認為，只有生產勞動才固定和物化在「可以出售或交換的對象」中。馬克思在反駁這一點時，舉例說明，非生產勞動同樣能夠「固定和物化在可以出售或交換的對象」中。斯密認為，非生產工人的服務「一經提供隨即消失」，這也是不對的。

亞當·斯密認為，「固定在商品中」的勞動補償開支，而不固定在商品中的勞動不補償開支。馬克思在評論這一點時，舉例說明，商品有時候並不補償開支，而不固定在商品中的勞動反而補償開支。為補償不變資本而購買的商品，會為資本家補償製成品的價值。但是，資本家為自身消費而購買的商品，並不補償開支。

對於服務，即「不固定在商品中的勞動」來說，情況也是如此。如果資本家為自己的子女雇傭教師，那麼，教師的勞動就不補償對他的開支。如果資本家為其「教育工廠」雇傭教師，那麼，教師則以自己的勞動為資本家補償工資並提供利潤。

在評論斯密以物質差別來區分生產勞動與非生產勞動時，馬克思注意到一個很重要的現象：「固定」在商品中的勞動並不總是創造價值的。大家知道，商品世界分為兩大部分：物質商品和勞動力商品。「固定」在勞動力商品中的勞動（例如教師與醫生的勞動）加入勞動力商品的生產費用與再生產費用，加入勞動力的價值，但它本身並不創造價值。「因此，很明顯，醫生和教師的勞動不直接創造用來支付他們報酬的基金，儘管他們的勞動加入一般說來是創造一切價值的那個基金的生產費用，即加入勞動能力的生產費用。」

在市場上經常流通的是這樣兩類商品：物質商品和勞動力商品。市場上流通的商品價值總額等於這兩類商品的價值（馬克思在此指的是提供服務的勞動者的勞動力價值）。斯密不理解這一點。例如，他說：「即使他（指工匠）所生產的價值，無論在什麼時候，都沒有超過他所消費的價值，但無論在什麼時候，市場上貨物實際存在的價值，都有賴於他的生產……」

馬克思反駁說：「難道任何時候市場上現有的商品的（總）價值，不是由於有『非生產勞動』而比沒有這種勞動時要大嗎？難道任何時候市場上除了

小麥、肉類等之外，不是還有妓女、律師、布道、歌舞場、劇院、士兵、政治家等嗎？……因此，消費品的總額，任何時候都比沒有可消費的服務存在時要大。同時，價值也大了，因為它等於維持這些服務的商品的價值和這些服務本身的價值。」這段話常被用來證明，服務具有價值並且創造價值。如果不是孤立地而是同馬克思早先的提法聯繫起來考慮的話，就不會得出這個結論了。馬克思在此是把服務的價值理解為提供服務的勞動力的價值。這個價值是實在的，但它並未增加社會總產品的價值和國民收入的價值。

馬克思在評論斯密把生產勞動理解為固定在商品中的勞動時，還有一個很重要的說明。在斯密看來，固定在商品中的勞動應在商品中留下痕跡。馬克思在反駁斯密時，舉了農業和運輸業的例子，指出勞動在這些部門的商品中什麼痕跡也沒有留下，但它們加入了商品生產，創造著商品價值。有些經濟學家想用馬克思對斯密的這些評論，證明商品不一定是物品，商品價值不一定僅僅體現在物品的使用價值中。但是，馬克思說：「對勞動的物化等，不應當像亞當・斯密那樣按蘇格蘭方式去理解。如果我們從商品的交換價值來看，說商品是勞動的化身，那僅僅是指商品的一個想像的即純粹社會的存在形式，這種存在形式和商品的物體實在性毫無關係。」馬克思又說：「雖然如此，商品表現為過去的、物化的勞動這個說法還是對的，因而如果它不表現為物的形式，它就只能表現為勞動能力本身的形式，但永遠不能直接表現為活勞動本身。」

不應將商品歸結為交換價值。商品是交換價值和使用價值的統一，確切些說，是價值和使用價值的統一。斯密就是這樣理解的，馬克思不止一次地強調了這個正確的解釋。他說：「剩餘價值在貨幣主義和重商主義體系中，表現為貨幣；在重農學派那裡，表現為土地的產品，農產品；最後，在亞當・斯密那裡，表現為一般商品。重農學派只要接觸到價值實體，就把價值僅僅歸結為使用價值（物質、實物），正如重商學派把價值僅僅歸結為價值形式，歸結為產品借以表現為一般社會勞動的那種形式即貨幣一樣。在亞當・斯密那裡，商品的兩個條件，使用價值和交換價值合併在一起。」

總之，第一，認真地讀一下馬克思的論述就可以知道，他是從把生產勞動解釋為生產資本的勞動的角度，即從勞動的資本主義社會形式的角度評論斯密的。根據這一觀點，生產勞動就不僅僅是生產商品的勞動，而且包括那些以獨立活動形式出現的勞動，即經濟學文獻中所謂的提供服務的勞動。生產勞動作為生產資本的勞動，為資本家補償所支付的工資並帶來利潤。它能創造價值和

剩餘價值，但它可以不具有那種特點（指生產商品這一特點——譯者註）。在這裡，如馬克思所說，重要的是，「靠資本生活的勞動者和靠收入生活的勞動者之間的區別」。

第二，馬克思批評斯密把生產勞動解釋為生產商品的勞動，但他並沒有拋棄這一見解。他只是指出，這是一個更基本的觀點，沒有反應出這一經濟範疇的資本主義內容。因此，馬克思說：「從一般的簡單勞動過程來看，實現在產品中的勞動，確切些說，實現在商品中的勞動是生產的，從資本主義生產過程來看，這裡適用更具體的定義，即直接增殖資本的勞動是生產的……」

在生產勞動問題上，馬克思批評斯密的主要之點，是他的不徹底性。由於這種不徹底性，斯密不僅把生產勞動定義為同資本相交換的勞動，而且定義為同收入相交換的勞動。在斯密的概念中，同資本相交換的勞動總是創造物質財富的，即總是生產的。同收入相交換的勞動，是否成為生產的，取決於是否生產物質財富。這兩種解釋在他那裡常常交錯在一起。

從馬克思對斯密的生產勞動學說的分析批判，可以看出他自己對這個問題的理解。馬克思本人的態度還體現在他對資產階級庸俗政治經濟學家理論的分析中，體現在對批判斯密理論的經濟學家著作的批判研究中。有必要強調指出，在把生產勞動解釋為創造物質財富的勞動這一點上，馬克思是維護斯密、反對庸俗經濟學對他的攻擊的。例如，在反駁加爾涅時，馬克思說：「第一，亞當·斯密並不否認非生產勞動者會生產某種產品，否則，這些人根本就不是勞動者了。第二，開藥方的醫生不是生產勞動者，而配藥的藥劑師卻是生產勞動者，這看起來好像是奇怪的；同樣，製造提琴的樂器製造者是生產勞動者，而演奏提琴的提琴師卻不是。」

在批判斯密和庸俗經濟學家時，馬克思發揮了生產勞動與非生產勞動理論的科學原理。他從社會關係的角度和創造物質財富的角度區分了生產勞動與非生產勞動。用第一種方法把資本主義生產方式和非資本主義生產方式區別開來。用第二種方法則有助於把物質生產同其他形式的活動區別開來。這兩種方法在《資本論》《剩餘價值理論》和馬克思的經濟學手稿中都是存在的。

創造國民收入的勞動是收入的源泉。於是，收入就可分為第一級收入和第二級收入。創造國民收入的各物質生產要素獲得第一級收入；非生產領域工作者通過物質生產勞動者收入的再分配獲得第二級收入。收入也可分為基本收入和派生收入。這樣劃分的意義在於，把得自某一制度（例如，資本主義制度）

體系的收入，同得自這一制度體系之外的收入區分開來。派生收入的源泉是基本收入，即生產要素所獲得的收入。派生收入是從基本收入中扣除下來的。在解釋對服務的報酬引起的關係時，馬克思強調指出，這種關係並不包含雇傭勞動和資本的特殊關係，換言之，酬謝服務所引起的關係並不是生產和佔有剩餘價值的關係。

對服務支付報酬完全是一種再分配關係，它同占統治地位的生產關係體系有機地聯繫在一起，否則再分配關係便不能存在，因為它不可能形成獨立的關係體系。這些再分配關係（購買服務）應被視為從占統治地位的關係中派生出來的。資本家和他的僕人之間的關係，不是生產剩餘價值的關係，而是消費剩餘價值和物質資料的關係。

基本收入如果是在物質生產領域得到的，就是第一級收入；如果是在非物質生產領域通過再分配重新創造的價值而得到的，就是第二級收入。但是，無論何時，基本收入總是在歷史上一定的生產關係體系中得到的。

然而在經濟學文獻中，常把基本收入僅僅同物質生產勞動聯繫在一起。根據這種理解，非生產領域工作者的收入始終是派生的收入。斯密的一條有名的原理助長了這種看法，依據這條原理，與物質生產勞動者的基本收入不同，非生產領域工作者的收入是派生的。結果，非生產領域經濟關係的特點，就只是再分配的關係，即不反應某個生產方式的本質。但是，這種關係只是在交納稅收和支付服務（廚師、裁縫等）時才引起的。

亞當·斯密的這個原理被馬克思援引過，而且常常被人看作就是馬克思本人的意思。馬克思在批判斯密教條時，引述了《國富論》中的一段話：「工資、利潤和地租，是一切收入的三個原始源泉，也是一切交換價值的三個原始源泉。任何其他一種收入最終都是從其中某一個派生出來的。」

接著，馬克思在小結關於斯密教條的論述時，又提到了斯密對原始收入和派生收入的理解。他說：「一切不直接參加再生產的社會成員，即不在物質生產領域勞動的人，或者不勞動的人，首先只能從先得到產品的那幾個階級，即生產工人、產業資本家和土地所有者的手中，取得自己在年商品產品中的份額，即取得自己的消費資料。就這一點說，他們的收入在物質上是由（生產工人的）工資、利潤和地租派生出來的，因此，和那些原始的收入相對而言，表現為派生的收入。但是，另外，在這個意義上的派生的收入的承受人，是靠他們作為國王、牧師、教授、娼妓、士兵等的社會職能來取得這種收入的，因

此他們可以把自己的這種職能看作是他們的收入的原始源泉。」

可見，斯密說的是，工資、利潤和地租是全部收入的三個原始源泉。而馬克思轉述這一原理時，談的是不參加再生產或者一般不勞動的社會成員的收入，來自工資（生產工人的）、利潤和地租。如果不考慮非生產領域中資本主義生產關係的存在，情況就是如此。在這種情況下，非生產領域的所有工作者的收入都是派生的。斯密儘管把生產勞動下定義為直接同資本相交換的勞動，但他不承認非生產領域工作者的勞動是生產的。

馬克思批判了斯密的不徹底性。他指出，演員教師——雇傭勞動者的服務，「會自行更新用以支付它們的基金」。按照馬克思的理解，他們的收入在這個意義上就不是派生的，即不是來自基本的收入或生產要素的收入。馬克思同意斯密的下述見解：非生產領域工作者同收入的原始源泉無關，他們的勞動不創造物質財富。因此他們的收入來自物質生產勞動者的收入。不過，馬克思在原則上是把從屬於資本的勞動者的收入和不從屬於資本的勞動者的收入區分開來的。

讓我們回到那個成為現今幾種收入理論解釋之基礎的原理。人們很容易相信，把收入劃分為原始的和派生的這個原理不是馬克思作出的。關於這一點，馬克思本人在《資本論》第三卷中說：「我們看到，這裡提出的問題（補償不變資本問題）已經在第二卷第三篇考察社會總資本的再生產時解決了。我們在這裡回過來談這個問題，首先是因為在那裡剩餘價值還沒有在它的收入形式上即利潤（企業主收入加上利息）和地租形式上加以闡明，因而還不能在這些形式上加以研究……」可見，馬克思在《資本論》第二卷未把收入分為原始的和派生的，因為他還未分析剩餘價值的各種形式。

蘇聯經濟學家阿卡巴揚和麥德維杰夫注意到我們所研究的有關收入劃分的原理，也注意到《資本論》1949 年版和 1961 年版譯文上的區別。在《資本論》1949 年版中，有關的一句話是這樣開頭的：「一切不直接參加再生產的社會成員，不管勞動與否……取得自己在年商品產品中的份額。」《資本論》1961 年版是這樣譯的：「一切不直接參加再生產的社會成員，即不在物質生產領域勞動的人，或者不勞動的人……取得自己在年商品產品中的份額……」兩種譯文顯然有重要的差別。對馬克思來說，參加再生產並不意味著只在物質生產領域工作。《資本論》1961 年版的譯文更接近斯密（而不是馬克思）對問題的理解。但這並不能作為阿卡巴揚和麥德維杰夫所做結論的理由。按他們的說

法，非生產領域勞動者創造價值和國民收入。但問題不在於譯文，而在於有些研究者接受了斯密關於原始（基本）收入和派生收入的劃分。

這樣解釋基本收入和派生收入是很普遍的。非生產領域勞動者（他們的勞動是同資本相交換的）的收入通常被看作派生的。因此，作為一種勞動的社會經濟形式，但卻是非生產勞動形式的服務在教科書中不予分析。勞動的這一經濟形式同占統治地位的生產關係有關。分析這一勞動形式具有重要意義。問題在於，要不要把服務作為勞動的一種社會經濟形式列入社會經濟基礎、列入生產關係體系。

除了服務不表現某種生產方式以外，作為一種經濟關係，它不能獨立存在，只能同一定的生產關係相聯繫。

蘇聯的經濟學文獻對生產關係的解釋是加了限制的，認為生產關係是直接的物質資料生產關係。

政治經濟學教科書中寫道：「在國民收入再分配中，派生的（第二級）收入的形成有賴於基本的（第一級）收入，後者由工資、利潤和地租組成。非生產領域工作者的收入和國家預算收入屬於派生的（第二級）收入。對非生產領域勞動者服務的酬金，是派生收入的主要源泉之一。例如，律師或醫生的酬金就是來自工人的工資、資本家的利潤或土地所有者的地租，這要看誰利用了他們的服務，並付給他們報酬。」

教科書把基本收入等同於第一級收入，但它們並不是一回事。商業資本家和貨幣資本家的收入可以是基本的，但卻不是第一級收入。第一級收入只是在以勞動、資本和土地所有權為基礎的物質生產領域中獲得的收入。通過第一級收入的再分配所獲得的全部收入是第二級收入或派生收入。非生產領域勞動者的收入總是作為第二級收入出現的，它們是通過收入的再分配形成的。

不能同意教科書作者的下述說法，即律師或醫生的酬金得自工資、資本家的利潤和地主的地租。因為這種情形所涉及的只是對處於資本主義生產關係體系之外（即不從屬於資本）的律師和醫生的酬金，這種酬金只是對服務的酬勞。當律師或醫生從屬於資本，為資本家工作時，他們獲得的是工資，而剝削他們的資本家得到利潤。這裡涉及的就不是對服務的酬勞。律師、醫生和剝削他們的資本家的收入都是基本收入，而不是派生收入。基本收入是某個生產方式的基本階級的收入。在資本主義條件下，基本收入就是物質生產和非生產領域的雇傭工人的工資、利潤（確切些說，是工商業職能資本家的收入）、貨幣

資本家的利息和土地所有者的地租。教科書作者把一切非生產領域工作者的收入都稱為派生收入，我們認為是不對的。可以舉商業資本家和商業雇傭工人為例。商業資本家的利潤以及被雇傭的商業工人的工資的源泉是剩餘價值，商業資本從事的是非生產領域。但是，商業資本家及其所雇傭的工人屬於資本主義生產的要素，因而他們的收入是基本收入。不能說非生產領域勞動者收入的源泉是服務的報酬。服務的報酬，只是在非生產領域勞動者不從屬於占統治地位的生產關係（在我們的例證中，就是資本主義關係）時才存在。

第二節　亞當·斯密《國富論》中的資本累積問題

Π. A. 馬林舍夫博士

　　亞當·斯密《國富論》的許多原理，是馬列主義創始人所制定的真正科學的累積理論的重要來源。《國富論》第二篇就是專講資本累積問題的。

　　論證了累積的客觀界限，是亞當·斯密的一個功績。他把累積下定義為生產超過目前消費。他指出：一個人「所有的資財，如足夠維持他數月或數年的生活，他自然希望這筆資財中有一大部分可以提供收入；他將僅保留一適當部分，作為未曾取得收入以前的消費，以維持他的生活。他的全部資財於是分成兩部分。他希望從中取得收入的部分，稱為資本。另一部分，則供目前消費」。斯密規定了累積的客觀物質界限，但並沒有揭示資本累積特有的本質，即剩餘價值的資本化，或累積的剩餘價值轉化為資本。儘管如此，馬列主義創始人還是強調了斯密和李嘉圖把累積下定義為生產超過目前消費（生產的消費與使用消費）的科學意義。

　　亞當·斯密的另一個功績，是論證了作為資本累積形式的資財。在他看來，資財不是別的，而是固定資本和流動資本累積的某種形式。把資本劃分為固定資本和流動資本是斯密首次論證的。他把社會資財大體上劃分為三個部分，同時又十分詳細地列出了固定資本和流動資本的物質構成部分。

　　儘管斯密把全部社會財富分為三部分，但他斷定，在流動資本中，作為消費的那部分資本，也就是社會財富各部分中用作消費的資財。他說：「一個國家或一個社會的總資財，即是其全體居民的資財，所以，亦自然分作這三部分，各有各的特殊作用。第一部分是留供目前消費的……食品、衣服、家具等

物，屬於這一類。僅供居住的國內房屋，也是這個部分中的一個部分。」至於流動資本，其中的一部分是「屠戶、牧畜家、農業家、谷商、釀酒商人等人所有的食品」。斯密在這裡直接指出了累積起來用作消費的全部財富的範圍，其中包括目前消費的資料和作為耐久消費而累積的房屋。

亞當・斯密嚴格地遵循著這個定義：累積是生產超過目前的消費，而資財則是累積的形式。儘管正被消費的食品、衣服等，就其物質形式而言，同列入資財之內但尚未消費的消費資料沒有什麼差別，但後者計入累積基金，因為它以資財的形式出現，它在這時是生產超過目前消費的餘額。

把社會財富的生產基金分為第一部類和第二部類，把全部社會財富分為生產基金和消費基金，同把年累積基金分為生產基金和消費基金一樣，在方法論、理論和實踐上都有巨大意義。於是對「斯密教條」產生了問題。

從亞當・斯密開始，直到馬克思以前的政治經濟學，由於受到「斯密教條」的束縛，只承認消費品的累積。馬列主義政治經濟學擺脫了這種片面性。列寧在批評斯密的觀點時，引用了馬克思的話：「為亞當・斯密一切後繼者所繼承的這個教條，甚至妨礙了政治經濟學去瞭解社會再生產過程的最基本的結構。」累積過程在社會再生產的兩個部類中都存在，而且互相發生作用。因此，承認社會財富分為兩種基金，但又否認年累積基金中的生產品累積和消費品累積之間比例的客觀性，是自相矛盾的。列寧援引馬克思對斯密的評論是很有教益的。大家知道，斯密從產品中排除了資本，但在社會總收入中又把它包括了進來。列寧指出：「馬克思就抓住了亞當・斯密的這個矛盾：既然不把資本包括在產品中，又怎麼能把資本包括在收入中呢？」

亞當・斯密論證了生產勞動和非生產勞動同累積之間的關係，指出生產勞動是累積的最重要因素，這是他的重要功績之一。《國富論》第二篇第二章的標題，就是「論資本累積並論生產性勞動和非生產性勞動」。他指出：「有一種勞動，加在物上，能增加物的價值；另一種勞動，卻不能夠。前者因可生產價值，可稱為生產性勞動，後者可稱為非生產性勞動。」他又說：「增加一國土地和勞動的年產物的價值，只有兩個方法：一是增加生產性勞動者的數目，二是增進受雇勞動者的生產力。很明顯，要增加生產性勞動者的數目，必先增加資本，增加維持生產性勞動者的基金。」儘管斯密是資本主義工場手工業時期的經濟學家，但他相當詳細地指出了機器在提高勞動生產力方面的作用。他認為資本累積是增進勞動生產力的頭等重要的因素。他對資本作為累積勞動在

保障提高勞動生產力方面的作用有很好的理解。在斯密時代，手工技藝占優勢，勞動在形式上隸屬於資本，機械技術形式的固定資本尚未滲入生產過程內部，因此，斯密強調的是勞動生產力同累積（保障生產力的進步）之間直接的相互作用。

馬克思採用了斯密所使用的生產勞動與非生產勞動、勞動生產力、運用中的資本和追加資本等概念，並賦予它們以實際的科學的社會經濟內容。除此以外，斯密的生產勞動學說就顯得有局限性了。不過，它還是馬克思創立真正科學的生產勞動學說的源泉之一。例如，現在人們只把生產與消費的物質儲備，理解為資源形式上的累積，而不把服務考慮在內，這在一定程度上就是多虧了斯密的生產勞動學說。

亞當·斯密關於正在使用中的資本是提高勞動生產力的重要因素的學說也有迫切意義。他談到機器和工具在減輕和節省活勞動耗費方面的作用時，沒有揭示它的社會形式，也沒有揭示活勞動與累積勞動在資本主義條件下的對抗性。馬列主義創始人作出了這些分析。例如，《共產黨宣言》中指出：「在資產階級社會裡，活的勞動只不過是增殖已經累積的勞動的一種手段。在共產主義社會裡，已經累積的勞動只不過是擴大、豐富和促進工人的生活過程的一種手段。」

由於資本主義尚不發展，它的基本規律、資本主義累積的一般規律及其作用尚未展開，使斯密不可能論證資本主義再生產的兩個部類發展的規律，論證資本累積過程在兩個部類中的相互作用。不過，他把社會財富一般地規定為累積的勞動和增進勞動生產力的主要因素，仍然具有科學意義。

第三節　亞當·斯密關於國際分工的思想與現時代

Р. И. 卡留尼科夫通訊院士
А. Г. 米列科夫斯基通訊院士

亞當·斯密關於國際分工對各國命運的巨大影響的見解，是他的全部科學遺產中最為人知曉而且至今仍不失其現實意義的思想。按照馬克思的說法，斯密在《國富論》的開頭，「曾專門頌揚分工」。

分工是提高勞動生產力的源泉，這是貫穿《國富論》全書的思想。即使

在分工並不明顯出現的各篇中，也能感覺到這一思想的影響。斯密考察了分工對各種不同範圍的經濟（從單個工場到世界經濟）的作用。他研究了單個手工工場內部的分工，也研究了社會的分工，其中包括部門之間、城鄉（工農業）之間、工業與商業之間、腦力勞動與體力勞動（他把科學劃分為一種獨立活動方式）之間、一國不同經濟區域之間以及各國經濟之間的分工。斯密認為，低級階段的分工，在高級階段會完全準確地或幾乎完全準確地重現出來，因此，工場手工業內部的分工可以作為一種「模式」，依照它來建立各行業之間、各生產領域之間，以及整個經濟的分工。

但在考察各部門的分工時，斯密指的不是手工工場，而是簡單再生產。這兩種情形下的分工，雖有許多類似之處，但如馬克思所說，它們之間有原則性區別。在手工工場內部，工人之間的分工不以交換為媒介，具有自覺的性質，工人不是生產資料的主人，所有這些都不同於簡單商品生產條件下的分工。

亞當‧斯密認為，分工的主要後果是提高了工人的勞動生產率。這是出於以下原因：第一，分工提高了工人的技巧，使他們專注於其一產品或工序。第二，分工節約了時間，不必在轉換工種上花時間。第三，分工推動了機器的發明和使用。分工的程度表現了各部門產業發展的水準。在斯密看來，分工實際上是各國經濟發展的唯一原因。

在高度評價分工的同時，斯密也指出了分工的陰暗面。他說：「一個人如果把他一生全消磨於少數單純的操作……那麼，他就沒有機會來發揮他的智力……他自然要失掉努力的習慣，而變成最愚鈍最無知的人……這樣看來，他對自身特定職業所掌握的技巧和熟練，可以說是由犧牲他的智能、他的交際能力……而獲得的。」

在斯密看來，各國之間的分工，是各種分工形式的最高階段。它是斯密維護對外貿易自由所追求的目標。因為，外貿可使「國內市場的狹隘性並不妨礙任何工藝或製造業部門的分工發展到十分完善的程度」。「自由放任」這個口號就是直接從斯密關於分工受市場規模限制這一有名論斷中得出來的。打破市場限制，可以推動分工的深化。但是，實際上它們的關係正好相反；市場的大小取決於分工的程度。

然而，斯密正是借助於分工受市場規模限制的論題，論證了發展分工，就必須取消國內外貿易中的壁壘。這是否意味著，他為企業和貿易自由所進行的鬥爭是建立在錯誤原理的基礎上？不是的。因為，消除各地區和各國之間經濟

關係中的障礙,同樣意味著增加工人人數和資本數額,以便實現分工。如果各國過去的分工受到各自國家的勞動和資本規模的限制,那麼,現在它則受到這些國家總資本規模和全部工人人數的限制。因此便出現了進一步加深分工的可能性。斯密指出,分工不僅取決於市場規模,而且取決於勞動和資本的規模。他在談到市場受工人人數限制時指出:「一種行業分工越是細密,它的工人人數往往越是增加;更確切地說,使他們分工能夠越來越細密的,就是他們人數的增加。」

他以類似方式談到了資本:「按照事物的本性,資財的蓄積,必須在分工以前。預蓄的資財愈豐裕,分工就能按比例地愈細密。」

可見,斯密關於分工受市場限制的思想本身是錯誤的,但是,在市場、勞動和資本各有多大規模才能彼此符合的意義上,他的思想是正確的。分析對外貿易時,引用分工由市場限制的原理是正確的,因為國際交流的擴大就等於資本和工人的增加,等於分工程度的擴大。

人們通常以過剩產品範疇來分析各國間的分工。斯密所謂過剩產品,指的是超過某人消費的產品(如果說的是個人生產)或超過該國消費的產品(如果說的是全國經濟)。市場的擴大創造著對過剩產品的需求。這些過剩產品的出現鼓勵「他們去改進勞動生產力,竭力增加他們的年產物,從而增加社會的真實財富與收入」。

一國資本家起初把資本投到他們比別國資本家占優勢的部門,而避開別人占優勢的部門(因此,斯密強調說,這種優勢是天然的還是後來才獲得的,無關緊要)。其他國家的資本家同樣如此。

各國經濟在生產其他國家所需要的商品上的專業化,使它們同世界經濟聯結在一起。各國越來越彼此信賴,互相需要。國際分工提高了世界生產的效率,因為各國在那些生產可能性更高的部門都實行了專業化。這便加深了分工,其利益全部分攤到各國經濟之中。

國際分工的發展不僅僅是商品交易的結果。如果一國資本不足,為了保障經濟發展,就要適當地從別國吸收資本。此外,斯密還建議,彼此通報關於各種產業活動的知識,它自然會導致各國之間關係的活躍。斯密對這個問題的理解,比交換學說的擁護者們深刻,後者僅把商品交換視為國際經濟關係的基礎。斯密還以同美洲殖民地的貿易為例,令人信服地證明,各國之間的經濟交織到了何種程度。同重商主義者相反,他讚成殖民地發展產業。這實際上就是

支持它們的經濟與政治獨立。英國的美洲殖民地的迅速發展，使斯密有可能在更廣闊的領域內解釋自由貿易。

亞當・斯密在《國富論》中描繪了一幅各國經濟緊密交織的圖景。任何兩國關係的變化都會影響到其他各國的發展。例如，英國和美洲經濟關係的加深就產生了連鎖反應──阻滯了所有歐洲國家之間分工的發展，甚至阻滯了和美洲與英國皆無直接貿易關係的國家之間分工的發展。斯密指出了「連鎖反應」的後果，是他對自然的國際分工所做的最深刻的考察之一。

亞當・斯密的下述見解也是重要的：對自由貿易（從而對分工）的限制，往往是軍事政治方面的意圖所強加的，目的在於不使鄰國富強。但是，他指出，這在經濟關係方面總是不利的：「在戰爭或政治上，鄰國的財富，且對中國有危險，但在貿易上，則確對中國有利益。」在他看來，各國之間的和平友好關係，是發展國際分工的最好條件。

亞當・斯密關於國際分工思想的命運是複雜而矛盾的。作為斯密理論的繼承者，李嘉圖發展了迄今仍有效的比較成本學說。馬克思、恩格斯和列寧對斯密的思想補充了全新的東西。馬列主義創始人對斯密的評價很高，不僅把他看作是一位理論家，而且看作是一位進步的（對當時來說）國內外經濟政策措施方面的宣傳家。

資產階級經濟思想和政治思想，從斯密那裡主要吸取了自由貿易口號。但他們總是把某些暫時的主張和對單方面有利的意圖，強加在這個口號上，而對建立有利於參加各方的國際經濟關係卻不感興趣。

國際分工原則的變革，是同偉大十月社會主義革命聯繫在一起的。十月革命消滅了沙皇的殖民體系，實際上實現了斯密的要求，取消了他所謂「對殖民地貿易的壟斷」（他認為這種壟斷貿易延緩了殖民地的「製造業和生產的發展」，從而使宗主國占優勢）。十月革命第一次向世界顯示了不妨礙落後地區的工業發展，以平等、合作和互利為基礎的分工體系。

當社會主義超出一國範圍時，在同樣的基礎上，建立了社會主義各國之間的經濟聯繫。在這裡，分工獲得了自由發展的廣闊餘地。資本主義國家在分工方面的政策決定於每個國家的資產階級利益，而不是整個世界經濟的利益，但社會主義國家卻基於國際主義原則，尋求整個社會主義體系的發展。在國際經濟關係領域建立在社會主義分工基礎上的各項原則，越來越普及並逐步得到了實現。

亞當・斯密的思想已被社會主義國家的實踐證實，它在世界經濟領域正日

益堅定地為自己開闢著道路。

亞當‧斯密是推翻了封建主義的進步資產階級的思想家,他的著作談的是國民致富的原因。現在,西方著名經濟學家繆爾達爾寫了一本關於國民貧困的根源的書,書名是《亞洲的悲劇(國民貧困之研究)》,以示繼續斯密的研究。《國富論》的作者堅信,「自然規律」的作用,即經濟過程的不以人的意志為轉移的客觀規律的作用,特別是以這些規律為基礎的國際分工,會導致國民的富裕。英國移民殖民地的解放運動思想家們接受了斯密的思想,並使之付諸實踐。所有擺脫了英國殖民統治的往昔英國殖民地(美國、加拿大、澳大利亞和新西蘭)已經實現了豐裕(按資產階級對這一概念的解釋)。這些國家人均國民收入已超過了自己過去的宗主國,已經變成了帝國主義國家。它們起初用老辦法,現在則用更精明的新殖民主義手法,剝削殖民地半殖民地的人民,不斷增加自己的財富。

自由競爭在壟斷前資本主義階段已經導致了宗主國的統治。在這些宗主國中,擁有廣闊殖民地的英國名列第一。到了帝國主義階段,力爭壟斷地佔有領土即殖民地壟斷,成為加強在世界市場上的競爭能力的最重要源泉之一。它的犧牲品,就是亞洲人民的貧困,陷入繆爾達爾所描繪的悲劇。和斯密不同,繆爾達爾在研究亞洲人民貧困的原因時,沒有指望客觀經濟規律會起到克服貧困的作用。作為現代資產階級政治經濟學中社會制度學派代表者,繆爾達爾相信,把人道主義思想灌輸到西方有權勢階層的意識中,就會使他們更慷慨地援助饑餓的亞洲,這樣一來,發展中國家的經濟便可通過自上而下的改良得到改造。

然而,在現代,當世界處在從資本主義向社會主義轉變的過程時,在國際分工領域,有助於消滅殖民主義及其後果的客觀經濟規律已經在起作用了。它表現在兩個對立體系的矛盾中,這一矛盾導致了帝國主義世界經濟結構的瓦解。正是由於兩個體系的競賽以及社會主義國家對民族解放運動的支持,才使發展中國家的封建結構(已成為生產力發展的桎梏)得以崩潰。這種情況的發生,不僅由於自上而下的改良,而且由於自下而上的廣泛群眾性革命運動。這一革命運動只能從社會主義國家尋求支持和幫助。

國際分工的新的客觀經濟規律的作用,還表現在社會主義國家同發達資本主義國家的相互關係中。

在共產主義制度形成的時代,在帝國主義統治地盤縮小的基礎上,發展起

了一種新的世界性的分工。在這種歷史條件下，斯密關於在世界範圍內提高社會勞動生產力的途徑的偉大科學研究有了新的意義，成為具有全人類意義的科學財產。

第四節　亞當・斯密經濟理論中的貨幣

A. A. 漢德魯也夫副博士

亞當・斯密把貨幣的出現同分工以及社會變為「商業聯盟」聯繫在一起。他認為，交換當事人在彼此交換時遇到了不便。不過，斯密並沒有把交換中由於沒有貨幣而帶來的技術上的困難作為解釋貨幣起源的出發點。相反，他是從分工程度所決定的交換發展條件中引出這些困難的。他說：「自分工確立以來，各時代各社會中，有思慮的人，為了避免這種不便，除自己勞動生產物外，隨時身邊帶有一定數量的某種物品，這種物品，在他想來，拿去和任何人的生產物交換，都不會被拒絕。」可見，交換關係的發展不可避免地導致了貨幣的出現。《國富論》關於貨幣起源的思想，是資產階級政治經濟學最優秀的成果。

在現代資產階級經濟學文獻中，也把貨幣的產生同必須克服物物交換（直接交換）中技術性限制的困難聯繫在一起。例如，著名美國經濟學家弗里德曼認為，「貨幣（它是『流通手段或購買力的暫時儲存器』）產生的主要原因，在於避免物物交換當事者需求的『巧合』」。他們過分強調伴隨物物交換而出現的商業交易中的高額費用（運費），忽視要求出現一般等價物的經濟條件的特點，把貨幣簡單地歸結為一種簡單的技術手段。

亞當・斯密對貨幣形態發展的解釋，儘管有許多合理的地方，然而他畢竟停留在表面的演進上。馬克思指出：「只要理解了貨幣的根源在於商品本身，貨幣分析上的主要困難就克服了。」斯密沒有看到，價值的貨幣形式的發展，同商品的矛盾有著內在的聯繫，因而不能克服上述困難。他常常偏重於對歷史上相互交替的各種貨幣形式加以描繪和分類。他記載了曾經用各種不同的商品作為貨幣這一事實，記載了為此目的而使用的各種適宜金屬的優點。金屬幣被紙幣代替的歷史例證，使斯密有理由斷定，紙幣在一定的限制下可以順利履行貨幣職能。描述貨幣流通領域的事實，不會引起對決定了結算形式變換的前提

條件的理論考察。斯密描述不同類型的貨幣制度，並不是為了揭示價值的貨幣形式演進的內在動因。

亞當·斯密的進化論在一定程度上有歷史的理由。在寫作《國富論》年代，信用貨幣（屬於社會生產過程的較高階段，它完全受不同的規律支配）還處在形成時期。只消指出下述事實就夠了：英國證券交易所是在斯密著作問世前一年才創建的。證券交易制度的最高形式尚不發達，還沒能在金屬貨幣制度的內在趨勢上打下烙印，這就決定了金屬貨幣制度的歷史地位。

亞當·斯密作為勞動價值論的擁護者，始終堅持著貨幣的商品性質的論點。在他把貨幣看作「拿去和任何人的生產物交換，都不會被拒絕」的商品時，在他分析紙幣時，斯密實際上發展了有代表性的觀點，即紙幣價值取決於它們在貨幣流通渠道中所代替的金銀的價值。

然而，對貨幣本質理解的這些科學因素，在斯密那裡，是同另一些錯誤原理交錯在一起的。他錯誤地把貨幣當作一種簡單的商品。他由於沒有揭示出商品的內在性質，因而不能確定貨幣在商品生產各範疇體系中的特殊地位。他正確記錄了貨幣起源於商品，但沒有看出貨幣的兩重性。斯密沒有這樣一個明確的理論概念，即當商品作為貨幣職能的體現者，變成一種自發的起社會作用的工具時，就轉變為一種特殊的商品了。他把貨幣概念同貨幣的職能混為一談了。馬克思指出：「在《國富論》中找不到『currency』和『money』，即流通手段和貨幣之間的區別。」

亞當·斯密過於簡單地理解貨幣的經濟內容，為否認貨幣的商品性質打下了基礎，大家知道，貨幣在其流通手段職能上，是為商品運動服務的暫時的手段。因此，對實現這一職能來說，製造貨幣的任何金屬在原則上都沒有區別。紙幣也同足值的硬幣一樣，可以很好地為商品流通服務。把貨幣概念等同於流通手段職能，客觀上會導致類似名目論的結論。斯密沒有作出這種結論，然而從他的學說本應得出這種結論。最著名的名目論代表者之一邊迪森指出：「誰想在貨幣的純粹形式上瞭解它的本質，誰就應堅信，紙幣本身是有價值的這種說法，在邏輯上是矛盾的。要知道，貨幣並不具有使我們喜悅或因它而致富的目的，它不過是獲得所遇到的服務的一種手段。」

由此可見，對貨幣的商品性質的簡單化的理解，為名目論打下了基礎。何況在斯密自己的思想體系中，已經有了名目論的成分。這是指他想要找出一種「不變的」價值尺度。他明白，「像一切其他商品一樣，金銀的價值時有變動，

時有高低,其購買也時有難易」。他認為貴金屬不能作為價值的十分精確的尺度,因為它本身內在的價值會有變動。但他又尋求「不變的」價值尺度,這同貨幣的商品性質的論題是抵觸的。

價值尺度由觀念的貨幣來履行,這種情況掩蓋了觀念的貨幣單位同社會所承認的局部的個別的生產者的勞動耗費之間的內在聯繫。這裡又顯示出斯密對貨幣的兩重性估計不足的消極後果。像其他許多資產階級經濟學家一樣,斯密也沒有看到,「金能夠充當價值尺度,只是因為它本身是勞動產品,因而是潛在可變的價值」。企圖找出一種「不變的」價值尺度,找出一種理想的人為的計算單位,是基於對商品經濟本質特點之不科學的抽象。在商品經濟中,社會所承認的勞動耗費,必須具有一定的物的形式。

亞當·斯密的聲望對後來貨幣研究的課題產生了很大影響。直到19世紀上半期,「不變的」價值尺度問題在資產階級經濟學中,都是主要課題之一。不過,如果說,斯密追求「不變的」價值尺度,反應了價值定義的發展,而且以勞動價值論作為分析的前提,那麼,後來對這一觀點的論證,則被用來攻擊勞動價值論,特別是攻擊關於貨幣的商品性質的觀點。認為貨幣充其量反應價值,但不改變價值,已經成為資產階級經濟分析中的「老生常談」。費特說:「貨幣單位反應和比較著價值、生產費用和價格。在這個意義上,貨幣是反應價值的工具……價值計量單位可以表現和比較價值,但並不能改變價值。」由此可以完全合乎邏輯地得出這樣的結論:貨幣是一種約定的東西。

亞當·斯密在貨幣分析上的缺點,多是同他對貨幣的商品性質這一原理的形而上學解釋有關。當他把包括信用貨幣在內的所有貨幣形式,都企圖直接置於流通的金屬本位之上的時候,我們可以看到在他那裡還有對重金主義的某種信仰。《國富論》把紙幣同信用貨幣混為一談。在這一點上,斯密對李嘉圖犯有類似錯誤的理論立場的形成,無疑產生了影響。李嘉圖在《政治經濟學及賦稅原理》一書中,不時地援引斯密的觀點來闡述自己在貨幣流通的理論與實踐問題上的觀點。對貨幣概念所持的非歷史主義態度是混淆貨幣形式(如上所述)的基礎。

相反,在馬克思那裡,關於貨幣的商品性質的論點,並沒有導致在個別商品的背後去斷定貨幣的性質。他指出了交換條件的改變同貨幣的經濟內容之間的相互依存性。在商品生產發展的不同階段,價值的貨幣形式也經歷了相應的變化,它在貨幣職能的特點上表現出來。馬克思認為,「在發達的資本主義生

產中，貨幣經濟只表現為信用經濟的基礎。因此，貨幣經濟和信用經濟只適應於資本主義生產的不同發展階段」。這一原理具有巨大的方法論意義。這種方法使馬克思可以天才地預見到，代替金屬貨幣制度的，將是一種嶄新的以信用為基礎的貨幣制度。

前已指出，說斯密好像實際上排除了對貨幣的理論分析，這是沒有根據的。但他把貨幣置於資本主義經濟制度的從屬地位，這大概不能否認。《國富論》就有直接表明這一點的說法。他說：「流通國內的金幣銀幣，可與通衢大道相比。通衢大道，能使稻麥流轉運到國內各市場，但它本身卻不產稻麥。」

亞當‧斯密指出貨幣本身不能成為社會財富的源泉，這是對的，但他不理解貨幣在資本主義經濟關係體系中的特殊作用。他集中注意再生產的物質方面，卻沒有揭示出貨幣流動的相對獨立性和內在規律性。貨幣向貨幣資本（構成產業資本的獨立職能形式）的轉化，實際上從他的視野中消失了。以交換價值為基礎的資本主義生產運動，在斯密那裡沒有得到充分的理論反應。

馬克思說，重商主義「粗野而坦率地吐露了資產階級生產的秘密……」。而斯密卻沒有關於資本主義社會經營目的與動力的明確概念。他把貨幣過於簡單地解釋為使用價值的運動服務的單純工具，根源之一就在這裡。

輕視（不是忽視！）經濟發展中的貨幣因素，同斯密學說最初的原理有機地聯繫在一起。他把貨幣看作是「看不見的手」借以支配經濟秩序的要素之一。只是當社會受到貨幣過剩或不足之苦時，即「自然秩序」遭到破壞時，貨幣才出現在經濟生活的前臺。只要貨幣流通在正常地運轉，存在於經濟關係體系中的貨幣就不會引人注意。

強調貨幣的媒介職能，在一定程度上，可以從寫作《國富論》這部有重大價值的政治經濟學著作時的具體歷史條件方面作出解釋。在那個時代，生產過剩危機（它同貨幣的流通手段與支付手段的職能有關）形式上的可能性，還未轉化為現實性。處在工場手工業階段的人，自然不瞭解週期性工業、商業和貨幣信用危機。因此，富有遠見的斯密也未能從貨幣上看出加劇資本主義生產方式矛盾的因素。此外，《國富論》是在同重商主義理論與實踐（它極為強調貨幣在資產階級經濟中的作用）進行尖銳爭論的背景下寫作的，這個情況對於說明斯密的貨幣作用的理論也是相當重要的。

第五節　資本主義信貸及其發展在亞當‧斯密著作中的反應

B. T. 穆沙托夫副博士

《國富論》第二篇是闡述資本問題的。其中第四章「論貸出取息的資財」研究的主要對象，是作為資產階級社會經濟關係的資本借貸。當斯密指出「貸出取息的資財，出租人總是看作資本」時，他所注意的正是資本主義信貸。為了發展資本主義經濟，斯密反對為直接消費的借貸，他認為這對信貸雙方都沒有好處。按他的意見，借來的資金應當用作資本，而借用者應當大多數是職能資本家。

在研究借貸資本時，斯密注意較多的問題，是利息（借貸資本的報酬）的性質和變動。利息表面上是一定數額貨幣資本本身的產物，它掩蓋了利息的真正來源。馬克思指出，在生息資本上，「資本取得了它的最徹底的物的形式，它的純粹的拜物教形式，剩餘價值的性質表現為一種完全喪失了它自身的東西」。斯密的功績在於，他指出了利息的派生性質並把它看作利潤的一部分。馬克思指出，與庸俗經濟學家相反，斯密「不止一次地明白指出，利息由於一般說來代表剩餘價值，始終只是從利潤中派生的形式」。斯密理解利息率形成的客觀性，也理解對利息率的影響是有限度的。斯密接觸這一問題同下述情況有關：17～18世紀，地位不斷鞏固的資產階級曾利用國家進行反對高利盤剝的鬥爭，後者阻礙著資本主義關係在信貸領域形成。當時實行由國家規定最高利息率的辦法。斯密冷靜地估計到國家調節的界限。他指出：「沒有任何法律，能把利息降低到當時最低普通市場利息率之下。」

亞當‧斯密認識到市場借貸利息率的客觀性，但他不能科學地說明決定利息水準形成規律的各種因素之綜合。他沒有看出資本主義信貸與產業資本循環過程的下述特點有關：資本循環過程會導致它的一部分資本暫時遊離，出現在貨幣市場上，並成為借貸資本的重要組成部分。由於斯密不理解資本主義信貸發展的客觀基礎，所以不能科學地理解信貸在資本主義經濟中的作用。

亞當‧斯密指出了利息率下降的傾向，並認為這種趨向將繼續下去。他對這一現象是從兩方面加以說明的：借貸資本額的增加和利潤率的下跌。

亞當‧斯密正確地指出了影響上述傾向的因素，但他對這些因素及其出現

的原因的解釋卻是錯誤的。

亞當·斯密沒有直接談到資本主義信貸的兩種形式（銀行的與商業的）。不過，可以斷定，他對商業信貸的局限性是瞭解的。他指出，這是因為借貸資本大部分以貨幣為工具。應當說，在說明貨幣在借貸資本運動機制中的作用方面，他找到了一條正確的途徑。馬克思在《資本論》第三卷第29章曾從《國富論》中引了很長一段話。斯密在這段話中指出，借貸資本「同作為資本轉移工具的貨幣額相比，不知可以大多少倍；同一貨幣可以連續用來進行許多次的借貸，正像可以用來進行許多次的購買一樣」。

馬克思對這一現象賦予很大的意義。因為它顯露了資本主義信貸的特點，即借貸資本具有一定的虛擬性。這種虛擬性在最複雜的信貸體系中得到了充分發展。斯密不理解這一現象隨著銀行（主要的信貸機關）的發展所具有的意義。馬克思闡述貨幣作為借貸資本媒介的同時，把研究繼續推向前進，提高到一個新的分析水準：「亞當·斯密關於一般借貸所說的話，也適用於存款。」今天，借貸資本具有一定虛擬性的特點已經表現得非常明顯了。馬克思對此早已做過說明：「在這種信用制度下，一切東西都會增加一倍和兩倍，以至於變為純粹幻想的怪物。」

亞當·斯密接近於理解資本主義信貸的虛擬性，但他在邏輯上沒有把自己的研究貫徹到底。因此，他便不能理解從資本主義信貸發展中產生出來的虛擬資本這個重要範疇的意義。

應當說，斯密看到了由資本主義經濟的信貸領域所產生的虛擬性的一些因素。他知道，開期票並不就是實際的交易，這樣做只是為了銀行結算。獲得銀行信貸實際上也用類似方法，因此，這裡所用的期票，在斯密看來就有虛擬性。他承認，銀行由於不認識客戶，有時難以分辨期票的真假。

亞當·斯密在《國富論》中提到了虛擬資本的各種形式（有價證券）。他對當時「各種借債方法」的技術性細節很注意。在這裡他也論述了國債。他實際上指出了虛擬資本市場的形成，因為在這方面起決定作用的正是國家有價證券。向資本主義所有制的股份形式的轉變，是在19世紀下半發展起來的。它的前提之一，就是虛擬資本市場機構要靠國債來「運轉」，而且這一機構能夠在技術上保證流通的有價證券的數量可以突然增長。斯密是資本主義經濟所必需的有價證券市場形成過程的見證人，並在自己的著作中反應了這一過程。

亞當·斯密只是描述和記錄了同虛擬資本有關的現象，沒有看到基於這些

現象的經濟關係的實質。斯密為什麼沒有認識到存在著虛擬資本這個重要的獨立的範疇？其緣故應當說在於更一般的問題上，即他對信用制度在資本主義經濟中的地位的看法是很狹隘的。

馬克思把借貸資本看作產業資本的一個特殊部分。他揭示了資本主義信貸的實質，指出了它在現實的資本主義經濟中的作用。他指出：「信用是資本主義生產方式本身所創造的一種形式。」產業資本通過建立完全合乎自己要求的信用制度，支配著生息資本。因此，「信用制度是它（按指產業資本）自己的創造，信用制度本身是產業資本的一種形式，它開始於工場手工業，隨著大工業而進一步發展起來」。

亞當‧斯密沒有研究信用制度形成的規律與產業資本發展的有機聯繫。他脫離對生息資本的分析去考察信貸制度。他對銀行活動的解釋，是在借貸資本之前，聯繫到貨幣在流通機構中的職能來進行的。斯密首先感興趣的，是信用貨幣的起源與作用，而銀行在他那裡實際上處於次要的為信用貨幣流通服務的地位。斯密高度評價了信用貨幣的作用：加速資本流通，節約了同流通中使用足值金屬幣有關的費用。然而，信用貨幣在他那裡具有獨立自在的意義，並且掩蓋了信用的其他方面。因此，他便把銀行在信貸領域的活動實際上局限於同期票結算有關的業務範圍。在斯密看來，在資本週轉過程中，顯然必須有一部分資本總是處在貨幣形式上，以保證這一過程不致中斷。假如資本家不必支配為應付眼前支付所需要的全部貨幣資本，資本週轉就可加快。在斯密看來，這正是銀行的中心職能。他說：「商人或企業家營業的資本，既不宜全部向銀行借貸，亦不宜大部分向銀行借貸。商人或企業家固然可以向銀行借錢來應付不時的需要，省得儲下現錢留著不用，但他的資本，亦只有這個部分，宜向銀行借貸。」

可見，斯密的立場同那些認為信貸是「現實的煉金術」的資產階級經濟學家是格格不入的。為了理解斯密觀點的由來，有必要瞭解一下18世紀中葉的銀行制度。當時的銀行主要是為轉帳服務的。14~16世紀義大利的私人銀行和後來的公立銀行就是這樣。它們最主要的活動是結算。例外情況下的貸款被視為一項靈活的業務，而且這些款項預定不能作為資本之用。銀行不能拒絕領主和國王等人的信貸要求。不過，借貸在當時被看作是一種不正常的職能，認為它妨礙銀行履行它的主要職能——結算。成立於1609年，存在了大約200年之久的阿姆斯特丹銀行是最大的轉帳銀行。斯密對它作了詳細論述。他確

信，這個銀行從不利用存款人的資本從事自己的業務，就像該銀行領導人所說的那樣。比較切合實際的約翰・勞氏則認為相反的做法是正確的。不過，對我們來說，重要的是這一點：資本主義歐洲當時最大的銀行是轉帳銀行。而在發達的資本主義經濟中，這類銀行的作用完全可以簡化和縮減到只起輔助作用。

亞當・斯密意識到這類當時很流行的銀行的局限性。因此，他在研究了英格蘭銀行和蘇格蘭銀行的第二篇之外，在批判分析重商主義體系時，只是作為說明外貿業務的細節之一，才論述了阿姆斯特丹銀行。馬克思指出，1609年建立的阿姆斯特丹銀行，同1619年建立的漢堡銀行一樣，並不是現代信用事業發展中新時代的標誌。

當時，資本主義企業家不僅要求銀行進行簡化貿易業務的結算，而且要求它成為加速資本週轉的信貸者和槓桿。正因為如此，斯密才特別注意英格蘭銀行與蘇格蘭銀行，因為它們發展的道路與別國銀行不同。它們最早發行銀行流通券，發行規模在當時也是最大的。它們還開辦了現金結算業務。進行現金結算是蘇格蘭銀行的特點，它是在斯密動手寫作《國富論》前不久才開始這項業務的。因此，應當說，把這項業務從其他許多業務中專門劃分出來，並且正確地評價了它的意義，這是斯密的功績。

可以得出這樣的結論，即在斯密看來，銀行的基本活動不是早期資本主義所特有的轉帳，而是通過期票結算向職能資本家提供信貸和開辦現金結算。

《國富論》出版那一年，英國約有150家銀行。此後，銀行數目急遽增加。1790年，英國已有350家銀行。18世紀下半期的銀行擁有的資源相對來說並不多。現代的讀者看到斯密說銀行比私人更難於判明債務人的支付能力，會覺得奇怪。其實，它十分恰當地表明了這類銀行的實際狀況。很顯然，當時銀行的要求是很低的。首先，私人銀行破產的直接原因之一，就是超出了銀行能力的信貸擴張。斯密論述了幾個造成嚴重後果的破產例證。他由此作出了銀行在資本主義再生產中的作用應是有限的結論。既然當時的銀行在試圖向職能資本家撥款時遭到了打擊，而銀行的破產又引起了整個結構的混亂，所以斯密得出結論：銀行只應履行很有限的職能。

亞當・斯密正確地指出了使當時的銀行不能廣泛開展信貸業務的弱點，但他沒有指出銀行職能發展的前景。

古典派的信用論多是由李嘉圖闡明的。他有一段常被人引用的話：「我不認為，信貸哪怕在最低限度上能夠促進產品生產……信貸只能支配那些將資本

家推動起來的人。資本從一種用途轉向另一種用途，可能有利，也可能有害。」

然而，斯密的立場與李嘉圖很不相同。從斯密對銀行作用所作的下述總結性評價可以看出，他沒有李嘉圖走得那麼遠。他說：「慎重的銀行活動，可增進一國產業。但增進產業的方法，不在於增加一國資本，而在於使本無所用的資本大部分有用，本不生利的資本大部分生利。」

總之，亞當·斯密在信貸問題上，充分而詳盡地反應了資本主義信貸當時所處的發展階段。他不僅對當時的主要信貸業務作了有價值的論述，而且提出了一系列重要的理論原理。但他沒有對信貸作出總結性分析。這是因為，第一，他沒有揭示信貸資本產生的客觀基礎。第二，他沒有追溯資本主義信貸從借貸行為發展到最複雜的信貸體系，和以此為職能的銀行的形成。只有馬克思才創立了真正科學的資本主義信用理論。

第六節　《國富論》中的地租理論

[民主德國] Γ. 赫爾教授

馬克思在深入研究地租理論時，曾經依據威廉·配第、亞當·斯密和大衛·李嘉圖的著作。他批判地汲取和利用了其中所有價值的東西，創立了真正科學的地租理論。

有人認為，在地租問題上，馬克思首先發展了李嘉圖的觀點。這是不對的。在馬克思的分析中，也包含著斯密在研究地租時所提出的許多問題。

亞當·斯密對地租問題是很注意的。他考察了地租的性質、來源、表現形式以及地租進一步發展的問題。

亞當·斯密是從配第的觀點出發的，並且在配第之後100年，比這位「政治經濟學之父」大大前進了一步。從配第到斯密，在地租理論方面，沒有出現什麼新東西。不過，斯密研究方法的兩重性也影響到他的地租論，使其成為矛盾的理論。

亞當·斯密總是把地租同投在主要農產品生產上的資本聯繫起來加以解釋，馬克思認為這是斯密的大功績。這一點迄今仍是有意義的。

亞當·斯密基於自己的勞動價值論，把生產勞動（確切地說，剩餘勞動）

看作租金的源泉。他指出,租佃人必須把自己的一部分勞動產品交給地主,以便獲準使用土地。

同時,像馬克思所說,斯密又總是背著「重農主義包袱」。斯密說,一定量生產勞動在農業上會比在手工工場中提供更多的產品。由此便可得出這樣的結論:租金是自然界的恩賜。

亞當·斯密關於租金形式的結論是有意義的。他把租金視為使用土地的代價。在更準確地解釋這一概念時,他將它分為租金和租佃的報酬。他把後者看作最重要的租金形式。

亞當·斯密把地租分為實物形式和貨幣形式,也是他的理論中有價值的東西。這個原理涉及現代資本主義條件下有關租金變動的爭論。在我們看來,在現代條件下,由於通貨膨脹的影響,貨幣形式的租金上漲了,而實物形式的租金下降了。

亞當·斯密把租金和地租等量齊觀。他不瞭解絕對地租,但有時又感到它的存在。他把租金按照來自土地位置或是來自土地肥沃程度劃分開來。礦山地租也被列入租金。斯密不能全面解釋級差地租的本質,因為他總是把租金錯誤地同土地的絕對肥沃程度聯繫在一起。安德森在《國富論》問世一年後出版的一本小冊子中,正確地解釋了級差地租的本質。他把級差地租同土地相對肥沃程度聯繫在一起。因此,馬克思把安德森(而不是斯密)稱為現代地租理論的發現者。

亞當·斯密對土地價格的解釋也前進了一步。他把地價解釋為地租的資本化。他把地價同利息相聯繫,比配第有了進步。今天,在理論上,我們也是這樣看待地價的。

馬克思很注意斯密的地租論。在批判地改造這一理論的同時,也利用了其中最有價值的東西。馬克思對斯密看出了租金上的壟斷因素給予很高的評價。強調壟斷是租金的因素,乃是承認絕對地租的重要一步。土地私有壟斷就是絕對地租產生的起因。馬克思回答了斯密提出的許多問題。斯密地租論中的科學因素成為馬克思理論的重要組成部分。因此,在今天,研究《國富論》,對於正確理解馬克思主義理論,反對資產階級庸俗政治經濟學對它的歪曲,具有重要意義。

第五章　亞當・斯密和現代資產階級政治經濟學

第一節　《國富論》和現代資產階級政治經濟學

Ю. Я. 奧爾謝維奇教授

馬克思在實現政治經濟學變革過程中，把亞當・斯密學說中的科學因素同庸俗因素區別開來，批判地汲取了前者的進步因素，從而證實了資產階級古典的和庸俗的政治經濟學之間有著本質的區別。而庸俗政治經濟學至今仍在完全否定斯密學說與把它理想化之間搖擺不定，與其說他們研究他的著作，不如說是以各種方式歪曲它的內容。

當今西方公認的「傳統理論」的危機（既指「新古典派」也指凱恩斯理論）使資產階級理論家們分裂成為對立的派別。同樣，「西方」對斯密及其《國富論》的評價也是矛盾的，甚至是互相排斥的。

凱恩斯主義者認為斯密是一位偉大而又誤入迷途的賢者。他們認為斯密僅僅在發展論的個別問題上持有正確的判斷，而對再生產機構總的複雜過程的理解程度，則比有名的反動分子勞德代爾和大剽竊家馬爾薩斯低得多，充其量比狹隘的道德論者邊沁強一些。因此，凱恩斯主義者一般都不強調斯密的地位。新凱恩斯主義首領薩繆爾森在其《經濟學》所列的學說發展系統表就表明了這一點。

社會制度學派（新社會學派）對斯密的態度，繼承了早期反斯密主義者新舊歷史學派和社會學派的傳統，採取了婉言「謝絕」的做法。

在這個學派看來，亞當・斯密的著作在一個嶄新的面目全非的世界上已經喪失了意義。加爾布雷思認為它同馬克思的《資本論》和《聖經》一樣地過

時了。他在《工業國》一書中,把《國富論》作為「趨向美」的封建主社會與「違背美」的資產階級社會之間的界樁加以引用。

加爾布雷思認為,亞當·斯密是馬克思的對立面,凱恩斯的同道者。他在1973年出版的《經濟學和公共目標》一書中指出:「經濟學家把對非社會主義經濟體系所作出的獲得公認的那類闡述,稱作新古典模式,其餘的人則把它稱為經濟學。它的主要根源是亞當·斯密的1776年出版的《國民財富的性質和原因的研究》。」

他又說:「斯密的觀點,於19世紀上半葉在英國由大衛·李嘉圖、托馬斯·馬爾薩斯和詹姆斯·穆勒,特別是約翰·斯圖亞特·穆勒大大加以發揚,後被稱為古典體系。在上一世紀最後25年間,又由奧地利、英國和美國的一些經濟學家作出了所謂邊際分析,由此終於使古典派這個詞被新古典派代替。在20世紀30年代,又作了兩次較大的修正。」這兩次較大的修正,指的是「完全競爭理論」被寡頭理論代替;古典派理論被國家調節就業水準和經濟增長的理論所代替。這樣一來,新古典體系有了一種「最終的形式」。加爾布雷思這番回顧的目的何在?他自己作了回答:「新古典派在很大程度上是以傳統的力量為靠山的,對一度存在的社會加以描寫,就容易使人聽來入耳。」這一體系為什麼重要?「學生來上課了,總得教他們些什麼,而新古典派模式就在手邊」。

加爾布雷思不願看到,在聯結著亞當·斯密和庸俗政治經濟學的表面跳板之下,是將二者分隔開來的萬丈深淵。這難道不是因為他沒有科學的歷史主義精神嗎?

「新古典學派」和同它相近的「新自由主義」對亞當·斯密的態度,是由兩方面互不相容的因素決定的。一方面,力圖把斯密說成自己理論的直接奠基者。另一方面,力圖拋掉斯密學說中基本的和正確的東西,堅持次要的和錯誤的東西。「新古典派」肆無忌憚地歪曲斯密的著作,企圖把以上兩方面的因素捏合到一起。他們硬要把斯密引為自己的始祖,儘管這是不合理的。西德的「新自由主義者」則借艾哈德之口,把亞當·斯密說成「社會市場經濟的預言家」。

到20世紀30年代,凱恩斯主義者把資本主義的災難歸咎於「新古典派」,認為他們過於信賴亞當·斯密的「看不見的手」的作用。到了70年代,「新古典派」反過來責備凱恩斯主義者,認為經濟惡化的根源,在於沉溺於凱

恩斯的笨拙而無效的「看得見的手」的理論。美國經濟學家白林斯提出，從凱恩斯回到亞當・斯密去。

值得考察一下許多資產階級理論家提出的下述看法，即只要重新「正確地」閱讀亞當・斯密的著作，「西方的」理論就可擺脫危機。換句話說，按照當今資產階級理論的標準「翻新」亞當・斯密的理論。

西德經濟學家列騰瓦爾德在《亞當・斯密生平及著作》一書中發表的觀點是有代表性的。他認為，亞當・斯密研究的對象，是「人類在一個物質資源有限的世界上，不斷地追求改善自身的命運，獲得鄰人的尊重而又不損害別人」。亞當・斯密有價值的提法，是「在最大限度個人自由條件下，使人人都獲得利益和滿足」。「在斯密那裡，善與惡是十分公平地分佈於各個方面的」。亞當・斯密為「普通人」和「勞苦大眾」代言，但沒有「虛構的理想主義」和「片面性」。亞當・斯密的學說，「如果可以這樣說的話，是同馬克思的辯證法和違反人道的階級鬥爭學說尖銳對立的和平文告」。

列騰瓦爾德讚揚亞當・斯密「十分英明」，並且預計，「亞當・斯密可以告訴我們關於未來的許多東西」。他接著說：「令人印象極為深刻的是，斯密如何從一些簡單的前提（交換與貿易在分工深化基礎上的擴大）說明了封建統治的滅亡，以及隨後資產階級社會的成長──這是史無前例的非暴力的不流血的革命。」列騰瓦爾德還企圖把未來社會的全部歷史歸結為分工、商業和交換的進一步發展。不僅在遙遠的未來社會問題上，而且在眼前事件上，他都以現代改良主義精神去「解釋」亞當・斯密。在他看來，「亞當・斯密對以下兩個中心問題提出了今天仍可採納的方案：在自由社會制度下，哪些任務應由國家完成，哪些由市場實現為了保證統一有效地履行使人人致富的上述任務，應有什麼樣的結構。」

最後，列騰瓦爾德把自己的觀點同斯密學說牢牢地等同起來，並且這樣攻擊自己的論敵：「他（亞當・斯密）的自然的自由主義思想（這一自由是文明高尚的，但不是馬爾庫塞所說的那種無限制無任何強制的自由），以人同其所有對手的實際行動為基礎；亞當・斯密沒有把人的品格整齊劃一，使之在集體中不至泯滅。依照斯密的看法，人既不應受剝削，也不應受再教育。」

這樣，我們就看到了一個全新的亞當・斯密：①他對政治經濟學對象的理解是符合帕累托的主觀主義最佳條件的精神的。②他是「階級和平」的擁護者。③他讚成漸進地非強制地改造。④他擁護市場─國家經濟，反對剝削和再

教育。

　　換句話說，亞當·斯密同列騰瓦爾德一樣，是「社會市場經濟」的信奉者。列騰瓦爾德先是毫不客氣地把他所辯護與讚揚的世界說成是偉大斯密所讚同的，然後把自己（以及所有的社會——市場經濟擁護者）打扮成這位蘇格蘭古典學者的現代追隨者。

　　亞當·斯密的理論，是在18世紀最後30多年間西歐和北美各國的社會政治危機不斷尖銳的時期提出來的，斯密企圖尋求這一危機的內在根源，並且提出了他的答案。他認為，危機的根源，在於過時的封建秩序同新生的資產階級生產方式之間的衝突。他根據自己的研究，得出了這樣的結論：歐洲各國原來的統治所造成的風俗習慣，必然使經濟發展走上反自然的退化的道路。事物的自然順序，「雖然在所有進步的社會裡都已在某種程度上發生，但就今日歐洲各國的情況來說，這個順序在許多方面來說，似乎完全相反」。

　　有一種說法，認為資產階級革命就是使新的上層建築（適應前已經自然地成長起來的資產階級基礎）代替封建的上層建築。這種說法過於簡單化了。偉大的法國資產階級革命的變革，首先發生在土地所有制中，而土地是當時社會財富的基礎。研究一下1789年開始的法國農業改革的形式，就可看到，早在1776年，即革命前12年問世的《國富論》已從理論上論證了法國流血的革命戰爭，在這場戰爭中，法國農民和資產者捍衛了自己從舊的所有者手中重新奪來的財產。而列騰瓦爾德向我們講述的卻是關於斯密的神話：說他讚成經由分工使資本主義「不流血地」代替封建主義！

　　亞當·斯密指出，束縛農民和手工業者的封建枷鎖，使資產者不得不最先把資本用在對外貿易上，然後再逐漸用到手工工場中，最後才用到農業上，儘管農業是當時主要的生產部門。

　　向列騰瓦爾德提出下列問題是適當的：假如亞當·斯密看到，在現代資本主義國家中，資源不是以應有的規模用在對社會至關緊要的部門（食品生產、教育、保健、住宅建設等），而是用在建立軍工廠、汽車工廠和菸草工廠等部門，他會說些什麼呢？他無疑會說，「事物的自然順序被完全顛倒了」，並且會解釋說，這是由「占統治地位的風俗習慣」決定的，即由國家壟斷資本主義的風俗習慣決定的。

　　亞當·斯密曾說，「勞動所有權是一切其他所有權的主要基礎，所以，這種所有權是最神聖不可侵犯的」。那麼，他對發達資本主義國家中的1730萬失

業者該說些什麼呢？他無疑會說，這是對「神聖財產」的不正當地侵犯，是對「勞動者的正當自由」的不可容忍地破壞，這妨礙他們「使用自己的體力與技巧」——這是他們唯一的財產。這種破壞比封建學徒法規更加令人不能容忍。

資產階級貨幣流通理論家們，應當反覆閱讀一下斯密下述簡單明瞭的說法，它在今天通貨飛速膨脹條件下，顯得多麼有現實意義啊！斯密說：「中國商人和製造者，對於高工資提高物價，從而減少國內外銷路的惡果，大發牢騷；但對於高利潤的惡果，他們卻只字不提。關於由自己得利而產生的惡果，他們保持沉默。他們只對由他人得利而產生的惡果，大喊大叫。」

也不難看出，亞當・斯密會因他頌揚節儉和指責浪費而受到凱恩斯主義者的批判。這種批判是以對斯密思想的深刻歪曲和以高布賽克的心理來描繪他為基礎的。

假如亞當・斯密看到，在現代資本主義世界，相當一部分國民收入被用於軍備競賽和寄生消費，他會說些什麼呢？他會說這是不能容忍的浪費。假如反駁斯密說，為了維持「有效需求」和「充分就業」，這些浪費是必要的，而節儉將導致失業，那麼，他顯然會說，浪費並不會使資本主義免於危機，而節儉也不是指責騎士的貪心，而是指生產性地使用全部國民收入，只有這樣才能保證高度就業。他說，「假若這一定量的食品和衣服，不被不生產者消費，而是分配給生產者，他們就不僅可再生產他們消費的全部價值，而且可提供利潤了。」

為浪費進行辯解，不過是18世紀末封建主義和19世紀30年代以來資本主義的共同歷史命運的外部表現，它使凱恩斯主義者同亞當・斯密相對立，而同勞德代爾、馬爾薩斯親近起來。

亞當・斯密非常切合實際地向資產階級世界的活動家們發出警告：在這個世界中，相對合理的上層建築不是以財產而是以進步為基礎的，而且它只存在於經濟繼續成長之前。

回顧一下亞當・斯密下述這番話，對於西方爭論「零度增長速度」的人們是有用處的。他說：「也許值得指出，不是在社會達到絕頂富裕的時候，而是在社會處於進步狀態並日益富裕的時候，貧窮勞動者，即大多數人民，似乎最幸福、最安樂。在社會靜止狀態下，境遇是艱難的；在退步狀態下，是困苦的。進步狀態是社會各階級快樂旺盛的狀態。靜止狀態是呆滯的狀態，而退步

狀態則是悲慘的狀態。」

當今資產階級制度的危機，同18世紀末封建主義的危機一樣尖銳。為了弄清危機的根源，應當像斯密那樣，進行深入考察，揭示生產、所有制關係、交換和分配方面階級利益的對立。但是，只有馬克思主義在今天才對這些方面進行了深入的分析。因此，只有馬克思主義才是亞當・斯密所有真正科學研究的合法繼承者。與亞當・斯密不同，現代資產階級經濟學家們，即使是他們中間最富有批判精神的人，都患有人為的近視病，因而不能指望從他們那裡得到比表面顯示更多的東西。

亞當・斯密和李嘉圖古典學說的科學與進步的內容，使資產階級在1830年無產階級公開起義的條件下，拋棄了這一學說的本質內容。

從此資產階級古典政治經濟學走上了危機之路，它的庸俗化者開始占了上風。古典經濟學的危機，是它在變化了的社會條件下變得不現即時，真正科學的危機。因此，不應把它同庸俗政治經濟學的危機相提並論，後者是在古典資產階級科學衰落時興旺起來的。

資產階級庸俗政治經濟學的動力雖然也是階級鬥爭，然而它的運動完全遵循著不同於科學政治經濟學的另外一些規律。此外，在一定程度上也與它以哈哈鏡歪曲反應所研究的問題有關。

資產階級庸俗政治經濟學公開放棄了科學經濟理論的根本任務，而致力於掩蓋一定生產方式的歷史發展及其制度的內在辯證法。他們只以社會經濟過程的外部形式為研究對象，他們首先依附於資產階級統治集團不斷更替的社會政治學說，並對它加以發揮。

19世紀20~70年代，資產階級政治經濟學廣泛利用了斯密和李嘉圖體系中的描述性因素，加強了同其科學遺產「相分離」的過程。15世紀末到20世紀初，這一發展的特徵，是以主觀心理來填補已出現的「理論真空」，論述的問題都經過了邊際主義變形。

資本主義總危機，要求資產階級政治經濟學加強它的社會—辯護性，同時加快走向實用—描述方向。這就決定了現代資產階級政治經濟學對亞當・斯密的態度。

大家知道，斯密學說的矛盾集中在內在方法與外在方法上。外在方法是科學的必要前提，但它還不科學。科學發端於顯示規律的地方。脫離了理論分析和概括的描述會成為庸俗的開端。回想一下馬克思的話是很重要的。他說，粗

俗的經驗主義產生繁瑣哲學。現代資產階級政治經濟學的特點，恰是經驗主義和繁瑣哲學的混合。它的許多代表人物公開承認「西方的」理論陷入了形式主義、公式主義和繁瑣哲學的泥潭，正企圖借助於經驗主義來「拯救」理論。

現代資產階級政治經濟學拒絕亞當・斯密所有的科學理論，諸如生產勞動與非生產勞動學說，關於價值、貨幣、工資、利潤、利息和地租等學說。他們拒絕斯密學說的進步因素，即要求不妥協地消除所有阻礙經濟進步的東西，他們拒絕斯密學說中那些非暫時的有價值的思想，而只注意那些早已失去了進步意義的東西，以及在歷史發展過程中，已從革命的轉變為反動的那些思想，諸如維護私有制和企業自由，訴諸人的利己主義，等等。

真正的科學總是革命的。亞當・斯密著作的科學內容表現在，它為資產階級革命（北美獨立革命戰爭和法國大革命）作了經濟論證。因此，亞當・斯密著作的科學核心是革命，而現代資產階級政治經濟學的核心則是保守或公開的反動，兩者是不可調和的。正因為如此，斯密的學說成了馬克思主義的來源之一。

現代資產階級政治經濟學，同亞當・斯密學說的相近之處，不是在整體上，而只是在它的弱點、錯誤、缺陷或純粹外表描述上。例如，張伯倫從斯密那裡採用的，只是生產內部分工理論以及關於企業規模對生產成本影響的說明。在張伯倫看來，這些理論與說明有助於在經濟理論中進行數學抽象。

按照另一位著名美國理論家保爾金的說法，「瓦爾拉斯、馬歇爾和希克斯的全部價格理論，已經無可爭辯地包含在亞當・斯密的名義價格學說中了」。但他對斯密的名義價格論中主要的東西，也是這一理論矛盾的內容，即勞動的基礎，不置一詞。

列騰瓦爾德同意斯密的只有一點，即他關於促進建立各國間和平關係的學說。但列騰瓦爾德又不必要地在「自然的自由」原則即自由競爭原則上尋求和平關係的基礎。亞當・斯密提出，各國致富的源泉，是它們的生產工人的勞動，這種勞動獲得的財富越多，它同別國勞動所得到的互利與協作就越多。只是在這一意義上，亞當・斯密學說才有助於建立和平國際關係。

在《國富論》末尾，亞當・斯密建議：英帝國的領導者應「努力使未來的企圖與計劃，適應自己資源貧乏的實際情況」。亞當・斯密的歷史洞察力以及他在國內外問題上所提建議的多樣性，仍是使人驚異的。

第二節　資產階級歪曲亞當‧斯密經濟學說的贗品

Л. Н. 斯彼拉斯卡婭副教授

在資產階級的歷史—經濟文獻中，分析亞當‧斯密的經濟學說，研究他的著作，特別是研究《國富論》，佔有很大的比重。有些資產階級學者承認斯密學識淵博，但否認《國富論》有理論上的創新，認為它只不過是前人理論的編纂而已。

例如，熊彼特在《經濟分析史》的《亞當‧斯密指南》一篇中，硬說亞當‧斯密著作的內容毫無新奇之處，因為他沒有分析能力。又說《國富論》沒有包含任何一點在1776年是全新的思想、原理或方法。他認為，斯密的成功不在於他的科學成就，而是因為他普及了自由貿易這個主題，成了自由貿易的宣傳家。熊彼特還想讓斯密聲譽掃地——他說：「假如要他得出更難以達到的真理，利用複雜細緻的方法，他就不理解了。不過他也沒有這樣的抱負。實際上，他從來也沒有超過那些甚至最遲鈍的讀者的理解水準。」美國經濟學家和經濟思想史家貝爾、巴爾貝、惠特克也讚成這一觀點。這樣看待斯密及其著作是完全錯誤和不符合實際的。

亞當‧斯密的《國富論》囊括了那個時代所有的經濟知識和問題，創立了經濟科學體系。而資產階級經濟學家則重新「整理」了政治經濟學，以具體的經濟問題取代了對主要經濟範疇和經濟規律的研究。

資產階級學者把《國富論》描繪成毫無系統的著作，是由於他們根本不理解他的方法。其中一些人把斯密的方法僅僅歸結為演繹法。例如，惠特克認為，亞當‧斯密理論是「以演繹法得出的關於財富的一系列原理」。另一位美國經濟思想家漢納，把斯密方法的特點局限於他的唯物主義態度，首先是他對人類行為動力問題的態度。漢納說，唯物主義使斯密得出經濟人的理論，「按照這一理論，個人在經濟活動中尤其受到物質利益的支配」。

還有一些學者（包括加爾布雷思在內）指出了斯密研究方法上的矛盾，這一方法使他對同一問題提出不同的解釋。但加爾布雷思把這看作是斯密的功績，並建議現代經濟學家也走這條道路。他在《豐裕社會》一書中指出：「他（指斯密）幾乎對於任何一樁事情都沒有說得很絕對，後來的經濟學家當他們追隨他的榜樣的時候，他們經常是表述得最好的。」同時，加爾布雷思把表面

的研究方法（使斯密得出非科學概念的方法）看作是富有成效的方法，建議在現代經濟研究中積極地利用它。

資產階級經濟學家不正確地評價亞當・斯密的主要著作以及他對某個問題的解釋，是由於他們片面理解他的方法，忽視了它的特點。

馬克思在《剩餘價值理論》中對亞當・斯密的方法作了全面深入地分析。他指出，斯密突出的功績（像其他資產階級古典經濟學家一樣），在於他研究了資本主義生產關係的內在依存性。

價值理論是斯密經濟學體系中最重要的問題之一。因此，資產階級註釋者們主要致力於否認勞動價值論的科學意義，首先庸俗化他的價值論。例如，貝爾在其《經濟思想史》中說：「斯密在價值論上的貢獻比初看上去要模糊得多。錯誤、缺點和矛盾損害了他的學說……認為勞動應被看作全部價值的根源是完全錯誤的。然而社會主義學說的價值論多半是以這個前提為基礎的。」

資產階級思想家們把斯密理論的非科學說法加以絕對化，企圖把他說成庸俗政治經濟學的奠基者。同時，他們把斯密的真正科學的成就，例如勞動價值論，說成站不住腳的東西，並指責馬克思不加批判地接受了這一學說。貝爾利用斯密勞動價值論的「錯誤」攻擊整個馬克思主義政治經濟學。薩繆爾森認為，一般來說，亞當・斯密並未解決價值的「反論」，並沒有進一步區分價值和使用價值。

加爾布雷思把斯密的價值論解釋為類似邊際主義的東西。他說：「斯密說明價值時認為還是把『交換價值』和『使用價值』區別開來的好，這樣用以調和高的效用和低的交換能力之間的自相矛盾。這種區別是以本身尚待證明的原理作為論據，而不是解決問題。一百年來經濟學家尋求一個滿意的表述公式。最後直到上世紀終了……三位邊際效用的經濟學家（門格爾、杰文斯和克拉克）幾乎同時形成了大體說來對現在還有用的解釋。」惠特克同意類似的觀點。他認為亞當・斯密價值論的矛盾可以在邊際主義原則基礎上予以解決。他把邊際主義的主觀唯心主義觀點看作是「在經濟理論中復活亞當・斯密奠基的古典派思想」。

以上列舉的對斯密價值論的解釋，忽視了這樣一個事實：斯密在自己的主要著作中，正是以效用論的最早批判者出現的。他令人信服地證明，物品只是在生產它們耗費時才有價值，只有勞動能夠成為價值尺度。物品的效用，雖可滿足各種需要，卻不是價值的標準。

如果說多數資產階級的斯密研究家，把斯密價值論的某種非科學的說法提到首位（購買勞動決定價值、用勞動的煩勞說明價值源泉；或把斯密價值論說成效用論），那麼，熊彼特則將它劃分為三種「不可調和的勞動價值論」和生產費用論，並對其中每一種說法加以評論。他認為，斯密的第一個價值定義，「在邏輯上不能用來解釋價值現象」。第二個理論，斯密把勞動看作工人的主觀的犧牲，可以略而不論，因為斯密對這種勞動的煩勞未曾作任何發揮。第三種對價值的數量解釋，依照熊彼特的意見，同強調勞動因素相反，不是勞動理論。而生產費用論（熊彼特在此是正確的）則不能作為價值的令人滿意的解釋。熊彼特由此得出的結論是，在亞當·斯密那裡，實際上沒有價值論。

在《國富論》中，以勞動決定價值，是勞動價值論的第一個科學表述。把商品價值歸結為耗費在其中的勞動，歸結為一般生理學意義上的勞動（腦力與體力的消耗），這就是斯密得出的重要結論。在總結對斯密勞動價值論的分析時，馬克思強調指出：「在亞當·斯密的著作中，創造價值的，是一般社會勞動（不管它表現為哪一種使用價值），僅僅是必要勞動的量。」正是斯密的勞動價值論，具有真正的科學價值，而且是他的最偉大功績之一。

資產階級經濟學家很注意歪曲亞當·斯密的分配論。像分析價值論時所表明的那樣，他們一開始便提出斯密的錯誤原理，而把合理的因素掩蓋起來。首先，資產階級的斯密研究者忽視他的分配論中的合理方面，對斯密按照資本主義階級結構所作出的收入分類默不作聲。從19世紀70年代開始，在資產階級經濟學中興起了一種邊際主義者所宣揚的職能分配論。根據這個理論，各生產要素（勞動、資本和土地）的收入取決於它們的「價格」。而每個生產要素的「價格」，又同它們所生產的邊際產品成比例。生產要素的價格及其數量決定了每一要素在社會總產品中的份額。

這一理論的擁護者今天企圖在斯密著作中尋找它的來源。貝爾認為，斯密分配論中最好的觀點，就是他似乎承認土地、勞動和資本在財富的國民基金生產中是相互起作用的。因此，在斯密那裡只有一點點跡象的生產三要素論，便博得了特別的讚揚，後來的邊際生產力論者把這個觀點當作一種武器。

在分析分配論時，亞當·斯密對工資、利息和利潤的解釋被歪曲或簡單化了。例如，惠特克跟在熊彼特之後，認為斯密的工資學說是他的最大科學成就。認為他的功績在於把工資下定義為對勞動的支付。但是，恰恰在這個把工資看作是對勞動的自然報酬的定義中，特別明顯地反應了斯密的資產階級局限

性。他認為，工資是經濟發展的一切階段都具有的永恆範疇，而勞動則同其他商品一模一樣。

資產階級古典政治經濟學家不可能從理論上解決工資問題，他們不理解，在出賣勞動的背後，掩蓋著作為一種特殊商品的勞動力的買賣。但是，斯密把工資看作工人勞動所創造的價值之一部分，同時對必要工資的實質作出了正確的結論。他說：「需要靠勞動過活的人，其工資至少須足夠維持其生活。」惠特克卻故意迴避這個科學結論。

亞當·斯密關於利潤本質的結論顯然使資產階級經濟學家感到惱怒，因為他把利潤看作對勞動產品的扣除。貝爾並不隱諱這一點：「對亞當·斯密把利潤下定義為工人無償勞動的結果持否定態度，同它在馬克思主義政治經濟學中得到進一步發揮密切相關。」熊彼特很欣賞斯密把企業主收入解釋為對資本家的風險報酬。在這裡，我們又發現了資產階級理論家們慣用的手法：對斯密著作斷章取義，加以歪曲，以便大大抬高其中的庸俗因素，而把真正的科學成就掩蓋起來。

亞當·斯密根據自己正確的價值論，對資本主義收入問題提供了科學的說法。馬克思指出，在斯密那裡，已經有了剩餘價值理論的萌芽，因為他把利息看作貨幣資本家在利潤和地租中佔有的份額，而利潤和地租早先已被歸結為無償勞動時間。斯密不想用資本家的興趣解釋利潤，而追求科學的答案。斯密跟重商主義和重農主義不同，承認利潤是資本主義收入的獨立形式。馬克思認為這些也是亞當·斯密的功績。儘管斯密害怕承認資本主義內部存在著階級矛盾，而他的理論也是不徹底的和矛盾的，但是，不能像庸俗經濟學家通常所做的那樣去解釋斯密，因為在資本主義的基本理論問題上，他是一位進步的研究者。

亞當·斯密的資產階級註釋者，認為斯密的地租論對他們較為有利。這一理論是斯密學說中最矛盾的部分之一。斯密對地租源泉提出了好幾種解釋。基於勞動價值論，他把地租看作農業工人勞動產品的扣除。他說：「土地一旦成為私有財產，地主就要求勞動者從土地生產出來或採集到的幾乎所有物品中分給他一定份額。因此，地主的地租，便成為要從用在土地上的勞動的生產物中扣除的第一個項目。」他又把地租看作自然力作用的產物。這種說法反應了重農主義的影響。最後，他還把地租看作對農產品的壟斷加價。

資產階級經濟學家們把斯密見解中類似的矛盾作為正面的東西加以強調。

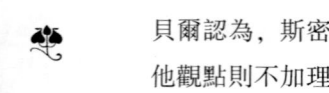

貝爾認為，斯密最成功之處就是把地租下定義為自然界的恩賜。而對斯密的其他觀點則不加理睬。對斯密關於利潤和地租是生產資料所有者佔有工人無償勞動的結論，資產階級經濟學家們是予以批判或有意保持沉默的：正是這些最有價值的科學成分成為馬克思政治經濟學的武器並被馬克思主義發展。

許多資產階級經濟學家把斯密關於資本的學說視為研究思想的成就。肯定地說，亞當·斯密在解決資本問題上前進了一大步。他指出，利潤是物質生產領域的勞動創造的。他把產業利潤劃分出來，作為資本主義收入的基本形式等。然而，他的資本定義是不正確的。他把資本理解為生產過程中使用的資源。他說：「他（指資本家）希望從中取得收入的部分，稱為資本。」

美國經濟思想史家惠特克認為，亞當·斯密的資本理論是批判地考察魁奈經濟學說的成果：魁奈所說的原墊支在斯密那裡變成了固定資本，而年墊支變成了流動資本。但這並不合乎實際。斯密的資本理論是很複雜的，當然值得進行更深入的研究。惠特克沒有指出，把資本自然主義地理解為生產所需的資源，就會抹殺資本的階級本質。斯密的固定資本和流動資本學說仍然是很不清楚的，有許多錯誤和模糊之處，因為他劃分兩者的標準是混亂的。

在資產階級經濟學家中，儘管對斯密學說的評價以及對他在某個政治經濟學範疇上的解釋有一定的分歧，但是，大多數資產階級的斯密研究者都有下述特點：把斯密經濟學體系中非科學的因素提到首位；否定他的學說中最重要的科學的勞動價值論；攻擊斯密關於利潤和利息的剝削本質的結論。資產階級經濟學家企圖用曲解或偽造亞當·斯密理論的方法來達到這個目的。

第三節　論亞當·斯密科學著作在現代資產階級經濟思想史著作中的庸俗化

[民主德國] X. 沙克斯教授

資產階級經濟思想史家無視亞當·斯密所做的古典的科學結論，或者對它們進行庸俗的解釋，抹殺其科學內容。他們把斯密的庸俗經濟觀點看作他唯一的有代表性的觀點，或者認為基本上代表了他的觀點。現代資產階級經濟思想史家的這種態度，十分明顯地表現在他們對斯密創立的政治經濟學體系的極重要組成部分的解釋上，特別是他的價值論、工資論以及利潤、利息和地租論。

現代資產階級經濟思想史家們否定斯密的古典價值論。為此，他們一開始就無視斯密的下述觀點：人類勞動的特點是創造財富與價值的活動。例如，茨密爾曼說：「古典作家們所說的『勞動』，指的是勞動的自由時間的犧牲。」布勞格更加深了對斯密的勞動觀點的主觀主義歪曲。他說：「斯密所謂勞動不是指一定的小時數，而是指喪失的效用和個人勞動的心理估價。而所謂價值，與其說是交換價值，不如說是主觀價值。」

這樣評價亞當‧斯密，把他看作主觀效用理論家，甚至看作非科學的主觀價值論的奠基人，就為完全否定他的科學理論提供了可能。

資產階級經濟思想史企圖強化斯密價值論中的庸俗原理。他們從斯密的錯誤觀點（把工資、利潤和地租看成全部交換價值的原始源泉）出發，不僅把他說成資產階級的主觀價值學說的創立者，而且說成庸俗生產要素論的創立者。同大多數資產階級經濟思想史家一樣，沙哈別爾說：「對他（斯密）來說，勞動這個生產要素是發財致富的真正源泉……但是，按照斯密的說法，勞動畢竟不是唯一的要素……與勞動一起，還應把資本和土地作為價值尺度。」

否定斯密工資學說的科學成分，是資產階級經濟思想史的特點。為此，他們把斯密關於工資的各種說法推到前臺，並且彼此分隔開來。布勞格就是這種做法的代表。他強調說：「第 8 章（指《國富論》第一篇第 8 章）只是工資理論的扼要敘述。在 20 多頁中，我們看到了極不相同的工資論：工資基金論、物質論、『協議』論、某種形式的生產力論，甚至剩餘分配論。」他想造成一種印象：斯密關於工資儘管寫了許多，但沒有講出什麼重要的東西。對斯密關於工資是再生產勞動能力所需要的生活必需品價格的原理，或者是生產必需品所必要的工作時間之貨幣表現的原理的重要意義，資產階級經濟學家則不予置理。

資產階級經濟學說史對斯密關於剝削、剩餘價值或利潤問題的解釋，是半真理、歪曲和庸俗化的混合。例如，克魯茲這樣解釋斯密：「在探求商品交換價值的根本原理時，亞當‧斯密硬說是人類勞動……可見，對他來說，勞動暫時還是價值的唯一原因。但經驗向斯密表明，勞動除了提供維持工人的支出以外，還提供剩餘收入。」

沙哈別爾的思想也說得很明白：「（在亞當‧斯密那裡）一方面，資本是新價值的源泉。另一方面，他又強調資本家對工人的剝削。」

資產階級經濟學家儘管有時對斯密的重要思想作了大體正確地說明，但他

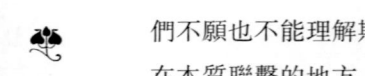

們不願也不能理解斯密所指出的剝削過程的基本的相互聯繫。在斯密揭示了內在本質聯繫的地方,他們只是提出矛盾和對立,目的在於把他關於資本主義剝削過程的觀念的價值降到一種矛盾的和不甚重要的水準。

亞當‧斯密指出:「勞動者對原材料增加的價值,在這種情況下,就分為兩個部分,其中一部分支付勞動者的工資,另一部分支付雇主的利潤,來報酬他墊付原材料和工資的全部資本。」他認識到,利潤是雇傭工人在生產中所創造的價值的一部分,它是工人無償地提供給資本家的。資產階級經濟思想史企圖迴避這個問題或者對它加以歪曲。克魯茲說,問題在於,別人全部地或部分地獲得剩餘收入是否合理。斯密在回答這一問題時,把經濟發展分成兩個階段。在原始經濟階段,人們還沒有資本,也沒有土地私有權,即全部資本屬於生產者。只是在形成了土地私有權和資本所有權時,資本和土地所有者才開始因利用他們的財產而得到一定份額的產品。因此,在斯密那裡,只有在原始經濟中,勞動價值論才起作用。在後一階段,起作用的是生產費用論。

克魯茲表面上似乎正確地敘述了斯密的思想,但實際上對他的解說是歪曲的。一方面,他拋開了資本主義下剩餘價值由誰來創造這一本質方面。他實際上否認對剩餘產品的無償佔有,把它歸結為對資本所有權的使用。另一方面,克魯茲又曲解了斯密的勞動價值論(是他的剩餘價值論的基礎),把它解釋為費用論,而忽視勞動創造了作為利潤基礎的價值。這就為資產階級政治經濟學否定斯密著作中關於剝削的全部思想打開了大門。克魯茲說:「如果由此作出邏輯上進一步的結論,亞當‧斯密就應當同意社會主義者的見解:工人受資本家剝削,他們在利潤和利息的形式上失掉了一部分勞動收入。但是,未曾有過這種事情。」

馬克思斷言,資產階級政治經濟學不能科學地說明自身的歷史,這已得到了令人信服的證明。他們對待一般資產階級古典政治經濟學的態度,特別是對待古典派體系奠基者亞當‧斯密的態度,特別明顯地反應出這一點。

馬克思列寧主義者維護亞當‧斯密的著作,反對現代資產階級政治經濟學和經濟思想史對它的任何歪曲與偽造。同時,應當牢記並在實踐上堅持列寧的下述論斷,即工人階級是全部歷史進步傳統的可靠繼承者,他們尊重以亞當‧斯密為代表的偉大的資產階級政治經濟學。亞當‧斯密的科學著作乃是馬克思主義尤其是其政治經濟學的來源之一。

第四節　資產階級經濟學史家對亞當・斯密著作的態度

Г. Д. 查努瓦茲教授

在現代資產階級政治經濟學史中，《國富論》及斯密主義佔有顯著地位。圍繞著斯密理論遺產的思想鬥爭從未停息過。資產階級經濟學史家總是企圖對《國富論》進行唯心主義的辯護性解釋，竭力掩蓋他的真正功績，不遺餘力地宣傳他的理論的缺點，批判它的長處。

絕大多數資產階級作家都站在「政治經濟學發展單行線」的立場上。其中一些人只把斯密學說的第一代庸俗化者（薩伊、巴斯夏、曼徹斯特學派、馬爾薩斯、屠能、繆勒爾等）列入古典派（斯密學派和李嘉圖學派）。另一些人則大大擴大了「古典政治經濟學」這一概念的含義，被他們列入古典派的不僅有斯密和李嘉圖的第一代庸俗化者，而且有現代資產階級經濟學家，即所謂「新古典學派」「新古典綜合」「新古典主義」以及邊際主義代表者。

資產階級經濟學家把古典經濟自由主義和庸俗經濟自由主義放在一條線上進行考察。例如，西德經濟學家奧特利認為，亞當・斯密是一般自由主義的始祖。也就是說，斯密既是古典自由主義的也是庸俗自由主義的鼻祖。在所有資產階級經濟思想史教科書中，斯密都被描述為薩伊、瓦爾拉斯、馬歇爾、米塞斯、哈耶克和奧肯等人的精神之父。

所謂「新古典綜合」的代表者以及復興斯密主義者（庸俗舊自由主義者、新自由主義者、新邊際主義者、「新古典主義」理論家）也企圖把自己打扮成斯密的追隨者。例如，普列節爾強調說，二戰以後復活起來的新自由主義，似乎就是斯密主義的復興。按照克魯茲的說法，復興斯密主義，「就是復興邊際主義」，即新邊際主義。阿芒更早就維護這一觀點。他認為，重農主義者和亞當・斯密學說是舊的古典政治經濟學，而斯密主義在 19 世紀的新古典理論即「新古典主義」中現代化了。

實際上，新自由主義者、新邊際主義者、「新古典派」以及形形色色的「新古典主義」代表者們，在否定《國富論》中科學因素的同時，復活了它的庸俗因素。克拉塞爾指出：「因此，可以斷言，邊際效用論的擁護者哈耶克和米塞斯，是打著別人的旗號胡言亂語。他們之所以要這樣做，是因為論證國家

不應干預經濟生活的斯密之自由主義理論,在英國的學者和企業擁護者中有許多信徒。」

很多資產階級經濟學家和經濟學史家,對《國富論》都給予了肯定的評價,把它的問世視為「斯密革命」的開端。然而,這並不妨礙他們把斯密學說庸俗化;例如,薩繆爾森指出了《國富論》的意義,但對整個斯密學說卻作了不正確地解釋。他認為,《國富論》是現代政治經濟學的開端。順便指出,這種說法是不符合實際的。

按照斯羅克的說法,在斯密著作中可以找到對英國殖民政策的鮮明敘述,塞利格曼說,《國富論》是一部「歷史的論著」「偉大的著作」。詹姆斯認為,《國富論》是經濟科學發展中奠基性的基礎。

現代資產階級政治經濟學史片面地看待《國富論》的作用、地位和意義。他們把所謂「第二次革命」(邊際主義和新邊際主義的出現)即斯密價值論的庸俗化,同「斯密革命」相對比。然後把「凱恩斯革命」(凱恩斯《通論》出版和「可調節的資本主義」理論的出現),同「中間的古典主義」(邊際主義者)相對比。接著便考察「新凱恩斯革命」(「經濟成長論」的形成,「新古典大綜合」等),並且把「反凱恩斯革命」(「新貨幣理論」「貨幣反革命——新貨幣主義」等),同凱恩斯主義和新凱恩斯主義相對比。

總之,《國富論》和「斯密革命」被融入資產階級經濟思想總的潮流之中。資產階級經濟學家不僅在斯密、李嘉圖、凱恩斯的主要著作之間畫了等號,而且把他們的著作同馬克思的《資本論》等同起來。他們是這樣劃分時代的:「從亞當·斯密到馬克思」「從馬克思到凱恩斯」,最後是「凱恩斯時代」——「新凱恩斯時代和節制凱恩斯時代」。忽視政治經濟學產生和發展的階級動力,是現代資產階級經濟思想史的特點。

資產階級經濟學家和經濟學史家,把斯密的學說不僅同庸俗經濟學家(薩伊、馬爾薩斯、馬歇爾、凱恩斯等)的理論並列起來,而且同馬克思主義並列起來。例如,西德1967年出版的教科書《經濟學綱要》是這樣排列次序的:斯密、薩伊、李嘉圖、馬爾薩斯、屠能。熊彼特、維貝爾及其同道者走得更遠。熊彼特說:「我們力圖在三個最有影響的經濟思想體系(即亞當·斯密、馬克思和凱恩斯的學說)中找出基本的思想要素。」沙林列出的「古典派作家」「新古典派作家」的名單更長:斯密、李嘉圖、馬克思、古爾諾、帕累

托、屠能。德國資產階級經濟學權威維貝爾「深化」和「擴大」了「古典派」與「新古典派」的概念。他的「發現」是「亞當·斯密和李嘉圖開創的學說，由當時及後一代傑出的思想家們完成了。其中值得提出的人有：馬爾薩斯、詹·穆勒、麥克洛克、西尼爾、約·穆勒、凱里、薩伊、屠能、格爾曼、曼戈爾特。偉大的社會主義者馬克思和羅貝爾圖斯及其社會經濟思想也在這個圈子之內」。

按照列寧的說法，「馬克思的全部天才正在於他回答了人類先進思想已經提出的種種問題。他的學說的產生正是哲學、政治經濟學和社會主義的最偉大代表的學說的直接繼續。」

亞當·斯密和李嘉圖的資產階級古典政治經濟學，是馬克思主義的來源之一。大家知道，《國富論》的一些科學結論在李嘉圖的著作中得到了發展。然而在李嘉圖學說中存在著庸俗成分。馬克思以極大的努力劃分出並且發展了《國富論》的科學因素。馬克思說：「我的價值、貨幣和資本的理論就其要點來說是斯密—李嘉圖學說的必然的發展。」馬克思和恩格斯實際上需要依據《國富論》的一系列科學原理，然而也正是他們在政治經濟學中實現了革命變革。

有些現代資產階級經濟學家（維貝爾、詹姆斯、斯杜堅斯基、塞利格曼、熊彼特、沙林等）有時也離開資產階級思想所公認的對政治經濟學發展「單行線」的解釋。按照這些作者的說法，馬克思是亞當·斯密的學生，馬克思主義是斯密學說的繼續和復活。他們企圖證明馬克思的科學經濟學理論同斯密學說，甚至同凱恩斯理論有著思想上的從屬關係。他們想把斯密學說「馬克思主義化」，而把馬克思主義「凱恩斯主義化」。

《國富論》的第一批評論者是勞德代爾、加爾涅、施托爾希、馬爾薩斯。他們基本上以庸俗政治經濟學的立場評論斯密。現代資產階級政治經濟學也以同樣的態度對待斯密。斯杜堅斯基指出：「可以說，亞當·斯密所制定的物質生產的有限制的學說，從它在後來一百年間所產生的影響來看，嚴重地破壞了從威廉·配第開始的經濟分析的邏輯發展，妨礙了國民收入理論與實踐的發展。」

怎樣說明資產階級經濟學家這樣一種頑固的企圖呢？一方面，他們降低《國富論》的意義，否定和庸俗化它的科學方面。另一方面，他們又把它同馬

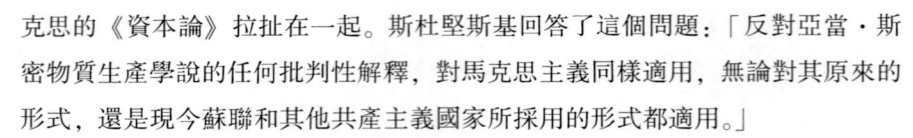

克思的《資本論》拉扯在一起。斯杜堅斯基回答了這個問題:「反對亞當・斯密物質生產學說的任何批判性解釋,對馬克思主義同樣適用,無論對其原來的形式,還是現今蘇聯和其他共產主義國家所採用的形式都適用。」

　　國家壟斷資本主義的維護者,竭盡全力埋葬《國富論》的科學思想。亞當・斯密在《國富論》中論證了勞動價值論,揭露了資產階級發財致富起源的秘密。他們對此是不能容忍的。

第六章　亞當・斯密著作在蘇聯等國的出版與研究

第一節　亞當・斯密著作在革命前的俄國及蘇維埃時代的出版

T. Γ. 謝苗諾娃副教授

　　亞當・斯密生前已聞名歐洲。他的言論也傳到了俄國。1761 年，亞當・斯密教授在倫敦曾與俄國特命全權公使亞歷山大・高里欽公爵相識。從 1762 年起，在格拉斯哥大學的兩位俄國學生杰尼茨基和特列亞柯夫曾求教於亞當・斯密。他們學成回國之時，正值俄國沙皇葉卡杰琳娜二世創建法典委員會。杰尼茨基向該委員分提出過建議。在斯密理論的影響下，他提出過（例如）某些限制專制制度和限制地主支配農民的建議。杰尼茨基曾打算翻譯斯密的《道德情操論》，但他 50 歲時去世，譯書未能遂願。特列亞柯夫在宣傳斯密思想方面也作了貢獻。他在 1772 年出版的《論國家富裕和緩慢致富的原因》一書中，發揮了與斯密相近的思想。

　　亞當・斯密著作在俄國首次出版之前很久，他的觀點在俄國已為人所知並在學校進行講授了。不過，除了印刷品以外也許就是手抄本了。

　　亞當・斯密學說對俄國經濟思想史發生較大的影響始於 19 世紀。這時候，他的學說在俄國更為人知曉甚至已很流行了。1802—1806 年終於在俄國第一次出版了他的著作，書名是《國民財富的性質和原因的研究》。這個譯本是根據財政大臣瓦西里也夫的倡議出版的。譯者是波里柯夫斯基。他不太瞭解經濟理論和術語，因此這個譯本不夠完善。它的優點是包括了《國富論》的全文。這是一部詳盡的篇幅最大的俄譯本。但也有一些遺漏、不準確和曲解之處。該

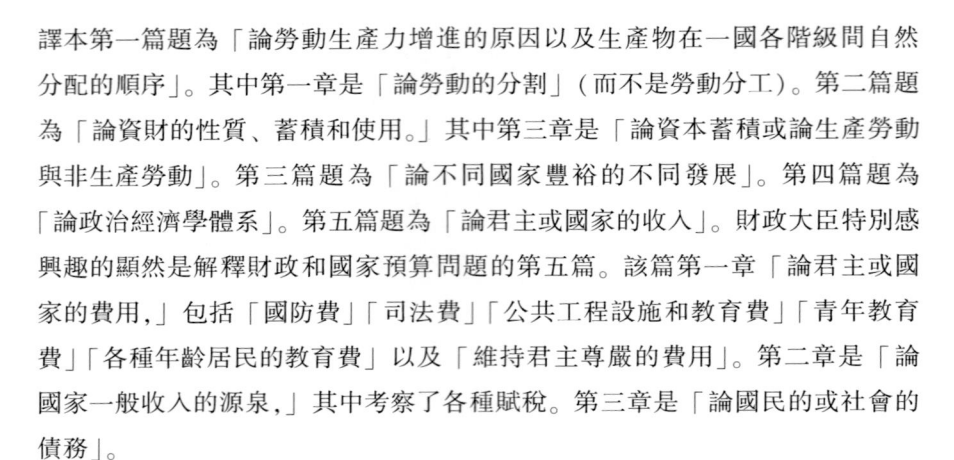

譯本第一篇題為「論勞動生產力增進的原因以及生產物在一國各階級間自然分配的順序」。其中第一章是「論勞動的分割」（而不是勞動分工）。第二篇題為「論資財的性質、蓄積和使用。」其中第三章是「論資本蓄積或論生產勞動與非生產勞動」。第三篇題為「論不同國家豐裕的不同發展」。第四篇題為「論政治經濟學體系」。第五篇題為「論君主或國家的收入」。財政大臣特別感興趣的顯然是解釋財政和國家預算問題的第五篇。該篇第一章「論君主或國家的費用，」包括「國防費」「司法費」「公共工程設施和教育費」「青年教育費」「各種年齡居民的教育費」以及「維持君主尊嚴的費用」。第二章是「論國家一般收入的源泉，」其中考察了各種賦稅。第三章是「論國民的或社會的債務」。

有關亞當・斯密專著的出現，增進了人們對斯密著作的興趣。第一本專著是柴哈諾夫斯基的《亞當・斯密在政治經濟學體系歷史中的意義》（1859年）。杜干・巴拉諾夫斯基在題為《亞當・斯密》的論文（發表於布治卡烏和葉夫洛編輯的百科辭典，第60卷，第541頁）中引證過它。1864年，在《現代人》雜誌（第九期）上出現了一篇論文，題為《斯密學派和經濟學中的實證主義》。文章發表在這本內容廣泛的雜誌上，有助於讀者瞭解斯密的經濟觀點。

政治經濟學作為一門科學，在19世紀60年代已取得相當的成功。很有必要出版新版《國富論》俄譯本。這項工作是60年代中期著手進行的。

這個版本的譯者是一位著名翻譯家和出版家彼得・亞列克謝也維奇・比比柯夫。他對社會思想史的研究同他的文學研究不相上下。他的試筆之作是關於傅立葉、穆勒、馮特等人的論文。他於1865年發表的《批判地探討》是反對宿命論的。不過，比比柯夫對俄國科學文獻的主要貢獻是他出版了一部《歐洲古典作家叢書》，共計13卷，其中包括亞當・斯密、布朗基等人著作的譯本。

比比柯夫的俄譯本譯自加爾涅的法譯本（經布朗基校正）。它附有班達、布朗基、布坎南、加爾涅、麥克庫洛赫、馬爾薩斯、穆勒、李嘉圖、薩伊、西斯蒙第和杜爾哥等人所做的註釋，出版於1866年，共計三卷，包括《國富論》的全文。比比柯夫所依據的《國富論》法譯本，是歐洲許多資產階級經濟學家都出過力的。它的註釋在行下，正文準確，幾乎不容許對斯密學說有什麼庸俗的或歪曲的解釋。

附在第一卷的布朗基的論文《亞當・斯密生平及著作》，有助於讀者瞭解斯密的性格及創作。加爾涅的詳盡的「序言」，說明了斯密著作產生的社會經

濟條件，把他的學說同法國重農學派魁奈的理論作了比較，還向讀者介紹了斯密的方法。

此後，很快便出現了俄國人研究亞當・斯密的許多著作。

亞當・斯密的觀點，受到革命民主主義者的高度評價。車爾尼雪夫斯基指出了《國富論》的歷史意義。他看到亞當・斯密的功績在於整理和概括了豐富的實際材料，提出了政治經濟學的許多新問題，這些問題反應了新生的資產階級的利益。他指出，亞當・斯密以前，沒有誰做過如此深刻和系統的研究。車爾尼雪夫斯基正確地理解和闡明了斯密方法所固有的二元論。他寫道，斯密學派未指出過這種二重性。然而，由於這種二重性的方法，使這一學派的整個理論都出現了概念的分裂，出現了不斷地把如下兩種體系混在一起的情形：一種是純科學的深入事物本質的觀點體系，另一種是屬於人們的口頭語和膚淺的思維方式、不必運用抽象思維的觀點體系。到19世紀90年代，對斯密著作的解釋就顯得大不一樣了。俄國資產階級經濟思想史從對亞當・斯密的一般評價和對其中的經濟政策的注意，開始走上了庸俗化他的學說的道路。斯密學說的偽造者們修正他的勞動價值論，竭力把他推到主觀主義者的營壘，使他的學說同奧地利學派接近起來。

在俄國第三次出版亞當・斯密的著作是19世紀末的事了。1895年，在莫斯科出版了索爾達堅科夫的節譯本，書名是《國民財富之研究》，編者是謝波金。本書是「經濟學叢書」的一種。本叢書的編者謝波金和維涅爾指出，出版這套叢書的目的，是幫助未受過「起碼的初等系統教育」的最廣泛的階層的人進行自學。為此，他們認為最要緊的是翻譯出版巴黎的「經濟學小叢書（法國與外國）」（沙依爾主編）。

這套叢書的俄譯本從亞當・斯密著作開始出版。完全按「小叢書」原版譯出。根據熱爾門・加爾涅的說法，為了「不損害對亞當・斯密著作的總的印象」，出版者們決定不翻譯《國富論》的第三、四、五篇。他們認為，「斯密關於財富的形成、增長和分配的全部學說都包含在他的著作的前兩篇中，其餘三篇可以作為獨立著作加以研究。」為使讀者對被刪去的各篇有所瞭解，在前兩篇選輯的末尾，又節錄了加爾涅的論文《對亞當・斯密學說的系統說明》以及全書各篇的標題。正文之前還有一篇論文《亞當・斯密生平及著作》，包括兩篇短論。一篇是前已提到的布朗基的前言，另一篇是庫塞爾—塞涅爾為巴黎「經濟學小叢書」第一冊所寫的前言的一部分。他在這篇文章中試圖說明

亞當·斯密同重農主義者的關係。盧森貝批評了這種選輯本。他正確地指出，亞當·斯密在前兩篇中只是說明了一般經濟理論，而它的不可缺少的繼續和更好地註釋，則是其餘各篇，尤其是第三、四篇。1895年版本（1908年和1924年再版）把斯密的一般經濟理論同其餘部分分離開了。

1907年，出版了《國民財富之研究》第二版，是對上述「小叢書」轉譯本的修訂和增補，譯者是謝波金和考夫曼。馬努依洛夫參加了出版計劃的制訂。與第一版相比，這一版的宗旨有所改變。它已不是面向自學者，而是面向大學生和對經濟科學感興趣的青年學生。第二版的變動包括：第一，去掉了布朗基和庫塞爾·塞涅爾的緒論文章，換上了列塞爾的文章（譯自《國家科學辭典》）。第二，補譯了《國富論》的某些章節。

19世紀末20世紀初，亞當·斯密學說在所有俄文版的「經濟學說史」教材中都佔有牢固的地位。在俄國，亞當·斯密的研究者們，由於階級局限性，不可能認識他的真正功績。他們把斯密的觀點同其資產階級註釋者馬爾薩斯的觀點等同起來。而馬爾薩斯依據的只是斯密價值論的庸俗的提法。他們企圖利用斯密的學說為統治階級辯護。他們竭力歪曲和抹殺這一學說的實際成就，掩飾資產階級發財致富的秘密。在蘇維埃俄國，對斯密理論遺產的注意大大增加了。從蘇維埃政權成立之初，隨著教育的發展以及高等學校中社會科學的設立，對資產階級古典政治經濟學代表者著作的興趣大為提高。1924年《激浪》出版社出版了亞當·斯密的著作《關於財富的研究》，由雅先柯教授編輯並作序。它基本上沿用了1908年謝波金和考夫曼的譯本，沒有多少改動。不過這個版本已經不能滿足對斯密著作不斷增長的需要和新的興趣了。1926年，烏達里喬夫教授主編的叢書開始問世，總書名是《社會主義經濟學體系及其發展》。這套叢書第一冊是魁奈、斯密和李嘉圖著作選集。書名為《社會主義經濟學的資產階級先驅者》。

1931年，蘇聯第二次出版了斯密的《國民財富的性質和原因的研究》。這個版本是完善的：分為上、下兩卷，共計五篇。這一版的迫切性和重要性取決於（正如編者強調指出的）必須回擊資產階級對亞當·斯密的歪曲。蘇聯經濟科學家們從20世紀30年代就已經開始歪曲斯密的遺產了。頂著教授頭銜的「資產者的雇傭奴僕們」認為斯密學說「不科學」「過時了」「已被推翻了」。蘇聯學者指出，20世紀30年代的資產階級，「以恐懼和敵視的目光看待自己過去的政治經濟學和古典派理論」。他們不僅不能前進一步，而且比古典派後

退了。他們以自己的眼光把古典派理論中有價值的東西洗刷得一干二淨。馬克思的學說（無產階級偉大的爭取解放的理論）利用了古典派全部有價值的東西，並且發展了它。這是資產階級的斯密研究家厭惡《國富論》及其作者的重要原因。

30年代初，蘇聯科學界批判了在如何看待馬克思對待斯密和一般古典派的態度問題上的唯心主義和機械論的修正主義。唯心主義的反馬克思主義者追求資產階級的理論風格，以「社會學派」捍衛者的姿態出現。而「機械主義」代表者，信奉機械地「組合」原則，否認現象的本質區別。他們抱著把馬克思「歸入」古典派的修正主義企圖，抹殺馬克思對政治經濟學所提供的原則上新的本質上不同的東西，抹殺由此而使它由資產階級政治經濟學轉變為無產階級政治經濟學的事實。可見，30年代出版和研究斯密著作的使命，是反對資產階級和修正主義對它的歪曲，維護馬列主義的純潔性。

1935年，在蘇維埃時代第三次出版了亞當·斯密的著作。這一版分為兩卷，主編是烏達里喬夫。序言包括亞當·斯密的簡略生平和對《國富論》的一般說明，其中包括這本書的結構、內容和方法。序言作者強調指出了斯密的個人主義同社會學中的小資產階級主觀主義的區別。作者指出，斯密的個人主義是資產階級關係的意識形態反應，這種關係是作為單個個體的局部關係在社會的表面表現出來的。而民粹派的主觀主義則是企圖阻擋歷史車輪前進的小資產階級思想。

這一版的前言回擊了資產階級偽造者，後者企圖證明「自然規律」思想破產了，說它是「反道德的」。為了反駁資產階級思想家，序言作者援引了列寧旨在反駁司徒盧威的《又一次消滅社會主義》一文。列寧在這篇文章中指出，「唯物主義歷史觀」把「自然規律」思想同反辯證法的理論和胡說區別開來。列寧指出，資產階級政治經濟學古典派摸索到了一系列「自然規律」，但他們不理解它們的歷史過渡性，沒有看出其中的階級鬥爭。馬列主義糾正了這些缺點，從而使自然規律思想成為經濟理論的基礎。因此，資產階級理論家們認為，亞當·斯密理論的缺點，在於以這一思想為基礎。這是根本錯誤的。其實，斯密方法的缺點，在於他對這一思想的形而上學解釋。可見，新版本是同經濟思想中的修正主義者進行意識形態鬥爭的武器。

1962年再版了《國富論》。阿法拉西耶夫所寫的序言，對亞當·斯密著作作了科學的馬克思主義的分析。

在現代（20世紀下半期）馬克思列寧主義經濟學說史中，亞當·斯密學說占著應有的令人尊敬的地位。蘇聯科學界認為，亞當·斯密著作的意義，在於它是對資本主義生產方式的首次科學的研究（在資產階級世界觀範圍內）。亞當·斯密以強有力的科學武器武裝了18世紀的資產階級，指出封建主義的滅亡是不可避免的。在亞當·斯密創作這部著作100年後，資產階級經濟學家們開始拒絕他的科學理論。200年後的今天，資產階級的辯護士們，在曲解斯密學說的同時，和薩伊、馬爾薩斯一樣，為了維護資本主義，總想利用斯密理論中的錯誤原理和他的價值論中的庸俗提法。

第二節　保加利亞、民主德國、波蘭對亞當·斯密理論遺產的研究

保加利亞對亞當·斯密學說的研究

[保加利亞] A. A. 米拉舍夫斯基教授

亞當·斯密的經濟學說早已傳入保加利亞，儘管該國資產階級對它採取消極的態度。

經過俄土戰爭，掙脫了奧斯曼帝國的民族壓迫和封建壓迫的枷鎖之後，保加利亞走上了迅速發展資本主義的道路。這時，古典資本主義已經日落西山了。但是，與此相反，作為英國產業革命前提條件的工場手工業和資本主義累積的形式，在一定程度上卻又在保加利亞土地上重新成長起來。這些形式儘管從一開始就有了很大變化，但它與亞當·斯密的思想並不對立。同時，這些思想在當時有助於迅速克服經濟中的封建主義殘餘，使資產階級力量更加鞏固。因此，資產階級古典政治經濟學的基本原理在年輕的資產階級共和國的實踐中得到了廣泛傳播。斯密的《國富論》闡明了作為反對舊世界的新世界化身的資產階級的利益，所以被用來維護新生的資本主義，反對封建桎梏。

但是，斯密和李嘉圖的思想不久便在理論上和實踐上被排擠到後面去了。終於變得反動的西歐資產階級，把自己頑固落後的觀點灌輸到保加利亞的經濟思想中。保加利亞資產階級越來越走上了有利於它同西歐壟斷資本相關的道路。他們便在拋棄了斯密觀點、掩蓋資本主義發展消極傾向的其他思想中尋求出路。

保加利亞社會主義奠基人德米特里·布拉高耶夫寫道，在當時保加利亞的政

治經濟學領域和理論研究中，瀰漫著一片衰敗氣氛。在所謂歷史—美學學派（它是這一衰敗的後果）的影響下，保加利亞科學中出現了最庸俗的觀點。20世紀初保加利亞經濟思想狀況，實際上是已經在歐洲居於統治地位的庸俗和反動經濟觀點的反應，其主要任務就是否定馬克思主義和亞當·斯密的經濟學體系。

1920年，在自由資產階級影響下，亞當·斯密的主要著作被譯成保加利亞文。這個譯本是「財政生活」股份公司出版的。開頭的短評指出，斯密的著作在文明史上開闢了一個新時代。但它又試圖推翻斯密的那些資產階級所不滿意的、客觀公正的見解，說它們不準確、不科學或過於簡單。例如，短評認為，斯密談到僱主同工人之間在勞動報酬上的爭執是多餘的，沒有對科學提供任何新東西。短評作者責備斯密，不該把僱主和工人對立起來。在作者看來，工人在資本家支配下創造的物質財富，比他們作為獨立工作者時要大得多，他們的狀況也比過去好得多。

短評作者還認為，斯密著作有很多弱點，是因為他把闡明科學規律和純粹實用性研究混在一起了。同資產階級思想不同，保加利亞共產黨在自己活動的初期，馬克思主義思想就對資產階級古典經濟學派（其中包括亞當·斯密），表現了肯定的態度。例如，布拉高耶夫早在20世紀之初，就對斯密著作對經濟科學發展的意義做過高度評價。保加利亞的馬克思主義者正確地認識到，馬克思主義汲取了前人所創造的全部優秀成果。

1947年，保文版的魁奈、斯密和李嘉圖著作選集問世。該書序言指出，研究馬克思的先驅者，有助於更好地掌握馬克思的經濟學說。

在今天的保加利亞，亞當·斯密作為古典政治經濟學的最著名創造者之一，受到了無愧於他對人類文化巨大貢獻的尊重與敬仰。

民主德國對《國富論》的研究

[民主德國] **B.** 克努茲教授

德意志民主共和國在研究亞當·斯密學說方面做了大量工作。《國富論》第一個德文譯本出版於1776年。1923年又出了該書德文版。這些版本現已成為圖書館館藏珍本。同時，翻譯和批判地解釋正文已不能滿足當代需要了，有必要準備亞當·斯密著作的馬克思主義版本。德意志民主共和國科學院柏林經濟科學研究院正出版一套新的經濟學譯著。其中已出版的有李嘉圖、魁奈、西

斯蒙第、聖西門和李斯特的著作。亞當·斯密的主要著作將分三卷出版。

研究德國資產階級經濟學家對亞當·斯密思想的態度具有重大意義。這方面的資料將在有關德國經濟思想史著作的第一卷中發表。該卷包括1848年以前時期，將分析克勞斯、沙多利、劉杰爾對亞當·斯密思想的反對。研究表明，亞當·斯密經濟學被資產階級思想家們歪曲了。

對亞當·斯密學說的現代偽造者的爭論也給予了很大的注意。1975年在哈勒舉行的紀念亞當·斯密主要著作200週年討論會的情況表明，現代資產階級經濟學家否認從亞當·斯密著作到馬克思著作之間的聯繫，貶低斯密價值學說的意義。這一點也被前不久在格拉斯哥舉行的紀念亞當·斯密的會議證實。

波蘭對亞當·斯密理論遺產的分析

[波蘭] C. 瑪列茨卡婭教授

波蘭人民共和國在研究亞當·斯密著作上做了很多工作。例如，在華沙大學舉行過科學討論會，對斯密著作及其對波蘭經濟思想的影響作了總的估價，並討論了一系列有關問題，其中包括：亞當·斯密對擴大再生產問題的提法，以及馬克思主義的發展；現代馬克思主義的和非馬克思主義政治經濟學對擴大再生產的提法；以及同勞動有關的一些問題：勞動在社會發展中的作用、勞動條件、工資和提高勞動生產率。解決這些問題對現代有很大意義。

例如，亞當·斯密關於生產勞動與非生產勞動學說（馬克思發展了這一學說），在現代發達社會主義條件下，當服務領域迅速發展時，具有特別現實的意義。這方面的研究有助於解決社會主義條件下的生產勞動問題。

分析亞當·斯密的方法以及馬克思、恩格斯和列寧對他的評論，對研究當前社會主義問題也是很重要的。

馬克思主義創始人曾經指出，亞當·斯密錯誤的根源在於，作為一位學者，他的立場是片面的，他的眼光有局限性，由此便造成了他的著作的矛盾與不完整。

同時，馬克思、恩格斯和列寧對亞當·斯密觀點體系的批判分析表明，他們看到了其中進步的真正科學的地方。即使對亞當·斯密的一系列錯誤原理，他們在揭示其錯誤的原因時，也指出了其中有價值的東西。

國家圖書館出版品預行編目（CIP）資料

西方經濟學發展階段 / 蘇弗・謝・阿法拉西耶夫 著 / 晏智杰 編譯.
-- 第一版. -- 臺北市：財經錢線文化, 2020.05
　　面；　公分
POD版

ISBN 978-957-680-401-4(平裝)

1.政治經濟學

550.1657　　　109005412

書　　　名：西方經濟學發展階段
作　　　者：蘇弗・謝・阿法拉西耶夫 著 / 晏智杰 編譯
發 行 人：黃振庭
出 版 者：財經錢線文化事業有限公司
發 行 者：財經錢線文化事業有限公司
E - m a i l：sonbookservice@gmail.com
粉 絲 頁：　　　　　　網　址：
地　　　址：台北市中正區重慶南路一段六十一號八樓 815 室
8F.-815, No.61, Sec. 1, Chongqing S. Rd., Zhongzheng Dist., Taipei City 100, Taiwan (R.O.C.)
電　　　話：(02)2370-3310　傳　真：(02) 2388-1990
總 經 銷：紅螞蟻圖書有限公司
地　　　址: 台北市內湖區舊宗路二段 121 巷 19 號
電　　　話:02-2795-3656　傳真:02-2795-4100　　網址：
印　　　刷：京峯彩色印刷有限公司（京峰數位）

　　本書版權為西南財經大學出版社所有授權崧博出版事業股份有限公司獨家發行電子書及繁體書繁體字版。若有其他相關權利及授權需求請與本公司聯繫。

定　　　價：580 元
發行日期：2020 年 05 月第一版

◎ 本書以 POD 印製發行